在线社交网络分析与信息传播丛书

社交网络群体行为分析

潘　理　李建华　刘业政　齐佳音　姜元春　著

科学出版社
北　京

内 容 简 介

在线社交网络群体行为分析是实现发现群体、认知群体以及引导群体等应用的基础。本书系统、深入地阐述在线社交网络群体行为分析中的基础理论、关键技术和方法，主要内容包括在线社交网络群体聚集机理与群体发现方法，群体情感与群体影响力的计算模型与分析方法，以及群体行为演化机理与检测引导方法等。本书第一次比较全面地揭示在线社交网络群体聚集的复杂交互关系和互动规律，为开展社交网络群体行为认知与分析应用提供重要的理论和技术支撑。

本书涉及计算机科学、管理学、社会学和传播学等多个学科领域，既可作为各高等院校研究生的教材，也可供从事社交网络分析工作的研究和工程人员使用，以及作为从事互联网治理的管理人员的技术参考。

图书在版编目（CIP）数据

社交网络群体行为分析 / 潘理等著. 一北京：科学出版社，2018.9
（在线社交网络分析与信息传播丛书）
ISBN 978-7-03-058474-8

Ⅰ. ①社… Ⅱ. ①潘… Ⅲ. ①互联网络-应用-群体-社会行为-行为分析-研究 Ⅳ. ①C916.2-39

中国版本图书馆 CIP 数据核字（2018）第 180226 号

责任编辑：赵艳春 / 责任校对：郭瑞芝
责任印制：吴兆东 / 封面设计：迷底书装

科学出版社 出版
北京东黄城根北街 16 号
邮政编码：100717
http://www.sciencep.com

北京中石油彩色印刷有限责任公司 印刷
科学出版社发行 各地新华书店经销

*

2018 年 9 月第 一 版 开本：720×1 000 B5
2022 年 6 月第五次印刷 印张：19 1/4
字数：372 000

定价：106.00 元

《在线社交网络分析与信息传播丛书》编委会

前　言

随着腾讯微信、新浪微博、Facebook(脸书)、Twitter(推特)等各种网络新媒体的蓬勃发展，在线社交网络已成为人们获取信息、传播信息的最重要渠道。由于社交网络的广泛性和交互性，社交网络不仅改变了人们的生活方式，也对社会和国民经济的发展有着直接影响。在社交网络中，用户个体通常不是面向整个网络参与互动，而是在某些特定的群体里沟通交互。在线社交网络群体行为分析是在线社交网络分析与信息传播研究的重要组成部分，也是网络舆情分析引导、突发事件监测响应、网络治理等国家安全与社会发展重大应用的理论与技术基础。

在首席科学家方滨兴院士带领下，国家重点基础研究发展计划(973 计划)项目“社交网络分析与网络信息传播的基础研究”研究团队围绕在线社交网络分析的三个核心要素，即“结构与演化”、“群体与互动”和“信息与传播”进行了深入系统的研究。本书主要是基于该项目中课题三“社交网络中的群体行为分析”的研究成果撰写的。该课题围绕项目科学问题之一“在线社交网络群体形成与互动规律”展开研究，课题团队成员来自上海交通大学、合肥工业大学和北京邮电大学，涉及计算机科学、管理学、社会学、传播学等多个领域。基于课题团队的研究成果，在系统梳理国内外相关理论和技术的最新进展基础上，撰写了本书，为相关研究者提供理论性、系统性、工具性的研究指导。

本书从在线社交网络群体行为分析与应用的三个核心层面，即“群体聚集机理”、“群体行为认知”和“群体互动与引导”展开撰写，共分 7 章，由潘理负责进行统一组织和编辑。第 1 章引言，介绍社交网络群体和群体行为重要基本概念，并统领全书，由潘理负责执笔。第 2 和 3 章围绕第一个核心层面“群体聚集机理”展开，其中，第 2 章论述群体形成机制，2.1 节群体形成的宏观解释由齐佳音负责执笔，2.2 节群体形成的微观解释由刘业政负责执笔，2.3 节群体形成模型由潘理负责执笔；第 3 章论述群体发现技术，3.1 节群体特征和 3.2 节网络结构优化发现方法由潘理和李建华负责执笔，3.3 节属性优化发现方法由刘业政负责执笔，3.4 节为多源信息优化发现方法，由潘理负责执笔。第 4 和 5 章围绕第二个核心层面“群体行为认知”展开，其中，第 4 章群体情感由刘业政负责执笔，第 5 章群体影响力由齐佳音负责执笔。第 6 和 7 章围绕第三个核心层面“群体互动与引导”展开，其中，第 6 章论述群体演化，6.1 节实时群体演化由李建华负责执笔，6.2 节网络群体行为偏好预测由姜元春负责执笔，6.3 节网络舆情行为预测由潘理和李建华负责执笔；第 7 章论述群体行为检测与引导，其中，7.1 节特殊行为群体检测由潘理和李建华负责执笔，7.2 节网络群体行为偏好引导由姜元春负责执笔，7.3 节网络群体传播行为控制由潘理负责执笔。

本书的撰写受到国家重点基础研究发展计划（973 计划）课题“社交网络中的群体行为分析”（编号：2013CB329603），国家自然科学基金-通用技术基础研究联合基金“面向网络舆情监管的目标群体行为特征检测与分析技术”（编号：U1636105），国家社会科学基金重大研究项目“面向国家公共安全的互联网信息行为及治理研究”（编号：16ZDA055）等支持。感谢参与本书资料收集、内容整理，以及成果贡献的专家学者：吴鹏、孙见山、唐俊华、邹福泰、郑聪惠、黄丹华、刘嘉琪、李慧娟、汪晓峰、陈璐艺、吴宇、姚立红等。

衷心感谢方滨兴院士和贾焰教授在本书撰写过程中的指导！

由于作者水平有限，书中难免有不足之处，恳请广大读者批评指正。

作　者

2017 年 9 月

目　　录

第1章 引　　言

1.1 社交网络群体

在线社交网络已经成为当今人们日常交流、信息发布与共享的重要平台。与此同时，用户在社交网络平台产生的大量数据为群体行为分析和数据挖掘带来了巨大的机遇与挑战。社交网络中的群体是描述社交网络的中观结构，不仅能够简化网络的描述与分析，而且能够揭示社交网络中用户行为的一般规律。这一点与社交网络中传统的“社区”类似，但是相对而言，群体更为关注用户之间行为的现实意义。因此，对群体的研究需要从群体形成、群体结构、群体属性等多方面进行研究。

1.1.1 社交网络群体的定义

群体作为一个多学科交叉的概念，在每一个具体的领域有着各自的定义。传统社交网络中的群体，又称为社会群体，是从心理学、社会学、人类学等多角度因素，综合概括出来的一个较为抽象的概念，总的来说，可以理解为两个或以上个体，因为一些相同的内在因素，如兴趣、目标、利益等，自发地或者有组织地联系在一起，进行互动或信息传递共享，并且能够相互产生影响的社会结合。在线社交网络群体，简称在线群体，以在线社交媒体平台为基础，在外在表现上，在线社交网络中的群体通过媒体平台进行行为交互并产生一定的密切关系，因而在线群体内部微观上具有紧密连接的结构、相似的行为等属性特征。因此，在线群体可以定义为以在线社交媒体为平台，以属性相似性为基础，结构上紧密连接为重要可选特征的一类用户及其相关属性的集合。从这些分析中可以看出，和社会群体相比，在线群体存在的主要特征：其一，必须是存在于在线社交网络中；其二，不受空间地理位置的影响；其三，用户之间资料的相对隐蔽性。从这三个特征可以看出，在线群体相对于社会群体来说更为复杂。虽然在线群体存在于在线社交网络中，与社会群体所处的空间场所不同，但是两者都是以“人”为个体构成的，因而具有很多的相似之处，如两者都要求个体之间存在一定的交互。本小节只是简单地介绍在线群体的概念，关于这两者的具体概念辨析将在2.1节详细说明。

1.1.2 社交网络群体与社区的区别与联系

本书研究的群体与传统的“社区”有一定的联系但又相互区别。社区[1-3]只要求结构上连接紧密，因此传统的社区发现算法也只是基于结构紧密度的网络划分。但真实的社交网络中，一些属性上相似的个体，在网络结构上不一定连接紧密，特殊行为群体是这类群体的典型代表。例如，目前研究较多的恶意群体(sybil)，因为少数用户可以控制多个虚假账户进行协同攻击，sybil 个体之间不用形成紧密的连接也可以同时进行攻击任务。当然在不同的应用环境和应用目标下，群体以属性相似性和结构内聚性为本质具有各自特定的定义。而群体发现就是通过一些先验的知识或属性特征的选取方法，基于群体在结构特征、属性特征、动力学特征上的相似性和差异性将全体用户划分成不同的群体。群体特征是群体发现技术的基础。这些特征都是以社交网络平台为基础，通过标签信息、大量文字内容的统计信息以及基于时间的行为统计概率等计算机可识别的数据来表征。

1.1.3　社交网络群体研究的意义

群体作为社交网络的中观结构，具有个体所不具有的重要性质。个体的行为通常存在着许多噪声，在进行行为分析时，难以挖掘行为模式的规律性。但是群体层面的行为，排除了许多噪声的影响，能准确地反映出行为的规律性。同时，对于用户数量巨大的社交网络而言，个人的影响力是微小的，但是通过相关用户群体放大后的影响力是不容忽视的。因而，从群体层面理解在线社交网络中的用户行为，挖掘群体的情感、影响力以及行为模式是在线社交网络分析的重要内容。对群体进行研究，可以为社交网络的组织管理、网络营销、网络可视化等提供有力支撑。同时对于一些危害网络安全的群体性事件，可以通过对群体及其行为的分析，起到检测、预防和控制的作用。

1.2　社交网络群体行为

随着微博、脸书等一系列社交媒体的广泛使用，研究者可以充分地利用这些平台上产生的数据通过机器学习等方法对在线群体的属性和行为模式进行挖掘与理解。对在线用户群体行为的分析可以应用于商业智能、分析预测和顾客关系管理，同时能够对群体性事件进行有效预测。

1.2.1　社交网络群体行为的定义及其表现形式

对群体行为的研究可以追溯到早期对蚂蚁、蜜蜂等昆虫的社会性行为的研究。群体行为这一概念最早是由 Park 提出的，Blumer 等将其发展为与现有社会结构无关的社会过程。随后，许多社会学家、心理学家、经济学家对社会中的群体行为进行研究，从而对许多社会效应进行了合理的解释，包括“马太效应”、“羊群效应”等。这些关于群体行为的理解和研究具有很好的实际应用价值，例如，在企业管理、商品营销、商业投资等诸多方面都得到了有效的应用。

本书中所要研究的群体行为有别于这些已有的研究，主要关注在线社交网络中用户的群体行为。在线社交网络中的用户以形式多样的社交媒体为平台，以计算机网络为媒介进行一些以信息的产生、共享和传播为目的的活动，在这一过程中产生的大量用户的交互行为称为群体行为。和传统社会中群体行为研究相比，本书中研究的群体行为同样具有一些社会性规律特征，这是在线社交网络中群体行为研究的重要内容。在线社交网络中，群体行为的表现形式也是丰富多样的，包括相同兴趣爱好的用户之间的关注、@等行为，以及基于某一话题形成的在线论坛中用户之间意见、信息的发表、讨论等具有目的性的在线社交网络交互行为。

1.2.2 社交网络群体行为的研究内容

群体行为研究是社交网络分析的一项重要任务。按照群体行为研究的目标，可以将其分为 3 个方面：群体形成机理、群体行为认知和群体行为分析。

(1)群体形成机理。群体是通过一定的社会关系结合起来进行共同活动而产生相互作用的集体，群体内部成员之间存在关系或联系。本书中将对群体形成的机理进行详细的描述，并且介绍群体形成的模型。群体是社交网络中的重要中观结构特征，根据群体内的用户在结构、属性上的特征，选取适当的特征集实现群体的检测与划分是群体行为分析的一项重要的基本任务。对群体结构的分析对于理解社交网络的结构属性、组织功能以及群体行为有着重要意义。群体的特征主要表现为 3 类，即结构特征、属性特征及动力学特征。相应的群体划分方法可以分为网络结构优化发现方法、属性优化发现方法以及多源信息优化发现方法。这些方法将在第 3 章中详细论述。

(2)群体行为认知。对群体行为的认知可以从群体情感以及群体影响力两个方面来进行分析。

群体情感分析，与个体情感分析有一定的区别。个体的情感分析，具有更强的个性。当前有关情感分析的研究，主要集中在个体情感分析，针对用户在社交网络中的言论内容以及评论等进行分析。而面向国家网络安全的主题，群体的情感分析越来越受到关注和重视。对群体情感进行分析，统计归纳群体情感的波动并预测其趋势，与当前的很多应用息息相关，如股市、石油价格、电影票房以及其他社会重大事件。对群体情感的分析，有利于发现网络舆情导向，并对其进行预测和引导。本书将对群体情感的影响因素、度量方法以及演化模型进行分析和讨论。

群体影响力可以通过用户之间的社交活动体现出来，表现为用户的行为和思想等受他人影响发生改变的现象。群体影响力分析，是社交网络分析的重要内容。本书的第 5 章中，讨论群体影响力的定义与影响因素，通过计算群体内讨论事件的热度趋势，得到群体的内部敏感性，再建立内部敏感性与群体各维度变量的关系。在线群体影响力是一个跨学科的概念，计算机科学、社会学及心理学等诸多学科均对在线群体影响力给出了不同视角的定义。对在线社交网络的群体影响力研究，具有重要的理论价值和实际意义。

针对群体行为认知的研究，有助于下一步的群体行为分析。

(3)群体行为分析。群体行为是群体动机的外在表现。本书以群体演化为基础，讨论群体行为的检测与引导。

社交网络中的用户基于一定的利益、爱好等目的，通过网络活动相互联系、相互影响等形成一个个的群体。这些群体又因各种网络活动或事件的产生，使得群体的成员组成、属性特征等发生变化。研究社交网络中的动态事件检测、群体成员的行为偏好以及行为预测等能有效地帮助我们理解群体演化规律，从而有效地促进在线社交网络服务以及网络空间治理。

群体行为的检测，主要针对特殊行为群体的检测。特殊行为群体，指的是社交网络中的恶意用户群体，包括 sybil、spam 以及谣言等类型。这里采用群体发现方法，结合特殊行为用户的属性特征和结构特征，检测恶意群体。随着在线社区活动呈指数增加，网络群体行为偏好引导变得越来越重要。人们越来越重视网络群体行为偏好引导，因为群体偏好可以引导群体中个体成员的偏好。进行网络群体行为偏好集结是网络群体行为偏好引导的前提和基础。同时，针对社交网络群体的传播控制也是研究的热点之一。本书中分析群体传播行为控制策略和方法、社交网络访问控制策略以及群体传播阻断最大化。对群体行为的检测和引导，为网络舆情的检测提供依据，是网络舆情引导和控制的基础。

1.2.3 社交网络群体行为的研究意义及应用

群体行为的研究是基于群体的行为模式研究。根据群体内的用户的同质性，群体内的用户必然有着一定的关联，这种关联可以表现为结构上的紧密连接，也可以表现为属性上的相似。可以推断，紧密连接的群体内用户的行为属性在很大程度上具有一定的相似性。因此，可以从一个用户的行为属性推断出与其紧密连接的邻居用户的行为属性[4]。进一步，根据一些行为之间的关联性，可以从群体内用户的某些行为属性，推断出与之相关的隐含的行为属性。从另一个角度来说，具有相似行为属性的用户往往容易形成紧密连接的社区结构，并且这种结构通过频繁的行为交互不断增强。因此，可以选取用户的一些行为属性为特征，将行为模式分类，划分出具有特定行为模式的群体，例如，已被广泛研究的 sybil、spam 等特殊行为群体。

行为研究的一个重要研究目标就是行为的传播特性。在社交网络的关系结构中，用户的一些行为可以通过关系网络的边进行传播。行为的传播是一个较为复杂的过程，传播的广度和深度受到多种因素的影响，包括用户之间的关系结构、用户的属性和影响力[5]、所传播的行为的属性等。通过对行为传播特性的研究，可以根据已有的传播结构预测传播可能的广度和深度，为群体性事件的预测提供了良好的技术支持。此外，还可以根据行为的传播特性，采用一定的策略促进或阻断某一特定行为的传播[6-9]。

对于群体行为的演化分析特别是网络舆情的演化分析是社交网络群体行为研究的一项重要应用。社交网络是一个动态的网络，用户在社交网络中的交互是动态变化的。因此，需要在动态变化的网络中研究群体行为的动态演化规律。在动态的社交网络中，用户群体根据自身的兴趣爱好有着各自的行为偏好，这一行为偏好与用户本身的属性相关，反映了用户在社交网络中的行为属性。基于对网络群体行为偏好的预测，可以掌握群体行为的动态演化规律。社交网络的快速传播特性为舆情传播提供了一个很好的环境，同时也给舆情预警与管控带来了巨大的挑战。通过分析舆情的演化过程建立舆情传播模型，可以最终实现舆情预警与管控。

1.3 本书结构安排

本书以网络舆情等国家安全需求为背景，从在线社交网络分析中的“群体与互动”问题出发，面向在线群体展开研究，在“群体形成机理—群体行为认知—群体行为分析”三个层次上深入、系统地阐述社交网络群体行为分析中的基础理论、关键方法和技术。本书章节安排如下所述。

(1)群体形成机理。包括第 2 章、第 3 章。

第 2 章群体形成机制：介绍群体形成的宏观和微观解释，阐述在线社交网络群体的基本概念及与传统社区的区别，总结现有的群体形成研究及模型。

第 3 章群体发现技术：总结群体特征，介绍群体的结构特征、属性特征以及动力学特征。以群体特征为基础分析三种群体发现方法：网络结构优化发现方法、属性优化发现方法、多源信息优化发现方法。

(2)群体行为认知。包括第 4 章、第 5 章。

第 4 章群体情感：针对群体情感影响因素、群体情感分析、群体情感演化机理三个问题，分别探讨影响群体情感的内在因素与外在因素、利用信息熵原理和采用集成学习方法的两种计算模式以及无领导和有领导的群体情感演化模型。

第 5 章群体影响力：介绍群体影响力概念及影响因素，分析群体影响力度量方法，构建群体影响力预测模型。

(3)群体行为分析。包括第 6 章、第 7 章。

第 6 章群体行为演化分析：介绍社交网络动态事件定义，研究动态事件监测，在此基础上分析实时群体演化检测、网络群体行为偏好预测以及网络舆情群体行为预测。

第 7 章群体行为检测与引导：介绍特殊行为群体的概念，分析其特征选取与检测模型，以此为基础，分析网络群体行为偏好引导方法以及网络群体传播行为控制策略。

参 考 文 献

[1] Girvan M, Newman M E. Community structure in social and biological networks[J]. Proceedings of the National Academy of Sciences, 2002, 99(12): 7821-7826.

[2] Newman M E, Girvan M. Finding and evaluating community structure in networks[J]. Physical Review E, 2004, 69(2): 026113.

[3] Newman M E. Modularity and community structure in networks[J]. Proceedings of the National Academy of Sciences, 2006, 103(23): 8577-8582.

[4] Zhang L, Pei J, Jia Y, et al. Do neighbor buddies make a difference in reblog likelihood? An analysis on SINA Weibo data[C]. 2014 IEEE/ACM International Conference on Advances in Social Networks Analysis and Mining (ASONAM), Beijing, 2014: 208-215.

[5] Aral S, Walker D. Identifying influential and susceptible members of social networks[J]. Science, 2012, 337(6092): 337-341.

[6] Fan L, Lu Z, Wu W, et al. Least cost rumor blocking in social networks[C]. 2013 IEEE 33rd International Conference on Distributed Computing Systems (ICDCS), Philadelphia, 2013: 540-549.

[7] Ghosh S, Viswanath B, Kooti F, et al. Understanding and combating link farming in the twitter social network[C]. Proceedings of the 21st International Conference on World Wide Web, Lyon, 2012: 61-70.

[8] Wei W, Xu F, Tan C C, et al. Sybildefender: Defend against sybil attacks in large social networks[C]. 2012 IEEE Proceedings of INFOCOM, Orlando, 2012: 1951-1959.

[9] Yu H, Kaminsky M, Gibbons P B, et al. Sybilguard: Defending against sybil attacks via social networks[J]. ACM SIGCOMM Computer Communication Review, 2006, 36(4): 267-278.

第 2 章　群体形成机制

2.1　群体形成的宏观解释

2.1.1　群体、社区与在线群体概念

1. 传统群体概念

“群体”，在英文中称为“group”，在日文中称为“集团”，而在我国，更多的说法是“群体”，也有的称为“团体”，有时还称为“集体”。虽然名称不一，但从实质上来看，其所包含的内容是大致相同的。不仅现实社会中存在许多群体，在虚拟的社交网络平台上同样涌现了很多在线群体，网络事件在在线群体中得以快速传播，群体意见对事件舆情的指向也具有很强的导向作用。对群体概念进行定义，是对群体进一步研究的铺垫工作。

群体在个体数量上有所要求(两个以上)，但并不是个体的简单加总，群体内部成员之间存在信息的交流与相互作用。群体是一个多领域的概念，社会学领域、心理学领域及人类学领域等多个领域的专家学者都对群体给出了定义。MBA 智库(http://www.mbalib.com)中对群体是这样定义的：群体并不是个体的简单集合，是指在共同目标的基础上，由两个以上的人所组成的相互依存、相互作用的有机组合体。

1)社会学领域的群体概念

群体首先是一个社会学领域的词汇。社会学领域的专家给出了群体的概念定义，德国早期社会学家 Tönnies 于 1887 年曾提出群体是包括家庭、乡村、城市、政党、国家甚至人类等各种不同类型的社会结合。美国早期社会学家 Cooley 于 1992 年从更狭义的角度出发，认为群体指人际关系亲密的初级群体或小群体，群体成员之间可以直接面对面地交往与互动，如家庭、邻里、朋友群体等。

随着社会科学的发展，社会学家根据情境提出了不同的群体概念定义。

群体是由“一群人”组成的，群体规模可以比较大，如几十人组成的班集体；也可以比较小，如经常一起上街购物的两位邻居。Platow 指出群体由两个或以上的个体组成，Shaw 将群体定义为两个或以上的个体互动并彼此影响而构成的整体。许多对群体的定义都对群体个体的数目做了说明，群体由两个或以上的个体形成，然

而没有定义对群体的规模有所要求，即群体可大可小。

由于存在“群体促进”、“群体极化”等现象，群体的作用与个体加总的作用并非相等。“群体”与“一群人”概念的区别在于群体成员之间的行为会互相影响。Shaw 在对群体进行定义时强调群体内部成员之间必须有互动。Turner 认为群体的个体间存在相互依赖性。Kempe 则认为群体这个网络在个体间信息、概念和影响力的传播起着重要的作用。在对群体概念进行定义时，群体间的互动是被主要强调的要素，群体人员之间一般有较经常的接触和互动，群体内部的互动导致了群体成员之间的互相影响，从而使得群体的作用与简单的个体加总有所区别。

群体是通过一定的社会关系结合起来进行共同活动而产生相互作用的集体，群体内部成员之间存在关系或联系。《社会学词典》中对群体的定义是：人们通过一定的社会关系结合起来进行共同活动的相对稳定的集体(参见张光博主编：《社会学词典》，北京：人民出版社，1989 年，第 335 页)。Kempe 认为群体应当是一个由一群存在关系和联系的个体组成的社交网络。Cooley 认为群体成员的交往应当是长期与全面的。

群体存在客观的相似性。Platow 指出群体的个体成员之间有着相似的特点。Turner 也在定义中强调了群体中个体间的客观相似性。

社会学领域的群体定义强调集合的个体间存在社会关系，群体是由社会关系连接起来的个体组合，同时由于个体间有沟通和互动，群体的作用区别于简单的个体组合。

2)心理学领域的群体概念

在心理学领域，群体也是经常被提及的概念，心理学家认为群体是与心理学息息相关的。

群体是一个拥有共同心理的心理群体，群体中成员自愿认可自己是群体中的一员，群体自我定位是相同或相似的。Le Bon 在《乌合之众》一书中关于群体形成是这样描述的：“聚集成群的人进入一种状态，拥有共同心理的群体。”Reicher 认为成员认可自身是群体中的一员是群体存在的前提。Tajfel 则将群体描述为两个或以上有着相同或相似社会群体自我定位的个体。在这些定义中，群体存在的前提是：群体中的个体认同自己是群体中的一员。

群体并不是简单的个体集合，群体中个体表现出不同的心理特点，成员有着共同的信念，处于群体中容易使个体失去自我的个性，形成集体心理。Le Bon 甚至认为群体只有在个体拥有共同心理时才会出现，他在《乌合之众》中写道：“平常的含义上，‘群体’一词是指聚集在一起的个人。但是从心理学的角度看，在某些特定的条件下，并且只有在这些条件下，一群人会表现一些新的特点，它非常不同于组成这一群体的个人所具有的特点。聚集成群的人，他们的感情和思想全都转到同一个方向，他们自觉的个性消失了，形成了一种集体心理。”哈佛大学著名心理学教授

McMillan将群体定义为一种感觉，指的是成员之间彼此有联系、有归属感和共同的信念，成员通过组织的形式满足自己的需求。可以看出，心理学认为形成集体心理是存在群体的前提，只有当集体心理形成了，个体的集合才能称得上是一个群体。

从心理学角度而言，群体应当拥有共同的心理认同，即个体认同自己是特定集合中的一部分，同时，形成集体心理是群体与个体集合的主要区别。

3) 人类学领域的群体概念

群体在人类学领域也是一个重要的概念，人类学领域对于群体的描述较为宏观。

群体是独立存在的构成社会的基本单位，相互之间地理位置临近，个体之间往往存在沟通与交流。在由吴泽霖主编的《人类学词典》中，对群体是这样解释的："群体：构成社会的重叠的基本单位。一般具有泛人性也就是独立自主的存在，超出其组成成员的支配。"（参见吴泽霖主编：《人类学词典》，上海：上海辞书出版社，1991年，第275页）。人类学家Canuto认为群体是"地理位置临近，存在沟通与交流的个体的集合。"人类学对于群体概念的定义更为宽泛，强调了个体在群体中是构成的基本单位，个体间的地理位置也是临近的，通过彼此间的相互沟通相互联系，然而群体一旦形成，组成它的个体便无法再支配它。

在人类学领域中，"群体"概念经常和"社会"概念一起被提及与比较，很多"群体"共同组成了"社会"。卢成仁对比了诸多社会学、人类学辞典，注意到辞典中对于社会和群体概念本身的解释中，两者的同质性大于差异性；而这其中最核心的差异是：由群体组成社会，即社会大于群体。从人类学的角度出发，虽然"社会"与"群体"两个概念存在着很多的相似性，但是社会是由很多群体组成的，社会是比群体更大的概念。

人类学学科认为群体是由许多相互独立但彼此沟通且地理位置临近的个体组成，很多群体共同组成了社会。

综合以上几个领域对于群体的不同定义，本书对群体概念的要素总结如表2.1所示。

表2.1　传统群体与网络在线群体的一致与区别

要素	相关研究来源	相关领域
两个或以上的独立个体	Platow，Shaw	社会学
内部互动/沟通、相互影响	Shaw，Turner，Kempe，Canuto	社会学，人类学
存在关系或联系	Kempe，Cooley	社会学
（客观的）相似性	Platow，Turner	社会学
集体心理	Le Bon，McMillan	心理学
（主观的）心理认同	Le Bon，Reicher，Tajfel	心理学
地理位置临近	Canuto	人类学

基于上述群体要素，综合群体概念的变迁，在本书中群体的定义如下：群体由两个及以上的独立个体所组成，成员之间存在关系或联系，互动和沟通使得彼此之间相互影响，形成集体心理，且成员之间存在客观上的相似性及主观上的心理认同。

2. *在线群体*

互联网的发展使得在线群体快速发展扩大，并在网络事件的舆情走向中发挥了越来越关键的作用。基于互联网络形成群体的概念，与传统的群体概念有相似之处，又有所区别。

网络在线群体与传统群体概念的首要区别就是社交网络中的群体依赖于互联网络，是由现实中的一群人，通过互联网组成一个虚拟的群体，不受地理等因素的影响，成员分布范围广。庞旭方认为网络群体形成的一个重要前提是网络社会的存在。王元卓认为网络群体不受地理等因素的影响、成员分布范围极广、网络群体的时效性比一般群体强。UweMatZat提出一群人通过如电子邮件、在线即时聊天工具和BBS（bulletin board system）这样的计算机中介通信（computer mediated communication，CMC）工具围绕反映了族群成员共同利益的至少一个话题进行相互交流。互联网是网络在线群体存在的必要条件。

网络在线群体依托于社会关系网络，网络在线群体不再是简单地基于亲属关系的集合，在其中，“朋友”关系扮演着越来越重要的角色，个体通过与彼此在互联网络中形成社会关系网络，网络在线群体得以形成。方滨兴等指出：社交网络中的群体指在共同目标或兴趣驱动下，通过社交网络自发地或者有组织地联系在一起，进行信息共享并能够相互影响的一群人[1]。因此，在 Web 2.0 的世界中到处是规模不等、目的不一、动态变化的虚拟群体。虽然有些在线虚拟群体是基于地理分布，但大部分虚拟群体在地理上是分散的，这与传统的群体概念有着明显的区别。

网络在线群体是具有共同利益或兴趣的分散型群体网络，成员之间以一定方式进行线上线下交互或活动，群体通过互联网进行互动与信息共享，群体成员间相互影响。郭玉锦与王欢认为网络群体中的成员不同于一般的上网浏览者，经常与他人互动交往，并自然形成网络社会群体，这里强调群体的成因是长期的讨论和互动。狭义的网络群体是指以计算机网络为沟通中介，昝玉林在其研究中提到网络群体是以信息联系为纽带，因工作、兴趣、价值取向、信仰以及个人的特殊需要或者任何其他目的而聚集起来的。这里强调群体的成因是共同兴趣或共同利益。这些在线群体表现出多种多样的特点和不尽相同的目的，从小团体紧密聚焦讨论特定主题，到创造数百个同时参与者的互联网络世界，再到数以百万计利益相关的用户在线交换商品和信息。Wilson强调群体的成因是共同利益、长期讨论信息交流。一个在线群体里面的人汇聚在一起总会针对同时关注的话题发表意见，并且具有一个共同的目的，或是信息交换，或是相互宣泄情感，或是有共同爱好，网民就这些目的进行传播（单向）和交流（双向）。蒋亚隆在他的研究中强调了群体的成因是信息交流。综合上述研究，网络在线群体的成因有 4 种：①共同兴趣；②共同利益；③长期讨论；④信息/知识交流。

对比传统的群体概念，本书对网络在线群体与传统群体概念的主要要素相似和区别整理如表 2.2 所示。

表2.2　传统群体与网络在线群体的一致与区别

对比	要素	来源
网络群体与传统群体一致的要素	两个或以上的独立个体	Platow，Shaw
	内部互动/沟通、相互影响	Shaw，Turner，Kempe，Canuto
	(客观的)相似性	Platow，Turner
	集体心理	Le Bon，McMillan
	(主观的)心理认同	Le Bon，Reicher，Tajfel
网络群体与传统群体区别的要素	依托于“朋友”的社会关系网络	在线社交网络分析
	基于虚拟网络	庞旭方，UweMatZat
	不受地理因素的影响	王元卓
	成因：①共同兴趣；②共同利益；③长期讨论；④信息/知识交流	郭玉锦与王欢，Wilson，蒋亚隆
	交流方式以文字或多媒体为主	UweMatZat

基于文献的基础及结合当前在线网络现状，本书给出了网络在线群体的定义：网络在线群体指两个或以上的个体，由于共同的目标或兴趣，通过互联网进行互动和信息交流、相互影响，自发组成具有关系网络的群体，群体成员对群体有认同感和归属感。

3. 虚拟社区

在线群体与虚拟社区两者存在一些相似之处，然而两者也有明显的区别。

虚拟社区是计算机领域经常提及的概念，对虚拟社区概念的定义大多强调的是由社区内部个体间关系连接形成的网络，这部分观点认为虚拟社区是一种群体关系，可以是个人之间、个人与群体或者群体之间的关系。在计算机领域，依据《在线社交网络分析》，虚拟社区结构的定义是，由网络中所有个体组成的集合的一个子集，该集合中的个体基于某种属性连接紧密，并和子集外的个体连接稀疏。《大不列颠百科全书》中将虚拟社区描述为一群不一定会在现实生活中相互碰面的个体，通过BBS或者其他互联网络媒介，彼此间交流文字和想法。《社会网络分析和挖掘百科全书》将虚拟社区定义为：当成员之间的互动只通过互联网或可能包括网上和面对面交流两种方式，成员可以相互同步(实时)或同步发布和回复他人的消息在他们方便时，我们将这个在线社区可称为完全“虚拟”。

也有一些学者在虚拟社区的定义中加入了群体概念的内容，如徐小龙等给虚拟社区定义如下:人们为了满足某种需要，在网络空间中相互交流而形成的具有共同目标的群体关系总和。徐小龙等认为虚拟社区中是一种群体关系，这种群体关系是通过群体成员相互交流来形成和维系的，并且具有一定的结构。Rheingold 指出：虚拟社区是足够多的人聚合在一起，进行时间足够长的公开讨论，并且投入有效的人类情感，形成网络空间中的个人关系网。这部分学者对社区的定义中也加入了情感的要素，包含了群体概念的内容。需要说明的是，随着社交网络的发展和各领域研究的推荐，尤其是计算机领域对虚拟社区的深入研究，这两个概念包含的意义已有较大区别。

在线群体与虚拟社区的相似之处在于：①两者都存在于网络空间，依赖于互联网络的虚拟性，在线群体与虚拟社区这两个概念都是依托于社交网络，因此两者在虚拟性方面是相似的；②需要两个以上的个体；③内部个体之间存在客观的联系，这种联系既可能是成员之间存在关系网络，也可能是群体内部存在彼此沟通的关系。

两者的区别主要体现在：①在线群体强调内部的互动沟通，强调主观的心理认同，群体必须依靠某种联系组带来维系相互间的关系，这个组带就是共同的兴趣或利益；②社区强调内部网络连接、网络结构，强调客观的相似性。心理认同感是群体区别于社区的主要要素。

本节认为，群体与社区的概念有很明显的区别，也不是包含的关系。群体不一定是社区，社区也不一定是群体。群体是由个体凭共同的兴趣或利益自发聚集形成的，群体与外部并不一定存在明显的网络空间间隔，成员之间也不一定存在结构关联；社区的存在是基于个体间的关系网络，关系网络的形成并不意味着个体间会有共同的兴趣或利益，一个社区中可能存在很多个小群体，一个社区也可能只是一个大群体的小部分。

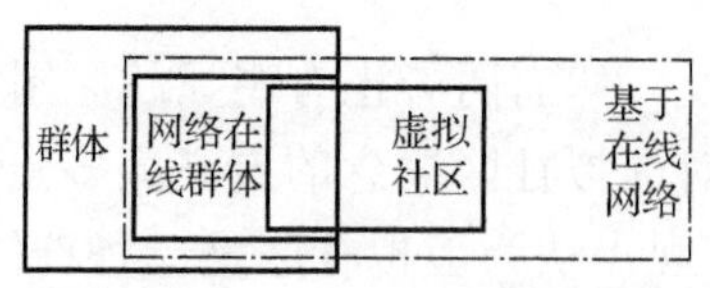

图 2.1　群体、网络在线群体和虚拟社区的关系

本节采用比较法对概念进行定义，通过比较可以看到群体、在线群体和虚拟社区之间的关系，如图 2.1 所示，网络在线群体是群体的子集，如在线的粉丝群体是整个粉丝群体中的一部分。虚拟社区与网络在线群体在概念上有区别，如在线的兴趣小组基于共同的兴趣组成群体，然而他们之间可能不存在社区关系，而从社交网络中挖掘出的社区，由于缺乏心理认同感，也不是群体；然而也有两个概念重合的情况，虚拟社区中存在群体心理认同，或者群体中有着紧密社区关系。虚拟社区和群体的交集其实就是网络在线群体与虚拟社区的交集，因为虚拟社区和网络在线群体都是建立于在线网络基础上的概念。

2.1.2　基于话题分类的在线群体形成研究

1. *基于社会系统响应函数的在线话题分类方法*

近年来，与在线社交网络中群体的相关研究中，出现了许多将其分类的标准，包括个体在网络空间与现实空间中的交集、需求、行为、目标、商业营利性、互动内容的主题、合法性、异质性、对公共事件传播关注的偏好、表达观点时的态度、生存周期、要素稳定性、互动频率、焦点/集中度、凝聚力和成员参与度等[2,3]。分类方式虽较广泛，但多出于网络舆情监控视角，鲜见学者专注于以话题为基础的群体分类研究。而话题作为一种组织信息的方式，恰恰是形成群体的重要方式之一。用户发表的言论往往受到一段时期内直接相关的事件或活动影响，与特定主题紧密相关。甚至吴信东曾指出不同的话题对于群体的影响力也不同。可见话题的分类对于在线群体的研究领域来说十分必要。

纵观近年文献，不难发现在线话题研究大多属于计算机领域，适用于技术层面的研究成果不断涌现，如话题检测、跟踪、分析、存储、预警和应急处理技术[4]等。在涉及在线话题的分类研究中，学者从不同的角度，结合实际场景需求提出了不同的分类方法。

从话题分类算法与技术的角度，学者分别利用决策树、层次聚类、LDA(latent dirichlet allocation)、主成分分析法、朴素贝叶斯、支持向量机、KNN(K-nearest neighbour)算法、Ricchi 算法、BP(back propagation)算法等方法提出了多元的网络话题分类算法[5]。

从网络舆情预判的角度，有学者将话题作为网络舆情萌芽初级阶段的产物，将其分为事件型话题与观点型话题。其中事件型分为可预见的和不可预见的，可预见的指一定会发生的事件，如“春节放假”，不可预见的事件往往是一些突发事件，如“坠机”等。

面向新闻报道类话题，刘玉新根据新闻报道的特征将话题分为 3 类：重复性新闻话题、演化性新闻话题和评论性新闻话题。龙志祎提出面向新闻 TDT(topic detection and tracking)系统的话题分类方法，即首先用话题的核心文档作为话题的表示，把对话题的分类转换为对话题核心文档分类；然后，对新闻网站频道属性进行分析，频道内容单一，没有交叉类别出现的频道，其频道信息可以作为来自该频道文档的类别属性，否则不能作为来自该频道文档的类别属性；继而，对不能继承新闻网站频道信息的话题核心文档，利用 KNN 分类算法对其进行分类；最后，将上述两步骤分类结果统一为话题分类结果，进行话题分类精度检测。

从话题热度评估的角度，刘玉新定义了热点话题，认为它不仅是被新闻网站报道和宣传力度大的话题，同时也是受互联网用户关注程度大的话题。刘宝忠通过热度计算，将热点话题归为 3 类：周期性热点话题、临时性热点话题和长期性热点话题。张永军等借助 TF-IDF(term frequency-inverse document frequency)思想，利用狄利克雷信息检索模型把话题分为长期话题和临时话题。

从社会语言学的角度，易欣基于汉语语法结构，估计出“微话题”中词语、短语、句子分布情况，并指出话题内容主要涉及政治、体育、行业、生活、教育及影视 6 大方面，其中社会生活类占 80%、影视评论类占 10%。张萌根据热门话题的多元内容，将其归纳为社会新闻、娱乐名人资讯、定时性话题及微博营销类话题。

综上，现有研究分布在多个学科，侧重视角不同，成果百花齐放。为了探寻一种更适用于在线群体的分类方法，本书提出一种有效的基于社会系统响应函数的在线话题分类方法。理论方面，引入系统动力学和新闻传播的思想，将在线话题从动力-外源性(exogenous)和内源性(endogenous)、传播-首要传播性(critical)和次要传播性(subcritical)两个维度，分为外源性首要传播型话题、外源性次要传播型话题、内源性首要传播型话题和内源性次要传播型话题 4 类，同时以此将在线群体进行细分，为社会大众提供了一个较为便捷的话题类别的判别方式。应用方面，本书提出的分类方法不仅仅适用于网络舆情分析，在其他方面也具有深刻的现实意义。在营销领域，帮助探寻易于被接纳理解的趋势和创新思路，为商家的精准化营销提供参考。在管理领域，可以识别出话题的趋势与热度，以便于对群体进行更好的引导与管理。

1)术语界定——在线话题(online topic)

在明确在线话题的概念之前,首先应该明确话题的含义和在线社交网络的范围。

话题，在 TDT 话题发现与跟踪评测计划中，是最基本的概念。在研究初期，事件和话题被认为有相同的含义，随后话题被普遍解释为一个核心事件或活动以及与之直接相关的事件或活动。洪宇等也认为话题是指由一个种子事件出发的一连串直接相关的事件或活动。

《在线社交网络分析》一书指出，在线社交网络是一种在信息网络上由社会个体集合及个体之间的连接关系构成的社会性结构，包含关系结构、网络群体与网络信息 3 个要素。根据功能与展现方式的不同，大致可分为 3 类。一是关系导向型网络，基本为现实社交圈子的映射，如人人网、微信、Fackbook 等。二是内容导向型网络，用户基于共同兴趣，采用 BBS 论坛、博客等形式的互联网应用，通过长期交流、互动形成的社交聚合，如天涯社区、百度贴吧等。三是媒体分享型网络，用于发布、检索和共享媒体资源，如 Flickr、土豆网等。目前，各类网站的功能日益丰富，使得上述类型划分日益模糊，如微博既包含关系导向型网络又含有内容导向型网络。本书将上述 3 种网络及其各种组合，统称为在线社交网络。

在现有研究中，几乎没有发现在线话题的明确定义。具有一定参考意义的是，曾有学者对互联网话题进行多层面界定。狭义视角，刘玉新认为互联网话题形成于各大新闻门户网站，新闻媒体会不定时地发布新闻报道，来阐述和跟踪现实社会中发生的事件；广义视角，认为互联网话题形成于互联网中各种各样的应用，如新闻网站、BBS 论坛、微博、博客、社区网站等。借鉴其定义方法，从广义层面，认为在线话题为：来源于各类在线社交网络平台，由一个种子事件、活动引发的与之直接相关的事件或活动。

2)基于话题的在线群体分类方法介绍

(1)理论基础。

以 Sornette 等[6]提出的在外源性与内源性冲击推动下的图书销量分布函数为基

础，Crane[7]认为信息爆发现象是由消息等待时间呈无尺度分布和信息呈级联传播这两个因素导致的，并建立了可分类度量社会系统响应的函数模型。在模型中作者不仅考虑了话题中事件的外源性因素和内源性因素，还根据话题在网络中的传播性，进一步将其细分为首要传播性和次要传播性。借助拥有 500 万视频资源的 YouTube 平台数据，通过对评论及时间的定量分析，得出个体在接触信息和产生响应之间的时间分布函数：

$$\phi(t) \sim 1/t(1+\theta), \quad 0<\theta<1 \tag{2-1}$$

式中，θ主要由信息源决定，信息源“质量”越高θ越小。

收看(视频)的即时概率为

$$\lambda(t)=V(t)+\sum_{t_i \leqslant t}^{i} \mu_i \phi(t-t_i) \tag{2-2}$$

式中，μ_i是在时间点 t_i 被 i 个看过视频的用户影响的潜在用户数，传播性越好的话题，群体内部μ_i越大。次要传播型话题中$\mu_i<1$，而首要传播型μ_i接近于 1，$V(t)$是系统中除外源影响外的影响因素。并得出结论：①外源性和内源性是推动一个话题是否可以登上热门话题的榜单并迅速在在线粉丝中传播的因素。②首要传播性或次要传播性，决定了参与讨论该话题的人是否易于将这个话题扩散影响至他人，引发他人关注。若一个话题的可传播性强，敏感性高，使讨论者间相互影响作用增强，事件话题萎缩速度减缓，此时体现出其首要传播性，反之则体现出次要传播性。③若一个人的社交网络很发达，那么更易受到给定的视频内容的影响，引发实际的具体行动，最终增加了搜索量，为社会系统响应趋势升高或减缓下降作出贡献。

Kwak 等于 2010 年发表了一篇经典论文，以所获取的 6058 个 Twitter 话题的发展趋势与生存周期为参考依据，作者进一步归纳出每类话题的表征，将此话题分类方式引向更深层次的探索。Kwak 认为外源性首要传播型话题主要指爆炸性或头条新闻，外源性次要传播型话题通常具有主题标签，内源性首要传播型话题具有持续性的本质，而内源性次要传播型话题则在短暂期间内引起极少人的关注。此外，作者还对 4 类话题占比进行统计分析，具体结果，如表 2.3 所示。发现外源性首要传播型话题的占比最大，而内源性次要传播型话题占比最少。可见，一个话题的发生在大多数情况下需要很强的外源影响力及互联网用户的广泛传播才能保持其生命力。

表 2.3 文献中 4 类话题分别占比

	次要传播型(subcritical)	首要传播型(critical)
外源性(exogenous)	31.5%(1905)	54.3%(3290)
内源性(endogenous)	6.9%(419)	7.3%(444)

将学者定量分析不同性质的话题而总结出的分布规律，应用到在线群体的研究中，转化为可识别其所属分类的定性方法，即通过观测社会系统响应函数的趋势，判断话题本身所具备的性质，进而对讨论话题的群体进行分类，即基于外源性首要传播型话题的在线群体、基于外源性次要传播型话题的在线群体、基于内源性首要传播型话题的在线群体、基于内源性次要传播型话题的在线群体，这是本书中关于在线群体分类的方法。

(2)关于内源性与外源性的解释。在计量经济学建模中，根据变量的性质将其分为外生变量和内生变量。内生变量是其数值由计量经济模型所决定的变量，即模型求解的结果，而外生变量是其数值由模型以外决定的变量。在经济体系结构中，外生变量又称政策性变量，指在经济机制中受外部因素主要是政策因素影响；内生变量，又称为非政策性变量，是指在经济机制内部由纯粹的经济因素所决定的变量。在管理学领域，认为工作压力分为内源压力和外源压力。前者来自工作本身，由工作内容、工作标准等因素造成，后者来自工作活动以外由工作环境、人际关系等因素构成。在心理学领域，POSNER 将注意分为内源性注意和外源性注意。内源性注意指根据观察者的行为目标或意图来分配注意，外源性注意指观察者的视野外部的信息所引起的注意定向。

我们综述不同专业领域的相近概念，理解内源性和外源性的共通点，并结合话题的独特性对其性质进行分析。根据系统思想的启示，将讨论同一个在线话题的讨论者群体抽象为一个系统，即社会系统。《突发性公共危机事件与网络舆情的作用机制研究》一书中指出，致使突发性公共危机事件网络舆情发生演化的原因可分为内源动力与外源动力。这也说明了一个话题在系统中流行度达到顶点的过程中，离不开内源动力与外源动力的推动。具备外源性的话题往往依靠系统外部不断地输入信息，来保持其生命力和新鲜感。围绕话题的讨论内容根据持续更新的发展状况会不断地衍化、丰富与扩展。这类话题一般指突发事件或突然引发热议的公共事件等。而具备内源性的话题，往往受到本身属性的影响，如系统内部成员对话题内容的固有认知、体会和情感等。这些内生因素足以支撑其生存，所以称为内源性话题。这类话题一般指非突发性的、具有稳定关注者的话题。

话题的动力机制对事件发展方向、影响力的形成至关重要，因此本书对讨论不同类型话题的群体进行细分研究，在舆情监控、话题营销、群体管理等领域确实是有益的尝试。

(3)操作步骤。第一步：社会系统响应函数趋势及其观测平台选择。

响应函数(response function)是指信息源本身会带来的影响。社会系统响应函数趋势是指在线社交网络中讨论同一个在线话题的讨论者群体由于网络中的级联影响，而产生动态变化的过程，表现为网络中的响应变化。目前，可观测社会系统响应函数趋势曲线的平台有很多，常用的如百度指数、Google Trends 和微指数。实际研究中，可根据资料的特殊性和适用性，来选择恰当的社会系统响应趋势观测平台。

第二步：区分话题的外源性与内源性。在一个成熟的传播网络上，由于网络外部或内部所产生的信息不断输入，其流行度会呈现明显的趋势变化。外源性话题表现出幂率上升指数下降的趋势，内源性话题则呈指数型上升及指数型下降的变化趋势。通过两个案例来展现其差别，如图 2.2 中所示。图 2.2(a)为发生于 2004 年 12 月 26 日的灾难性亚洲海啸，图 2.2(b)为电影《哈利波特》。通过绘制互联网搜索引擎中的搜索量变化图来反映社会系统响应趋势。图 2.2(a)为具备“外源性”的典型话题，突如其来的高峰与稍缓慢的下降代表在线社交网络的突发响应，是“外源性”的标志。相比之下，图 2.2(b)体现了话题的“内源性”，趋势具备明显的增长预示，在最高峰后的下降与之前的上升部分几乎是对称的。由此特征可以判断话题的主要动力来源。

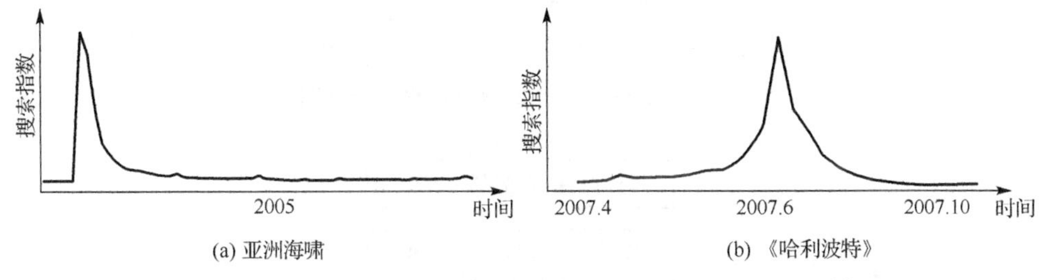

图 2.2　文献中外源性与内源性社会系统响应趋势图举例[6]

第三步：区分话题的首要传播性与次要传播性。Crane 模拟出 4 类话题每日搜索量，如图 2.3 所示。发现在外源动力话题中，次要传播型话题存在没有前兆的快速增长，达到峰值后接近 100%的快速下降；而首要传播型话题，达到峰值后下降的速度比次要传播型话题缓慢，持续时间较长，并且峰值的权重比例比次要传播型话题稍小，约占 80%。在内源动力话题中，首要传播型话题的特点是具备明显的增长前兆和缓慢衰减，这意味着峰值的权重占总体比例很小一部分，大约为 20%，并且明显的前兆增长几乎与随后的缓慢下降对称；而次要传播型话题由于短期内的关注量较少，不易于形成明确的趋势增长与衰退规律，但与内源性首要传播型话题相较，可明显发现区别，故可用排除法来确定此类话题。为了更清晰地明确识别过程，实际操作时可遵循图 2.4 中流程。

3) 在线社交网站中各类话题的分布研究

(1) 话题选取。运用本节介绍的方法，讨论在线社交网站中，不同平台中话题的分布情况。选取了新浪微博与百度贴吧，并分别运用微指数、百度指数观测话题趋势。新浪微博中微话题的 24 小时话题榜选取 11 月 9 日的前 500 个话题。在百度贴吧提取 11 月 7 日～11 月 9 日热门贴吧的中心词作为话题。

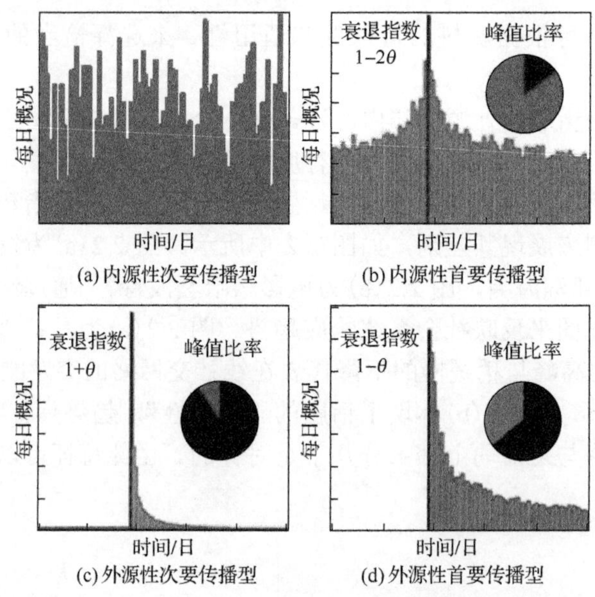

图 2.3　文献中 4 类话题每日累计峰值图

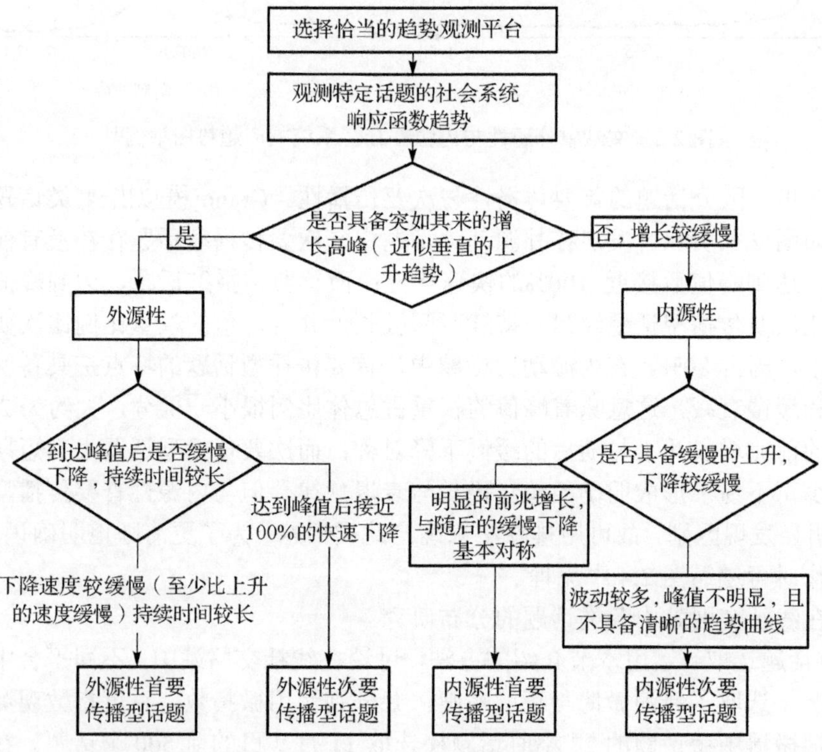

图 2.4　判断在线话题分类的流程图

(2) 数据清洗。依次去掉①重复话题；②微指数和百度指数还未收录的话题；③正处于上升阶段即目前尚观测不出完整趋势的话题，分别剩余 194 个新浪微博话题和 72 个百度贴吧话题。

(3) 定性判断。根据前面提出的流程方法，观测每个话题完整的生命周期。

在具体操作时，最理想的情况是该话题拥有一个明显清晰的趋势曲线，在话题生命周期中，除了主要波动期的观测期内没有干扰判断的波动，如图 2.5 所示。

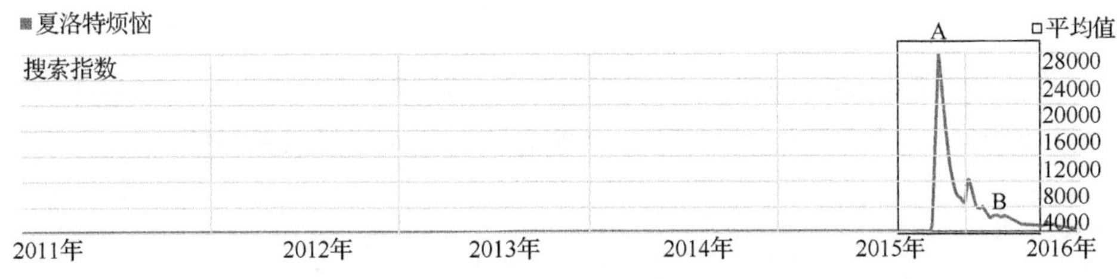

图 2.5 实际中理想情况举例

但有时趋势曲线并不明确或不易识别，因此，本书尝试对这些情况进行分类讨论。

第一类：较易于判断的趋势情况如图 2.6 所示，波动虽多，但是大部分波动极差较小可忽略不计。通过找到生命周期内极差最大且峰值最高的与众不同的完整波动期，以此时间周期来判断其话题性质较为精确。

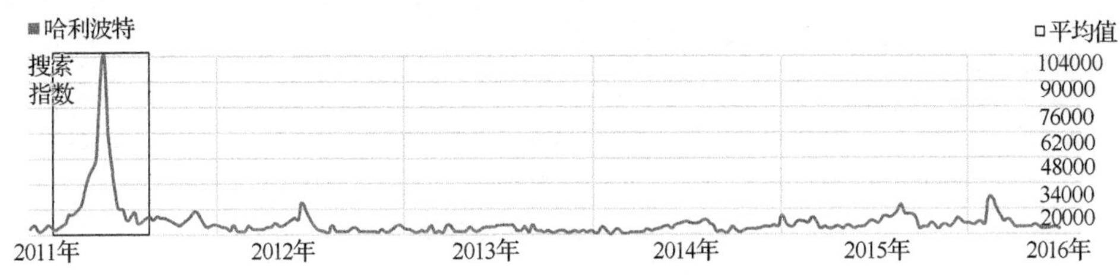

图 2.6 实际情况举例 1

第二类：在观测时间范围内，波动较多，且波动期内极差稍大不可忽略。但却拥有明显的高峰，可以分辨出峰值最高且观测期内极差最大的周期(图 2.7(a))，此时应以此周期为主要分析对象来判断其类型；当最高峰值有多个且相邻时，可将此连续高峰看成一个生命周期来进行后续判断(图 2.7(b))。

(a) 单个明显高峰

(b) 连续相邻明显高峰

图 2.7　实际情况举例 2

第三类：当观测的时间范围内，波动较多，拥有多个高峰，且峰值较接近，无法分辨出峰值最大的周期时(图 2.8)。这种情况视为无明显趋势曲线。

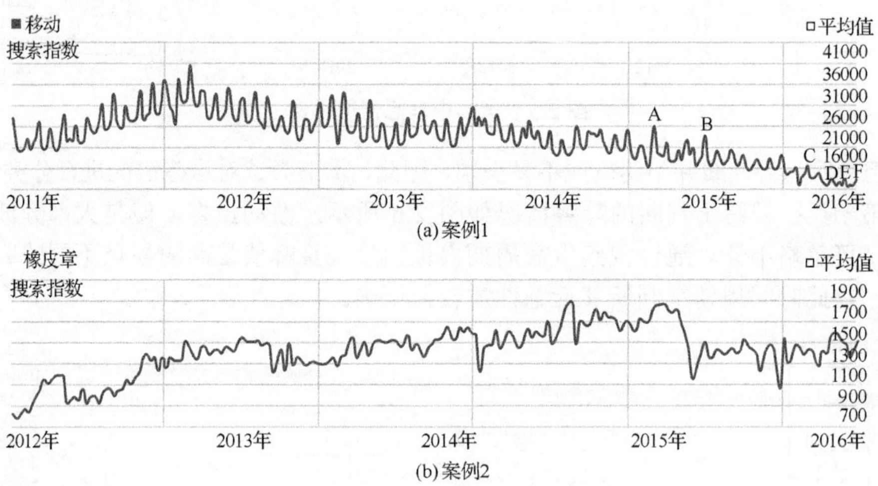

(a) 案例1

(b) 案例2

图 2.8　实际情况举例 3

4) 研究结果

为验证方法实用性，本书运用上述方法对 4 类话题进行识别。同时邀请 3 位社交网络分析领域专家，对话题进行人工分类。结果显示，本书方法的总准确率为 0.632，其中对外源性首要传播型话题识别的准确率为 0.720，对外源性次要传播型话题识别的准确率为 0.525，对内源性首要传播型话题识别的准确率为 0.643，对内源性次要传播型话题识别的准确率为 0.476，准确率较为理想。另外，外源性首要传播型话题的召回率为 0.727，外源性次要传播型话题的召回率为 0.681，内源性首要传播型话题的召回率为 0.509，内源性次要传播型话题的召回率为 0.714，召回率比较理想。

最终得到 4 类在线话题的分别占比如表 2.4 所示。对比两个在线社交平台中的话题分布，发现两者的分类比例略有不同。相同的是，①两个平台中首要传播型话题均多于次要传播型话题，验证了话题的首要传播性是维持其登上持续热榜的重要因素；②内源性次要传播型话题均占少量比例，可见缺乏爆发性与传播性的话题只能引起小众的讨论，并不广泛。

表 2.4　新浪微博和百度贴吧中 4 类话题的分别占比

	外源性首要传播型	外源性次要传播型	内源性首要传播型	内源性次要传播型
新浪微博	0.4175	0.2371	0.2784	0.0670
百度贴吧	0.2639	0.2083	0.4167	0.1111

不同的是，新浪微博平台中外源性话题较多，而百度贴吧中内源性话题较多，非常符合两个平台的定位与宗旨。新浪微博可以让你“随时随地发现新鲜事”，人们期待在这里看到最新、最全的咨讯内容，尤其对爆发性的突发事件感兴趣，所以热榜中外源性话题居多。宋恩梅也认为新浪微博是信息发布和分享、人际传播交流的新渠道，面向熟悉的人或全体公众快速地分享“即时”信息，在此兴起的话题大多借助了外源推动力，因此外源性话题较多。而百度贴吧是“以兴趣主题聚合志同道合者的互动平台”，最热门的讨论内容恰恰是人们日常所热爱、关心的事物，所以内源性话题较多。对此结果，其他学者也曾从不同角度论证过，如李珊珊通过对粉丝文化变迁的解读，将百度贴吧定位为一个为粉丝的聚集而诞生的快速、定向性强的渠道，在这里粉丝很容易找到与其兴趣相同的“粉丝”；路双认为百度贴吧具备网络趣缘群体的基本特征，在此聚集起来的群体有广泛性、异质性、匿名性等特点，群体成员平时联系不频繁，很难建立起亲密的关系，往往因为同一个话题而聚集在一起讨论。可见，两个平台的网站定位十分不同，百度贴吧成员主要因为对话题本身的兴趣而聚集起来，而新浪微博成员则是出于对新鲜话题的猎奇心态，由此，也造成了内外源话题的比例不同。

统计结果与文献中提到的分类占比略有不同，主要差别是内源性首要传播型话题数量明显增长，外源性次要传播型话题比例降低。造成差异的原因可能为本书中话题均选择于热门话题中 24 小时热门榜单和持续热门的话题，上榜话题持续时间较长，因此次要传播型话题相对较少，且话题数量基数不同。

依据国外学者的定量实证研究，结合在线社交网络的独特性和所讨论话题的差异性，提出了基于社会响应函数的在线群体分类方法。简单概括为首先根据话题趋势图中是否具备突如其来的快速增长来区分在线话题的内、外源性，再根据下降趋势和持续时间来辨别其首要传播性和次要传播性，以此将在线群体分为 4 大类——基于外源性首要传播型话题的在线群体、基于外源性次要传播型话题的在线群体、基于内源性首要传播型话题的在线群体和基于内源性次要传播型话题的在线群体。此外，提出了具体的操作流程框架，说明了可能遇到的常见状况。

运用本节的方法抽样估计出以新浪微博和百度贴吧为代表的在线社交网站中每类话题的分布情况，发现新浪微博平台的用户更加热衷于讨论新鲜感十足的外源性话题，而百度贴吧平台的用户更关注以自身兴趣为中心的内源性话题。同时，验证了话题的首要传播性更利于帮助话题登上持续时间长的热榜。

本节的工作也存在一定的局限性，此方法虽然是基于之前学者定量研究得出的结论，并采用与专家交流经验的方法进行了实证运用，但是仅作为初步科学识别在线话题类型的定性研究方法。介绍此方法的目的在于能够使研究人员快速地、便捷地对在线话题事件类型做出科学判断。未来还需要在以下几方面进行进一步研究：①目前观测社会响应系统函数的平台集中于少量互联网搜索引擎提供的搜索指数查询平台，对在线话题的收录数量有限，无法涵盖全部在线话题，需进一步扩大观测平台的选择范围。②此方法对观测数据要求较高，要求函数中必须可体现出一个完整的话题生命周期。下一步可尝试结合定量分析，预测正处于发展阶段的在线话题的未来发展趋势。③由于定性方法的局限性，只能大致根据话题趋势判断出其性质，若在实际操作时遇到模棱两可、无法确定的情况，还需考虑依据专家经验来进一步明确，未来需通过大量基于此方法的实证研究来总结补充完善此方法，使之在快速有效的基础上能够更加精确细致、尽可能客观周全。

2. 基于话题动力的在线群体形成机理研究

通过观测社会系统响应函数趋势图来区分话题的动力机制，即外源性与内源性冲击推动力，并进一步根据群体网络中的用户是否易于将事件传播扩散给别人，进一步将话题细分为首要传播型和次要传播型。本节主要研究围绕不同动力话题的在线群体，从根源入手，基于微观视角观测个体的参与动机与参与过程，并运用扎根理论探索在线群体的形成机理。

近十年来，对互联网中的群体研究渐趋深入，国内外学者分别从不同的角度对在线群体的形成机制进行描述。

在线群体形成的驱动因素包括如下几方面。在线群体中成员的参与动机。Jing 认为个体的参与行为是由价值驱动的，包括功能价值、情感价值、社会价值和经济价值；Rioux 和邓胜利均指出信息、知识的获取与分享是群体触发的开端；Dholakia 提出 6 种动机(信息性、工具性、自我发现、维持人际关系、炫耀性、娱乐性动机)；Andersen 认为情感、兴趣、关系和实际的利益需求是驱使个体通过互动关系参与到在线群体当中的原因；Madupu 和 Cooley 将动机归纳为自我发现、社会整合、社交、娱乐等因素；Barker 从心理学角度发现年长的青少年使用 SNS 网站的动机包括打发时间、娱乐、获取社会认知、喜悦和虚拟友谊。在线群体关系的维系条件。Newton 认为义务、期待关系法则是驱使社群互信的表现；Mathwick 等指出社群承诺的形成对建立关系、获取支持、品牌忠诚等情感性价值起主要作用；Thornson 等聚焦在人际依恋关系，认为品牌社群的消费体验可以增强成员和社群的关系；Albliwi 和 Lorraine 则强调了知识分享、实践与认知价值在个体持续参与过程中的重要性。

在线群体形成的过程探究方面。基于形成过程的不同维度。Patterson、Yu 和 de Ruyter 从组织行为学研究中向个体参与概念中引入了四个成分——吸收、奉献、活力、互动；Amine 和 Lionel 提出了空间归属感与精神归属感；曹银忠归纳出大学生网民群体生存发展过程机制的 4 个维度(情感共鸣机制、话题牵引机制、符号互动机制、角色扮演机制)等。

基于形成过程的不同层面。David 和 Watzlawick 将成员的信息交流分为内容(信息)与关系层面(感觉)；Vivek、Morgan 和 Hollebeek 认为个体参与由感知、情感和行为三个层次构成；同时，王毅和王兴元提出了行为参与和情感参与。

基于形成过程的不同发展阶段。Clarke 等将网络社群生命周期研究的变量纳入到发展模式之中，认为影响参与网络社群的变量包括技术、动机、任务与系统。Figallo 和 William 通过对 Apple 主题社群的实证研究发现，从社群中获得信息、物质、形象、情感等实际价值时，会加深个体参与在线群体的程度，有利于顾客忠诚度的培养；Algesheimer 将成员之间的交互行为及对集体活动的参与定义为社群参与，并用其来界定用户参与社群的程度；《虚拟品牌社区研究》一书中将在线群体的形成划分为 3 个阶段(形成聚集空间、形成沟通空间和形成品牌社群)。

整体看来，对于在线群体形成的研究中，国内的大多学者针对特定人群(如大学生网民)或针对特定网络(如品牌社群、趣缘圈子)方面进行研究。本书另辟蹊径，从话题入手来探究在线群体的形成机制。

在梳理文献时，受到了 Bagozzi、Muniz、O'Guinn 和 Shang 等学者的启发，虽然这些研究的主要研究对象为品牌社群，且只是单从营销的角度思考个体的参与动机，尚不全面。但可参考其群体形成的逻辑过程，即将个体的在线群体参与程度作为在线群体成长的衡量指标，并且认为个体的感受可以影响其参与程度。再结合话题的分类，为本节探寻不同阶段的个体动机及参与过程奠定基础，也为后面对扎根理论的选择性编码结果进行初步理论建模提供逻辑基点。

1)研究设计

(1)研究方法的选择。网络志方法搜集资料：作为一种适合网络研究对象的研究方法，网络志中的在线观察法和在线参与法将作为数据收集的主要方法。优点在于容易在网上收集到大量第一手资料，节省时间和研究费用，并且不会干扰样本。

扎根理论揭示机理：从已有的文献来看利用科学系统的方法来得到促成群体形成因素的研究较少，并且在话题的驱动效应方面略有不足，这推动了新理论的构建。单纯的定量实证研究方法只能揭示出特殊情境下的规律，无法深度解读规律背后所蕴含的机理，因此需要这种可以解释机制的理论。扎根理论是一种深入情境的研究，克服了质性分析其他方法中偏重经验性的缺点，通过对数据间的不断比较，进行抽象化、概念化的思考和分析，从数据资料中归纳提炼出概念和范畴并在此基础上构建理论的研究方法论。

跨多案例补充：另外，本书采用了多案例“差别复制”的逻辑思想，通过深入剖析同一类型群体的不同案例，进行跨案例概念与范畴的补充，并发现变量间的归因关系和路径依赖关系。具体研究流程图如图 2.9 所示。

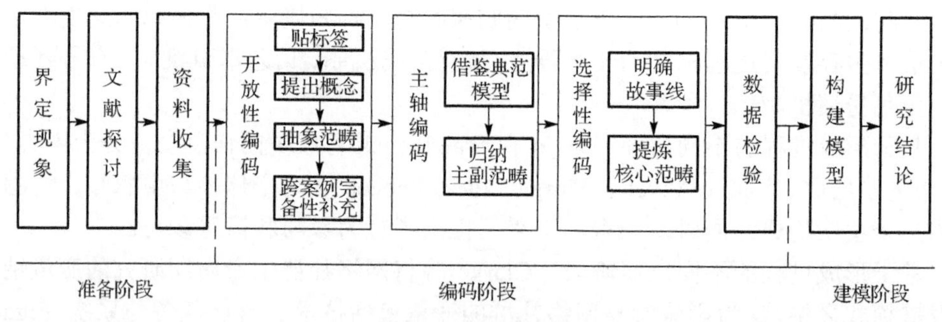

图 2.9　研究流程图

(2) 案例选择。利用“百度指数”来观测社会系统响应趋势曲线，同时，资料收集平台为“百度贴吧”。之所以选择百度贴吧，是因为作为一个典型的网络趣缘在线群体，一种基于关键词的主题交流社区，百度贴吧聚集了拥有共同兴趣因子的人。主题词既可以是一个具体的人、物，也可以是一个抽象的概念、话题。因此选取百度贴吧中的在线群体作为本书的具体研究对象非常适合且恰当。

选取了 10 个典型话题案例，见表 2.5。收集的数据为与被选定的话题案例相对应贴吧中的主题帖及其所有评论。

表 2.5　案例选择表

话题		外源性	内源性
首要传播型	泛娱乐性	A：爸爸去哪儿第二季	E：哈利波特
	非泛娱乐性	B：马航	F：中国男篮
次要传播型	泛娱乐性	C：后会无期	G：特洛伊
			H：杜拉拉升职记
	非泛娱乐性	D：冰桶挑战	I：行走的力量
			J：西气东输

(3) 理论抽样。由于收集到的资料体量庞大，所以本书所用到的抽样数据主要来源于两方面。

生命阶段抽样(扎根理论编码资料)。每个新闻事件都具有出生、成长、衰败和死亡的生命周期，参照社会系统响应趋势图可反映其随时间变化的热度。将每个案例按照生命周期划分为 4 个阶段，于每阶段随机选取 1 天的数据作为研究的数据基础。

观测对象抽样(构建理论模型)。为体现对象样本的差异性和典型性，本书依据 Kozinets 提出的 5 个判断标准，选取适合的观测对象来证明理论模型中的逻辑关系。同时 Sanders 建议进行多案例研究时最佳的案例数目为 3～5 个。本书为每个案例各挑选了 4 个符合研究目的的观测对象，10 个案例共计 40 个观测对象。

(4) 数据清洗。对所搜集的资料、数据，进行确认、摘录、整合和补充，剔除相关度低、缺少实质性内容、重复的资料，形成相对完整的原始数据，最后将 50%的抽样数据用于抽取、提炼概念与范畴、建立模型，另外 50%用于理论饱和性检验。

2) 基于扎根理论的在线群体形成模型构建

(1) 扎根理论编码部分。严格按照 Glaser 和 Strauss 提出的扎根理论的操作程序，依次完成编码步骤。

① 开放性编码。根据扎根理论，为尽可能地发掘出有价值的范畴、属性和维度，并对其进行命名和分类，在该阶段要将收集到的资料切割、分解，从原始资料中萃取能反映其本质的概念。逐字逐句地从中提取出重要的信息，用 xn 表示然后对每一条信息进行编码，并抽象出相应的概念。完成一个案例资料编码后，将反映相同问题的概念合并到一起，归为同一个范畴。通过对数据的不断比较、概括和跨案例完备性补充后，整理得到：外源性首要传播型话题案例中形成了 33 个概念、4 个范畴(参与动机、感知体验、持续参与、社会融入)；外源性次要传播型话题案例中形成了 29 个概念、3 个范畴(参与动机、感知体验、社会融入)；内源性首要传播型话题案例中形成了 46 个概念、4 个范畴(参与动机、感知体验、持续参与、社会融入)；内源性次要传播型话题案例中形成了 45 个概念、4 个范畴(参与动机、感知体验、持续参与、社会融入)，部分开放性编码节选内容见表 2.6，最终概念与范畴汇总表见表 2.7。

表 2.6　开放性编码节选内容

<table>
<tr><th colspan="6">开放性编码</th></tr>
<tr><th></th><th>相关资料</th><th>概念化</th><th>Ⅰ级范畴</th><th>Ⅱ级范畴</th><th>Ⅲ级范畴</th></tr>
<tr><td rowspan="6">外源性首要传播型话题</td><td>通过参与话题群体来获取与话题相关的有价值的信息，如了解最新发展动态(a14)，追溯事件发展缘由(a44)，以此加深对整个话题事件的认识</td><td>成员参与话题群体是为了获得信息资源</td><td>信息价值动机</td><td>个人动机</td><td rowspan="2">参与动机</td></tr>
<tr><td>个体贡献式的参与行为，如向其他成员提供帮助和支持(a216)、展示自己的才华(b13)、能力(b41)及其他行为</td><td>成员参与话题群体是为了获得个人可感知的成就感</td><td>成就价值动机</td><td>社会动机</td></tr>
<tr><td>乐于接受其他成员的观点看法(b153)、相信其他成员没有理由做出损害自己利益的行为(b54)、遇到突发情况时更倾向于在该群体中获得需要的信息与帮助(b82)</td><td>个体潜意识认为话题群体是个可靠的群体</td><td>关系信任</td><td rowspan="2">感知体验</td><td rowspan="2">感知体验</td></tr>
<tr><td>个体受话题群体提供的内容及价值影响，沉浸其中可获得愉悦的感知(b46)和高度的精神集中(a109)</td><td>成员完全投入到某一情境中而体验到的整体感受</td><td>畅快体验</td></tr>
<tr><td>表达出希望继续与成员讨论(a176)、因外力暂时无法参与但稍后一定会再次加入的心情(a250)</td><td>个体由于良好的感知体验而萌生了持续参与的意向</td><td>持续参与意向</td><td>持续参与</td><td>持续参与</td></tr>
<tr><td colspan="5">…</td></tr>
</table>

续表

开放性编码					
	相关资料	概念化	Ⅰ级范畴	Ⅱ级范畴	Ⅲ级范畴
外源性次要传播型话题	通过在群体中发言或者与其他成员互动，让其感到愉快(c499)、打发时间排解无聊(d685)、宣泄不良情绪(c259)来缓解工作和生活压力等	成员参与话题群体是为了个人娱乐	娱乐价值动机	个人动机	参与动机
	通过与志同道合的成员共享信息(d678-1)、沟通和交流(c443-2)，促进人际关系发展	成员参与话题群体是为了实现社会角色价值的需求	社交价值动机	社会动机	
	通过个体在群体中发布活动(d11)、参与他人组织的活动(d612)的具体行为来体现	成员对群体感到满意，同意群体里的规范、传统、习惯、目标	群体认同	感知体验	感知体验
	…				
内源性首要传播型话题	开设虚拟商店，交易与话题相关的虚拟产品如个性化 ICON 和签名档(e490)希望借助成员间的关系，完成财物交易或资源流通等行为(f283)，使资源最大化利用	将在线群体作为将单个成员聚集起来的工具平台	工具价值动机	个人动机	参与动机
	通过表达对在群体中持续参加的时长(Bx572)、养成参与习惯(Ax729)等行为来展现	个体参与行为达到一定程度时，个体自然生成的规律性的参与行为	持续参与行为	持续参与	持续参与
	感受到强烈的群体归属感(e91)、展示出极度的群体忠诚(e588)、与其他成员培养出深厚的感情，当离别时会主动与成员告别(f236)、甚至出现了偏激的守护行为(e3)	群体认同的深化阶段，个体表现出更加强烈的同类意识，认为这个群体与自身情况非常吻合	同类意识	社会融入	社会融入
	了解群体的章程与传统，能识别出群体中特定的标识与话语(e326)、当成员的行为不符合群体章程和传统、当群体的负面言论出现时，愿意主动站出来维护群体的规则和形象(e230)	累积一定程度的参与经历后，个体培养出共同的群体精神	群体精神		
	…				
内源性次要传播型话题	以主人翁的视角，表达出对群体发展的期待，当效果不如预期时会表现出对管理团队能力的质疑(g366)和恨铁不成钢的负面情绪(Dx260)，当贴吧有起色时也会受到心理暗示，表现为发自内心的开心(g160)。并且自发代表话题群体发言(i216)、主动汇报群体状态(g235)、拓展新社交领域(j377)，让成员更大程度地接近彼此的社交生活	个体渐渐地从实践性参与深化到情感参与，认为话题群体是自己的常驻地	主人意识	社会融入	社会融入
	主动思考群体的发展走势(g122)、参与建设管理(h231)、自发创建群体感兴趣的栏目(i177)	自觉担任管理者的角色，主动亲自参与群体的建设与规划活动	管理建设意识		
	个体认为对成员提供帮助是应当的，尤其是为新加入的成员解释群体规则制度或提供帮助(h387)、当成员利益受侵害时主动站出来维护成员的利益和权力(h54)	个体作为群体中的道德责任维护者，负担起维护群体生存秩序、道德不被破坏及群体协调运转的责任	责任意识		
	…				

表 2.7　最终概念与范畴汇总表

范畴			外源性		内源性	
Ⅲ	Ⅱ	Ⅰ	首要传播	次要传播	首要传播	次要传播
参与动机	个人动机	信息价值动机	1．更新信息	1．更新信息	1．更新信息	1．更新信息
			2．发散信息	2．发散信息	2．发散信息	2．发散信息
			3．梳理信息	3．梳理信息	3．梳理信息	3．梳理信息
			4．提出疑问	4．提出疑问	4．提出疑问	4．提出疑问
					5．统计调查	
		娱乐价值动机	5．消遣娱乐	5．消遣娱乐	6．消遣娱乐	5．消遣娱乐
			6．情绪表达	6．情绪表达	7．情绪表达	6．情绪表达
		工具价值动机		7．实体交易转让	8．实体交易转让	7．实体交易转让
					9．虚拟商品交易	
				8．资源推荐互惠	10．资源推荐互惠	8．资源推荐互惠
	社会动机	社交价值动机	7．分享感悟	9．分享感悟	11．分享感悟	9．分享感悟
			8．分享经历	10．分享经历	12．分享经历	10．分享经历
			9．分享喜好	11．分享喜好	13．分享喜好	11．分享喜好
			10．观点讨论	12．观点讨论	14．观点讨论	12．观点讨论
			11．扩大社交	13．扩大社交	15．扩大社交	13．扩大社交
			12．寻求支持	14．寻求支持	16．寻求支持	14．寻求支持
			13．表达理解		17．表达理解	
		成就价值动机	14．展示自我	15．展示自我	18．展示自我	15．展示自我
			15．激励成员	16．激励成员	19．激励成员	16．激励成员
			16．安慰成员	17．安慰成员	20．安慰成员	17．安慰成员
			17．解决疑问	18．解决疑问	21．解决疑问	18．解决疑问
				19．帮助成员		
感知体验	感知体验	畅快体验	18．感知愉悦	20．感知愉悦	22．感知愉悦	19．感知愉悦
			19．高度集中		23．高度集中	
		关系信任	20．接受观点	21．接受观点	24．接受观点	20．接受观点
			21．寻求利益保障	22．寻求利益保障		21．寻求利益保障
		群体认同	22．发起活动	23．发起活动	25．发起活动	22．发起活动
			23．参与活动	24．参与活动	26．参与活动	23．参与活动
			24．群体满意	25．群体满意	27．群体满意	24．群体满意
					28．共同创作	
持续参与	持续参与	持续参与	25．持续参与意向		29．持续参与意向	25．持续参与意向
			26．持续参与行为		30．持续参与行为	26．持续参与行为
					31．掌握动态	27．掌握动态

续表

范畴			外源性		内源性	
Ⅲ	Ⅱ	Ⅰ	首要传播	次要传播	首要传播	次要传播
社会融入	社会融入	群体精神	27. 维护群体规则	26. 维护群体规则	32. 维护群体规则	28. 维护群体规则
			28. 维护群体形象	27. 维护群体形象	33. 维护群体形象	29. 维护群体形象
					34. 维护群体尊严	
		责任意识	29. 向新成员传授经验		35. 向新成员传授经验	30. 向新成员传授经验
						31. 担心成员安危
					36. 反思自责	32. 反思自责
			30. 捍卫成员利益		37. 捍卫成员利益	33. 捍卫成员利益
		主人意识	31. 代表发言	28. 代表发言	38. 代表发言	34. 代表发言
			32. 开拓新社交领域		39. 开拓新社交领域	35. 开拓新社交领域
						36. 过度期待情绪
						37. 质疑管理团队
						38. 贴吧好转时的心理暗示
						39. 汇报群体状态
			33. 分析成员结构	29. 分析成员结构		
		同类意识			40. 强烈归属	40. 强烈归属
					41. 强烈群体忠诚	41. 强烈群体忠诚
						42. 组织排斥
					42. 偏激守护行为	
					43. 与成员告别	
		管理建设意识			44. 思考群体发展	43. 思考群体发展
					45. 主动参与建设管理	44. 主动参与建设管理
					46. 创建群体栏目	45. 创建群体栏目

② 主轴编码。经过开放性编码 ，完成了对资料的抽象概括，已形成一些独立的范畴。主轴编码的主要任务是发现和建立各范畴之间的关联性，为理论雏形的构建做铺垫。本书运用“条件-行动/互动-结果/后果”的典范模型，不断地对范畴间关系进行迭代和归纳分析，同时用实际资料和文献资料进行验证。最终，在外源性首要传播型、内源性首要传播型和次要传播型中话题群体中各归纳出 3 个主范畴（“初步参与过程”、“实践参与过程”、“感情参与过程”），在外源性次要传播型话题中归纳出 2 个主范畴（“初步参与过程”、“感情参与过程”），表 2.8 为内源性首要传播型话题主轴编码典范模型节选。

③ 选择性编码。由主轴编码过程的分析，深化了对范畴间关系的认识。为整合分析后的资料，须在主轴编码基础上，识别出能够统领所有范畴的核心范畴，建立统领性核心范畴与其他主范畴之间的联系，并聚焦核心范畴的相关资料，型塑出一条“故事线”。

表 2.8　内源性首要传播型话题主轴编码典范模型（节选）

内源性首要传播型话题				
方向	典范	初步参与过程	实践参与过程	感情参与过程
⇩	条件	参与动机	感知体验	持续参与
	行动	与成员交流愉快，因此邀请成员一起线下同城观看哈利波特电影、认同成员提出的对 CBA 联赛的建议…	表示由于喜爱中国男篮吧，已经将本贴吧置顶关注、与其他成员约定好明天会在贴吧发图、为其他成员讲述最近群体中发生的大事…	自发创建《我与哈吧》线上访谈节目、提出战略性地贴吧定位建议和针对哈吧内容提高的看法、成立多个中国男篮吧 QQ 群…
	结果	感知体验	持续参与	社会融入

在外源性话题中，针对基于首要传播型话题的在线群体，沿着主范畴的指引，从资料中概括出核心范畴：个体成为基于外源性首要传播性型话题的在线群体中成员的全过程。同样，归纳出基于次要传播型话题的在线群体的“故事线”。在内源性话题中，结果显示两类话题的主范畴不仅与外源性首要传播型话题相同，核心范畴也很相似，三者的区别仅在于提炼出的概念不尽相同。为了直观，将“故事线”归纳为一个较清晰的数据结构，见图 2.10。

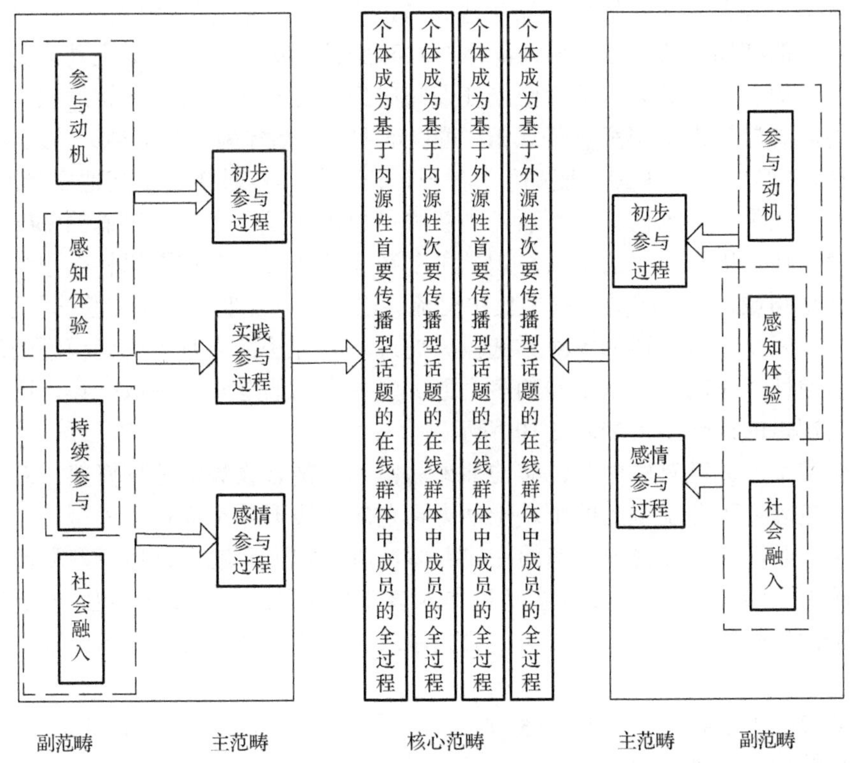

图 2.10　副范畴、主范畴和核心范畴之间的关系

(2)数据检验。首先，围绕所研究的问题，反复在所选定的案例中进行数据搜集和确认。并且本书采用专家评价法，先后接受三位专家的反馈意见后，又多次回到原始资料，检验、修改自己的编码和进一步的研究结论，确实产生了很好的效果。此外，邀请了两名研究生共同参与编码过程并进行了两项检验，以此使结果尽可能客观。①理论饱和度检验：对各案例中其余数据进行完整的编码程序，在模型、数据和既有文献间进行反复迭代，直到不能产生新的概念、范畴和新的理论构想。因此，该研究在理论上是饱和的。②信度检验：$C_n=\frac{nx}{\sum x_i}$，C_n为 n 个编码的一致性程度，n 为编码总人数，x 为编码者一致的编码数，x_i 为第 i 个编码者的个数。在由概念到范畴的编码阶段，经过计算，对于 4 类话题，3 位编码者的一致程度分别为 0.86、0.84、0.85、0.84，均超过了 0.80 的可接受水平。

(3)理论模型的建立。范畴之间的关系探讨。为探讨各范畴间的相互关系，对收集到的大量详细资料进行验证分析，从中找到能够反映范畴之间相互关系的证据。如内源首要传播型话题中关于“感知体验—社会融入”的资料证据：成员“恶*”在“哈利波特吧”参与了吧友互赠贺卡活动，体现其对在线群体的认同。并且，把自己的真实地址、姓名等个人信息告知其他成员，表明他对群体关系的信任，这反映了该成员内心的感知体验。随着加入群体的时间变长，成员“恶*”又主动为建设贴吧提出了自己的看法和意见，认为吧友在发帖时应该尊重原作者的知识产权，这充分表现出他的管理建设意识和责任意识。可以证明“感知体验—社会融入”逻辑成立。另外，成员“辛*”在“中国男篮吧”中参与讨论出战阵容时接受了其他成员的看法，体现出其对成员的关系信任。而后，当新成员要求建设一个讨论男篮的 QQ 讨论群时，“辛*”体现出了自己的主人意识，主动帮助新成员，并在腾讯社交平台中拓展了新的社交领域，以供成员更好地集中交流。这也可以证明“感知体验—社会融入”逻辑成立。表 2.9 是上述相关对话选段。通过同样方法，并且考虑到模型的通用性与普遍适用性，对同一类型话题的多个群体中体现出的逻辑关系取交集，因此得知各范畴间逻辑的梳理结果如表 2.10 所示。

构建模型。通过对概念和范畴的抽象与归纳，结合收集的证据资料，对范畴间关系进行梳理，可分别得到四个基于动力话题的在线群体形成机理模型。

针对外源性首要传播型话题的在线群体，成立如下命题，具体模型见图 2.11。

命题 1：成员出于个人或社会动机加入该在线社群。在初步参与互动的过程中，感知到了愉悦的感受、建立了可信任的关系或认为该群体符合自身的定位而产生认同感。

命题 2：由于获得了良好的感知体验，所以产生了持续参与的意愿，并发生了持续参与的行为。

表 2.9 “感知体验—社会融入”逻辑相关选段

逻辑“感知体验—社会融入”		
内源性首要传播型话题	泛娱乐性质话题——哈利波特	小穆：【活动】金沟杯 H.P.New Year 吧友互赠贺卡活动，一年一度的吧友互赠贺卡活动又开始了，大家是不是有点小期待呢，今年确实开得比较晚，趁还来得及，大家赶快吧。先一起来欣赏一段国粹…(2011-12-08 19:13) 恶魔 sissy☆：收件人姓名：刘*；地址：北京市朝阳区********-68 箱；邮编：1000**话说收集明信片还是在 2009 年的 postcrossing～好久没有寄过了手里有不少国外寄回来的明信片～～看起来我的地址。是不是好短(2011-12-08 19:35)
		王纪录：首先，我觉得：各位吧友将各种有爱的 HP 资源在哈利波特吧分享是非常值得鼓励的行为，这样可以让更多的人看到。但是，不管是画图还是 P 图还是做梗，其中都凝结了原作者的心血在里面。希望哈利波特吧的各位吧友能够尊重原作者的劳动。未必非要每次都要授权啊什么的那样高贵冷艳。但起码在搬资源时请尽量写全原作者及原地址。否则自己的成果就这样不声不响完全跟自己没有关系了一样被发到别的地方，会令人心寒。(2013-01-02 12:10) 恶魔 sissy☆：我认为…能要授权的最好要授权……地址放不上来就截图放(2013-01-02 13:55)
	非泛娱乐性质话题——中国男篮	esttell：不带孙悦，是中国队的损失(2015-09-26 00:08) 辛锜 3：基本同意(2015-09-26 10:09)
		权武刀刘流：求一个讨论男篮的 QQ 讨论群(2015-11-05 22:43) 辛锜 3：来 35357**8(2015-11-05 23:04)

表 2.10 各类动力话题中多案例共同体现的主范畴间逻辑一览表

	外源性		内源性	
话题类型	首要传播型	次要传播型	首要传播型	次要传播型
范畴间逻辑关系	参与动机—感知体验	参与动机—感知体验	参与动机—感知体验	参与动机—感知体验
	感知体验—持续参与		感知体验—持续参与	感知体验—持续参与
	持续参与—社会融入		持续参与—社会融入	持续参与—社会融入
		感知体验—社会融入	感知体验—社会融入	
		参与动机—社会融入		参与动机—社会融入
		感知体验—参与动机		

命题 3：在实现感情参与的过程中，渐渐产生强烈的群体精神、责任意识和主人意识，到达社会融入的层面，从而形成了在线群体。

针对外源性次要传播型话题的在线群体，命题 1 同样成立，但是与基于主要传播型话题的在线群体形成机理不同的是，还出现了以下三种情况，具体模型见图 2.12。

命题 4：若感知结果符合或超过自己的预期时，就会产生更深层次的群体精神与主人意识，达到社会融入的层面，从而形成了在线群体。

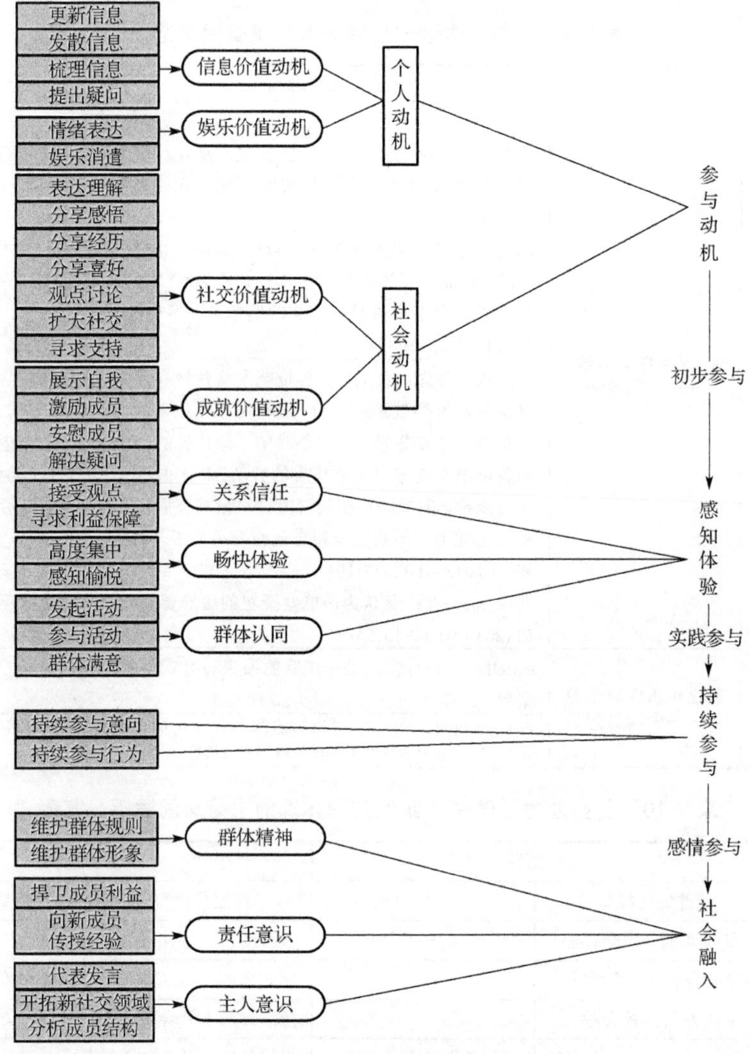

图 2.11　外源性首要传播型话题模型

命题 5：当有些情绪较敏感的成员在实现了自己的参与动机时，对群体产生了极具强烈的归属感与认同感，使其直接到达了社会融入的层面，从而形成了在线群体。

命题 6：当成员通过浏览、观察其他成员间的互动时，会产生一个主观的感受，当这个感受的结果符合自己的形象与认知时，也会萌发新的需求，从而激发出自己的参与动机，之后再继续产生新的感知体验或直接产生社会融入的行为。

相较于外源性话题群体，针对内源性的在线群体命题 1、2、3 也成立。其中，在首要传播型话题群体中命题 4 同时成立。在次要传播型话题中出现了命题 5，具体模型见图 2.13、图 2.14。

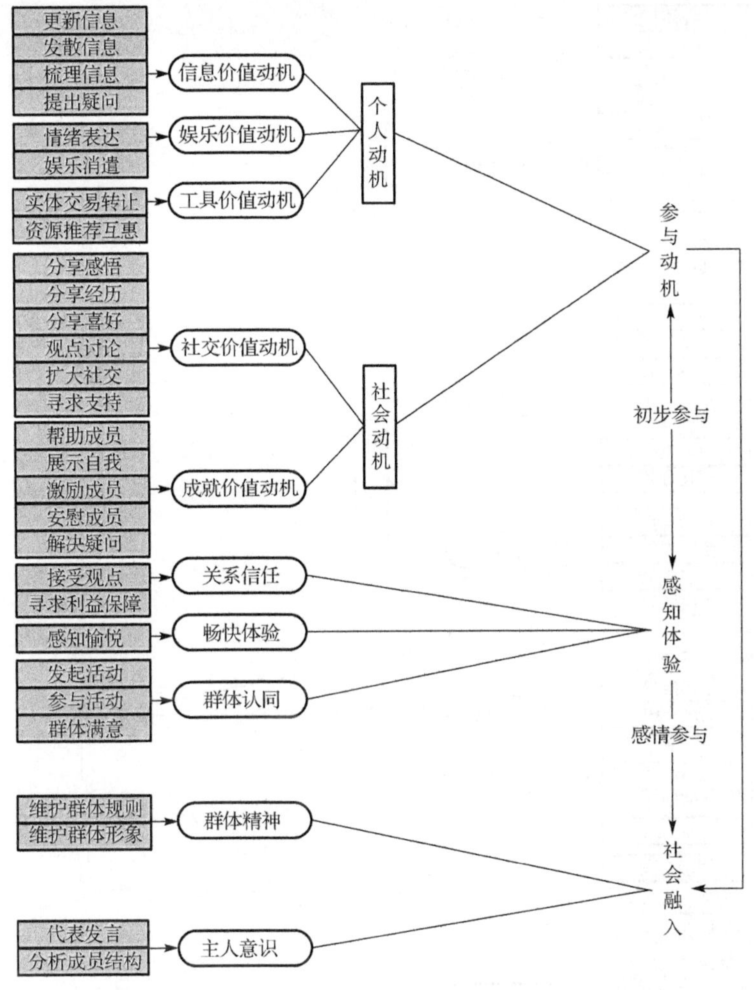

图 2.12　外源性次要传播型话题模型

3) 研究发现

对比上述四种模型，可知针对不同性质话题，在线群体的形成过程具有如下显著的差异。

在线群体形成的过程路径方面，①整体看来，与首要传播型话题相比，围绕次要传播型话题讨论的群体在完成参与动机后，投入的感情可直接上升到“社会融入”层面。②在外源性话题中，首要传播型话题个体所经历的过程比较规范，基本遵循“初步参与过程—持续参与过程—社会融入”三个阶段。而在基于次要传播型话题的在线群体的形成过程中，个体的参与程度较灵活，以多种参与方式、程度卷入在线群体。③在内源性话题中，与首要传播型话题相比，基于内源性次要传播型话题的在线群体形成过程中，不必经历感知体验的过程即可快速达到社会融入的层面。

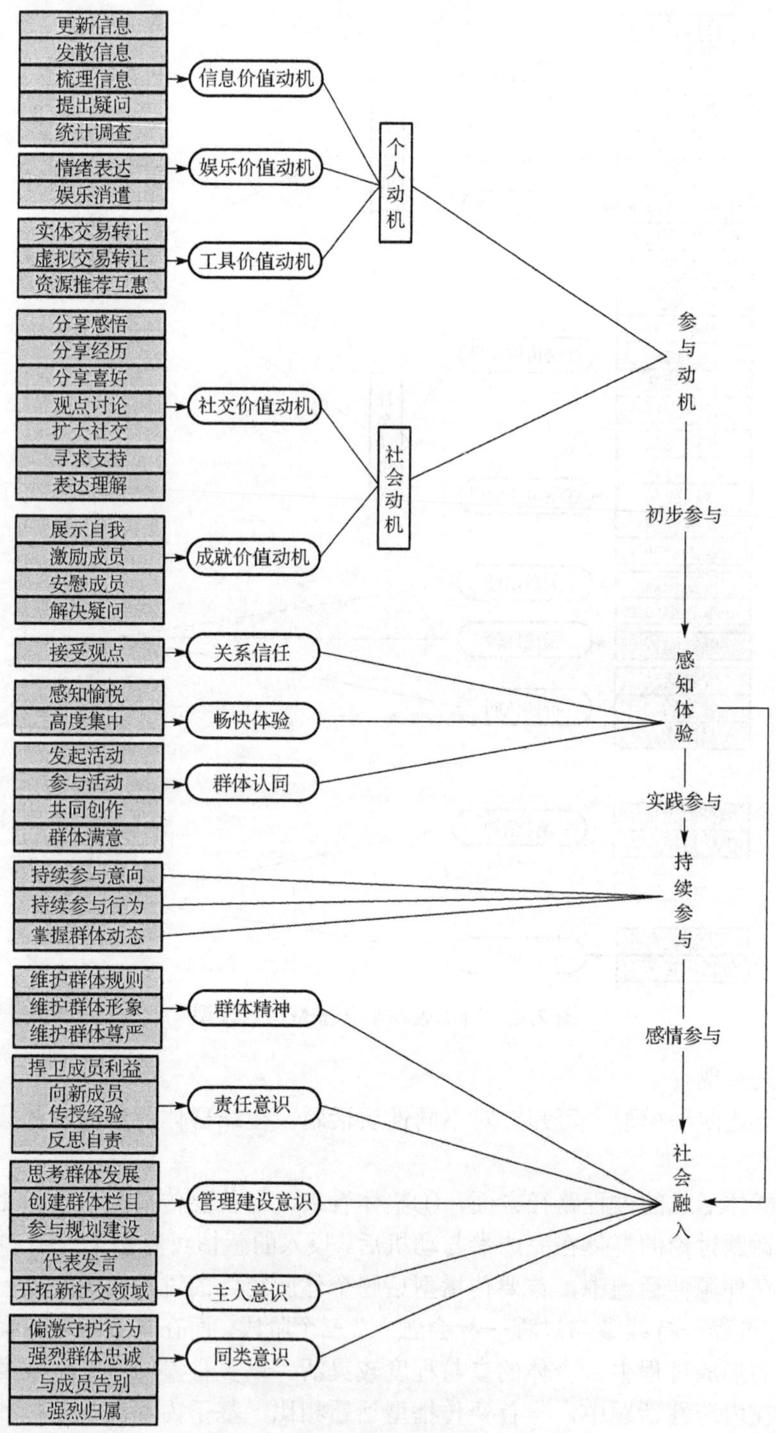

图 2.13　内源性首要传播型话题模型

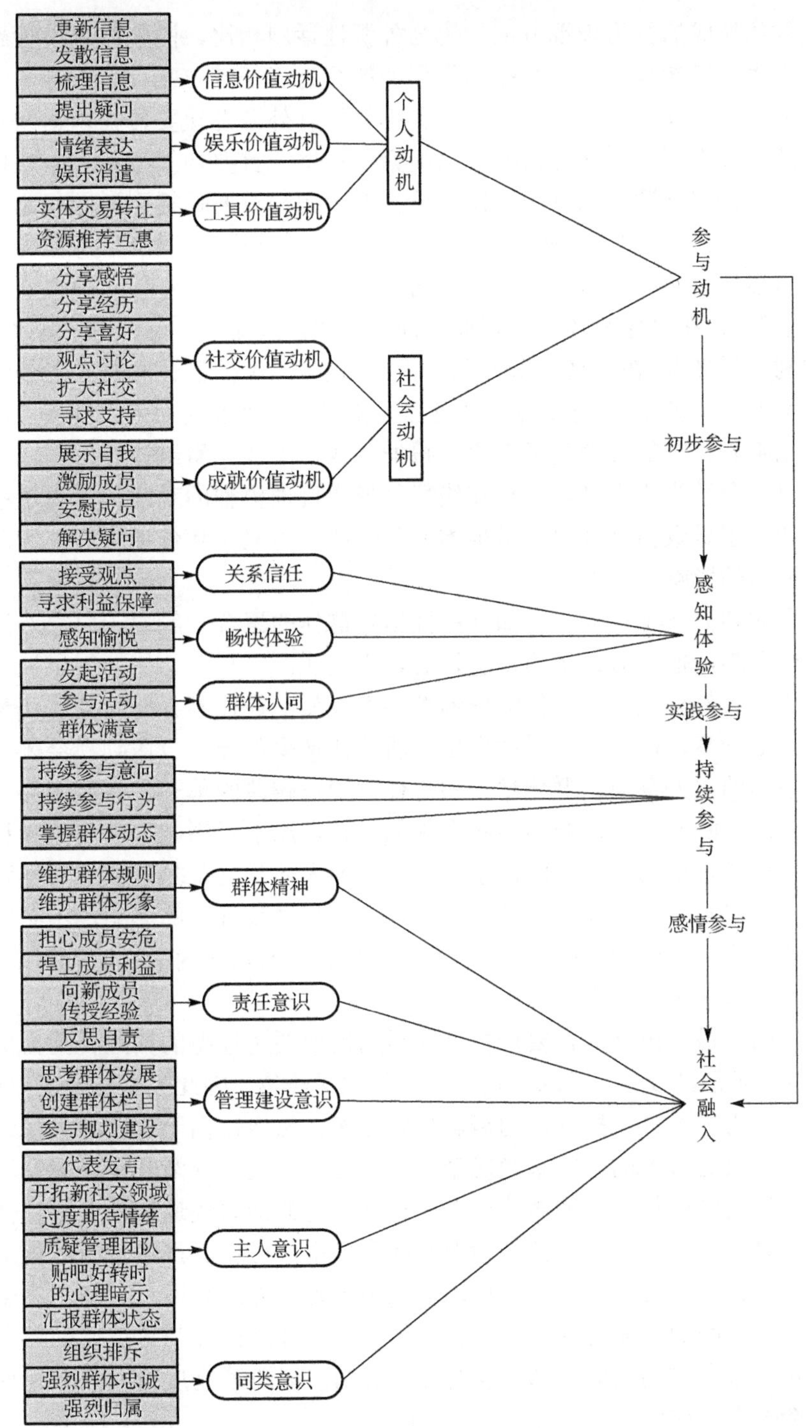

图 2.14　内源性次要传播型话题模型

在线群体形成的行为表现方面，①与外源性话题相比，围绕内源性话题讨论的群体体现在“持续参与”、“社会融入”层面的行为表征较丰富。而外源性话题群体的表现行为多集中在“参与动机”与“感知体验”，外源性次要传播型话题甚至无明显的“持续参与”行为。②与次要传播型话题相比，首要传播型话题中整体涌现出的概念较多。③在外源性话题中，次要传播型话题与首要传播型话题相比，缺少了“持续参与”、“责任意识”等概念，但是增添了“工具价值动机”。④在内源性话题中，次要传播型话题在“参与动机”范畴内缺少了“统计调查”、“虚拟商品交易”和“表达理解”，在“感知体验”范畴内缺少了“高度集中”与“共同创作”，却多了“寻求利益保障”，在“社会融入范畴内”，缺少“维护群体尊严”、“偏激守护行为”和“与成员告别”，但是涌现了“担心成员安危”、“过度期待情绪”、“质疑管理团队”、“贴吧好转时的心理暗示”、“汇报群体状态”和“组织排斥”。

通过对社会系统响应趋势图与在线群体形成机理模型的观察，认为这些差异的出现恰恰印证了导致话题分化的最根本要素，即动力来源和传播力对在线群体的形成带来了显著的影响。

从话题的动力来源角度，可知外源性话题群体的聚合一般源于对突然流行或爆发的话题的兴趣，他们对话题的动态发展较为关注。一旦多元化的需求被满足或者新鲜感丧失，大部分成员对群体的依赖性并不强烈，往往不会持续关注和参与。由于关注的人数众多，群体的异质性突出，所以即使少部分成员达到社会融入的精神层面，体现出的主人意识、群体精神和责任意识也较薄弱单一，甚至同类意识和管理规划意识严重匮乏。而内源性话题群体的聚合常源于对话题本身的热爱和感情。此类话题往往是小众的、冷门的，了解并关注的人才是真正热爱或者与话题联系紧密的人，他们更易产生惺惺相惜的凝聚力。成员易受到群体的影响，不必经历精神层面的逐步递进也可强烈地投入感情，因此在社会融入范畴内涌现的行为表现较多，同类意识与管理建设意识更是大大增强了。

从话题的传播力角度，首要传播型的话题比次要传播型的话题传播力更强、传播时间更长、扩散涉及的人更多、衍生的新话题更丰富，因此吸引成员的时间更长、成员展现的行为更充分，抽象出的概念也就更多。然而，由于次要传播型话题的传播时间短，缺乏足够多的时间来激发个人情感逐层递进的渐渐升华，只有敏感度、积极性与热情高的成员，才能够从多个路径使自身的情感快速地投入到社会融入的层面。尤其是在内源性次要传播型话题在线群体中，讨论者虽然较少，但是在去话题宣传化的条件下，仍关注内源性话题的成员普遍忠诚度较高且兴趣点高度相似。圈子小便于群体间的交流与互动，而且基于共同兴趣点的参与者彼此间熟识更快。所以当满足自身参与动机后，部分参与者的感情可以迅速高度投入，在短期内可以到达“社会融入”层面。

本节从个体参与的视角来衡量在线群体的形成程度，分别提出了四个基于不同源动力话题的在线群体形成机制模型。同时，将这四类在线话题群体进行对比，发现了话题的驱动力与传播力对群体形成的影响。

整体看来，依据对 10 个经典案例的扎根理论分析结果可以得知，在话题动力驱动下的在线群体形成机制模型中，参与动机为自变量，感知体验与随之而来的持续参与为中介变量，社会融入则是因变量，图 2.15 为逻辑结构图。在围绕外、内源性话题的在线群体中，个体出于某种参与动机来主动加入在线群体，在初步参与过程中获得良好的感知体验，继而产生了持续参与的意识和行为后，由实践参与渐渐升华为情感参与，最终达到社会融入，此时意味着在线群体形成。出于对话题的热爱和与其他成员的志同道合等因素，在外源性次要传播型、内源性首要传播型话题中，当成员获得良好的感知体验后可直接到达社会融入层面，而在外源性次要传播型、内源性次要传播型话题中成员在满足参与动机后情感就可快速投入到该程度。

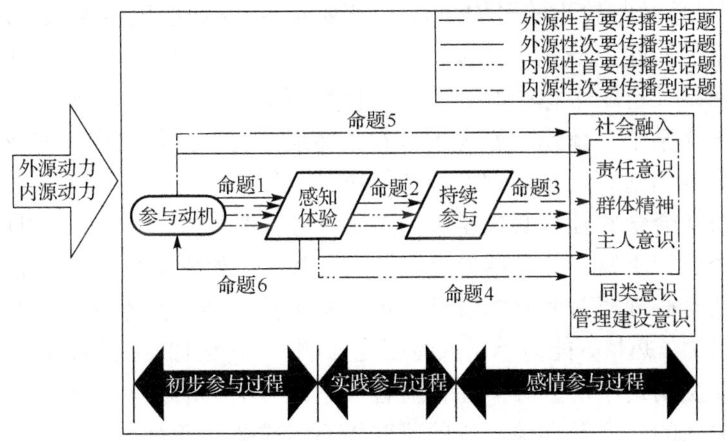

图 2.15　在线群体形成机制的作用机理图

该研究存在着一定的局限性：①由于时间原因，无法选择更多的辅助性案例对论文结构加以补充；②选择的研究案例是“百度贴吧”中的十个在线群体，同属于一个社交网络平台，这对研究结论的适用性有一定的影响；③由于地域限制，所收集到的资料都是来源于网络中的主题帖，没有获得实地访谈的资料，同时资料分析的结果也没有获得研究对象的反馈，这两方面都会对研究结论的有效性产生一定的影响；④在研究深度方面，止步于定性分析，尚没有进行更细的变量界定，以及进一步的实证检验。

未来，本书将选择大样本进行实证探索。并且对概念之间的关系进行定量研究，来确定各个概念之间的关系。同时，于在线群体形成机理的研究基础上，进一步研究在线群体心理的发展规律、影响领域等，以此为网络群体性事件的舆情监控与引导方面提供有价值的理论贡献。

2.2　群体形成的微观解释

2.2.1　群体形成的影响因素

随着 Web 2.0 应用以及各种类型的社交媒体如微博、微信、贴吧等的发展，在线社交网站已经成为人们网络生活的最主要平台。在此背景下，社交网络的形成机制、拓扑结构、社区特征、信息传播都成为研究的热点问题。其中群体的形成机制作为理解社交网络的形成与发展的重要工具以及后续研究的基础性工作，自提出起就一直受到极大的关注。然而多数研究都是从宏观视角展开，研究者通过大规模网络数据集中的实证分析，发现不同类型的社交网络具有相似的宏观特性，如小世界性(较大的聚集系数与较小的平均距离)、无标度性(网络的度数服从幂律分布)等，由此产生网络的构建、演化、同步、社区发现、动力学行为等一系列研究。但从微观角度探讨网络社群中个体的行为的研究仍然不多。个体是基于何种因素选择加入一个群体或选择某个个体建立好友关系？个体加入后对群体结构有何影响？个体行为受群体的影响如何？这些问题都亟待解决。

在传统的社会学和社会心理学中，关于人际关系建立(即人际吸引)影响因素的研究成果已经比较丰富，并且结论已取得较大共识，如表 2.11 所示，根据国内外一些经典的《社会心理学》教材的总结，可以看出接近性、熟悉性、相似性、互惠性以及外表吸引力、热情、能力等个人特征是影响人际吸引的主要因素。进入 Web 2.0 时代以后，社交网络中的人际交往日益普及，但与线下的好友关系建立相比，线上个体间好友关系的建立及群体形成的研究仍不够成熟。现有的研究表明，社交网络中群体的形成因其依赖的特征类型不同，可大体分为以下几种情形：①自然形成的固有群体，如亲友、同学、同事等；②外生因素刺激形成的群体，一个外生事件触发了一种互动因而形成一个群体，如果没有外生事件的发生，这个群体可能就不会形成，这一现象在一些具有隐性兴趣的群体中尤为突出；③社会选择(social selection)形成的群体，个体之所以加入这个群体，是因为个体对这个群体的活动感兴趣或者个体与这个群体中的其他人兴趣很相似，这一作用机制也被称为同质性(homophily)；④社会影响(social influence)形成的群体，个体之所以加入这个群体，是受到群体中某个个体的影响，如果这个具有影响力的个体离开了，个体将不具有加入这个群的动机。

表 2.11　人际吸引影响因素的观点汇总

学者	影响因素
阿伦森等	接近性、相似性、互惠式的好感、外表吸引力

续表

学者	影响因素
迈尔斯	接近性、外表吸引力、相似性与互补性、互惠性(喜欢那些喜欢我们的人)、收益性(关系中的回报)
巴伦&伯恩	临近性、情绪、从属需要、外显特点、相似、相互喜欢
泰勒等	接近性、熟悉性、相似性、个人特征(热情、能力、外表魅力)
沃切尔等	相似性、喜欢的互逆效应、临近性、熟悉性、外表吸引力、侮辱性和笨拙行为
乐国安	熟悉性、接近性、相似性和互补性、个人特征(能力、外表吸引力、个性品质)

在上述四种群体形成机制中，社会选择与社会影响是在线社交网络群体形成的主要因素。在线社交网络群体形成研究之初，研究人员共同的认知是好友关系的建立受社会影响的作用，即人们在社会交往中常常会考虑别人的意见，以避免和大多数人偏差太大；这一作用在不同文献中有多种描述，如社会互动、同伴效应、社会传染、一致性、模仿和邻居效应等。不同的术语可能会有细微的差别，但在用户行为上都体现为用户的行为或决策受他人的影响发生改变的现象。另外，利用在线社交网络用户行为的时间序列数据可以发现，用户行为间具有明显的社会相关性，且这一相关性不能归因为社会影响，我们将其称为同质性，即具有相似特征的个体选择彼此作为朋友的倾向。同质性与潜在的同质性共同被称为社会选择。尽管社会选择作用在在线社交网络中发现的较晚，但它在社会学领域研究已经有 80 多年的历史。

在不同类型的社交网络中，社会选择与社会影响的作用程度并不相同。例如，百度贴吧作为一种兴趣型社区，个体间大多因为共同的兴趣产生互动，此时，群体的形成是社会选择起着主导作用；而微博中一部分用户会因为影响力吸引大量的粉丝，此时起主导作用的则是社会影响。这两类影响因素间存在很明显的反馈作用：一方面，人们在社交圈内主动寻找与他们行为相似的人，并与这些人成为好友；另一方面，他们也会因年龄等固定特征的相似性或者受信任的人影响改变自己的行为甚至兴趣偏好，以便更适应他们的社交圈。许多学者尝试区分社会选择与社会影响这两种效应，但这两类影响因素相互作用，相辅相成，因此很难彼此区分，这也给不同类型的网络社区的微观特征分析带来了很大的难度。

本节将从微观视角探讨社会选择和社会影响在网络形成、演化、发展中的作用；从实证研究与仿真研究两个方面入手，研究不同机制所形成的群体，其网络结构存在什么差异。作为基础性研究工作，微观视角的社交网络形成机制研究对于网络结构特性与演化规律、社区发现、群体行为与互动规律、信息传播规律、话题及其演化规律、社会化营销等研究具有理论意义和实际指导价值。

2.2.2　微观视角下群体形成的实证研究

在社交网络中，用户既受到社区中意见领袖的影响，也会受到与自己相似的用户的影响，且社会影响和社会选择具有不同的作用机制。社会影响以社会传染作为主要机制，社会选择以相似性为主要机制。用户间的关注关系作为用户间关系的显性表示，体现了粉丝对关注对象的重视，是社会影响和社会选择共同作用的结果。然而，当前在线社交网络越来越向混合型网络(hybrid network)演化，如在社交网站中植入商务信息，如蘑菇街、大众点评网；而传统的电子商务也开始向社会化商务迈进，在交易平台中植入社交功能，如支付宝新年集五福活动。在这类混合型在线社交网络中，除了关注关系，还包括帖子回复关系等交互关系，以及未发生交互的个体经常参与相同的社区活动所形成的间接的、隐式的关系。用户间的交互关系会影响用户参与社区活动，而参与社区活动也会使没有联系的用户间建立起联系，即根据群体参与社区活动形成归属网络(affiliation networks)。

社会影响的作用机制既体现在社区中高影响力节点的总体影响，也体现在用户间直接交互的传染性；社会选择的影响机制既可以通过与社区中具有相似兴趣用户间的关系体现，也可以通过用户参与社区活动来体现。因此，本节使用百度贴吧和派代网真实数据集对混合型在线社交网络特征进行比较[8]。

百度贴吧把对同一个话题感兴趣的人聚集在一起，使他们可以方便地展开讨论和互相帮助，用户通过参与话题讨论形成社会关系。实验选取的贴吧于 2009 年 2 月建立，共采集 2014 年 8 月至 2015 年 4 月共 0.71 万个话题主题，28.6 万个帖子。实验中选取参与 15 个以上话题讨论的活跃用户 4174 名和 1420 个参与讨论用户数在 30 个以上的话题作为实验数据集。派代网是目前国内最具影响力、交流最活跃的电子商务行业深度交流平台，用户也是通过对感兴趣的话题讨论形成社会关系。实验的主题论坛共采集 2006 年 12 月至 2015 年 12 月，20 个以上用户参与讨论的话题 1782 个，8.2 万篇帖子，选取至少参与 3 个以上话题讨论的 4869 名用户作为实验数据集。

1. 实验数据集网络宏观指标

两个实验数据集用户的用户关注关系网络宏观指标如表 2.12 所示，两个数据集指标较为接近，分析不出社会选择和社会影响机制的作用大小。但是贴吧的互惠边数量远远多于派代网论坛，显示贴吧用户间的相互交流较多。再进一步分析节点的入度分布，见图 2.16 与图 2.17，派代网节点的入度曲线更加陡峭，存在一个非常高的节点，而大部分节点的入度值都很低；贴吧的入度曲线相对平缓一些，节点的入度值分布较为均匀。网络结构见图 2.18 与图 2.19，可以看出派代网节点都围绕在中心节点周围，存在明显的核心边缘结构，与贴吧的网络结构差异明显。从参与活动的分布(图 2.20 与图 2.21)来看，两者区别不大，分布图显示的不是典型的幂律形式，因为已经剔除参与人数较少的社区活动，所以呈现泊松分布的特征，因为新加入的社区活动还有很多用户没有参与。从结构特征来看两者存在较大的差异，贴吧属于社会选择作用大的网络社区，而派代网是典型的社会影响作用大的社区，这也与我们对这两个社区的认识相同。贴吧是共同兴趣偏好的人聚集在一起，彼此地位差距不大，而派代网的用户很多是为了获取信息，那些电子商务领军企业的创始人和资深行业专家，显然会吸引大量的用户关注，影响力大大高于一般用户。

表 2.12　实验数据集网络宏观指标

	某贴吧	某派代网论坛
实验用户数	4174	4869
幂律值	1.92	1.57
$X_{\min}$	3	1
平均度	10.671	11.239
网络直径	13	12
互惠边	3374	638
平均路径长度	3.995	4.673
平均聚类系数	0.124	0.117

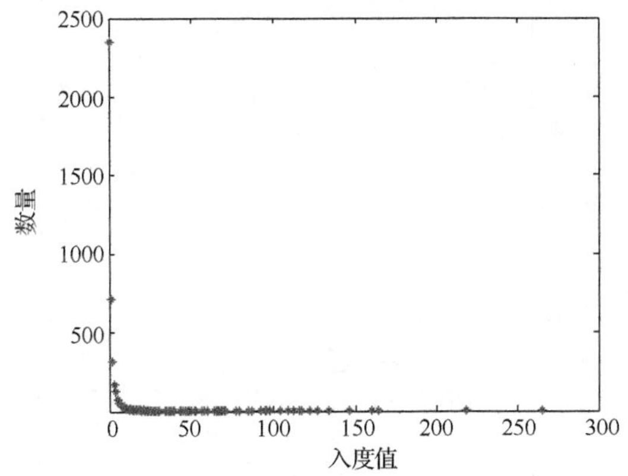

图 2.16　贴吧节点入度分布图

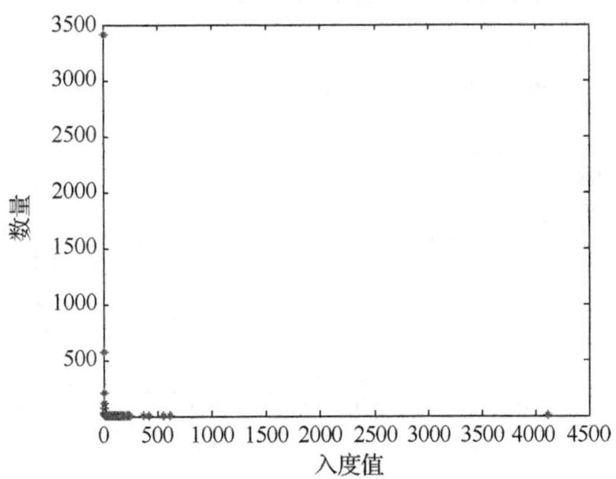

图 2.17　派代网节点入度分布图

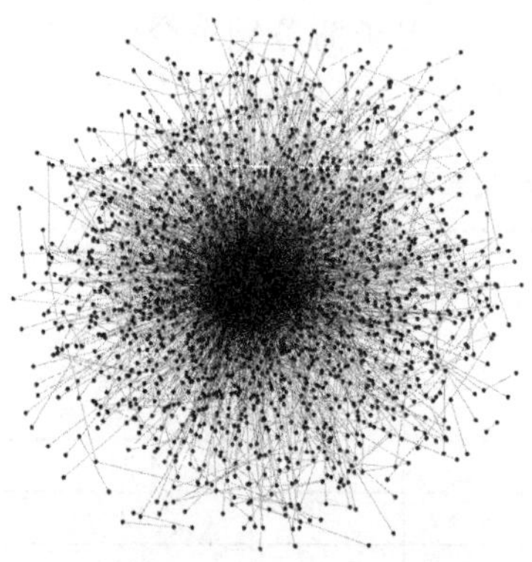

图 2.18　贴吧结构示意图

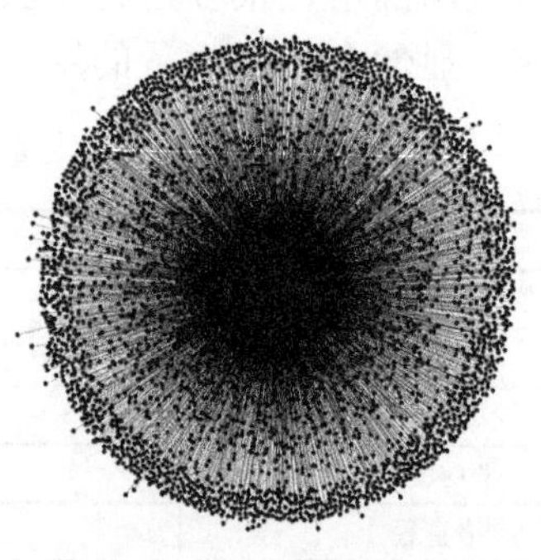

图 2.19　派代网结构示意图

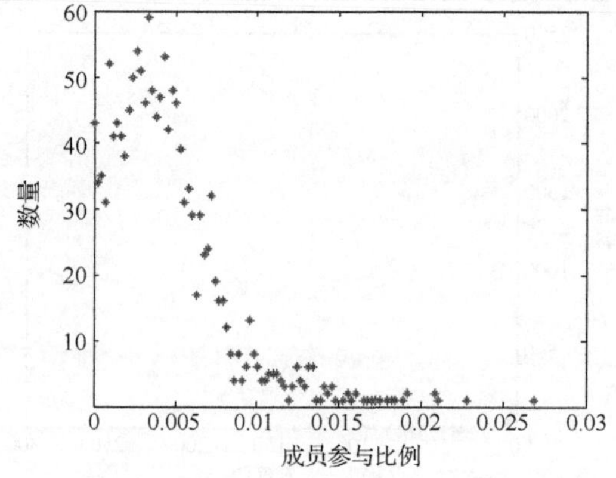

图 2.20　贴吧活动分布示意图

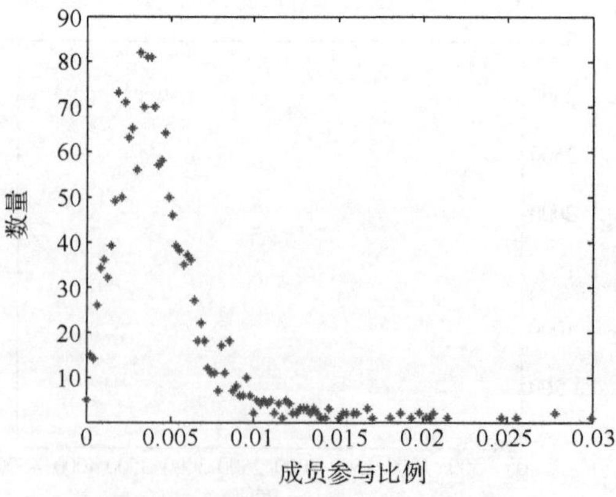

图 2.21　派代网活动分布示意图

2. 社区活动话题的作用机制分析

在两个实验数据集中，社区活动都体现在参与社区话题的讨论上，用户参与话题讨论是社会选择和社会影响以及其他一些外生因素共同作用的结果，通过量化比较话题的社会选择和社会影响作用情况，就可以进一步分析两种机制的微观特征。本实验假设如果用户参与话题讨论主要受社会选择影响，那么用户参与话题讨论时应该与其他参与此话题讨论的用户在历史上共同参与过其他的话题讨论，这样的用户越多，说明越是受到社会选择的影响；而如果用户参与话题讨论主要由于社会影响机制，则用户参与话题讨论时，其关注对象已经参与了话题讨论，用户参与是受关注对象的影响。实验的百度贴吧较为活跃，因此选取与实验用户在历史上共同参与至少 15 个以上话题讨论，且不是其关注对象的其他用户，作为受社会选择影响的兴趣相似用户集合，15 个话题也是最初选取实验用户时的条件；而把社会影响机制量化为实验用户所关注的用户集合。派代网的社会选择量化为至少共同参与 3 个以上话题讨论的用户，社会影响也量化为关注对象。两个数据集根据以上量化后的关注关系网络和共同参与话题讨论网络的节点与边的数目见表 2.13，贴吧中关注关系点和边都小于派代网，而共同参与话题讨论网络高于派代网，从中也可以看出两个数据集在不同机制下活跃度差别。

表 2.13　实验数据集两种机制量化下的节点和边

	贴吧		派代网	
	节点	边	节点	边
关注关系	2259	12053	4704	26434
共同参与话题讨论	2146	167624	2725	48632

百度贴吧数据集上话题社会选择量化的结果见图 2.22，纵轴表示每个话题中用户参与话题讨论时，话题中至少有 3 个历史上共同参与话题讨论的用户比例平均值，即量化社会选择机制的作用大小。贴吧社会影响机制定量化的结果见图 2.23，纵轴表示每个话题所有用户参与话题时，该用户关注的对象中有至少三个用户已参加话题讨论的比例平均值。因为选取共同参与话题讨论次数的不同，会使得社会选择量化计算出来的数值不同，图中的数值不能直接比较社会选择和社会影响的作用大小，但可以看出社会选择的作用要比社会影响明显，也可以得出百度贴吧主要由社会选择作用机制为主，这和百度贴吧兴趣驱动的定位一致。

派代网量化后的实验结果见图 2.24 及图 2.25。从图 2.24 和图 2.25 可以看出，派代网社会影响机制要强于贴吧，且社会影响机制初期作用力较低，后期作用力较大，而社会选择则是初期作用力大，到后期作用力减少，这揭示了社会影响机制作用大的社交网络的演化过程，初期也是先基于社会选择参与社区活动，随着部分节点影响力的逐渐增强，网络的社会影响作用效果将越来越大，最终高影响力的节点将主导网络的演化进程。

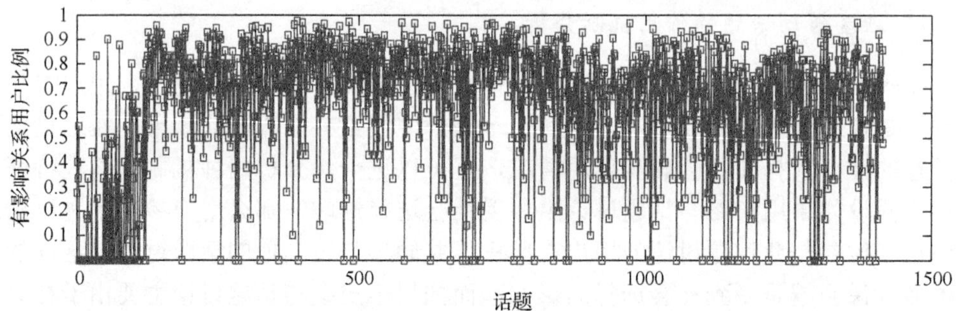

图 2.22　贴吧社会选择机制定量化示意图

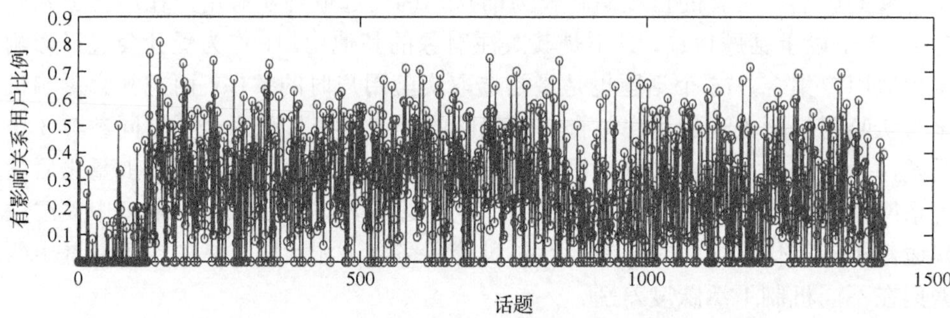

图 2.23　贴吧社会影响机制定量化示意图

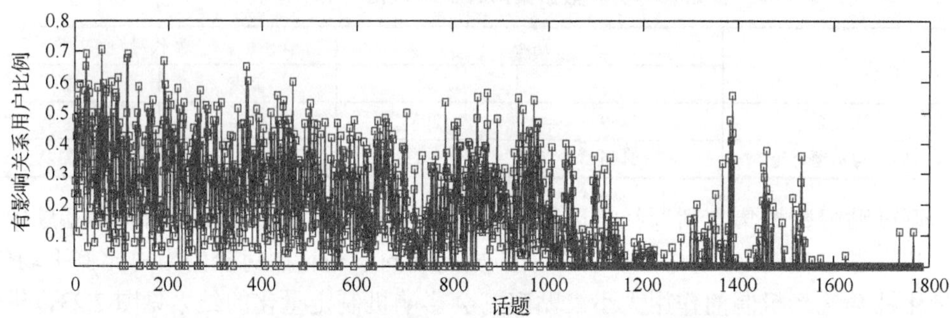

图 2.24　派代网社会选择机制定量化示意图

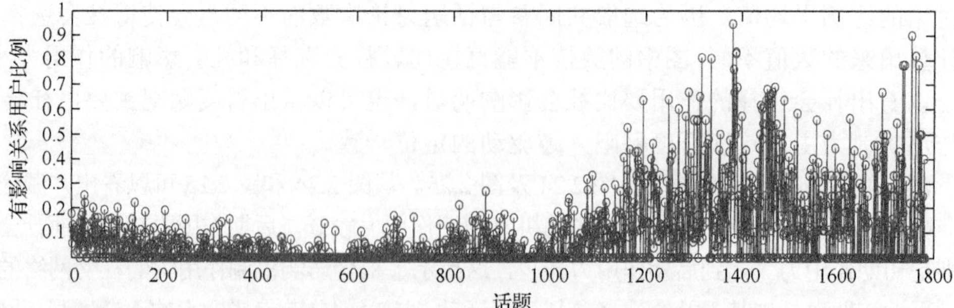

图 2.25　派代网社会影响机制定量化示意图

3. 不同机制下社会活动话题的时间跨度分析

基于以上的分析，将上述实验话题根据社会选择和社会影响的作用大小排序，然后各选择前 100 个话题对不同机制下话题的时间跨度进行比较。贴吧数据集去除其中重复的 70 个话题，分别对剩下 30 个社会选择和社会影响作用效果较大的话题，计算时间跨度。派代网也各自选取前 100 个话题，去除重复的 2 个话题，对剩下的话题计算时间跨度。实验结果见表 2.14，从表中可以看出，基于社会选择的话题时间跨度一般大于基于社会影响的话题，也就是说社会选择机制为主的话题持续时间长，社会影响为主的话题持续时间相对较短。

表 2.14　贴吧和派代网话题平均时间跨度

贴吧		派代网	
社会选择	社会影响	社会选择	社会影响
11.478	5.499	471.19	156.08

4. 不同机制下参与社区活动话题的时间分布分析

再分别对不同机制下，两组实验数据集参与话题讨论的时间分布进行分析。在百度贴吧上社会选择和社会影响作用大小排行前 30 个话题中，选择其中前 15 个跨度最长的话题，派代网是在各自前 98 个话题中，选择其中前 30 个跨度最长的话题。之所以选择时间跨度长的话题是因为其时间分布特征较为明显，时间跨度短的话题表现不明显，这也体现了不同机制作用效果在时间上的不同。实验对参与话题的用户根据其时间先后次序，去除量纲后进行排列。

图 2.26～图 2.29 为实验结果，可以看出，社会影响话题的时间特性较为明显，用户在初期受到的影响较大，大部分受影响用户参与讨论很迅速，而社会影响后期影响力减小，参与的用户逐渐减少；而社会选择时间特性不明显，用户参与话题讨

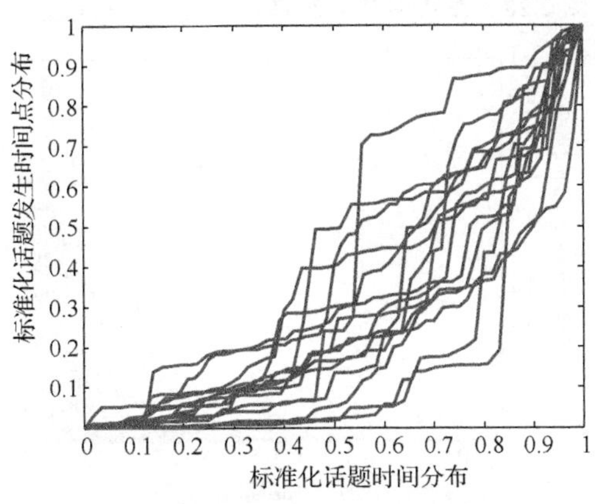

图 2.26　贴吧社会选择话题时间分布示意图

论在时间分布上相对较为平缓。这表明社会影响的作用效应在短期内较为明显并随着时间在消逝，而社会选择的时间特性不明显，因与用户本身的兴趣属性相关，其影响的作用时间较长。

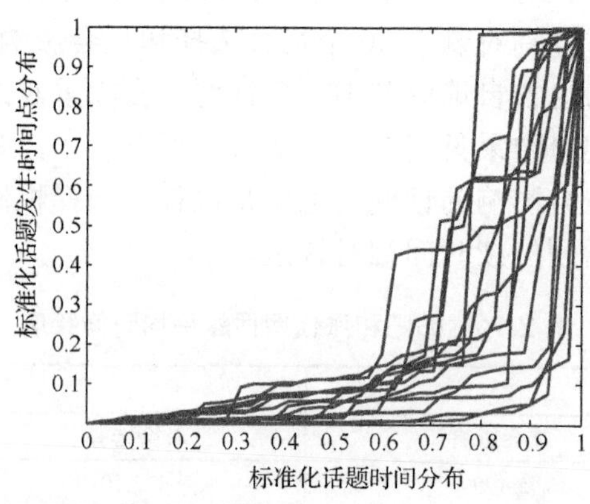

图 2.27　贴吧社会影响话题时间分布示意图

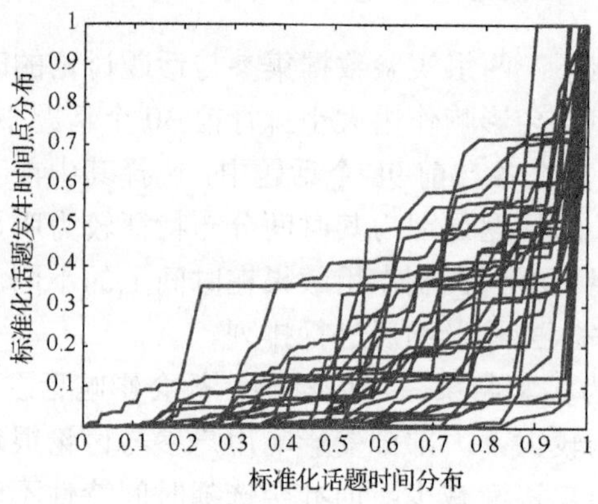

图 2.28　派代网社会选择话题时间分布示意图

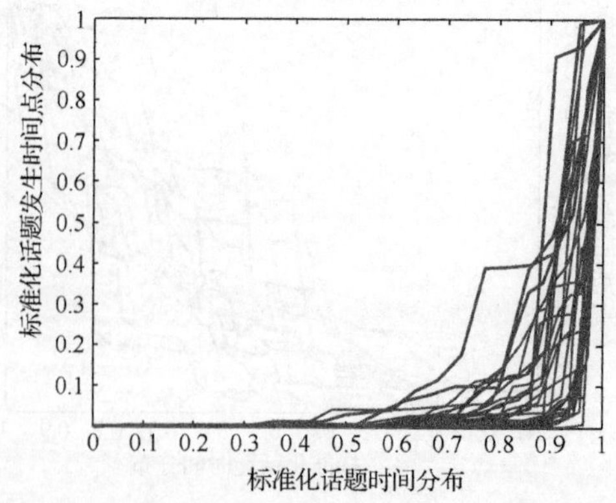

图 2.29　派代网社会影响话题时间分布示意图

不同机制下社区活动的时间跨度和时间特性见表 2.15，社会选择机制下的社区活动的时间跨度大，时间特性不明显，而社会影响机制下社区活动的时间跨度小，时间特性较明显。

表 2.15　社会选择和社会影响的时间特性

类型	时间跨度	时间特性
社会选择	大	不明显
社会影响	小	明显

2.2.3　微观视角下群体形成的仿真研究

网络生成机制的研究主要分为实证研究与仿真研究两类。在实证研究方面，现有结论发现网络的生成与演化是外生因素、社会影响以及社会选择共同作用的结果[9]。在仿真研究方面，小世界模型与 BA(Barabási-Albert)无标度模型被相继提出，以拟合真实社交网络中的小世界性、无标度性等复杂的宏观特性。由于 BA 模型的两大演化规则：节点增长与择优连接，是从现实网络中的真实性质抽象出来的，更符合真实网络的演化情况，研究人员以该模型为基础，提出了众多模型来模拟社交网络的生成与演化。

虽然这些生成模型在某些宏观特性上表现良好，但不同的生成机制下网络的微观特性应该有所不同，BA 模型及其变体模型不能很好地拟合这些微观特性。一种可能的原因是这些模型在建立连接时只考虑了节点的度数等拓扑性质，没有考虑到网络中节点作为人类个体所具有的属性(如不同个体具有不同的兴趣)。若将个体的度数看成个体的影响力，BA 模型只考虑了社会影响对群体形成的作用，没有考虑线下的亲缘关系、友缘关系、共同的外部刺激等外生因素以及社会选择机制在网络生成过程中的作用。Papadopoulos 等[10]则同时考虑了社会选择和社会影响的作用，在双曲空间中构造了网络生成的流行性 × 相似性(popularity × similarity，PS)模型，将节点到中心的距离作为节点的流行性，用节点间的角距离解释节点间的相似性，根据节点间的双曲距离进行边连接。该模型复现出了互联网、代谢网络等复杂网络的小世界、无标度等性质。

虽然网络生成与演化已有众多研究成果，但现有的模型仍然存在以下不足：①现有的生成模型在解释某些网络的宏观特性上具有很好的效果，但在中观结构和微观特性上解释能力较弱；②基于社会选择理论，用户间的相似性或同质性是用户在社会交往中择优连接的重要影响因素，它是用户内在特征的显式体现，但二维空间中的角距离无法完全体现多维特征下用户间的相似度。因此，如何根据网络连接的微观机制构建网络生成模型，使其能够拟合真实网络中的特征，并揭示网络生成机制与网络特征之间的关系成为研究的核心问题。基于上述认知，本节介绍一种新的模型——考虑社会选择作用的社交网络生成模型(social selection-aware BA，SSBA)[11]来模拟社交网络的生成过程，该模型以BA网络为基础，结合了社会影响与社会选择这两种好友关系产生机制，并通过实验分析了不同生成机制下形成的群体其微观结构特性。

1. 用户特征分布的构造

作为客观存在的个体，社交网络中的用户往往具有某些特定的特征，这些特征将不同的用户区分开来，但是用户特征所服从的分布是未知的。在真实的在线社交网络中，用户的特征通常能在用户的个人信息中体现。以微博为例，每个微博用户可以给自己添加标签，使得具有相同标签的用户能更快地找到对方。考虑到标签的设置是非强制性的，我们认为微博用户一旦为自己添加了标签，那么这个标签就是用户真实特征的反映，因此可以将用户的标签看成用户的特征，用户的标签数则对应该用户具有的特征个数。为此，随机抽取15万微博用户的个人信息，删除没有设置标签的用户后，得到82578条用户标签记录。统计每个用户的标签数量及所有标签的分布情况，结果见图2.30。

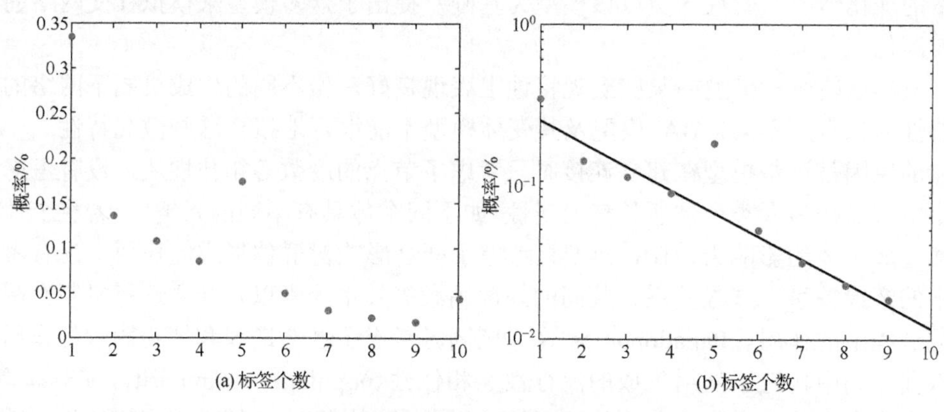

图2.30　微博用户标签个数分布

由图2.30(a)可知，微博用户具有i个标签(特征)的概率随着i的增大是近似递减的，但在$i=5$及$i=10$两处概率值异常高。这可能是微博对标签的设置规则导致的。当新用户注册微博账号时，用户需要选择1～5个标签，系统将根据设置的标签推荐相应的用户。因此标签数为5的用户特别多。在用户使用微博的过程中，用户可以添加或删除标签，但标签的上限是10个，由于截断的存在，标签数为10的用户也较标签数为9的用户多。为进一步探讨标签个数服从的分布，将图2.30(a)中y轴转换成对数刻度，x轴保持线性刻度(图2.30(b))，发现忽略异常点i=5及i=10，得到的散点图是近似线性的(直线为线性拟合函数)，拟合优度检验中$R^2=0.9712$。对指数分布$p(x)=\lambda e^{-\lambda x}$两边取对数可得

$$\ln(p(x)) = \ln(\lambda) - \lambda x \tag{2.3}$$

指数分布在 y 轴转换成对数刻度，x 轴保持线性刻度下是线性的。从理论上说，与人的认知能力将允许人类拥有约 150 人的稳定人际关系一样，由于人的认知能力有限，每个人所具有的特征数不可能无限多，且特征的数量越多，个体所需的能力越强，所以个体具有 i 个特征的概率是关于 i 的减函数，且递减的趋势应强于线性关系，同时与幂律分布相比又应具有更稳定的均值与方差，由此，假设个体特征个数的分布近似服从指数分布。

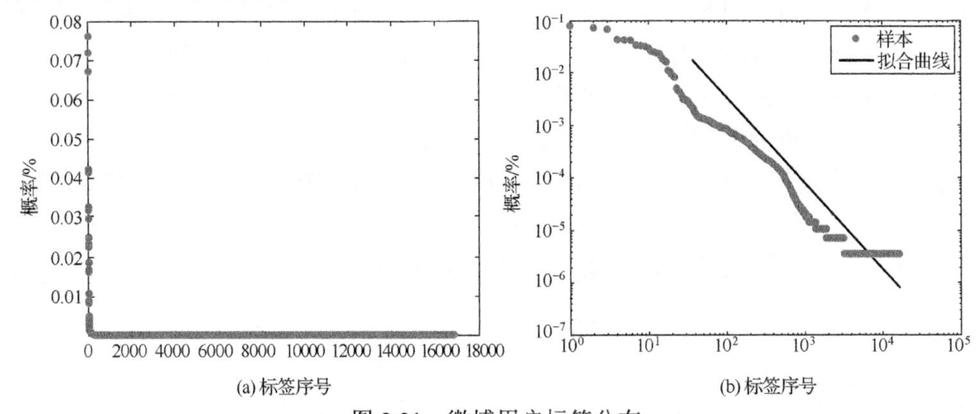

图 2.31 微博用户标签分布

另外，由于每个用户的兴趣不同，特征的总量往往非常大，但是有些特征比较大众，如喜欢音乐、跑步；有些特征则相对小众，如研究深度学习、社交网络分析。这种极度不均匀性会使得特征的分布呈现出明显的长尾效应。而幂律分布在社会、经济学领域被广泛用于拟合这种长尾效应，因此在理论上用幂律分布拟合用户的特征分布是合理的。在微博的例子中，图 2.31 给出了标签(特征)的分布，显然，多数标签(特征)选择的人数较少，但有少数标签(特征)被选中的概率很大，即有的特征比较大众，有的特征比较小众。这很类似于幂律分布，因此将用户标签分布取双对数坐标(图 2.31(b))，得到的散点图近似线性，黑色实线即为拟合曲线。

综上，为每个用户构造特征分布的过程如下。

步骤 1 假设网络中共有 X 种特征，每个用户特征的个数不大于 Y 个，初始化任意用户 n_i 的特征分布 I_i 为 1 行 X 列的向量。

步骤 2 对每个用户 n_i，从参数为 λ 的指数分布 $f(y)=\lambda e^{-\lambda y}$ 中随机抽取一个样本 y，若 $y<Y$，设该用户特征数为 y，否则该用户的特征数为 Y。

步骤 3 从参数为 γ 的幂律分布 $f(x)=C\cdot x^{-\gamma}$ 中随机抽取 y 个不相等的样本 $x_1,x_2,\cdots,x_y$ 作为用户特征的编号，任意 $x_i\in[1,X], i=1,2,\cdots,y$。

步骤 4 对每个特征 x_i，在[0，1]上取随机数 z_i 作为用户对特征 x_i 的偏好程度，并将该值代入用户特征分布的第 x_i 列中。

步骤 5　将特征分布归一化，使得用户对所有特征的偏好程度之和为 1。从而得到用户 n_i 的特征分布为：$I_i=(a_{i1},a_{i2},\cdots,a_{iX})$，其中 $\sum_{j=1}^{X}a_{ij}=1$。

2. 考虑社会选择作用的社交网络生成模型(SSBA 模型)

在构造完每个用户的特征分布后，用户间的同质性可以用用户间的特征相似度表示。结合网络生成机制相关实证分析的结果，SSBA 模型在择优连接中考虑社会影响和社会选择的共同作用，假设新节点连接到旧节点的概率是旧节点影响力(社会影响作用)与新旧节点相似度(社会选择作用)的线性加权。模型的构造方法如下。

假设每个节点在进入网络时都通过上文提到的用户特征分布构建方法构建了一个对应的特征分布，初始时刻设定网络中有 m_0 个节点，任意节点 n_i 的特征分布为 I_i，这 m_0 个节点全连接。在任意时刻 t(t 从 4 开始)，引入一个新节点 n_t，该节点的特征分布为 I_t。新节点有 m ($m\leqslant m_0$)条边与现有节点相连。当选择现有节点与新节点连接时，新节点 n_t 连接到节点 n_i 的概率 π 满足如下等式：

$$\pi_{ti}=\alpha\overline{S}_{ti}+(1-\alpha)\overline{F}_i \tag{2.4}$$

式中，$\alpha(0<\alpha<1)$ 为节点相似度(社会选择作用)在连接过程中的权重；$\overline{F}_i$ 为节点 n_i 标准化的影响力，用节点 n_i 的度数 k_i 代表节点的影响力，则

$$\overline{F}_i=\frac{k_i}{\sum_{j=1}^{t-1}k_j} \tag{2.5}$$

$\overline{S}_{ti}$ 为 n_t 与 n_i 之间标准化的特征相似度，这里使用余弦相似度计算新节点 n_t 与任意旧节点 n_i 的特征相似度 S_{ti}。假设节点 n_t 的特征分布 $I_t=(a_{t1},a_{t2},\cdots,a_{tX})$，节点 n_i 的特征分布 $I_i=(a_{i1},a_{i2},\cdots,a_{iX})$

$$S_{ti}=\cos(n_i,n_t)=\frac{I_t\cdot I_i}{|I_t|\times|I_i|}=\frac{\sum_{j=1}^{X}a_{tj}a_{ij}}{\sum_{j=1}^{X}a_{tj}^2\sum_{j=1}^{X}a_{ij}^2} \tag{2.6}$$

则节点 n_t 与所有现有节点的标准化特征相似度 $S_t=(\overline{S}_{t1},\overline{S}_{t2},\cdots,\overline{S}_{t,t-1})$，其中

$$\overline{S}_{ti}=\frac{S_{ti}}{\sum_{j=1}^{t-1}S_{tj}} \tag{2.7}$$

3. 实验及结论

在仿真实验中，控制其他参数不变，通过改变社会选择作用在连接过程中所占

权重，发现社会选择和社会影响作用的不同比例对网络结构特征的影响，同时与 PS 模型及真实社交网络数据进行对比，验证 SSBA 模型能否通过仿真网络的微观生成机制，更好地解释网络的宏观特性及中观结构。

初始参数的设置如下。

X：网络中的特征总数，假设 X=100。

Y：用户特征数的上限，假设 Y=10。

λ：每个用户具有的特征的个数所服从的指数分布的参数，结合标签个数的分布情况，假设 $\lambda = 1/3$，此时每个用户的特征数的均值为 $1/\lambda = 3$。

γ：特征总体所服从的幂律分布的参数，考虑到实验中选取的特征总数为 100，为了控制第 100 号特征出现的次数(即控制抽取的样本大于 100 从而发生截断的情况)，同时防止样本总是集中在前面若干个特征上，本节通过多次实验最终选取特征分布参数 $\gamma = 2.5$。

m_0：初始时刻网络中节点数，假设 $m_0 = 6$。

m：新节点连接的边数，假设 $m = 5$，此时网络中的平均度为 $2m = 10$。

N：网络中节点总数，假设 $N = 10000$。

1) 宏观特性

度分布、聚类系数及度相关性是描述社交网络宏观特性的三大特征量。许多真实社交网络的度分布近似服从幂律分布，但在另一些网络中，度分布则偏离了幂律分布，现有研究尚无法解释这种偏离现象的产生机理。SSBA 模型尝试对其进行解释。

在 SSBA 模型下改变社会选择作用在连接过程中所占的权重 α，得到网络的度分布如图 2.32 所示。横坐标为节点的度 d，纵坐标为网络中节点度为 d 的概率 $p(d)$。

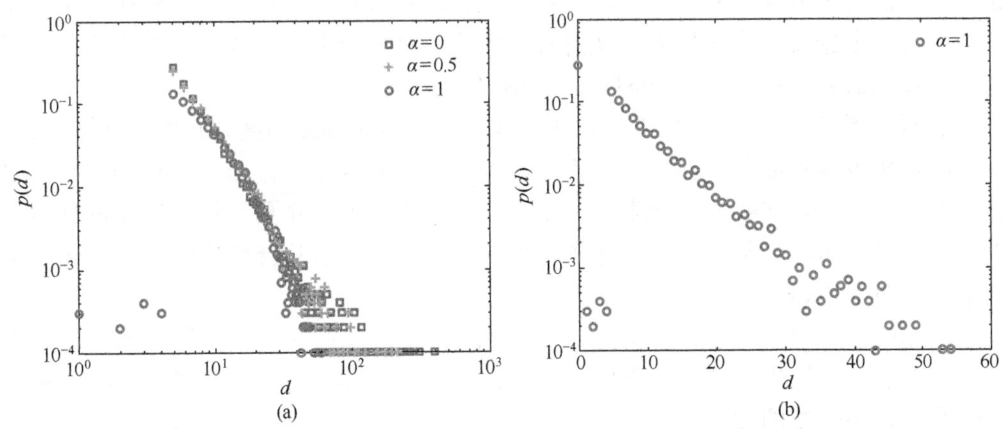

图 2.32 $\alpha = 0, 0.5, 1$ 时 SSBA 模型下网络的度分布

当 α 分别取 0，0.5，1 时，节点度分布的变化趋势大体上是一致的(图 2.32(a))。

当 α=0 时，边的连接概率只受影响力的作用，此时构造的网络就是 BA 无标度网络，节点的度数服从幂律分布。随着 α 的逐渐增大，特征相似度的作用不断增强，α=0.5 时双对数坐标下网络的度分布在高度数部分表现出更陡的下降趋势。当 α=1 时，边的连接概率只受特征相似度的作用，此时网络的度分布已偏离幂律分布，并在小度数位置出现几个离群点。这是因为当某个节点的特征很小众时，与其特征相似度大于 0 的节点很少，因此节点进入网络后连接的初始边数不满 m 条。不考虑离群点，在 y 轴取对数刻度，x 轴取线性刻度的条件下，网络的度分布近似一条直线(图 2.32(b))，因此度分布更接近于指数分布。综上所述，随着特征相似度作用的不断增强，SSBA 模型构造的网络的度分布将逐渐偏离幂律分布。

为验证上述实验结果，从斯坦福大学大规模网络数据集中选取了两种典型的社交网络：YouTube 以及 DBLP(database systems and logic programming)进行度分布分析，这两种网络的基本信息见表 2.16。

表 2.16 三种大规模社交网络基本信息一览表

名称	节点个数	边数
YouTube	1134890	2987624
DBLP	317080	1049866

YouTube 是一个流行的视频分享网站，注册用户可以上传自己的原创视频、关注自己感兴趣的用户并观看这些用户发布的视频。YouTube 中用户间的连接是单向的，由于低连接度的用户很难被其他用户发现，用户关注的往往是高连接度的用户。DBLP 是一个计算机学科中论文作者的关系网络，若两个作者共同合作了至少一篇论文，这两个作者间将建立连边。在论文合作者网络中，两个作者间存在一条边，说明他们的研究方向是基本一致的，将研究领域看成作者的特征，显然在论文合作网络中特征占据着较大的比重。从直观上猜测，这两类网络生成过程中特征相似度的重要性从低到高排序为：YouTube < DBLP。

从两类网络的度分布图(图 2.33)中可以发现，YouTube 的度分布服从幂律分布；DBLP 虽然也基本服从幂律分布，但在高度数部分表现出更陡的下降趋势。已有实证研究表明，YouTube 上社会影响的作用更强，而 DBLP 主要受社会选择机制的影响。这一度分布的趋势有力地支撑了 SSBA 模型关于社会选择作用将使网络逐渐偏离幂律分布的论述。

PS 模型同样考虑了社会影响与社会选择的共同作用，并使用参数 β 调整社会影响作用的强弱，该模型的度分布服从参数为 $1+1/\beta$ 的幂律分布(图 2.34)，不能解释度分布对幂律分布的偏离。

聚类系数体现了网络中节点的聚集程度，图 2.35 给出了 SSBA 模型及 PS 模型下网络的 k 度节点平均聚类系数的分布。

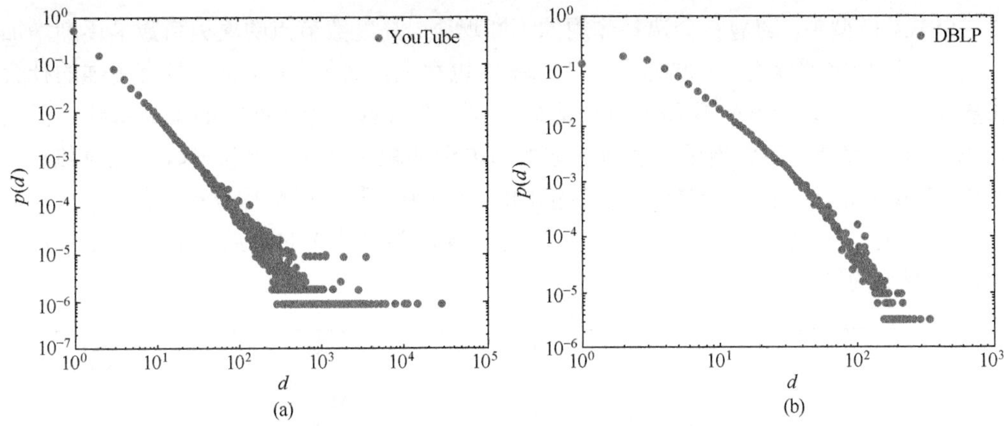

图 2.33　两种大规模社交网络度分布

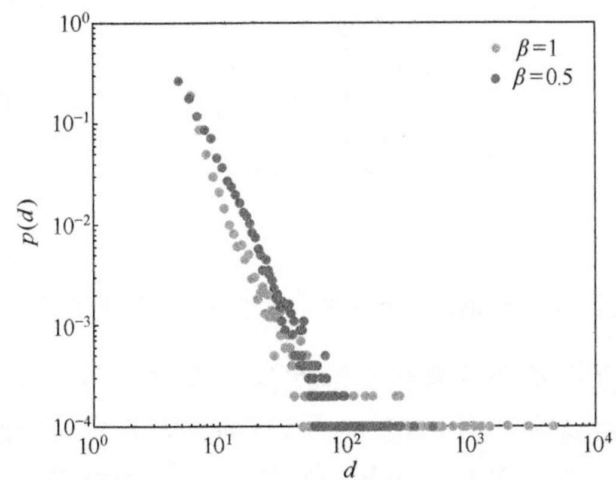

图 2.34　PS 模型下网络的度分布

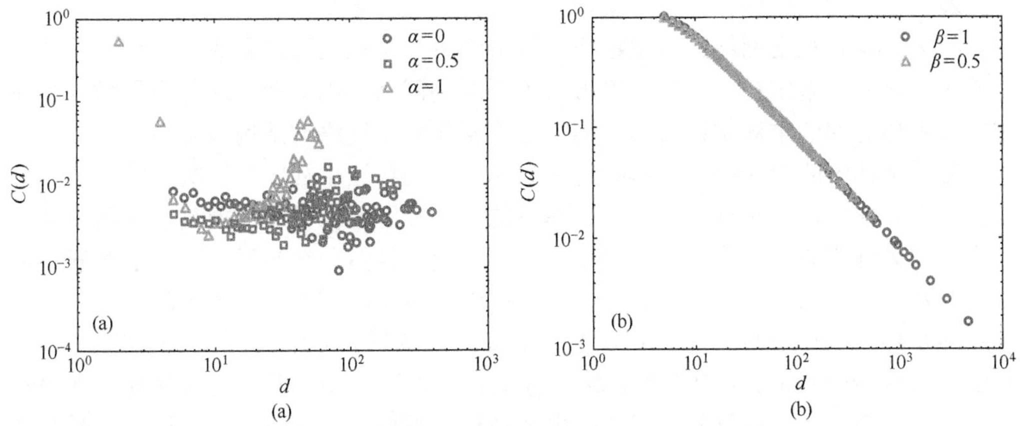

图 2.35　SSBA 模型及 PS 模型下网络的聚类系数

SSBA 模型中，随着社会选择作用的不断增强，高度数节点的聚类系数呈逐渐增加的趋势。这种尾部聚类系数的增长在 Flickr 中也存在，另外，Flickr 上具有更强的社会选择作用，因此，SSBA 模型能有效地描述强社会选择作用下网络的聚类系数。但在 PS 模型中，聚类系数随着节点度数的增加而单调递减，且该趋势与参数的取值独立，因此 PS 模型无法对社会选择作用占优的网络的聚类系数分布进行有效解释。

度相关性体(k_{nn})现了节点的连接倾向，表现为度为 k 的节点的邻居的平均度，两种模型下的度相关性见图 2.36。

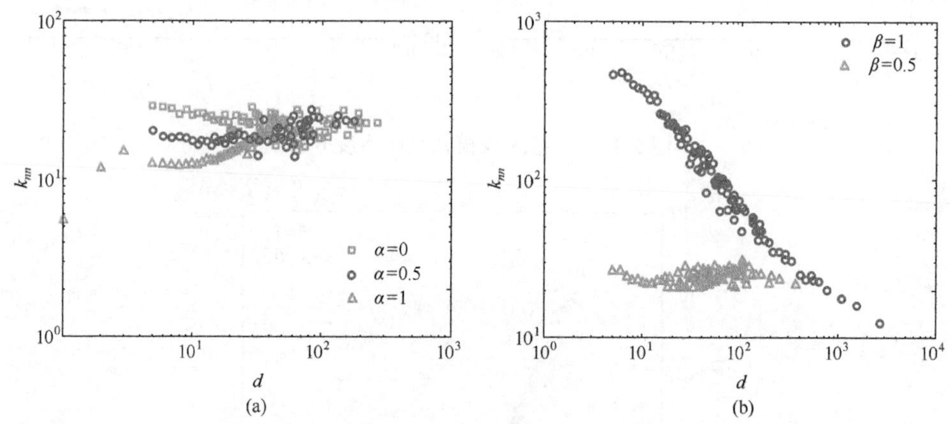

图 2.36　SSBA 模型及 PS 模型下网络的度相关性

SSBA 模型中，随着社会选择作用的增强，度越大的节点越倾向于连接度数大的节点，网络的同配性逐渐增强，在 PS 模型中，随着参数的增大，网络的异配性逐渐增强。实证研究表明，多数在线社交网络属于同配网络，即高影响力人群之间更容易选择相互连接。从这点看，SSBA 模型更接近真实的社交网络情况。

2) 中观结构一致性

社区结构是社交网络的典型特征，网络中每个小社区可以看成一个相对独立的小系统，这些小系统相互交叠最终形成了不同的网络。因此社区这种介于微观个体与宏观整体之间的中观结构所具有的特征将影响整个网络的结构与特性。

若某个社区的形成中社会影响起主导作用，则称这个社区是影响型的；若社会选择起主导作用，则称这个社区是选择型的。当社区偏向于选择型时，社区内节点的度分布会逐渐偏离幂律分布而向指数分布转变。虽然分布的形式发生了改变，但从双对数坐标下的度分布图来看，社会选择作用占比的增大会导致尾部下降趋势更陡，因此幂指数将不断增大(SSBA 模型在 $\alpha = 0, 0.5, 1$ 时估计的幂指数分别为 2.78，3.02，4.23；YouTube，DBLP 的幂指数分别为 2.14，3.26)。基于上述认知，为探索网络在以每个社区为单位的小系统的中观结构，下面以幂指数为度量指标判断社区的类型，计算网络中每个社区内度分布的幂指数 k，结果见图 2.37。

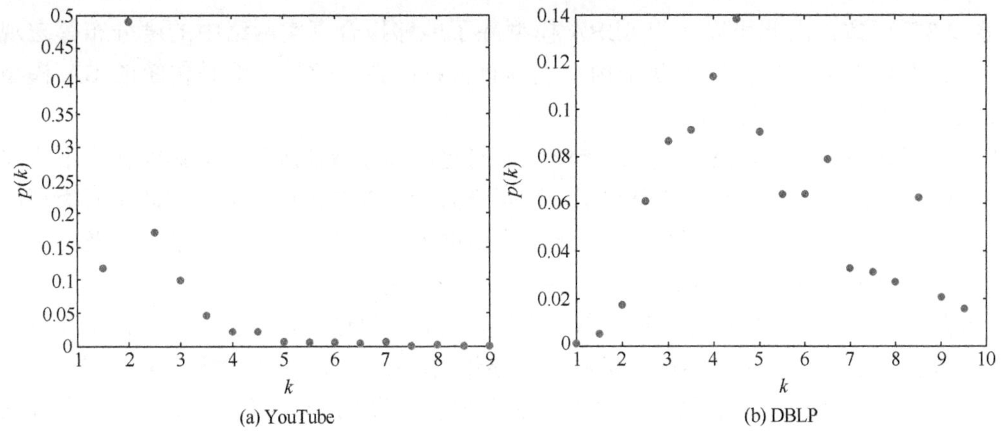

图 2.37　YouTube 与 DBLP 以社区为单位计算度分布后幂指数的分布

YouTube 中社区的幂指数多数集中在图 2.37(a)的左侧，在右侧形成长尾，表明 YouTube 中社区以影响型为主。DBLP 中幂指数的峰值右移，表明网络中社区以选择型为主。上述结果与前述实证分析结果一致，同时也证明了不同类型的社交网络在中观结构上存在差异。

为验证 SSBA 模型与 PS 模型是否具有上述性质，在 SSBA 模型中选取 $\alpha=0,0.5,1$，N=10000，m=5，在 PS 模型中选取 m=5，β=0.5,1 分别进行实验，在仿真网络中将网络划分为 100 个社区，计算每个社区内节点度分布的幂指数，得到 SSBA 模型下三种网络的幂指数分布如图 2.38 所示，PS 模型下网络的幂指数分布如图 2.39 所示。

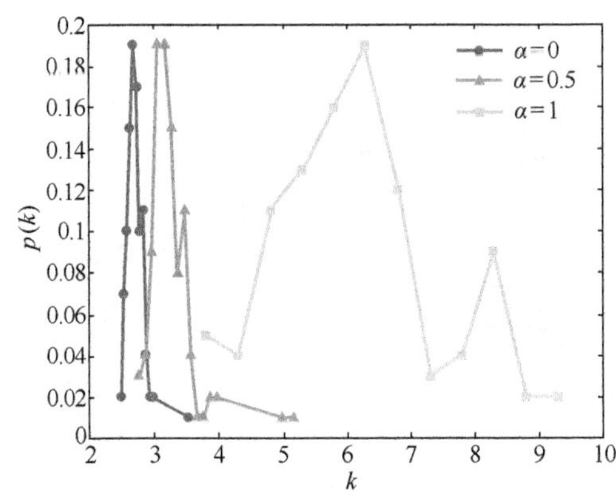

图 2.38　SSBA 模型下网络的幂指数分布

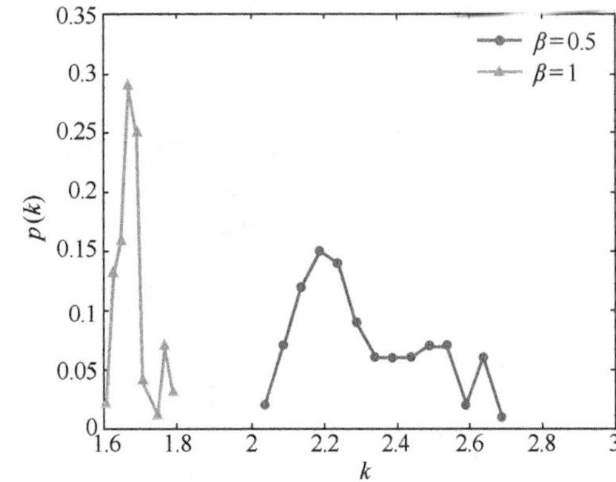

图 2.39　PS 模型下网络的幂指数分布

由图 2.39 可以看出，PS 模型下幂指数的分布集中在 1.6～2.8，不能体现中观结构的差异性，SSBA 模型下，随着个体间相似度占比逐渐增大，幂指数峰值逐渐右移，即网络中选择型社区的比重不断增加。上述仿真结果与真实网络中的实验结果

(图 2.37)一致，因此可以认为 SSBA 模型除了能够拟合真实网络中的度分布等宏观特征，在以社区为单位的中观结构上也具有很好的拟合效果。这是传统的 BA 模型以及 PS 模型无法实现的。

从管理与营销的角度，社会选择作用下构建的选择型社区与社会影响作用下构建的影响型社区在网络结构、信息传播、交互方式上存在很大的不同，因此不同类型的网络下应该选用不同营销策略，而上述结论提供了一个简单的方法识别网络及社区的类型，能为进一步的营销策略研究提供理论支持。例如，当企业在一个社交网络上进行产品推广时，如果是社会影响机制起主导作用，可通过寻找高影响力的种子节点进行传播；反之，如果是社会选择机制起主导作用，则可以采用广而告之的模式。

SSBA 模型从用户同质性产生的内在机理出发，仿真用户的多维特征分布，从而获得用户间的相似度。这种完全内生性的相似度获取机制使得用户因为社会选择作用而连接的现象更符合真实网络中的因为共同特征而建立关系的情况，因此 SSBA 在网络的宏观特性及中观结构上都能很好地拟合主要受社会选择机制影响的真实社交网络。

3) 敏感性分析

为验证 SSBA 模型下网络的主要特征对网络规模 N、新节点连接的边数 m 以及特征分布的参数λ和γ的敏感性，下面以度分布为例进行如下敏感性分析实验。

在网络增长的过程中截取了节点数量分别为 1000、5000、10000 的三个截面数据，分别计算 $\alpha = 0, 0.5, 1$ 时的度分布，结果见图 2.40。

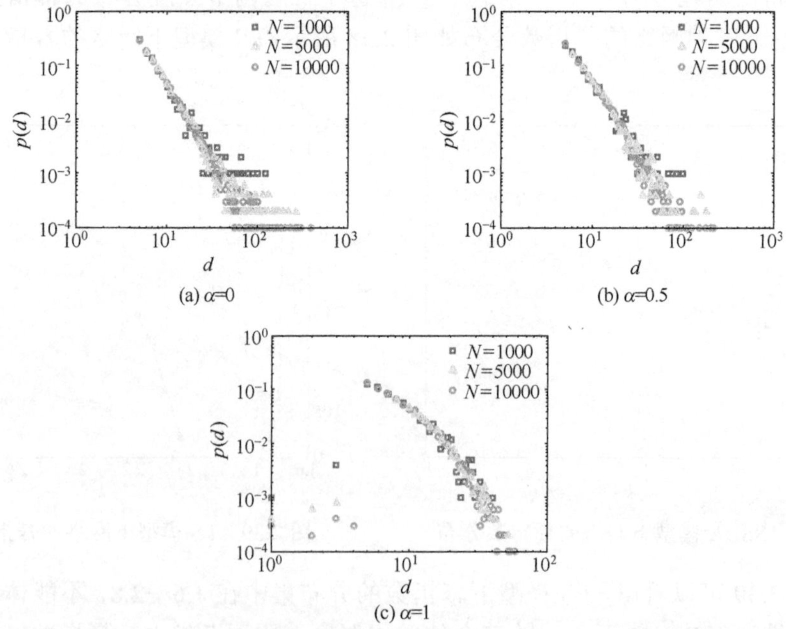

图 2.40　节点数分别为 1000、5000、10000 时网络的度分布

无论 α 的取值如何，网络的度分布在不同的网络规模下具有一致性，因此节点个数的增长不会改变 SSBA 模型生成的网络结构。

在 α 为 0,0.5,1 时分别计算 $m=3, m=5$ 时网络的度分布，结果见图 2.41，虽然边数 m 发生改变，但在同样的 α 下网络的度分布的变化趋势是一致的，因此度分布对边数 m 不敏感。

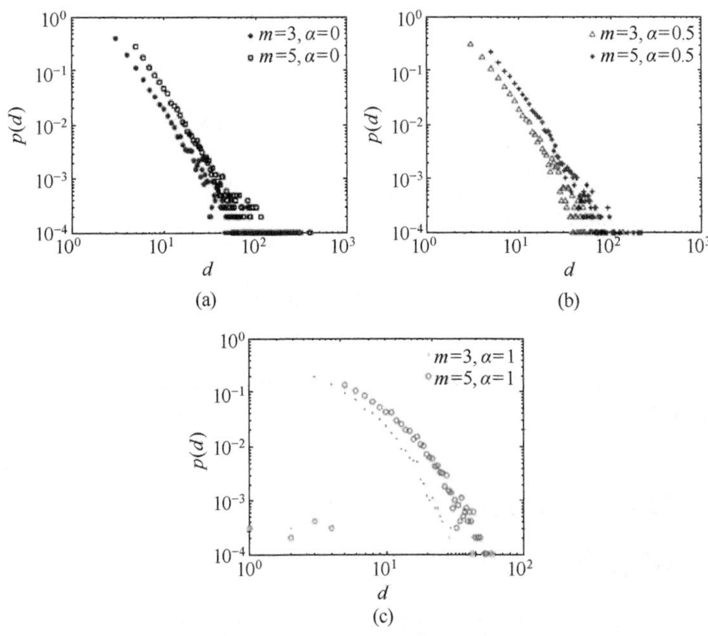

图 2.41　m 对度分布的影响

在构造用户特征分布时，SSBA 模型假设了用户特征个数服从参数为 λ 的指数分布，特征的分布服从参数为 γ 的幂律分布。为验证 SSBA 模型对参数的敏感性，以 $\lambda=1/3, \gamma=2$ 为基础，设计对比实验 $\lambda=1/3, \gamma=3$ 以及 $\lambda=1/4, \gamma=2$，每个实验组设置网络规模 $N=5000$，在 α 分别取 0，0.3，0.5，0.7，1 时进行实验，得到 15 组实验结果。用每组实验度分布的幂指数描述网络的度分布情况，结果如图 2.42 所示。

由图 2.42 可以看出，不同参数设置下网络度分布的变化趋势是一致的。λ 越小，指数分布的均值越大，平均每个个体所具有的特征数越多；γ 越大，幂律分布越陡，兴趣的分布越集中，这两种变化都会导致用户间同质的可能性增大，在度分布上体现为幂指数的增长。

由上述实验可知，SSBA 模型不仅能很好地解释以社会选择作用为主的社交网络中如度分布、集聚性、度相关性等宏观特性，在以社区为单位的中观结构上也具有很好的解释效果。该结论有助于进一步理解不同生成与演化机制下生成的网络的特征，对研究网络中信息传播机制，制定有效的社会化营销等具有良好的指导作用。

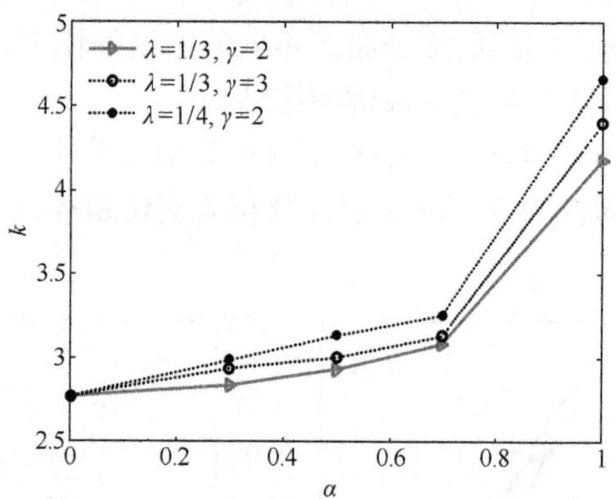

图 2.42　SSBA 对 λ,γ 的敏感性分析

2.3　群体形成模型

群体是在社交网络的生成和演化过程中产生的，在此过程中，个体与个体并不直接以形成群体为目标进行连接，而是按照一定的微观规律产生连接。偏好连接模型和三角闭合模型是社交网络中个体连接服从的两种常见微观模型。基于这两种模型，社交网络中的个体自发的组织成群体结构。下面介绍形成群体的两种微观模型。

2.3.1　偏好连接模型

著名的“马太效应”阐述了“强者越强，弱者越弱”的社会现象。在线社交网络中也有类似的规律，一个较为受欢迎的用户常常能吸引更多的用户。一个个体产生一个新的连接的概率随着该个体所具有的连接数的增加而增大，这一特征称为偏好连接。网络群体结构的强弱通常由聚类系数衡量，一个个体的聚类系数定义为其邻居之间的真实连接数与所有可能的连接数的比例，假设个体 v 的所有邻居之间的真实连接数为 E_v，则该个体的聚类系数为

$$c_v = \frac{2E_v}{k_v(k_v-1)}$$

网络的聚类系数为所有个体聚类系数的平均值。基于偏好连接模型(preferential attachment model)产生的网络具有较大的聚类系数，即具有较强的群体结构。

Klemm 等 [12]认为个体具有有限的记忆能力，“年老”的个体容易被“遗忘”，社交网络中新加入的个体更倾向于和较年轻的且入度较大的个体连接，即具有偏好连接性。基于节点的度依赖去活动力学，他们设计了模拟产生真实网络的有向网络生成模型。每个个体有两个状态：激活态与非激活态。每个新加入网络的个体总是处于激活态，该个体可以从随后加入网络的个体处获得连接直到它去活，去活的个

体不再接受新的连接。个体从活跃状态到不活跃状态的转变可以被视为被遗忘。个体去活的概率随着其入度的增加而降低。具体来说，可以假设去活概率为 $P \propto (k+a)^{-1}$。初始时，网络由 m 个完全连接的活跃的个体组成，在网络增长过程中，始终保持 m 个激活个体。随后网络的动态生成过程如下。

(1) 增加一个新个体 v，新个体起初未连接，此时该个体的入度为 $k_v^{\text{in}}=0$。

(2) 新个体发出 m 条新边，每个激活个体 u 收到一条入边，即 $k_u^{\text{in}} \leftarrow k_u^{\text{in}}+1$。

(3) 激活新加入的个体 v。

(4) 去活一个激活个体，个体 u 去活的概率为

$$P_u = \frac{\gamma-1}{a+k_u^{\text{in}}}$$

式中，$a>0$ 是一个常数偏置；$\gamma-1=\left[\sum_{l\in\mathcal{A}} 1/(a+k_l^{\text{in}})\right]^{-1}$ 是标准化因子，$\mathcal{A}$ 是当前的激活节点集。

(5) 从第一步重新开始。一个节点在它激活的生命周期内接受输入的边，且一旦非激活，将不在接受边。因此，每个个体 v 最终的入度 k_v^{in} 和其处于激活态的时长 T_v 是相等的。基于该模型生成的网络的聚类系数渐进收敛于 0.83，和许多真实网络的聚类系数相似。

Kumar 等 [13]通过对真实社交网络的一系列测量，发现社交网络可以分割为三种主要部分：不参与网络的孤立个体、呈现星形结构的孤立群体和基于稠密连接核心的巨大连通部分。根据在线社交网络的增长规律，他们基于个体偏好连接特性提出一个简单的网络生成模型。模型中存在三种个体；被动者、邀请者和连接者。被动者出于好奇心加入网络，但是从来不参与任何重要的活动。邀请者积极地将线下社区迁移到一个在线社交网络，并且积极地鼓励他们的朋友参与。连接者是在线社交网络增长的完全参与者，积极地将他们自己和其他成员连接起来。每一时刻，将一个新个体加入网络，随机确定其种类。同时将一系列边加入网络，每条边的源头基于偏好连接模型从已存在的邀请者和连接者中随机选取，即个体被选中的概率正比于其度加上一个常数。如果边的源头是邀请者，则其邀请一个非成员加入网络，所以目的个体为一个孤立的新个体。如果边的源头是连接者，则其目的个体基于偏好连接模型从已存在的连接者和邀请者中选取。假设 p 表示新用户类型分布，γ 表示巨大连通部分的偏好，ε 表示每个时刻新加入的边数。更正式地，模型按如下过程进行。网络表示为 $G=(V,E)$。在任意时刻，被动者、邀请者和连接者集合分别由 P、I 和 L 表示，因此有 $V=P\cup I\cup L$。$d(u)$ 表示节点 u 的度。在每个时刻，一个新节点按概率分布 p 被加入到 P、I 或 L。假设 β 是一个参数，定义新边偏好连接概率分布 D^{β}，表示基于有偏偏好连接选择一个节点 u 作为新加入的边的源头或目的个体的

概率。D^{β} 定义如下：

$$D^{\beta}(u) \propto \begin{cases} \beta(d(u)+1), & u \in L \\ d(u)+1, & u \in I \\ 0, & \text{其他} \end{cases}$$

然后 ε 条无向边按如下方式加入网络中。对每条边 (u,v)，u 按分布 D^{1} 选择，其中有偏参数设置为 0。如果 u 是一个邀请者，则 v 是一个新节点，被分配到 P。如果 u 是一个连接者，则 v 按分布 D^{γ} 选择。模拟实验证明，该模型生成的网络的群体特性和真实社交网络的群体特性相似。因此个体偏好连接模型是群体形成的重要模型之一。

2.3.2　三角闭合模型

社交网络中，每一个个体和其朋友的朋友很容易熟识，并成为朋友，建立朋友关系。与朋友的朋友成为朋友的过程称为社交网络演化的三角闭合模型(triadic closure model)。除了偏好连接模型，三角闭合模型是社交网络进化的另一个基础模型。基于三角闭合模型生成的网络中，每个个体的朋友之间的连接数较多，因此网络的聚类系数较大，生成的网络具有较强的群体结构。

当一个网络具有大的聚类系数和小的平均最短路径距离时，该网络称为小世界网络。另外，当一个网络的度分布服从幂率分布时，该网络称为无标度网络。社交网络同时具有小世界特征和无标度特征。Davidsen 等[14]基于三角闭合模型建立网络演化模型，该模型下的网络在演化稳定时和社交网络相似，具有小世界特征和无标度特征。演化模型主要迭代运行以下两步。

(1) 一个随机选择的个体随机选择他的两个邻居并介绍他们互相认识，如果他们之间之前没有边，则他们之间形成新边。如果该个体的邻居少于两个，则他将自己与任意一个随机个体连接。

(2) 以概率 p 随机选择一个个体，将它和它所有的关联边从网络中移除，增加一个新个体，新个体与任意一个随机个体连接。

该模型下网络个体数保持不变，忽略了社交网络中个体数量的波动。每个个体具有有限的年龄表明网络达到一个稳定的状态。模拟实验证明，当该演化模型稳定时，网络的度分布服从幂率分布。上述演化模型稳定时，第一步平均增加的边数应该等于第二步平均移除的边数。假设网络的平均度为 $\bar{k}$，网络的聚类系数为 c，则有如下关系：

$$1-c=p(\bar{k}-1)$$

式中，等号左边为模型第一步平均增加的边数，右边为模型第二步平均移除的边数。通常，个体加入或移除网络的频率远远小于新连接形成的频率，因此 $p \ll 1$。此时网络具有较大的聚类系数，即网络具有较强的群体结构。类似地，Holme 等[15]基于三角闭合模型扩展了标准的无标度网络模型，模型定义如下：

(1) 初始时，网络由 m_0 个个体组成，没有边。

(2) 每一个时刻，一个有 m 条边的个体 v 被加入到网络中。

(3) v 的每一条边被连接到一个已经存在的个体，连接到该个体的概率正比于其度，即个体 w 和 v 连接的概率为

$$P_w = \frac{k_w}{\sum_{v \in V} k_v}$$

(4) 在上一步中，如果在 w 和 v 之间增加了一条边，则增加一条新的边连接 v 和 w 的一个随机选择的邻居。

该模型产生的网络不仅具有幂率度分布，还具有高的聚类系数。因此，三角闭合模型也是群体形成的重要模型之一。

参考文献

[1] 方滨兴，贾焰，李欲晓，等. 社交网络分析与网络信息传播的基础研究年度报告（2013）[J]. 科技资讯, 2016, 14(11): 175.

[2] Bon G L. The Crowd : A Study of The Popular Mind[M]. New York: The Macmillan Co., 1896: 11-43.

[3] Armstrong A, Hagel J H. The real value of online communities [J]. Harvard Business Review, 1996, 74(3): 85-95.

[4] Zhao L, Li Y, Liu X, et al. A graph-based bursty topic detection approach in user-generated texts[C]. IEEE Web Information System and Application Conference, Tianjin, 2015: 273-278.

[5] Ren Y F, Wang R M, Ji D H. A Topic-enhanced word embedding for twitter sentiment classification[J]. Information Sciences, 2016, 24(7): 1031-1040.

[6] Sornette D, Deschatres F, Gilbert T, et al. Endogenous versus exogenous shocks in complex networks: An empirical test using book sale rankings[J]. Physical Review Letters, 2004, 93(22): 211-218.

[7] Crane R. Robust dynamic classes revealed by measuring the response function of a social system[J]. Proceedings of the National Academy of Sciences, 2008,105(41): 15649-15653.

[8] 何军，刘业政. 社会选择和社会影响对混合型社交网络形成的仿真分析[J]. 现代情报，2017, 37(4): 87-94.

[9] Aral S, Walker D. Identifying influential and susceptible members of social networks[J]. Science, 2012, 337(6092): 337-341.

[10] Papadopoulos F, Kitsak M, Serrano M Á, et al. Popularity versus similarity in growing networks[J]. Nature, 2012, 489(7417): 537-540.

[11] 刘业政, 李玲菲, 孙春华. 考虑社会选择作用的社交网络生成模型[J]. 系统工程学报.

[12] Klemm K, Eguiluz V M. Highly clustered scale-free networks[J]. Physical Review E, 2002, 65(3): 036123.

[13] Kumar R, Novak J, Tomkins A. Structure and evolution of online social networks[M]. Link Mining: Models, Algorithms, and Applications. Berlin: Springer, 2010: 337-357.

[14] Davidsen J, Ebel H, Bornholdt S. Emergence of a small world from local interactions: Modeling acquaintance networks[J]. Physical Review Letters, 2002, 88(12): 128701.

[15] Holme P, Kim B J. Growing scale-free networks with tunable clustering[J]. Physical Review E, 2002, 65(2): 026107.

第 3 章　群体发现技术

3.1　群 体 特 征

群体特征是群体发现技术的基础。大部分群体发现技术都是基于群体的某些特征建立量化群体的模型，通过优化模型挖掘具有这些特征的群体结构。下面分别介绍群体的结构特征、属性特征和动力学特征。

3.1.1　群体的结构特征

从网络拓扑结构角度看，社交网络群体具有内部连接相对紧密，而外部连接相对稀疏的特征。前面提到，相对于一个完全陌生的个体，每个个体更容易与其朋友的朋友成为朋友，即更容易与其朋友的朋友建立连接，进而在局部范围内形成紧密连接关系。同时，一组个体会因为某种原因相互熟识并相互交互，形成紧密的连接关系。以上两点是社交网络中群体拓扑结构特征的两个典型潜在原因。为了更加准确地描述与量化群体的拓扑结构特征，很多研究者分别从个体，群体和网络全局角度提出了定量的群体拓扑结构特征指标，包括固定度、强弱群体度、导率、比率割、标准割、健康度和模块度等。

Chakraborty 等从个体与群体的连接紧密程度定义群体结构特征指标固定度 [1]。他们认为群体内部整体连接情况和外部整体连接情况不能很好地描述群体的结构特征。一个个体 v 所在的群体称为该个体的内部群体，和内部群体中其他个体之间的连接称为内部连接，内部连接总数为个体的内部度 k_v^{in}。其他群体称为该个体的外部群体，和其他群体中个体的连接称为外部连接。一个个体的所有外部连接总数为个体的外部度 k_v^{out}，其和单个外部群体中个体的外部连接总数的最大值为最大外部度 $k_v^{\max}$。相对于 k_v^{out}，$k_v^{\max}$ 能够描述某个外部群体对该个体的拉拽力。因此在固定度中使用 $k_v^{\max}$ 描述个体的外部连接紧密程度，而不是 k_v^{out}。他们定义个体的内部聚类系数来描述个体在群体内部的连接紧密程度。假设个体 v 在群体 C 中的邻居集合为 $N_{\text{in}}(v)=\{u \mid u\in C\wedge(v,u)\in E\}$，$E$ 为网络的边集，则其在该群体的内部聚类系数定义为

$$c_{\text{in}}(v)=\frac{2\times|\{(u,w)\mid u\in N_{\text{in}}(v)\wedge w\in N_{\text{in}}(v)\wedge(u,w)\in E\}|}{|N_{\text{in}}(v)|(|N_{\text{in}}(v)|-1)} \tag{3.1}$$

基于以上外部连接紧密程度和内部连接紧密程度的描述，个体v相对于群体的固定度定义为

$$\mathrm{Perm}(v)=\left[\frac{k_v^{\mathrm{in}}}{k_v^{\max}}\times\frac{1}{k_v}\right]-[1-c_{\mathrm{in}}(v)] \tag{3.2}$$

式中，k_v表示个体的度。当个体的最大外部度相对于内部度越小，且其内部聚类系数越大时，则该个体相对于群体的固定度越大。分析式(3.2)可知，固定度的取值范围为(−1,1]，当个体是一个完全子图的一部分且没有外部连接时，其固定度取到最大值1，当$\frac{k_v^{\mathrm{in}}}{k_v^{\max}}\times\frac{1}{k_v}\approx 0$，且$c_{\mathrm{in}}(v)=0$时，固定度接近−1。

Radicchi 等基于个体子集内部的度信息定义了强群体和弱群体[2]。他们认为一组个体子集C是一个强群体，当其内部个体的度满足：

$$k_v^{\mathrm{in}}(C)>k_v^{\mathrm{out}}(C),\quad \forall v\in C \tag{3.3}$$

式中，$k_v^{\mathrm{in}}(C)$、$k_v^{\mathrm{out}}(C)$分别为个体v在子集C内部的度和在C外部的度。他们认为一组个体子集C是弱群体，当其内部个体的度满足：

$$\sum_{v\in C}k_v^{\mathrm{in}}(C)>\sum_{v\in C}k_v^{\mathrm{out}}(C) \tag{3.4}$$

基于强弱群体定义，可以定义强弱群体度来量化群体拓扑结构特征。其中，强群体度定义为

$$I_s=\min_{v\in C}\frac{k_v^{\mathrm{in}}(C)}{k_v^{\mathrm{out}}(C)} \tag{3.5}$$

弱群体度定义为

$$I_w=\frac{\sum_{v\in C}k_v^{\mathrm{in}}(C)}{\sum_{v\in C}k_v^{\mathrm{out}}(C)} \tag{3.6}$$

一个群体的强群体度越大，表示群体内部所有个体内部度和外部度比值中的最小值越大，也就意味着和该群体内部连接相对最稀疏的个体和该群体的连接紧密程度越大。一个群体的弱群体度越大，表示该群体内部所有个体内部度之和与外部度之和的比值越大。强群体度衡量每个个体的连接情况，并且以和群体连接最稀疏的个体的指标作为群体的指标，其是从个体角度定义的指标。而弱群体度衡量群体整体的连接情况，是从群体角度定义的指标。当强群体度和弱群体度大于同一个值时，强群体度所反映的群体内部连接紧密程度更高。

Kannan 等从单个群体和外界连接相对稀疏性角度定义了一个量化指标导率

(conductance)[3]。该指标基于群体的割(cut)描述群体与外部的连接情况。假设网络节点集合为 V，邻接矩阵为 A，则该网络中群体 C 的割定义为

$$\mathrm{cut}(C,\overline{C})=\sum_{v\in C,u\in\overline{C}}A_{vu} \tag{3.7}$$

式中，$\overline{C}$ 表示 $V\setminus C$，即群体相对于网络节点集的补集。群体的割越小，表示该群体和外界连接越稀疏。但是该指标既未考虑群体的体积(volume)，也未考虑群体的内部连接紧密程度。一个内部连接稀疏的群体可能与一个内部连接紧密的群体具有相同的割。群体的导率结合群体的割和体积，度量群体和外界连接相对稀疏性。群体的体积定义为

$$\mathrm{Vol}(C)=\sum_{v\in C,u\in V}A_{vu} \tag{3.8}$$

则群体的导率定义为

$$\phi(C)=\frac{\mathrm{cut}(C,\overline{C})}{\min(\mathrm{Vol}(C),\mathrm{Vol}(\overline{C}))} \tag{3.9}$$

导率的分母取群体和其补集体积的较小值，是为了避免体积过大的群体导率更小。可以看出，群体和外界连接越相对稀疏，其导率越小。

和群体的导率相似，群体的比率割(ratio cut)定义为

$$\phi_r(C)=\frac{\mathrm{cut}(C,\overline{C})}{n_C\times(n-n_C)} \tag{3.10}$$

式中，n 为网络个体总数；n_C 为群体 C 中的个体总数。类似地，群体的标准割(normalized cut)定义为

$$\phi_n(C)=\frac{\mathrm{cut}(C,\overline{C})}{\mathrm{Vol}(C)}+\frac{\mathrm{cut}(C,\overline{C})}{\mathrm{Vol}(\overline{C})} \tag{3.11}$$

群体和外界连接越稀疏，其比率割和标准割也越小。

Lancichinetti 等从单个群体内部连接相对稠密性角度定义了指标健康度(fitness)[4]。群体的内部绝对稠密性可以由群体的内部总度度量，群体的内部总度定义为

$$k_{\mathrm{in}}(C)=\sum_{v,u\in C}A_{vu} \tag{3.12}$$

内部总度越大，群体的内部边越多。基于内部总度，群体的健康度定义为

$$f(C)=\frac{k_{\mathrm{in}}(C)}{\mathrm{Vol}(C)} \tag{3.13}$$

群体的健康度越大，其内部连接相对稠密程度越高。

Newman 等从网络全局角度定义了一个量化群体拓扑结构特征的指标模块度(modularity)[5]。他们认为具有群体结构的网络应该是显著不同于一个随机基准网络的。一个网络的随机基准网络保持了原网络的节点数和原网络每个节点的度数，但是随机基准网络中的边是随机连接的，因此随机基准网络中不具有连接紧密的群体结构。如果一个网络的某种连接特征和其随机基准网络的相对应的连接特征差别越大，则该网络的全局群体特征越强。假设 A 是一个社交网络的邻接矩阵，k_v 表示节点 v 的度数，即 $k_v=\sum_w A_{vw}$，$\mathcal{C}$ 表示网络中的全部群体集，c_v 表示节点 v 所属的群体标识，m 表示网络中的总边数。则模块度 $Q_{\mathcal{C}}$ 定义为

$$Q_{\mathcal{C}}=\frac{1}{2m}\sum_{vw}\left[A_{vw}-\frac{k_v k_w}{2m}\right]\delta(c_v,c_w) \tag{3.14}$$

式中，$\delta(c_v,c_w)$ 表示狄拉克函数，当且仅当 $c_v=c_w$ 时，$\delta(c_v,c_w)=1$。$\frac{k_v k_w}{2m}$ 表示随机基准网络中，节点 v 和节点 w 之间连接边数的期望。因此一个网络的模块度度量了该网络中所有群体内部边数与其随机基准网络中相对应的群体内部边数的期望之差占网络所有边数的比例。显然，模块度 $Q_{\mathcal{C}}$ 的取值范围为 $[0,1]$，且一个网络的模块度值越大，该网络群体内部的边数相对于其随机基准网络群体内部边数的期望越大，这表明，该网络群体内部连接越紧密。值得注意的是，模块度并不是针对单个群体，而是量化了网络全局的群体拓扑结构特征。

3.1.2　群体的属性特征

除了网络结构，社交网络中的个体还具有大量的属性信息，如年龄、职业、爱好、地域等信息。个体之间会基于某些属性的相似性建立关系，并聚集成群体。因此群体除了具有结构特征，还具有显著的属性特征，即群体内部个体属性相似，群体之间个体属性不同。同样，为了更加准确地描述与量化群体的属性特征，很多研究者分别从个体，群体和网络全局角度提出了定量的群体属性特征指标，包括属性子空间相似度[6]、属性熵[7]、属性均质性函数[8]等。

Günnemann 等定义了个体之间的属性子空间相似度[6]。个体的属性信息通常以属性向量表示，因此属性之间的相似度为属性向量之间的相似度。他们使用向量的核(kernel)变换，特别是径向基函数核(RBFkernel)来定义相似度。两个向量的径向基核 $k(\boldsymbol{x},\boldsymbol{y})$ 的值取决于这两个向量之差的范数(norm)，通常是欧几里得(Euclidean)范数，即 $k(\boldsymbol{x},\boldsymbol{y})=k(\|\boldsymbol{x}-\boldsymbol{y}\|)$。由于向量相似度通常反比于范数，所以这里只考虑那些具有非正导数的核，如有理二次核、指数核、高斯核等。社交网络中个体通常具有许多属性，群体中的个体无法在所有属性上都相似，个体之间在所有属性上的相似度值通常无法用来区分群体内部的个体和外部的个体。事实上，对于某个群体来

说，只有一部分属性是相关的，如对于大学中的一个群体，年龄属性、学籍属性等是相关属性，而籍贯、高中学校等可能是无关属性。相关的属性组成一个属性子空间，因此个体之间的属性相似度需要定义在某个子空间上，即需要使用加权欧几里得范数，而不是无权欧几里得范数定义相似度。属性子空间通常用子空间向量 $\boldsymbol{s}$ 表示，子空间向量中的元素需要满足归一化条件，即 $\sum_{i=1}^{D} s_i = 1$，$s_i \geqslant 0, \forall i = 1, \cdots, D$，$D$ 表示整个属性空间的维度。s_i 表示属性维度 i 在该子空间中的重要性，其值越大，表示该维度越重要，对相似度的贡献也就越大。属性子空间 $\boldsymbol{s}$ 下的加权欧几里得范数定义为

$$\begin{aligned} \| \boldsymbol{x} - \boldsymbol{y} \|_s &= \sqrt{(\boldsymbol{x} - \boldsymbol{y})^{\mathrm{T}} \operatorname{diag}(\boldsymbol{s})(\boldsymbol{x} - \boldsymbol{y})} \\ &= \sqrt{\sum_{i=1}^{D} s_i (x_i - y_i)^2} \end{aligned} \tag{3.15}$$

式中，$\operatorname{diag}(\boldsymbol{s})$ 表示以向量 $\boldsymbol{s}$ 为主对角线的对角矩阵。如果采用指数核，则属性子空间相似度定义为

$$k(\boldsymbol{x}, \boldsymbol{y}) = \mathrm{e}^{-\frac{\| \boldsymbol{x} - \boldsymbol{y} \|_s}{\theta}} \tag{3.16}$$

式中，θ 为尺度参数，其取值越大，相似度的绝对大小越大，但是不同个体之间相似度的相对大小并不改变。群体内部所有个体之间的子空间相似度之和可以用来量化该群体的属性特征，子空间相似度之和越大，群体内部个体在该子空间上的属性越相似。

Li 等考虑群体内部所有个体属性整体相似情况，即考虑群体内部属性的均质性，定义属性熵(entropy)[7]。集合的香农信息熵可以度量集合的平均信息量，越均质的集合，其信息熵越小。将群体看作集合，将内部的属性信息看作集合中的元素，则可以用熵来度量群体内部属性的均质性。这里考虑绝对值属性，即属性取有限的值，且属性值只考虑相等关系，不考虑大小关系。假设网络共有 D 个属性，属性 i 可取 d_i 个值，即其值域大小为 d_i，使用正整数数值化绝对值属性，即假设属性 i 的值域为 $D_i = \{1, 2, \cdots, d_i\}$。假设群体 C 中的个体总数为 n_C，其中属性 i 的值取 q 的个体数 n_C^{iq}，则群体中个体在属性 i 上的值为 q 的频率为

$$p_C^{iq} = \frac{n_C^{iq}}{n_C} \tag{3.17}$$

频率满足归一化条件，$\sum_{q=1}^{d_i} p_C^{iq} = 1$，$p_C^{iq} \geqslant 0, \forall q = 1, \cdots, d_i$。因此可以定义群体在属性 i 上的熵为

$$E_C^i = -\sum_{q=1}^{d_i} p_C^{iq} \ln p_C^{iq} \tag{3.18}$$

p_C^{iq} 可以当作群体中一个随机节点在属性 i 上取 q 的概率，因此熵度量了群体中一个随机节点在属性 i 上的香农信息量。群体在所有属性上的熵定义为在单个属性上的熵之和，即

$$E_C = \sum_{i=1}^{D} E_C^i \tag{3.19}$$

群体内个体的所有属性取值越均质，其属性熵越小，当群体内部所有属性取值完全相同时，熵取得最小值 0。

尽管属性熵可以度量单个群体内部属性的均质性，却不能很好地量化整个网络中群体的属性特征。和群体之间连接稀疏性相似，网络中不同群体的属性应该尽可能不同，而属性熵只描述群体内部均质性，最小化属性熵无法使群体包含尽可能多的属性相同的个体。事实上，任意单个个体组成的平凡群体的熵为 0，即最小熵值。因此，我们改进了传统的属性熵定义，使其对群体的大小敏感，从网络全局角度定义属性均质性函数[8]，不仅能够量化群体内部属性均质性特征，还能够量化不同群体属性异质性特征。改进的关键点在于使属性均质性函数对群体的规模敏感。观察图 3.1，图 3.1(a)两个群体关于形状属性均质，都是圆形，右边的群体比左边的群体大。在两个群体中分别加入一个异质个体正方形，则图 3.1(b)中右边的群体相比左边的群体看起来更均质。也就是说，原本都均质的群体，在加入一个异质个体后，较大的群体看起来更均质。基于这个观察，我们定义了均质性程度。

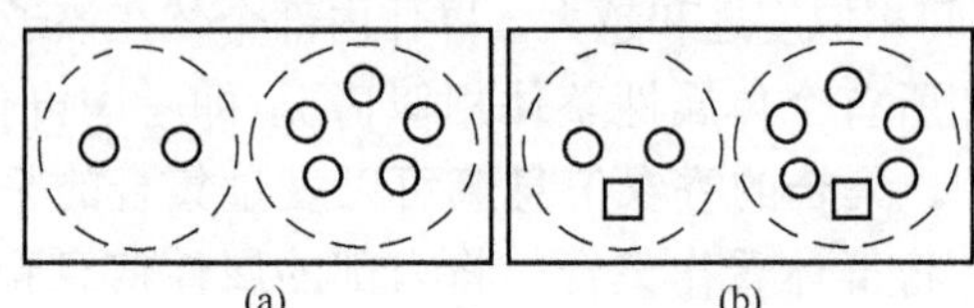

图 3.1　均质群体示例图，每个虚圈内部表示一个群体

定义 3.1(均质性程度)　给定一个大小为 n_C 的均质群体，内部个体在属性 i 上取值相同，则该群体关于属性 i 的均质性程度为

$$hd = \frac{n_C}{n_C+1} \ln \frac{n_C}{n_C+1} \tag{3.20}$$

可以证明群体的均质性程度随着群体规模单调递增。

性质 3.1(均质性程度的单调性)　群体的均质性程度随着其规模单调递增。

证明　函数 $x\ln x$ 的单调递增区间为 $[\mathrm{e}^{-1},\infty)$。$\frac{n_C}{n_C+1}$ 随着 n_C 单调递增，且 $\frac{n_C}{n_C+1} \in \left[\frac{1}{2},1\right), \forall n_C \geqslant 1$。显然 $\left[\frac{1}{2},1\right) \subset [\mathrm{e}^{-1},\infty)$。将函数 $x\ln x$ 中的 x 替换为 $\frac{n_C}{n_C+1}$，即可证明群体的均质性程度随着规模单调递增。

根据单调性性质，均质群体规模越大，其均质性程度越大。注意到均质性程度的表达式和属性熵的表达式相似，因此他们基于均质性程度改进属性熵。首先，群体内个体属性取值的伪频率定义为

$$pp_{C}^{iq}=\frac{n_{C}^{iq}}{n_{C}+1} \tag{3.21}$$

和式(3.18)类似，群体在属性 i 上的伪熵为

$$pE_{C}^{i}=-\sum_{q=1}^{d_i} pp_{C}^{iq}\ln pp_{C}^{iq} \tag{3.22}$$

假设网络的群体集为 $\mathcal{C}=\{C_1,\cdots,C_r\}$，则在属性 i 上关于该群体集的伪熵定义为

$$pCE_{\mathcal{C}}^{i}=\sum_{C_j\in\mathcal{C}}\frac{n_C}{n}pE_{C_j}^{i} \tag{3.23}$$

式中，n 表示网络中个体总数。网络关于群体集的伪熵具有极值性。

性质 3.2(伪熵的极值性)　当一个群体集中每个群体内部个体在属性 i 上取值相同，不同群体在属性 i 上取值不同，该群体集称为属性 i 的完美群体集，在属性 i 上关于其完美群体集的伪熵值最小。

伪熵的极值性可以分两步进行证明。第一步，对于任意一个群体集 $\mathcal{C}_1$，假设其中至少有一个群体在属性 i 上取不同的属性值，将每个在属性 i 上取不同值的群体分割成较小的群体，使得较小的群体在属性 i 上取值相同，形成一个新的群体集 $\mathcal{C}_2$，则可以证明在属性 i 上关于 $\mathcal{C}_2$ 的伪熵小于关于 $\mathcal{C}_1$ 的伪熵。如图 3.2 所示，左侧群体集中群体在形状属性上取不同值，将每个群体分割成较小的群体，使得较小的群体在形状上相同，形成中间的群体集，则中间群体集的伪熵小于左侧群体集的伪熵。第二步，假设群体集 $\mathcal{C}_2$ 中的每个群体内部个体都在属性 i 上取值相同，但是有多个不同的群体在属性 i 上取相同的值，将所有取相同值的群体合并成较大的群体，形成一个新的群体集 $\mathcal{C}_3$，则可以证明在属性 i 上关于 $\mathcal{C}_3$ 的伪熵小于关于 $\mathcal{C}_2$ 的伪熵。如图 3.2 所示，中间群体集中存在不同的群体在形状属性上相同，将在形状上相同的群体合并成较大的群体，形成右侧的群体集，则右侧群体集的伪熵小于中间群体集的伪熵。综合以上两步，完美群体集的伪熵小于任意其他群体集的伪熵。

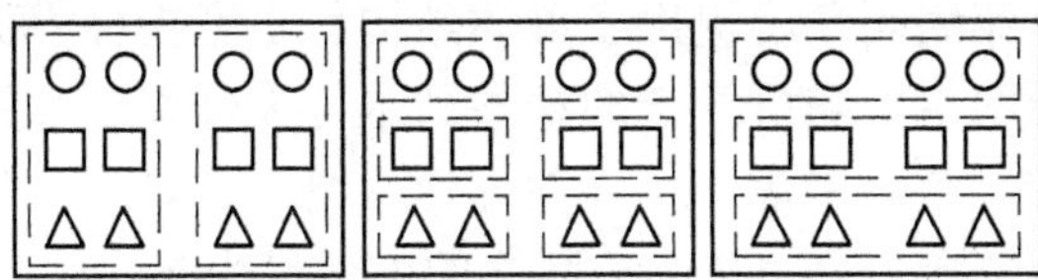

图 3.2　伪熵极值性的说明图，每个虚圈内部表示一个群体

基于伪熵函数，群体集 $\mathcal{C}$ 在属性 i 上的均质性函数定义为

$$H_{\mathcal{C}}^{i} = \ln(d_i + 1) - pCE_{\mathcal{C}}^{i} \tag{3.24}$$

可以证明对于任意群体集 $\mathcal{C}$ ， $\ln(d_i+1) > cpCE_{\mathcal{C}}^{i}$ ，因此在属性 i 上的均质性函数值始终为正，且当群体集为属性 i 的完美群体集时，在属性 i 上的均质性函数取得最大值。

当考虑多个属性时，均质性函数为单个属性均质性函数的加权和。假设考虑 t 个属性，则均质性函数为

$$H_{\mathcal{C}} = \sum_{i=1}^{t} \omega_i H_{\mathcal{C}}^{i} \tag{3.25}$$

式中， ω_i 是属性 i 的重要性权值，其满足归一化条件，即 $\omega_i \geqslant 0, \forall i = 1, \cdots, t$ ，且 $\sum_{i=1}^{t} \omega_i = 1$ 。属性重要性权值可以根据用户的偏好进行设置。如果没有偏好，也可以基于整个网络上的属性值分布自动设置。假设整个网络中属性 i 的值取 q 的个体数 n^{iq} ，则网络中个体在属性 i 上的熵为

$$E^{i} = -\sum_{q=1}^{d_i} \frac{n^{iq}}{n} \ln \frac{n^{iq}}{n} \tag{3.26}$$

在属性 i 上的熵越大，表明网络中个体在属性 i 上的取值越杂乱，属性 i 对群体划分越重要，即其重要性权值需要越大。因此属性 i 的重要性权值设置为正比于其在网络上的熵，即 $\omega_i = \dfrac{E^i}{\sum_{i=1}^{t} E^i}$ 。

基于以上分析，当一个群体集中每个群体内部在考虑的属性上取值越均质，不同群体在考虑的属性上取值越异质，则该群体集的均质性函数值越大。因此属性均质性函数可以较好地量化群体的属性特征。

3.1.3 群体的动力学特征

社交网络的群体结构对网络上的传播动力学也有关键的影响。网络上的随机游走倾向于在群体内部游走移动，而不容易跨越群体，即社交网络群体对游走传播具有一定的束缚特征。为了更加准确地描述与量化群体的动力学特征，很多研究者分别从随机游走与信息流编码角度提出了群体结构稳定度指标[9]和地图等式[10]。

Delvenne 等基于网络上随机游走的动态马尔可夫过程定义量化群体动力学特征的稳定度(stability)指标[9]。考虑一个无向连通网络，其具有 n 个个体和 m 条边。该网络的结构信息使用邻接矩阵 A 表示，网络的度向量为 $\boldsymbol{k} = A\boldsymbol{1}$ ，式中 $\boldsymbol{1}$ 表示一个 $n \times 1$ 的全 1 向量。 $K = \mathrm{diag}(\boldsymbol{k})$ 表示度的对角矩阵。网络上的随机游走定义了一个关联马尔可夫链，随机游走者从一个个体 v 等概率地沿该个体的任一关联边游走到其邻居

个体上，即沿每条边的转移概率为$1/k_v$。假设p_t为一个$1\times n$的概率分布向量，其任一元素p_{tv}表示时刻t时随机游走者在个体v上的概率，则随机游走定义的关联马尔可夫链表示为

$$p_{t+1}=p_tK^{-1}A=p_tM \tag{3.27}$$

式中，M表示为转移概率矩阵，即M_{vu}表示随机游走者从个体v转移到个体u的概率。显然式(3.27)的一个稳定解分布为

$$\pi=k^{\mathrm{T}}/2m \tag{3.28}$$

式中，元素π_v表示稳定时，随机游走者访问个体v的概率。稳定解分布对应的对角矩阵表示为$\Pi=\mathrm{diag}(\pi)$。

假设社交网络的群体结构包括r个群体，其使用$n\times r$的0-1指示矩阵H表示，$H_{vi}=1$表示个体v在群体i内。在群体结构H下，随机游走稳定时，游走者在群体之间的游走概率为

$$R_t=H^{\mathrm{T}}(\Pi M^t-\pi^{\mathrm{T}}\pi)H \tag{3.29}$$

式中，R_t的任一元素$(R_t)_{ij}$表示稳定时游走者开始在群体i且t时刻后游走到群体j的概率，减去两个独立的随机游走者分别在群体i和群体j的概率。基于群体之间的游走概率，群体结构的稳定度定义为

$$r_t^H=\min_{0\leqslant\tau\leqslant t}\sum_{i=1}^{r}(R_\tau)_{ii}=\min_{0\leqslant\tau\leqslant t}\mathrm{trace}(R_\tau) \tag{3.30}$$

稳定时，随机游走者在相隔t时间内处于同一群体的概率越大，即稳定度越大，表示随机游走者越难跳出群体，即群体对随机游走者的束缚能力越强。稳定度取t时间内的最小值是为了考虑游走者在t时间内离开群体，在t时间后又回到群体的情况，此时群体的稳定度应该取游走者离开群体时的值，即对应于t时间内的最小值。t较大时，随机游走者游走的范围较大，因此较大的群体结构对游走的束缚能力较强，其稳定度较大。相反，t较小时，较小的群体结构对游走的束缚能力较强，其稳定度较小。因此，稳定度能够灵活地度量群体结构上随机游走动力学特征。

Rosvall等基于随机信息流编码定义了地图等式(map equation)[10]。他们使用随机游走作为网络上随机信息流的代理。为网络中每个个体进行编码，即赋予每个个体一个码字，随机游走经过任一个体，该个体的码字进入信息流，因此随机信息流可以描述随机游走的路径信息。为了使信息流尽可能短，即随机游走平均每一步产生的码字长度尽可能短，常采用霍夫曼编码对每个个体进行编码。霍夫曼编码分配较短的码字给随机游走经常访问的个体。香农信源编码理论确定了霍夫曼编码的平均码字长度的理论极限为

$$E = -\sum_{v=1}^{n} \pi_v \ln \pi_v \tag{3.31}$$

式中，π_v 表示稳定时随机游走者访问个体 v 的概率，上面已说明随机游走在网络上的稳定分布为 $\pi = k^{\mathrm{T}} / 2m$。因为社交网络通常规模极大，所以霍夫曼编码的平均码字长度依然较大。利用群体对随机信息流的束缚特征，可以进一步压缩平均码字长度。为每个群体内部的个体分别编码，即群体内部个体码字不同，不同群体内个体码字允许相同。由于群体的规模大大小于网络的规模，所以每个个体的码字被大大缩小。但是此时随机信息流无法唯一确定随机游走的路径。Rosvall 等采用二级编码来解决这一问题。除了个体码字，他们为每个群体赋予一个入群体码和一个出群体码。游走者从一个群体游走到另一个群体时，首先在信息流中添加前一个群体的出群体码，再添加后一个群体的入群体码。入群体码是网络全局码字，即基于游走者进入每个群体中的概率计算。每个群体的出群体码和群体内部个体码字一起计算。通过增加这两个码字，即使不同群体内个体码字相同，信息流也能唯一确定随机游走的路径。虽然增加了入群体码和出群体码，但是基于群体对随机游走束缚特征，游走者并不会频繁地跨越群体，因此信息流中不会频繁地出现入群体码和出群体码，而个体码字长度的缩小会使平均码字长度大大压缩。

假设社交网络中的一种群体结构 $\mathcal{C}$ 有 r 个群体，则地图等式为

$$L = q_{\curvearrowright} H(Q) + \sum_{i=1}^{r} p_{\circlearrowright}^{i} H(P^{i}) \tag{3.32}$$

式中，第一项 $q_{\curvearrowright} H(Q)$ 表示一步随机游走产生的平均入群体码字长度，第二项 $\sum_{i=1}^{r} p_{\circlearrowright}^{i} H(P^{i})$ 表示一步随机游走产生的平均群体内部个体码字长度。所以地图等式度量了随机游走产生的信息流的平均码字长度。群体结构中群体对随机游走束缚能力越强，游走者跨越群体的可能性越小，产生的入群体码和出群体码越少，则该群体结构的地图等式值越小。因此地图等式可以量化随机游走在群体结构上的动力学特征。

3.2　网络结构优化发现方法

本节介绍基于网络结构特征的群体发现方法。从根本来说，网络的拓扑结构是所有群体发现方法的基础。在社交网络中，针对网络群体结构研究，主要分为全局优化和局部优化两个方面。一方面，社交网络作为一种复杂网络，其个体间通过相互交互形成联系使得网络结构呈现不同的结构特征，因此群体发现可看作基于个体间联系的疏密将整个网络全局地划分为若干群体的过程。另一方面，群体作为网络中的局部结构，个体的交互更多受到局部信息的影响而非整个网络，因此群体形成

更多依赖于网络中局部信息。本节从网络结构特征角度，对基于全局优化和局部优化的群体发现方法加以介绍。

3.2.1　全局优化发现方法

基于全局优化的群体发现方法主要从全局的角度划分整个网络，需要整个网络结构信息，如群体数量和群体规模。最早的全局优化的群体发现技术是由传统的划分聚类方法演化而来的，如图划分、聚类划分。图划分问题的研究可追溯到 20 世纪，其将一个图划分为预定义大小和数量的群体，使得群体间的连边数量最小，其中代表方法为 Kernighan-Lin 算法。图划分方法由于需要将群体数量作为输入而在应用中受到一定限制。2002 年 Girvan 和 Newman 提出了一种基于边介数的划分算法，并提出了一种模块度的概念来度量群体划分质量。自此，有关复杂网络包括社交网络中的群体结构的研究得到了进一步推动和发展。目前基于全局优化的经典方法，如 GN(Girvan Newman)算法、CNM(Clauset Newman Moore)算法、Louvain 算法、谱聚类算法等，基于不同的优化策略可主要分为层次聚类、模块度优化、谱聚类方法等来介绍。

1. *层次聚类方法*

大规模社交网络中的节点往往具有不同层次的组织结构，较大群体内部可能含有较小规模的群体结构，较小群体内部可能包好更小规模的群体，如图 3.3 所示。为揭示层次化的群体结构，各种不同的层次聚类算法被提出[11]。层次聚类算法根据聚类方式又分为分裂聚类和合聚聚类两种。分裂聚类算法，初始时将整个网络当作一个大的群体，然后根据边的相似性度量逐步删除网络中低相似性的边，从而划分出新的社团直到单个节点，最终得到一个网络的层次划分，树状图如图 3.4 所示。如 GN 算法、边聚类系数、桥中心度等算法。合聚聚类算法采用自下而上的聚类过程，先将单个节点作为群体，然后基于节点的邻近程度逐步合并直到整个网络。

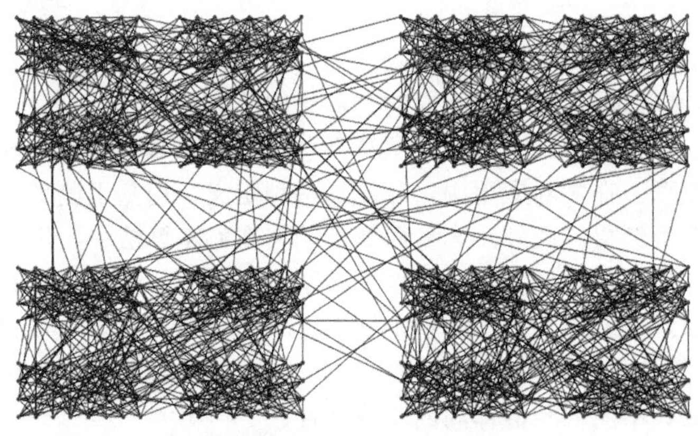

图 3.3　层次化群体结构网络示例[11]

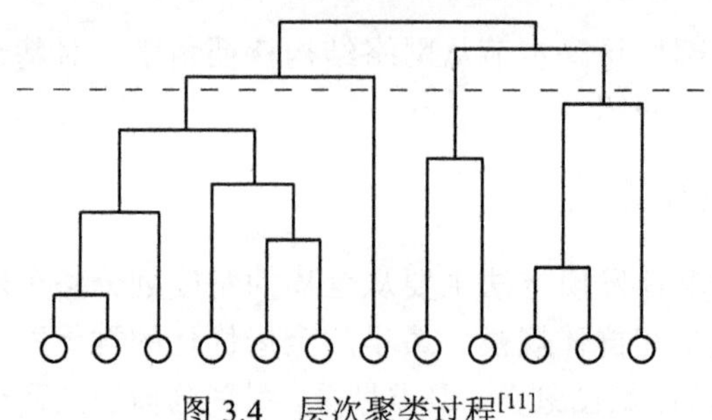

图 3.4　层次聚类过程[11]

由此可见，合聚聚类与分裂聚类是基于相反的聚类过程，并以此来区分。由于分裂聚类算法近年来受到更多关注，所以本节以分裂聚类来描述层次聚类过程。分裂式层次聚类算法的原理是找到连接不同群体的连边并逐步删除，使得群体结构分离出来。

目前，最流行的分裂层次聚类算法是由 Girvan 和 Newman 提出的 GN 算法。该算法的提出标志着一个新领域的兴起，在群体发现问题研究中占有重要地位。在 GN 算法中，一种基于测地距离的边介数中心性被提出。这种边介数中心性(betweenness centrality)以经过某条边的最短路径数目来刻画网络中边的重要程度。具体地，边介数定义如下：

$$\mathrm{BC}_i = \sum_{s \neq t} \frac{n_{st}^i}{g_{st}} \tag{3.33}$$

式中，i 表示图中的任意一条边；g_{st} 为从节点 s 到节点 t 最短路径的数目；n_{st}^i 为从节点 s 到节点 t 的 g_{st} 条最短路径中经过边 i 的最短路径数目。

GN 算法的主要步骤如下。

(1) 计算网络中所有边的介数中心性 BC。

(2) 去除具有最大介数中心性的边。如果存在多条相同最大值的边，则随机选取一条。

(3) 重复计算网络图中边的中心性。

(4) 迭代地重复步骤(2)直到不同的群体结构分离出来。

同时，Girvan 和 Newman 提出了另外两种提到的介数中心性定义：基于随机行走和基于电流模型。在实际应用中，相比这两种定义，用基于测地距离的 GN 算法能得到更优的聚类结果。此外，大量研究表明，在 GN 算法中，步骤 3 中的重复计算对于发现有意义的群体结构至关重要。为了分析 GN 算法的运行时间，引入了一个额外的变量 m。因此，在一个稀疏网络中，GN 算法的计算时间复杂度为 $O(m^2n)$。由此可见，GN 算法的计算复杂度仍然较高。此外，GN 算法将每一个节点划分到单一的群体中，故其不能揭示群体间的重叠特性。

除此之外，通过对层次聚类的系统分析，可以归纳出层次聚类算法的一些共有特性。层次聚类算法的优势在于其在聚类过程中不需要如聚类规模和数量等先验知识。然而，层次聚类仅揭示网络群体的层次结构，并没有提供一种确定最佳聚类划分的有效方法，其结果取决于具体所采用的相似度度量。其次，在对一些本身并不存在层次结构的群体网络，运用层次聚类方法依然会得到一个层次化的聚类结构。另外，网络中对于仅有单个邻居的节点，层次聚类将其划分为独立的群体，这在大部分情况下是没有意义的。最后，对于合聚聚类来说，主要的缺陷在于不易扩展性。在某一聚类空间中，计算节点间的距离作为相似性度量，其计算时间复杂度较高。同时，在图聚类中，用于计算距离的度量较多，如果选择的相似度本身计算代价大，则整个聚类过程的计算复杂度将进一步增加。

2. 模块度优化方法

模块度最初是由 Newman 提出的一种针对 GN 算法的停止准则，以度量群体内部的连接的紧密程度。目前，模块度已成为一种广为使用的衡量群体划分质量的标准。基于模块度优化方法是近年来受到较多关注的优化算法，其将度量群体质量的模块度作为待优化的目标函数，从而划分出最优的群体结构。模块度优化方法基于这样的假设：大的模块度意味着好的群体划分。因此，对于给定网络，其最大模块度值对应的划分在理论上是最优的，这是目前模块度优化方法的主要出发点。尽管近年来的研究已经证明，模块度优化是一个 NP(non-deterministic polynomial)完全问题，很难在多项式时间内找到最优解，因此对模块度进行彻底优化是不可能的。然而在合理的时间内求得模块度优化的合适近似解是切实可行的。目前有大量的模块度优化方法被提出，除了贪婪优化技术以及在其基础上多种改进方法，更精细的优化策略被用于群体质量优化，如极值优化、模拟退火、谱优化等技术。本节以经典的 Louvain 算法为代表来介绍。

Louvain 算法是 Blondel 等基于模块度概念提出的一种能够用于加权网络的模块度最大化方法[12]。该算法分为两个阶段。

(1) 在初始阶段，网络中的每个节点都作为一个独立的群体。对任意相邻的节点 i 和节点 j，计算将节点 i 合并到其邻居节点 j 所在的群体(记为群体 C 时对应的模块度增量 ΔQ)，其公式如下。

$$\Delta Q=\left[\frac{W_C+s_{i,\text{in}}}{2W}-\left(\frac{S_C+s_i}{2W}\right)^2\right]-\left[\frac{W_C}{2W}-\left(\frac{S_C}{2W}\right)^2-\left(\frac{s_i}{2W}\right)^2\right] \tag{3.34}$$

式中，W 网络中所有连边的权重和；W_C 为群体 C 内部边的权重和；$s_{i,\text{in}}$ 是节点 i 与群体 C 内部节点所有连边的权重和；S_C 表示所有与群体 C 内节点相连的所有连边的权重和；s_i 表示与节点 i 相连的边的权重和。

计算节点 i 与所有邻居节点的模块度增量，并选取增量最大的节点。当该值为正时，把节点 i 合并到相应的邻居节点所在的群体；否则，节点 i 保留在原群体结构中。该过程迭代地进行直到节点不能合并，从而得到初步的群体划分。

(2) 构造一个新的网络。将上面得到的初始群体结构用超节点来表示，节点间连边的权重为两个群体之间所有连边的权重和，从而得到一个简化的网络结构。然后在重复初始阶段中的方法对新的网络重新划分，得到第二级的超图结构。以此类推，直到不能再合并。

图 3.5 显示了基于模块度优化的群体聚类过程。图中，Louvain 算法将包含 16 个节点的网络进行了如此处理：首先，基于模块度优化的策略将网络划分为 4 个群体结构的初级划分，然后将 4 个群体结构用超节点表示，逐步得到更高层次的群体结构。

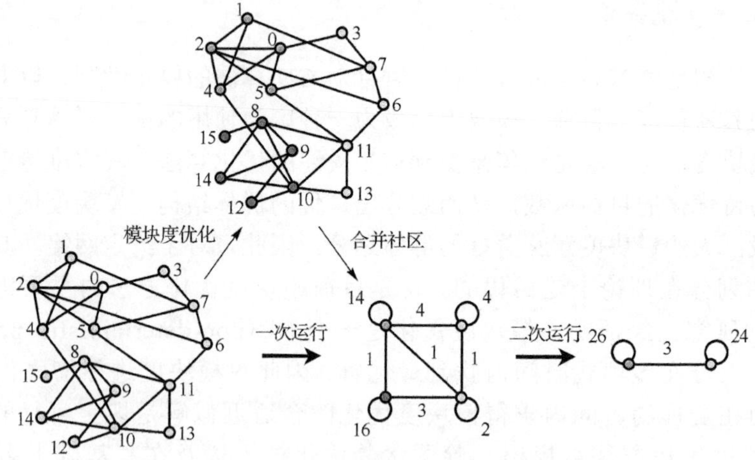

图 3.5　基于模块度优化的群体聚类过程[11]

图 3.6 为 Louvain 算法应用的一个真实网络实例。该网络中的节点表示 200 万左右手机用户，节点大小与相应用户群体的规模成正比，图 3.6 中显示了至少包括 100 个用户数量的群体结构。

Louvain 算法的停止条件为模块增量不再增加。该算法要求更有限的计算时间复杂度，其接近 $O(m)$，因此该算法能快速有效地揭示群体结构。同时，通过 BGLL 算法找到的模块度最大值要高于其他同类算法，如 CNM 算法。然而，该算法的结果依赖于所处理的节点顺序。另外，如同其他大部分模块度优化算法一样存在模块度分辨率限制的问题，该算法在一些应用中仍然会将相邻的群体合并到同一个群体中以形成极大的群体结构。

3. 谱聚类方法

谱聚类是一种具有图论的聚类方法，其算法思想来源于谱图划分理论。谱聚类将带权无向图划分为两个或两个以上的最优子图，使子图内部尽可能相似，而子图

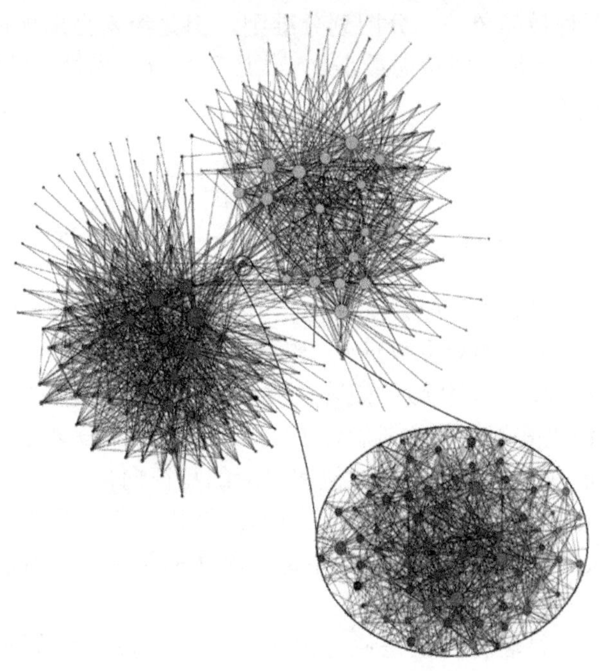

图 3.6　基于 Louvain 算法的真实网络群体划分结果[11]

间差异较大，以达到常见的聚类目的。在群体发现中，谱聚类算法根据节点间的相似度建立相似矩阵，进行特征分解后计算矩阵的特征值和特征向量，然后选择合适的特征向量来聚类网络节点，以实现群体划分。谱聚类技术本质上是将聚类问题转化为图的最优划分问题，因采用的优化目标函数不同而存在不同的最优化方法，目前有最小割(min cut)、标准割(normalized cut)、比率割，以及标准割的相似变换等。本节以标准割为例来进行描述。

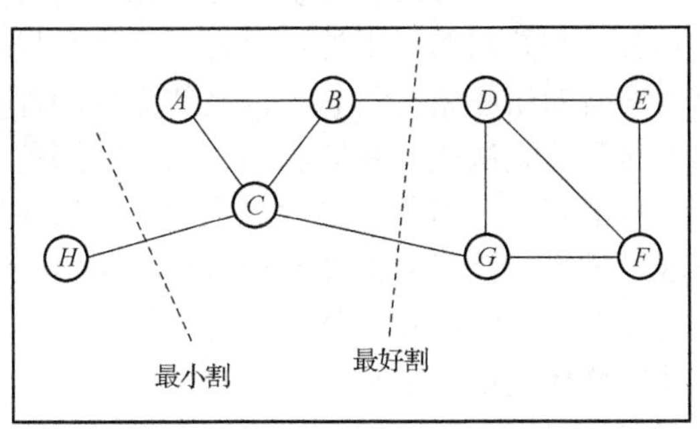

图 3.7　无向图中的谱聚类

在图分割问题中，将被切断的边的权重的总和称为 cut 值。把一个图划分为几个区域实际上等价于把图分割为不同子图的过程，同时，要求分割所得的 cut 值最小。最小割是一种最简单的二分图划分准则，但是经常会出现孤立节点，如图 3.7 所示。标准割的目标是同时考虑最小化 cut 边和划分平衡性，以免出现孤立的节点。

标准割的定义如下：

$$N\text{cut}A_1, A_2, \cdots, A_k = \frac{1}{2}\sum_{i=1}^{k}\frac{\text{cut}(A_i, \overline{A_i})}{\text{vol}(A_i)} \tag{3.35}$$

式中，k 为给定的聚类数目；A_i 表示第 i 个子图，$\text{vol}(A_i) = \sum_{i \in A} w_{ij}$ 。

下面介绍介绍谱聚类一般方法。在一个无向图中，相邻节点间的相似度用边的权值来表示。对于给定的聚类数目 k，谱聚类算法过程如下。

(1)基于图结构，建立相似度矩阵，并用 W 表示带权值的邻接矩阵。

(2)计算相似矩阵的拉普拉斯矩阵 L(L=D–W，其中 D 表示图的邻接矩阵)。

(3)计算 L 的前 k 个最小的特征值和对应的特征向量。

(4)将 k 个特征向量构成的 N×k 阶矩阵，将其中各行看作 k 维空间的向量，并用 k-means 算法进行聚类。聚类结果中每行所属的类别对于网络中的节点分别所属类别。

谱聚类将一个显著特点就是通过拉普拉斯特征映射的降维方式来处理网络节点。谱聚类具有如下几个优点。首先，谱聚类仅需要网络的相似度矩阵就能完成群体分划分，相似度矩阵包含了所需要的所有信息。其次，谱聚类采用降维的方法来进行图划分，计算复杂度相比 k-means 要小。最后，谱聚类要求计算拉普拉斯矩阵的前 k 个特征向量，对于大规模网络来说，除了先验的 k 值难以确定，确切的特征向量计算也是困难的，其计算时间复杂度为 $O(n^3)$。

3.2.2　局部优化发现方法

如上所述，虽然基于全局优化的群体发现方法在社交网络分析中得到一定的应用，但是，全局方法具有一些共同的局限性。首先，基于全局优化的群体发现方法在应用中需要提供整个网络的拓扑结构信息，以及待划分的群体数量和规模等先验知识，而这些先验知识通常是无法提前获取和预知的，特别是对于大规模、动态的在线社交网络来说，这种限制更为明显。其次，全局的方法在处理整个网络是需要更高的计算时间复杂度。另外，全局的群体发现方法将网络中的个体划分到单一的群体中，从而忽略了群体的重叠特性和个体的跨群体属性。为了克服这些局限性，许多基于局部结构特性的群体发现方法相继被提出。

局部优化方法主要基于网络的局部拓扑结构特征，来揭示局部或整个网络的群体结构。与全局的群体发现方法相比，基于局部的方法无须完整的网络结构信息及先验知识的辅助就能有效地发现群体，同对规模巨大、动态变化的在线社交网络，在计算代价、挖掘局部群体特性等方面存在更多优势。从不同的局部优化策略，可以将这些方法大致划分为局部扩展优化、派系过滤、标签传播，以及局部边聚类优化等四类。

1. 局部扩展优化方法

基于局部扩展的方法是局部群体发现常用的一类方法，一般根据定义的群体局部度量，从给定的初始节点逐步合并引起最大的群体度量增量的近邻节点，从而进行局部扩展优化，各方法的主要差异在于对局部群体的度量不同。

最初，Clauset[13]提出了一种简单的局部群体发现方法，该方法奠定了基于局部群体发现的基础。Clauset 定义了一种局部模块度，并提出了一种局部扩展优化策略，如图 3.8 所示。图中 C 表示局部群体结构，B 为群体的边界区域，其由与 C 中节点相连接的近邻节点组成，U 为与 B 相连接的未知区域。其局部模块度定义如下：

$$R = \frac{\sum_{ij} B_{ij}\delta(i,j)}{\sum_{ij} B_{ij}} \tag{3.36}$$

式中，B_{ij} 表示群体中节点与边界区域的连接关系，当节点 i 和节点 j 其中有一个在边界 B 中，且两节点直接相连时，$B_{ij}=1$，否则 $B_{ij}=0$。$\delta(i,j)$ 表示量节点的连接关系，当节点 $i \in B$，且 $j \in C$，或者相反时，$\delta(i,j)=1$，否则 $\delta(i,j)=0$。

由此可见，该度量仅考虑群体边界节点，测量出清晰的群体边界，其定义为群体边界节点与群体内部节点连边的数量和其与群体外其他节点的连边数量的比例。该扩展过程持续到合聚了给定数量的节点集合或者发现整个闭合的群体结构为止。该算法简单快速，但其固定的群体规模会导致产生不合理的群体结构，以及产生局部最优的结果。

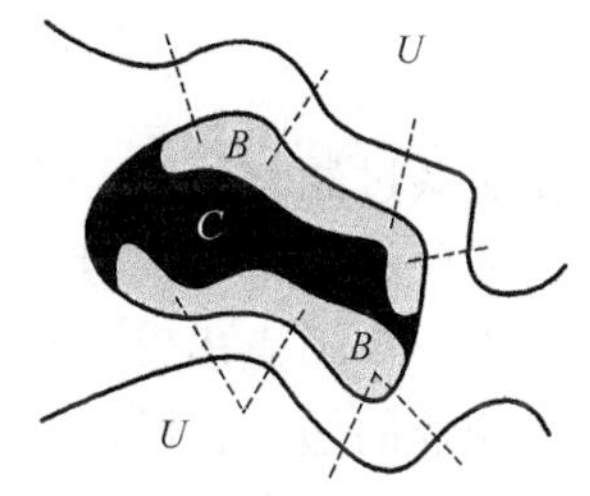

图 3.8　局部扩展优化示意图[14]

Andrea 等提出了一种随机种子节点的局部优化的方法来同时发现重叠群体和层次结构[15]。该方法定义了一种节点适应度来度量群体内部边与群体外部边的关系。基于节点适应度的贪婪优化，从一个种子节点开始逐步合并一个使群体节点适应度增加的邻居节点或删除一个使其减小的节点，直到出现适应度负值。不同的是，在搜索过程中，不论节点是否被分到某个群体，都可以多次被访问，使得每个节点可以包含在多个群体。同时，通过对不同分辨率参数进行调节可得到群体的层次结构。该方法相对来说较灵活可靠。

2. 派系过滤方法

派系过滤方法(clique percolation method，CPM)最初是由 Palla 等提出用来分析重叠群体结构的有效方法[16]，其定义了一种严格的群体结构，并允许群体间存在重叠。如上所述，群体结构的重叠性普遍存在于各种社交网络中，网络中节点可以同时属于多个不同群体，如图 3.9 所示。CPM 算法定义 *k*-派系结构是网络中包含 *k* 个节点的完全子图(*k* 团)，所有彼此连通的 *k*-派系的集合构成一个 *k*-派系群体。CPM 算法通过对网络中各节点的度可判断可能存在的最大派系，从一个节点出发找到包含该节点的大小为 *k* 的派系，采用迭代回归的算法寻找网络中大小不同的派系，最后将彼此连通的 *k*-派系集合为一个群体结构。

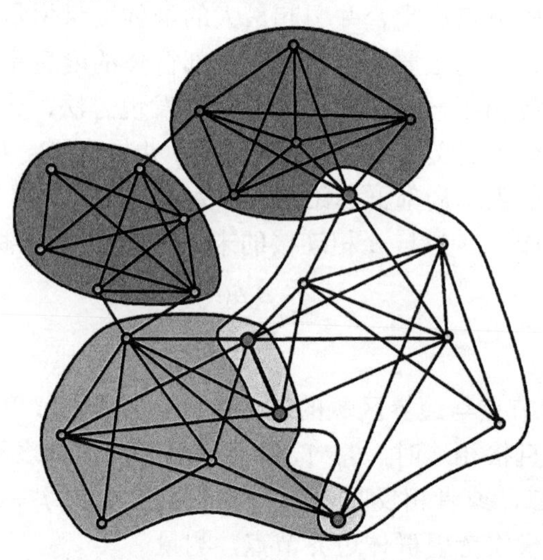

图 3.9　社交网络中的群体结构重叠[16]

在派系过滤算法中，采用由大到小、迭代回归的算法来搜索网络中的派系结构。首先，从网络中节点的度大小来推断网络中可能存在的最大的派系结构大小 *m*。再从网络中一个节点出发，找到所有包含该节点的大小为 *m* 的派系后，删除该节点以及与之相连的边。然后，另选一个节点，重复上述过程，直到网络中没有节点剩余。因此，网络中大小为 *m* 的所有派系已经全部找到。接下来，逐步减小 *m*，再用上述方法搜索网络中所有不同大小的派系结构。

在找到网络中所有派系之后，就可以得到这些派系的重叠矩阵。与邻接矩阵类似，该矩阵是一个对称的方阵，每行对应一个派系，对角线上的元素表示相应派系结构的大小，非对角线元素表示两个派系之间的公共节点数量。在派系重叠矩阵中，将对角线上小于 *k* 而非对角线上小于 *k*–1 的元素置为 0，其他元素置为 1，就可以得到 *k*-派系的群体结构邻接矩阵，各个连通的部分分别表示各个 *k*-派系的群体。图 3.10 给出了一个搜索 4-派系群体的一个例子。其中图 3.10(a)表示原始网络，图 3.10(b)表示该网络的派系重叠矩阵，图 3.10(c)表示对应 *k*=4 的 4-派系群体邻接矩阵，图 3.10(d)为对应的 2 个 4-派系群体结构。

由于派系过滤方法基于严格的群体定义，同时为适应不用应用需求，一些改进的 CPM 算法相继被提出。为进一步分析网络的群体的重叠特性，Illés 等基于子图

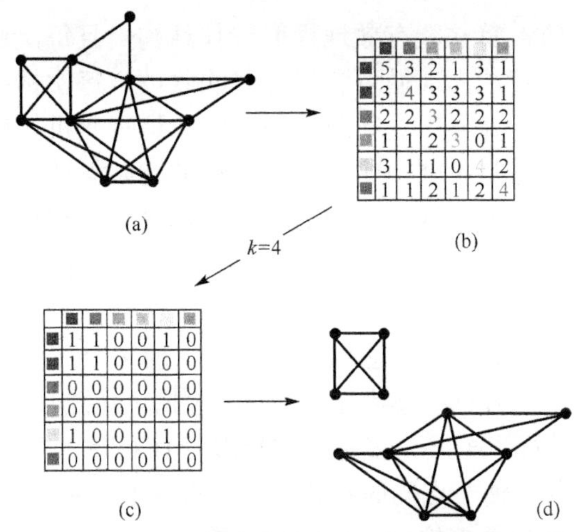

图 3.10　基于派系过滤的重叠群体结构[16]

强度将 CPM 算法扩展到加权网络，提出了一种加权派系过滤算法(CPMw)[17]。该算法把子图强度有效地结合到派系搜索中，根据设定的固定强度阈值，将大于此阈值的 k-派系包含到群体中。与 CPM 算法不同的是，CPMw 算法从整体考虑派系强度，因而允许 k-派系中包括低于预设阈值的边，从而得到更稳定的群体划分。

3. 标签传播方法

基于标签传播的群体结构发现算法是一种简单高效的局部方法，该类方法用邻接节点投票的方式来确定节点类别，而非对特定的群体强度指标的优化。Raghavan 等首次将标签传播算法应用于网络的群体结构发现。代表性算法包括 LPA(label propagation algorithm)[18]、COPRA(community overlap propagation algorithm)[19]等算法。本节通过介绍 LPA 来描述标签传播算法的一般原理。

LPA 算法的基本思想是先为网络中所有节点分配一个不同的标签，根据一定的传播规则，节点标签通过邻居节点向整个网络传播，直到所有的节点标签达到稳状态，最后将具有相同标签的节点划分到同一个群体中。在每次传播中，每个节点的标签由最多的邻居节点标签来决定。LPA 算法具体过程如下。

(1) 首先为网络中每个节点初始化一个唯一的标签。

(2) 标签根据网络局部结构信息的传播规则在网络中迭代地传播，每个节点的表情被更新为具有最大邻居数量的标签。如果同时有多个标签，则随机选取一个。

(3) 当所有节点的标签传播达到稳定时，进行步骤(4)，否则返回步骤(2)。

(4) 最后将具有相同标签的节点划分到一个群体中。

在每次迭代后，每个节点标签更新为其邻居节点使用最多的标签。这个传播规则定义了网络的群体结构，即网络中每个节点选择加入的群体是它最多数量的邻居节点属于的群体。LPA 算法能有效地提取群体结构，且每次迭代的计算复杂度接近线性时间。为了避免算法出现循环和保证算法收敛，每次标签迭代传播前都要对节点重新进行随机排序，并异步更新节点的标签，这种随机排序机制导致标签传播算法发现的群体结构可能是不唯一的。对于同样的初始条件，可能会有多种群体结构满足算法的停止条件。但是这些不同的群体结构之间是相近的，通过将节点在不同群体结构中的标签合并成一个标签，可以整合多个不同的群体结构，形成一个包含更多有用信息的群体结构。

由于 LPA 算法基于单个标签传播，网络中的每个节点被确定地划分单一群体中，所以忽略了群体结构的重叠特性。为了同时揭示在线社交网络的重叠群体结构，Steve 将 LPA 算法进行了扩展为多标签传播算法(COPRA 算法)[19]。该算法通过使节点同时具有多个标签，使节点同时携带多个群体信息，将 LPA 扩展为一般化的标签传播过程，并用一个参数来控制群体间的重叠程度，如图 3.11 所示。COPRA 算法在每次迭代后同步更新并计算每个节点对于不同群体标签的隶属程度，即得到每个节点的标签与所属程度的关系对。在标签迭代传播时，将每个节点的标签更新为其所有邻居标签集合，去掉低于预设阈值的标签并进行标准化处理。对于存在多个具有最大隶属系数的节点，从中随机选取一个，这种随机选取的策略使得该算法具有很大的不确定性。

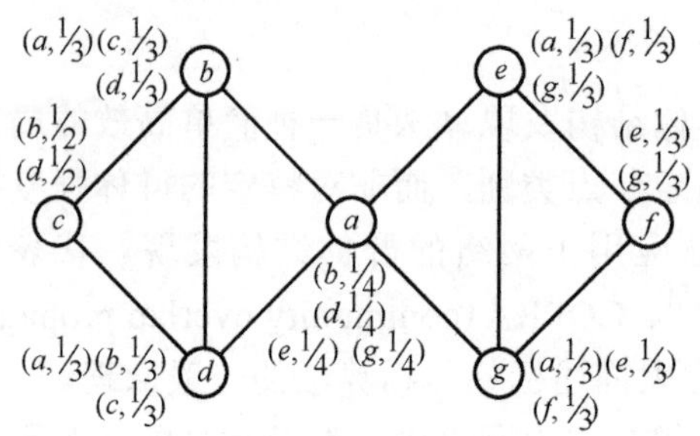

图 3.11　标签传播算法中的多标签传播机制[20]

4. *局部边聚类优化方法*

以边为研究对象的群体发现方法相对于传统的基于点的划分具有一定的优势，同时，基于边聚类的局部群体发现方法能有效地揭示群体的局部属性。主要算法包括 Radicchi 算法[2]、Ahn 算法[21]。最初，Radicchi 等定义了一种边聚类系数，并提出了一种群体发现的局部方法[2]。边聚类系数反映了一条边与周围邻边连接的紧密程度，与边介数不同的是，它是一种局部度量，其定义为包含给定边的三角形数量与最大可能存在的三角形数量之比。这种三角形结构大量存在于群体内部，对于属于不同群体的节点间的连边往往不存在或很少。然而，该算法采用了类似 GN 算法的分裂过程，逐步去除边聚类系数最小的边，以得到整个群体划分。该算法相对于 GN 算法在计算速度上有显著提高，但在方法上对结果的评价存在一定的主观性，并忽略了群体间的重叠属性。

Ahn 等提出了一种基于连边局部相似性的边群体发现方法来检测群体的重叠性和层次性[21]。该方法将群体定义为一组紧密相连的连边的集合，而非通常定义的节点集合。其优势在于，尽管一个节点可以属于多个不同的群体组织，如家庭、同事及朋友圈等，但一条边通常对应于单个特定的群体。在一个聚类层次的树图中，每个叶子表示一条边，相应的分支作为边群体。同时，在连边树图中每条边的位置是确定的，而由于一个节点可以与多条边相连，如果这些连边属于不同的群体，那么这个节点相应的属于这些不同的群体，从而有效地揭示群体的重叠性。该方法将连边对的相似度定义为两连边所共同拥有的共同邻居的相对数量，其定义如下：

$$S(e_{ik},e_{jk})=\frac{|n_+(i)\cap n_+(j)|}{n_+(i)\cup n_+(j)} \tag{3.37}$$

式中，$n_+(i)$ 表示节点 i 及其所有邻居节点集合。

基于连边相似度定义，Ahn 等提出用分级聚类的方法来对网络群体进行聚类，其具体过程如下。

(1) 首先，根据连边相似定义，计算网络中所有连边对的相似度，并根据相似度值大小按降序排列。

(2) 将最相似的连边逐步合并为一个边群体中，得到一个层次聚类的连边树图。如果存在多个具有相同相似度的连边对，则在同一步骤中完成合并。

(3) 群体的合并过程直到将所有连边聚合为同一群体位置，并用合适的阈值来截取这个层次聚类树图。

在上述操作过程中，两连边或群体之间的合并时所对应的相似度值称为融合强度，并对应于树图分支的高度。图 3.12 显示的是一个包含 9 个节点的简单网络的一种群体划分及其对应的连边树图和连边相似度矩阵，其中颜色越深，表示对应的连边对越相似。图 3.12 (a) 中不同群体成员用不同的颜色表示，而节点 4 同时属于不同的群体，故为不同的灰度组合。图 3.12 (b) 为将同一群体连边的一种灰度标记。

为了得到最佳的群体结构划分，确定分割树图的最佳位置，Ahn 等基于群体内部的连边密度定义了一个目标函数，称作划分密度 D。假设一个包含 M 条边和 N 个节点的网络被划分为 c 个不同群体 $\{P_1,P_2,\cdots,P_c\}$，其中群体 P_c 包含 m_c 条连边和 n_c 个节点，其划分密度定义如下：

$$D_c=\frac{m_c-(n_c-1)}{n_c(n_c-1)/2-(n_c-1)} \tag{3.38}$$

式中，n_c-1 为 n_c 个节点构成连通图所需的最少连边数量；$n_c(n_c-1)/2$ 为 n_c 个节点

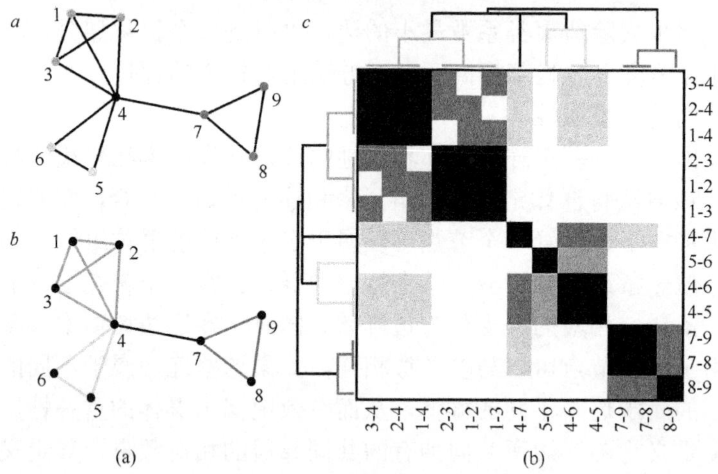

图 3.12　连边群体结构发现示例[21]

构成连通图中最多连边数量。在此定义；如果 $n_c=2$，则 $D_c=0$。因此整个网络的划分密度定义为 D_c 的加权和，公式如下：

$$D=\frac{1}{M}\sum_{c}m_cD_c=\frac{2}{M}\sum_{c}m_c\frac{m_c-(n_c-1)}{(n_c-2)(n_c-1)} \tag{3.39}$$

由于边群体划分密度是一种局部度量，从而避免了模块度具有的分辨率限制问题。通过计算连边树图每一层所对应的划分密度，或直接优化划分密度可得到最佳的群体划分。该边群体发现方法好处在于，其不仅能发现最大划分密度的最优群体划分，而且有效地揭示层次化的群体结构特征。

为更直观地描述该方法所揭示的群体重叠属性，可通过将所得到的连边群体结构划分还原为节点结构，以识别出群体间的重叠节点。可以发现，即使一条边的两端节点同时属于不同的群体，也能识别出这条边的多重属性。图 3.13 给出了一个简

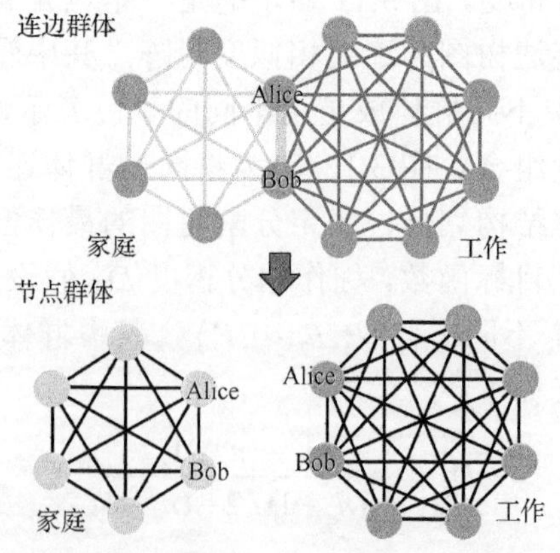

图 3.13　连边群体结构转换到节点群体[21]

单例子，如果 Alice 和 Bob 既是属于同一个家庭又是同事，尽管在连边群体划分中两人之间的连边属于家庭群体，但是通过将连边群体对应到节点群体，可以清楚观察到两人既属于同一个家庭群体，同时也属于同一个工作群体。

3.3　属性优化发现方法

3.3.1　基于模体渗透的群体发现方法

1. 基于联属关系网络的表示模型

在社交网络中存在着很多实体，可以把他们分为用户主体和社交客体两大类。这些实体间不仅存在着各种各样的社会关系，如朋友关系、同事关系、校友关系等，而且实体本身也具有各种属性，如研究方向、兴趣爱好、性别、职业、年龄、籍贯等。现有的很多群体识别方法要么单独考虑实体间的社会关系，要么只考虑节点属性，其结果识别的群体往往是社会关系紧密但属性很少一致，或者是属性一致但社会关系不太紧密。基于属性优化的群体识别的目标是在识别结果的群体中，其成员实体之间不仅在社会关系方面联系紧密，而且在属性方面也具有一致性，如识别出来的群体成员不仅某(些)项体育都喜欢，而且他们也经常一起参加体育活动，经常一起参加体育论坛的话题交流。实际上，实体间的拓扑结构关系与实体属性之间存在依赖关系。因此，在社交网络中进行基于属性优化的群体识别研究时，不仅需要考虑实体之间的社会关系，还需要考虑各实体本身具有的属性。为了理解社交网络中这种依赖关系，识别出具有实际意义的群体，研究者一般从社交网络中收集各种原始数据，基于这些数据对社交网络实体间的社会关系和属性进行建模。其结果一般是由实体节点及实体间的社会关系连接和实体属性构成的网络图。在此我们将该网络图称为属性图，并可以将其形式化表示为一个四元组 $G=(V,E,A,F)$，其中 $V=\{v_1,v_2,\cdots,v_N\}$，表示由 N 个节点构成的集合，$E=\{(v_i,v_j)\,|\,1\leqslant i, j\leqslant N, i\neq j\}$ 表示边的集合，$A=\{a_1,\cdots,a_L\}$ 表示 V 中节点的 L 个属性分类集合。每个节点 $v_i\in V$ 的属性可以用长度为 L 的属性向量 $r(v_i)=[a_1(v_i),\cdots,a_L(v_i)]$ 来表示，其中 $a_j(v_i)$ 表示节点 v_i 在其属性 a_j 上的观测值。$F=\{f_1,f_2,\cdots,f_L\}$ 表示 L 个函数的集合，其中 $f_i:V\to \mathrm{dom}(a_i)$ 表示节点 $v_i\in V$ 的属性 a_j 在其值域 $\mathrm{dom}(a_i)$ 上的取值。属性图中的各节点是对社交网络中用户实体和社会实体的抽象。节点间的边可以有多种类型，描述同类或不同类网络对象间的各种关系。节点的属性可能只有一种，也可能有多种异构属性。不同构的属性可以分别用属性视图来描述。

2. 网络模体发现方法

网络模体是复杂网络系统的基元单位。网络模体挖掘有助于从高维度结构理解复杂系统的内在结构和功能。文献[22]首次提出并阐述了网络模体概念，是指相对于相应随机网络而言，在观察网络中的表达程度显著超过期望值的子图。模体有两种判断方式，分别是基于频率和统计意义。前者认为模体是在观察网络中表达次数超过某个阈值的子图，后者认为模体是表达程度在观察网络中高于一系列随机图中的子图。就频率而言，作为网络模体的子图一般要求满足这些条件。

(1) 该子图在相应的随机网络中出现的次数(频率)大于它在观察网络中出现次数的概率是很小的，通常要求这个概率小于某个阈值 P，通常取 $P = 0.01$。

(2) 该子图在观察网络中出现的次数 N_{real} 不小于某个阈值 U，如 U=4。

(3) 该子图在观察网络中出现的次数 N_{real} 显著大于它在相应随机网络中出现的次数 N_{rand}，一般要求 $(N_{\mathrm{real}} - N_{\mathrm{rand}}) > 0.1N_{\mathrm{rand}}$。

模体识别的零假设是观察网络中的子图实例没有统计显著性，其中子图的数量近似于随机网络中子图数的期望值。可以将与观察网络在节点度分布等方面具有相同特征的多个随机网络中的子图平均数量作为随机网络子图数量的期望值。网络模体挖掘的计算工作量很大，因为随着模体规模的增大，候选模体子图的数量将呈指数级增长，识别模体所需要的时间和内存空间也因此而急剧增长。因此，通常采用的穷举法所识别的只能是较小规模的模体。为了识别稍大规模的模体，后来出现了抽样方法，但抽样方法面临抽样偏置问题，由此导致调整该偏置而产生额外的计算复杂度。

在网络模体识别过程中，所构建的随机网络是作为零假设网络的，因此随机网络模型的选择及其生成方法对研究有重要影响。我们所构建的随机网络必须与观察网络具有相似的统计特性。由于度分布是复杂网络中最重要的全局统计特性，所以很多研究文献中一般都选择恰当的随机网络模型，建立与观察网络具有相同节点度分布的随机网络。在文献[23]中，作者介绍了三种随机网络的生成算法，这些算法都是根据观察网络的节点度序列来生成随机网络。其中第一种算法称为交换算法，其主要是通过随机重置观察网络图中的节点对连边，以产生新的随机网络；第二种算法称为匹配算法，该算法根据观察网络中的节点度序列来确定随机网络中每个节点的出度和入度，然后随机选择节点的出边和入边，建立节点对间的连接关系；第三种算法称为 Go with the winner 算法。相对于观察网络，这三种算法最终生成的随机网络虽然具有不同的局部结构，但两种网络中的节点度系列是相同的。

统计子图的出现频率时，是否允许子图具有相同的边和节点，结果将存在很大差异，是否允许节点和边重复的情况，主要分为三种：①允许任意节点和边重复；②只允许节点重复；③不允许节点和边重复。只允许节点重复或不允许节点和边重复的情况下，子图的统计数将随着子图规模的增长而不断下降。这有利于减少计算量。因此子图频率的具体定义对算法设计有很大的影响。在计算生物学中通常允许子图的节点和连边重复，蛋白质交互网络中的蛋白质经常在多个模块中发挥不同的功能作用，因此具有重复节点和连边的子图同时在发挥作用；而在数据挖掘领域，通常不允许子图的节点和连边重复。

模体识别方法总体上可以分为两种：①以模体为中心，是直接在观察网络中搜索具体的某一子图并判断该子图是否为网络模体；②以网络为中心，是从网络中识别出所有特定规模的子图，然后再判断其中哪些子图是网络模体。不同的模体识别方法的区别主要体现在两方面：一是网络子图统计意义的测度方法，是基于抽样局部网络还是基于全局网络；二是同构子图计数算法的具体实现方法。下面主要介绍以网络为中心的网络模体挖掘方法，其主要包括以下几个基本步骤。

(1) 构建与观察网络具有相似拓扑结构的一系列随机网络。为了得到频繁子图在随机网络中出现频率的期望值，一般需要对随机网络的构建工作至少重复 1000 次。

(2) 在观察网络和随机网络中识别所有子图实例并对它们进行同构图归类与计数，可以采取穷举方法或抽样方法。已知图同构问题是 NP 难问题，但不知道是否是 NP 完全难问题。因此同构图的识别问题严重制约着网络模体挖掘方法的效率。

(3) 比较各类子图在观察网络和随机网络中出现的次数(频率)，计算统计意义，根据阈值确定网络模体。关于统计意义的评价指标，主要有 P-value、Z-score 和 SP (significance profile)。

P-value 表示子图 m 在随机网络中出现的次数(频率)大于或等于其在观察网络中出现的次数(频率)的概率。该值越小意味着子图越可能是模体。若 $P(m)<0.01$，则称网络模体 m 具有统计显著性。该值计算公式为

$$P=\frac{1}{n}\sum_{i=1}^{n}\sigma_{R_i(m)} \tag{3.40}$$

式中，n 是随机网络集的长度，当子图在随机网络 R_i 中出现的次数大于等于其在观察网络中出现的次数时，$\sigma_{R_i(m)}$ 取值为 1，否则为 0。

Z-score 的计算公式为

$$Z_i=\frac{N_{\text{real}_i}-N_{\text{rand}_i}}{\sigma_{N_{\text{rand}_i}}} \tag{3.41}$$

式中，N_{real_i} 表示子图观察网络中出现的次数；N_{rand_i} 表示子图在随机网络集中出现次数的均值；$\sigma_{N_{\text{rand}_i}}$ 表示子图在随机网络中出现次数的标准差。如果子图是显著表达的，Z-score 值就比较大。反之，Z-score 值就比较小，甚至是负数。一般认为，若 Z-score 值大于 1，则认为子图是显著表达的。

SP 是一个向量，表示子图集合的 Z-score 值，是对 Z-score 进行归一化处理而得

到的。SP 强调子图的相对统计显著性，而不是绝对显著性，可以用来比较不同规模的网络，还可以用来分析一个给定网络的子图分布情况。SP 的计算公式为

$$\mathrm{SP}_i = \frac{Z_i}{\sqrt{\sum_i Z_i^2}} \tag{3.42}$$

3. 基于模体结构与网络属性的群体发现方法

在社交网络中有很多实体，这些实体之间往往通过多种类型的关系连接在一起(如朋友、家庭、同事等)，并且每一实体拥有许多种属性(年龄、籍贯等)。为了理解社交网络的内部结构和功能，人们所依赖的信息来源主要包括两种：网络结构信息和网络属性信息。通常的网络群体识别方法主要是基于网络图中节点间的连接拓扑结构，比较少关注网络属性。但实际上，社交网络连接和属性之间存在相互依赖关系，彼此相互影响。随着社交网络的不断发展，社交网络实体间的关系越来越复杂，网络中的内容属性信息也越来越丰富，单纯基于网络结构信息已经很难真实地揭示社会网络的内部群体社区结构以及实体间的交互关系。近年来，逐步出现一些研究将视角聚焦于网络属性的作用，属性网络图因而成为热门研究对象。就社交网络而言，人们基于属性网络图进行群体识别的方法主要有两类：一类是基于属性距离的方法；另一类是基于模型的方法。基于距离的方法主要是将节点的网络结构信息和网络属性信息进行融合，计算节点对间的相似度或距离，进而运用通常的群体识别方法进行群体识别。基于模型的方法主要是运用概率模型对群体的节点连接和属性分布进行建模，然后计算估计概率模型的参数。若某一节点的属性服从群体的模型分布时，则将该节点划归该群体。通常采用的概率模型包括贝叶斯推理模型、隐狄利克雷分布模型等。

1) 模体结构相似度的计算方法

很多群体识别方法是基于网络结构相似度进行的，但这些方法在计算节点对的网络结构相似度时，通常都是基于单个节点和边层次上的节点对关系结构。因此，这些方法难以揭示复杂网络中的高阶结构特征。已有研究表明，在社交网络中，用三角形结构代替边来描述节点对之间的关联，更能准确地描述节点对间的实际关系。而网络模体是复杂网络的基元单位，在很大程度上能描述复杂网络的内在结构和功能。因此，基于网络模体这种高阶子图计算节点对的相似度，有助于理解网络高阶结构，更能真实地描述节点间的关系紧密程度。

在识别出网络模体之后，对于观察网络中的两个节点 i 和 j，我们用 m_i、m_j 分别表示节点 i 和 j 属于模体 m 的次数，用 m_{ij} 表示它们同时属于模体 m 的次数，用 w_{ij} 表示这两节点间的边权重，则基于模体 m 计算得到这两节点间的结构相似度为

$$S_t(i,j) = \frac{m_{ij}}{\min(m_i, m_j)} \tag{3.43}$$

如果考虑的是三角形模体，则有 $m_{ij}=\sum_k w_{ij}w_{ik}w_{jk}$ 。如果需要同时考虑多种模体，即模体集合，则可以对这些模体的权重进行归一化处理。对观察网络中的每一节点对都基于模体结构进行相似度计算之后，就得到基于模体结构的相似度邻接矩阵。

2) 网络属性相似度的计算方法

节点属性是对节点特征的描述，其取值可以是离散型，也可以是连续型，甚至可以是文本。网络属性的相似度可以基于节点属性的距离进行计算，其核心思想是设计一个统一的相似性距离度量函数，将节点的拓扑关系与节点的属性特征融合到一起。在节点带属性的网络里，假设总共有 n 个节点和 m 个属性，对于任意项点 v_i，可以用一个向量 $R_i=(R_{i1},R_{i2},\cdots,R_{im})$ 来表示它的属性，其各元素对应该节点的各属性值，所有节点的属性特征可以用一个属性矩阵 $R=[R_{ij}]_{n\times m}$ 来描述。目前，将属性信息转化为相似性的常用方法包括余弦相似度、欧几里得距离和皮尔逊相似度等。

(1) 余弦相似度。这种方法是采用节点 v_x 和 v_y 的属性向量之间夹角的余弦值来确定节点之间属性相似度。其结果介于[0,1]的值。余弦值越大，表示节点间的属性相似程度越高。余弦值为 1 时表示两个节点的属性向量完全相同。余弦相似度的定义为

$$S_{xy}=\frac{\sum_{i=1}^{m}R_{xi}\cdot R_{yi}}{\sqrt{\sum_{i=1}^{m}R^2{}_{xi}\cdot\sum_{i=1}^{m}R^2{}_{yi}}} \tag{3.44}$$

(2) 欧几里得距离。基于距离的度量标准是测度网络节点间相似度的一种重要方法，其采用某种距离指标衡量网络节点之间的相异度或相似度。这些距离指标主要包括：欧几里得距离(欧氏距离)、曼哈顿距离(Manhattan distance)、明考斯基距离(Minkowski distance，也称为明氏距离)。对曼哈顿距离和欧氏距离进行概念化得到的就是明考斯基距离。它们测度在多维空间中两个点之间的空间距离。节点 v_x 和 v_y 属性相似度可以通过计算它们属性向量之间的空间距离来确定，空间距离越小，则相似度越大。基于欧几里得距离的属性向量相似度定义为

$$S_{xy}=\frac{1}{\sqrt{\sum_{i=1}^{m}(R_{xi}-R_{yi})^2}} \tag{3.45}$$

(3) 皮尔逊相似度。皮尔逊相似度可以反映节点 v_x 和 v_y 属性向量之间的关联程度，其定义为

$$S_{xy}=\frac{\sum_{i=1}^{m}(R_{xi}-\bar{R}_x)(R_{yi}-\bar{R}_y)}{\sqrt{\sum_{i=1}^{m}(R_{xi}-\bar{R}_x)^2\sum_{i=1}^{m}(R_{yi}-\bar{R}_y)^2}} \tag{3.46}$$

式中，$\bar{R}_x$ 和 $\bar{R}_y$ 表示节点属性值的平均值。

3) 基于结构属性融合相似度的群体发现

在此，我们首先对结构相似度和属性相似度进行融合，然后基于节点对之间的结构属性融合相似度矩阵，采用传统的群体识别方法进行群体识别。

(1) 结构相似度与属性相似度的融合。在属性网络的群体识别过程中，一个很重要的问题就是如何将结构信息和属性信息融合起来。一般可以通过构建线性或非线性函数将节点的结构相似度和属性相似度进行集成，但由于不好把握这两种信息的相对重要性，所以构建该函数是一件非常具有挑战性的事情。该函数一般形式如下：

$$S_{ta}(i,j) = S(S_t(i,j), S_a(i,j)) \tag{3.47}$$

式中，$S_t(i,j)$ 表示节点 i,j 的结构相似度；$S_a(i,j)$ 表示节点 i,j 的属性相似度，函数 $S(\cdot)$ 将结构相似度与属性相似度集成在一起得到节点 (i,j) 基于结构相似度和属性相似度的结构属性融合相似度 $S_{ta}(i,j)$。

在计算每一节点对的结构属性融合相似度，得到结构属性综合相似度矩阵之后，就可以运用各种传统的方法进行群体识别。对观察网络中的每一节点对都基于模体结构和网络属性进行相似度融合计算之后，就得到基于结构属性融合相似度的相似度邻接矩阵。

(2) 社区的识别过程。基于结构属性融合相似度的相似度邻接矩阵，可以从通常的社区识别方法中选择恰当的方法进行社区识别。在此，我们可以采用文献[24]中的社区识别方法。在此，我们用 I_{ik} 表示相对于其他候选聚类中心节点，节点 i 认为节点 k 成为 i 的聚类中心的可能性；用 I_{kk} 表示节点 k 认为自己能够成为聚类中心的可能性；用 $A_{ik}(i \neq k)$ 表示节点 k 认为自己在其他节点的支持下，能够成为节点 i 的聚类中心的可能性；用 A_{kk} 表示在其他节点认为节点 k 能够成为聚类中心的支持下，k 认为自己能够成为聚类中心的可能性。I_{ik} 和 A_{ik} 分别按下面式子进行迭代

$$I_{ik} = S_{ta}(i,k) - \max_{k's.t.k' \neq k} \{A(i,k') + S_{ta}(i,k')\} \tag{3.48}$$

$$A_{ik} = \begin{cases} \min\{0, I(k,k) + \sum\limits_{i's.t.i' \notin \{i,k\}} \max\{0, I(i',k)\}\}, & i \neq k \\ \sum\limits_{i's.t.i' \notin \{i,k\}} \max\{0, I(i',k)\}, & i = k \end{cases} \tag{3.49}$$

在任何时候，将 I_{ik} 与 A_{ik} 相结合得到 $(AI)_{N\times N} = (I_{ik})_{N\times N} + (A_{ik})_{N\times N}$。对于使得 AI_{ik} 取得最大值的节点 k，若 $i=k$，则 k 是自我聚类中心，否则 k 是 i 的聚类中心。当迭代次数或节点的群体归属保持不变的迭代次数达到阈值时，算法结束，识别出基于结构属性融合相似度的各个群体。

3.3.2　基于狄利克雷过程的群体发现方法

1. 基于用户参与在线社交网络的动机的用户特征抽取

作者认为，用户群体发现是基于用户个体特征的挖掘方法。为了更好地挖掘用户群体信息，需要选择用户的特征。但不同的研究选取的用户特征不同。例如，文献[25]认为，在线社交网络中用户的交互特征比个体的属性更加能表征用户的特征，对用户群体的行为区分更加显著；文献[26]则引入了用户的行动序列、产生的内容的情感倾向等特征，相比较传统的图挖掘算法使用的结构特征，基于内容的行为特征可以更好地区分在线社交网络的用户群体。研究者从不同的视角和层次抽取用户的特征进行用户群体的划分，既相互联系，也相互补充，但处于割裂状态的众多理论与方法在客观上导致了比较研究和交叉研究的困难，也使得基于用户群体划分的结果做进一步的研究分析存在问题。

为了避免因为特征选择的差异导致用户群体划分出现差别，作者从用户参与使用在线社交网络的动机出发，分析用户动机的行为表现形式，并基于这些行为信息抽取用户的特征，进而划分群体。

社会心理学从很多角度研究了用户参与使用社交网络的动机。研究表明，用户感知的在线社交网络价值主要包括以下几种。

(1) 影响力：影响力在某些学科中也可以称为社会资本。在线社交网络中的用户可以因为其在传统社会的地位、能产生某些有趣的或者是专业的内容进而吸引了大批粉丝等原因获得较高的关注度，进而可以从很多方面获取个体利益。

(2) 增强社交：维护好友关系是用户使用参与在线社交网络最重要的原因之一。随着在线社交网络的发展，在线交互打破了地域、时间的限制，可以促进用户和好友的联系。这也是很多用户使用虚拟网络的直接原因。

(3) 信息价值：在线社交网络的兴起也导致了社交媒体的发展。传统门户新闻的市场份额也被社交媒体挤占。随着移动互联网的兴起，用户可以随时随地生产、传播新闻、突发事件等信息。因此，信息价值也是用户使用、参与在线社交媒体的重要原因。

(4) 娱乐价值：网红、段子手、娱乐明星等的加入使得在线社交网络拥有了较高的娱乐价值。人们可以通过在线社交网络获取娱乐信息、参与并感受到很多令人愉悦的内容。从某种角度说，在线社交网络是一个以娱乐为导向的信息系统。

(5) 工具价值：在线社交网络的参与人数众多，信息产生较为复杂，也催生了人们使用在线社交网络解决问题。例如，专业人士的存在使得用户能够接触到某一领域的专家，进而便捷地获取专业的意见。同时，用户将自身的经验、技能作为信息在社交网络传播也使得其成为人们解决问题的途径之一。

根据以上论述，作者认为人们使用在线社交网络的动机包括：获取社会影响力、与好友进行交互、产生和消费信息、获取娱乐消息、解决问题五个方面。并基于此产生用户的四个行为特征：①用户影响力；②用户交互特征；③信息产生和传播特征；④用户的话题分布。其中第四个特征是从内容方面分析用户使用在线社交网络的动机。以微博为例，作者根据这四项特征，抽取了如下用户行为特征。

(1)用户影响力：用户影响力是度量用户社会资本的主要指标之一。通常以社交网络的入度作为计算特征。在本书中，作者采用三个指标度量用户的影响力：原创微博的平均被评论数量，原创微博的平均被点赞数量以及粉丝数量。原创微博代表用户生产的内容，其被评论和被点赞的数量代表别人对该用户的关注程度。粉丝数量是用户在社交网络中的入度。因此，这三个特征可以用来描述用户的社会影响力。

(2)用户交互：用户交互是指用户与好友之间的互动。代表用户与好友之间的关系情况。作者采用三个特征描述用户与好友的交互情况：即所有微博的平均被评论数量，用户关注与粉丝的比例，用户提到他人的数量。第一个特征代表了用户与好友的互动热度，第二个特征表明用户在社交平台上好友的关系情况，第三个代表用户主动联系其他好友的情况。

(3)信息产生和传播：用户在社交媒体中既作为内容的消费者存在，也作为内容的生产者存在。用户的原创微博代表了用户生产内容的意愿，用户转发微博则代表了用户传递信息的意愿。因此，作者采用原创微博数量与转发微博的数量比例作为用户生产、传播信息的意愿。

(4)话题分布：为了度量用户使用社交平台的动机，抽取用户感兴趣的内容。作者使用 LDA 模型计算用户感兴趣的话题分布，进而作为用户的特征之一以区分用户群体。潜在狄利克雷分布(latent dirichlet allocation，LDA)是一种隐话题模型。它通过模仿文档——话题——词语的生成模式构造话题生成过程，进而计算文档的话题分布和话题的词语分布。该模型假设文档是由多个话题组成的，每个话题是由服从某个多项式分布的词语组成的。通过吉布斯抽样方法我们可以推断出文档的话题分布以及话题的词语分布。作者为了获取用户的话题分布，从社交媒体的公共平台上获取了 10 个话题的语料，包括财经、房地产、健康与体育、军事、科技、文化、生活、新闻、艺术和娱乐。使用 LDA 模型获取这些话题下的词语分布，然后预测得到用户的话题分布。

2. 基于 Dirichlet Process 混合模型的用户群体发现方法

传统的用户群体发现方法主要包括各种聚类算法，如 *k*-means、*c*-means 等。随着蒙特卡罗方法的成熟，越来越多的复杂的非参数贝叶斯方法得到了广泛的运用。由于非参数贝叶斯方法可以通过数据计算出模型的参数，不需要人工指定某些参数，进而被认为在无监督方法中具有重要的地位。狄利克雷过程混合模型(Dirichlet process mixture model）是一种不需要用户指定类别数量的聚类方法，以中餐馆模型（Chinese restaurant process，CRP）为构造的狄利克雷过程混合模型是目前最流行的非参数聚类方法[27]。

如图 3.14 所示，假设我们有 n 个观测值 $X=\{x_1,\cdots,x_n\}$，它们来自于 k 个不同的组，每个组用一个分布表示，组与组之间的分布相同，参数不同，分别对应不同的 θ_n^*（每个观测值都有一个分布参数，所以有 n 个 θ，但总共只有 K 个不同的 θ）。那么狄利克雷过程混合模型的生成样本 x_n 的过程如下：首先，从参数为 α 的 Dirichlet 先验分布中获取多项式分布的参数 π。然后从参数为 π 的多项式分布中抽取类别 r_k。然后从 Dirichlet Process 中抽取 x_n 的参数 θ_n^*。狄利克雷过程混合模型的构造过程如下：假设一个餐馆有无限多个餐桌，当一个顾客来到餐馆后，他将以一定的概率坐到有人的桌子上，以一定概率坐在新的桌子上。该过程称为中餐馆过程，如图 3.15 所示。

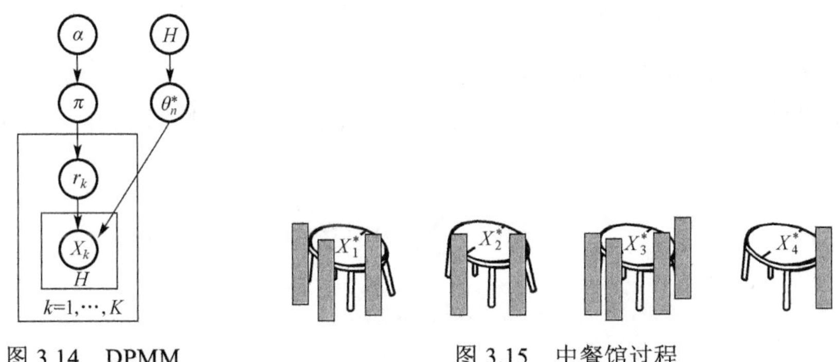

图 3.14 DPMM

图 3.15 中餐馆过程

在狄利克雷过程混合模型中，θ_n^* 来自于分布 H。假设 H 是一个连续的分布，也就是每个组的数据我们用一个连续分布如高斯分布表示，那么不可能有两个 θ_n^* 是一样的。因此，我们需要假设 θ_n^* 来自于狄利克雷过程。即

$$\theta_n^* \sim \mathrm{DP}(\alpha, H_0) \tag{3.50}$$

式中，H_0 称为基分布。

在使用狄利克雷过程混合模型进行聚类的时候，我们需要假设组的分布，即 H_0 的分布。这是一系列形式相同，参数不同的分布。然而，在群体划分中，用户特征通常无法使用一个这样的分布进行刻画。在作者定义的用户特征中，假设用户社会影响力特征、交互特征、信息的传播偏好特征来自于多元高斯分布，而用户的话题特征来自于多项式分布。显然，当前的狄利克雷过程混合模型无法解决该问题。因此，作者提出了一个基于混合基分布的狄利克雷过程混合模型。每个类的分布来自于两个不同形式分布的混合。

该模型假设基分布不仅参数不同，而且形式也不一样。其概率图模型如图 3.16

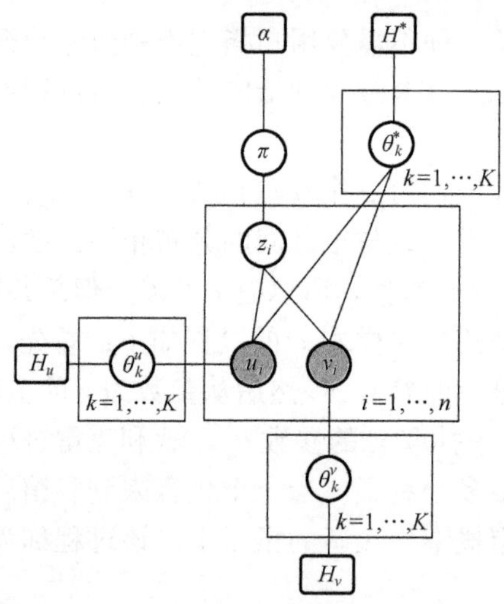

图 3.16　混合基分布的狄利克雷过程混合模型

所示。假设 H_u 表示 normal-inverse-Wishart 分布，H_v 表示 Dirichlet 分布。这里假设每个用户群体是一个概率测度，即 $G_0 \sim \mathrm{DP}(\gamma, H_u \times H_v)$，我们使用 stick-breaking 构造：

$$G_0(\theta) = \sum_{k=1}^{\infty} \beta_k \delta(\theta, \theta_k) \tag{3.51}$$

$$\beta \sim \mathrm{beta}(1, \gamma) \tag{3.52}$$

$$(u_k, v_k) = \theta_k \sim H_u \times H_v \tag{3.53}$$

假设用户群体 $z = (z_1, \cdots, z_k)$，每个群体有各自的特征，它们从多项式分布中抽取独立的样本，即 $z \sim \pi(\alpha)$。该模型的符号表示如表 3.1 所示。

表 3.1　模型参数说明

符号	描述
K	群体数量
α	多项式分布的超参数
π	多项式分布
z_i	用户 i 的群体
u_i	用户社会影响力、交互、信息生产特征的值
θ_k^u	多元高斯分布的参数
H_u	多元高斯分布的先验分布
v_i	用户话题分布的值
θ_k^v	多项式分布的参数
H_v	多项式分布的先验分布

将模型中的隐变量积分掉之后可以得到用户群体的无线混合模型表达式：

$$(u_i, v_i | H^*) = \sum_{k=1}^{\infty} \pi_k P(\theta_i^u) P(\theta_i^v) \tag{3.54}$$

用户 i 的生成过程如下。

(1) 从 Dirichlet(α) 抽取多项式分布的参数 π。

(2) 从以 π 为参数的多项式分布中抽取用户所属于的群体 z_i。

(3) 从 normal-inverse-Wishart 先验分布 H_k^u 中抽取高斯分布的参数 θ_i^u 。

(4) 从 Dirichlet 先验分布 H_k^v 中抽取 θ_i^v 。

(5) 从以 θ_i^u 为参数的高斯分布中抽取用户的影响力、社交以及信息生产传播的值 u_i 。

(6) 从以 θ_i^u 为参数的多项式分布中抽取用户话题分布的值 v_i 。

根据以上内容，我们提出使用吉布斯抽样的方法来求解。通过积分消除 G 之后，我们可以得到如下结果：

$$p(z_i | z_1, \cdots, z_{i-1}, \gamma) = \frac{1}{\gamma + i + 1} \left[\sum_k N_k \delta(z_i, k) + \gamma \delta(z_i, \bar{k}) \right] \tag{3.55}$$

其抽样过程如下。

(1) 将每个观测值(用户)随机赋予一个群体的编号。

(2) N_k 减 1，如果 K 类别中不存在用户，则从缓存的统计量中去除类别 k。

(3) 计算预测概率

$$N_k \leftarrow N_k - 1 \tag{3.56}$$

$$(u_k, v_k) \leftarrow (u'_k, v'_k) \tag{3.57}$$

(4) 抽取一个新的类别

$$k \sim \sum_{k=1}^{K} N_k f_k(u_i, v_i) \delta(k_i, k) + \gamma f_{\bar{k}}(u_i, v_i) \delta(k_i, \bar{k}) \tag{3.58}$$

如果 $k = \bar{k}$ ，那么创建一个新类别，并使 k 加 1。

(5) 使 N_k 加 1，将类别 k 的所有特征加入到缓存的统计量中。

(6) 重复步骤 (2) ～ (5) 至迭代次数或者达到收敛。

3. 实验及结论

为了说明本模型的有效性，我们使用以上模型对新浪微博平台的用户做群体划分实验。新浪微博是一个短文本的社交媒体平台。用户可以自由地建立连接、创造内容、传播内容等。为了收集实验数据，我们首先人工选出部分活跃的种子用户，然后根据这些用户搜寻与他们建立连接的用户。最终，我们得到了 6764 个用户，以及 1352641 条微博消息。

每个用户由两大部分的特征组成。我们使用一个二元向量作为这两大部分的特征分布的超参数，分别是 alpha1 和 alpha2。参数的变化导致了最终用户群体划分数量的不同。如图 3.17 所示，用户群体划分的数量在 130～171。由于部分群体用户数量太少，所以我们去除了用户数量小于 200 的群体。我们选择 alpha1=1，alpha2=0.2 作为分析结果，因为它们产生的群体数量少，且相对集中。

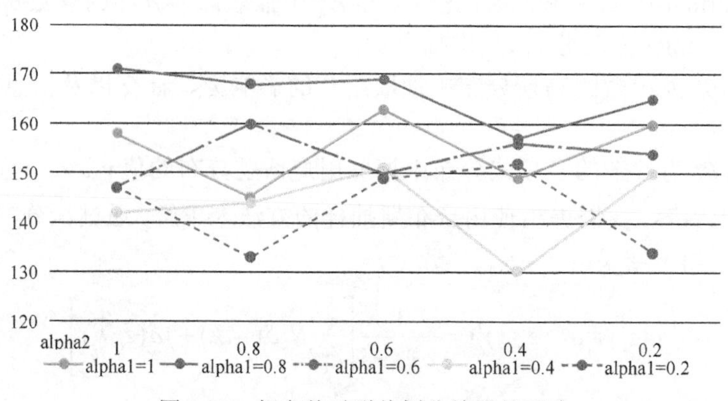

图 3.17　超参数对群体划分结果的影响

(1)迭代次数的影响。如图 3.18 所示，随着迭代次数的增加，群体数量在不断减小。迭代次数超过 50 之后，群体数量变化较小，趋于稳定。为了便于分析，我们去掉了用户数量少于 200 的群体，最终得到了 13 个群体。图 3.19 展示了不同群体的用户数量。

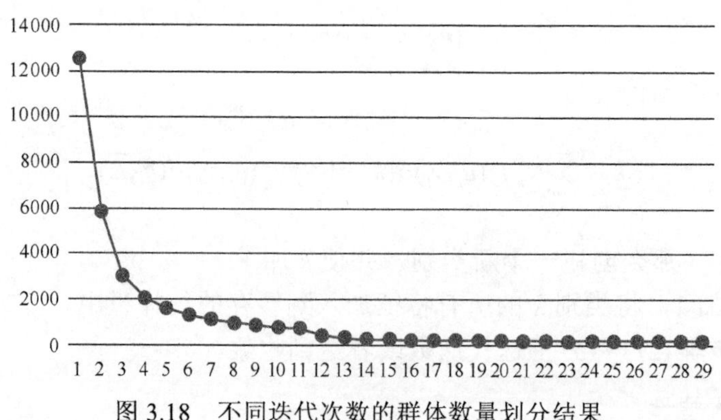

图 3.18　不同迭代次数的群体数量划分结果

(2)群体分析。图 3.20～图 3.22 分别表示不同用户群体的社会影响力特征、社会交互特征和信息的生产与传播特征。我们将从这些方面分析不同用户群体的特点与差异。

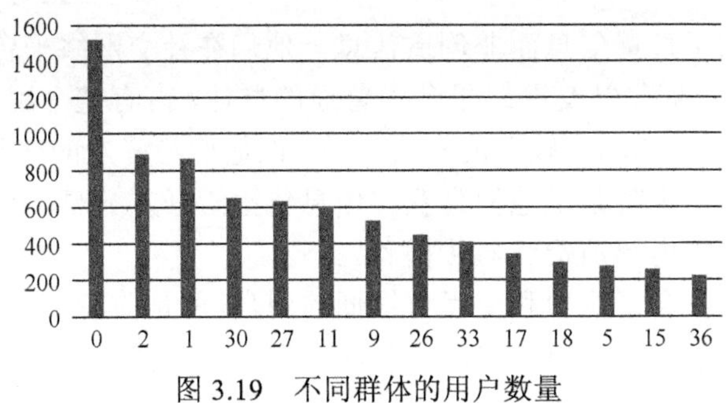

图 3.19　不同群体的用户数量

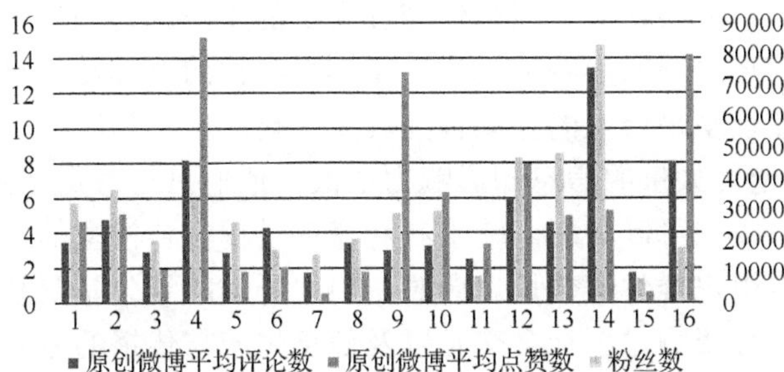

图 3.20　不同用户群体的社会影响力

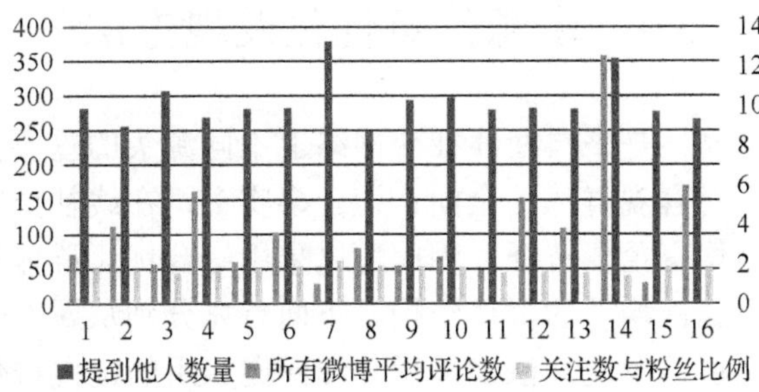

图 3.21　不同用户群体的社交互动

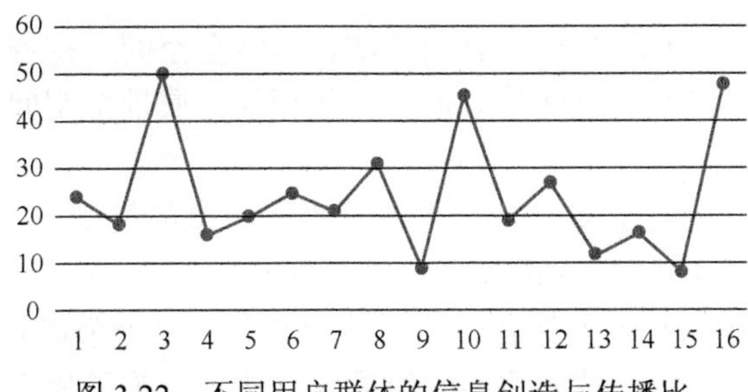

图 3.22　不同用户群体的信息创造与传播比

类 0 和类 17 可以被当作相同的用户群体，他们的社会影响力相对较弱。这个群体的用户更加倾向于传播信息而非创造信息。他们在社交网络平台中的交互也不是特别频繁，显示出他们是社交网络平台中普通的群体，占有整个用户的较多的部分。

而类 12 是另一种影响力较弱的社会群体，但他们与好友的交互很多。他们也同样倾向于传播信息，也就是说他们喜欢将信息传播给好友分享。这类角色可以认为是社交网络平台中的内容消费者与传播者。

类 1 与类 15 是社会影响力和交互都很低的用户。但是前者更加倾向于生产信息，后者更加倾向于传播信息。前者与广告和卖家的账号类似，属于单项输出信息而与周围的人交互很少。后者则可能是潜水的人或者僵尸粉。

类 18 和类 30 是社会影响力很高但交互很少的用户。他们传播很多的信息。这类角色通过传递信息来获取影响力。而类 11 则是类似的群体但通过创造信息获取影响力。这类用户在社交平台上的互动行为较少。显示出较为明显的中心节点性。

而类 36 是创造了大量的信息却影响力很低，他们只与特定的人交互。

通过这些分析我们可以看出，基于狄利克雷过程混合模型的用户群体划分方法可以根据数据确定用户群体的数量。同时，用户群体的划分是要基于很多方面的特征的。本书基于社会影响力、社会交互以及信息生产与传播的方式可以有效地区分社交网络平台的用户群体。

3.4 多源信息优化发现方法

拓扑结构和个体属性是来自在线社交网络上不同源头的重要信息，单凭其中一种信息可能难以获得对客观群体的全面认识。事实上，在线社交网络中的群体在拓扑结构和个体属性上均有重要特征，因此可以采用综合优化群体结构与属性特征的方法发现结构内聚且属性均质的群体结构。下面首先分别从属性全空间优化和子空间优化两个角度介绍群体发现方法，最后介绍面向应用的定向群体发现方法。

3.4.1 全空间优化发现方法

起初，综合优化属性和结构信息的方法在属性全空间下挖掘群体，即要求每个群体内个体在同一个属性全空间下取值尽可能相似，属性全空间是指包含所有考虑的属性维度的空间。

Ruan 等提出了一种融合结构相似度和属性相似度的机制，并基于该机制设计全空间算法 CODICIL (community discovery inferred from content information and link-structure)[28]。首先他们基于个体之间的属性相似度为每个个体创建 k 条相似值最大的关联属性边，属性边和原结构边共同组成联合边集。为了使算法速度较快，适合大规模社交网络，他们设计了一种采样机制，为每个节点在联合边集中采样少量关联边。为了使采样的边尽可能保留个体之间的相似关系，该方法尽可能采样综合相似度较高的个体之间的边。采样的边组成的网络突出了群体内部的相似关系，最后 CODICIL 在采样后的网络上快速划分群体。Akoglu 等基于信息论从群体内部个体连接相似和属性均质角度提出综合群体发现方法 PICS[29]，他们将个体属性信息分组，要求群体内部个体有相似的连接模式并且属性均质度较高。相似的连接模式和均质的属性通过对邻接矩阵与属性矩阵中的 0-1 信息进行编码来发现。为了使码字长度尽可能小，PICS 利用群体内部连接相似和属性均质性，采用二级编码，即将两个矩阵按群体分割成多个子部分，对每一个子部分内部分别编码。当群体内部个体连接相似和属性均质时，矩阵的每一个子部分的 0-1 分布也相对均质，此时所需的码字长度较短。以码字长度为目标函数，初始时每个个体作为独立的群体，PICS 基于贪心思想迭代地扩展每个群体并调整矩阵中行列位置，使最终码字长度最小，从而获得最优的群体结构。

Zhou 等定义统一的距离度量量化个体之间的结构和属性相似度，基于统一的距离度量聚类个体，提出群体发现方法 SA (structure attribute) -Cluster [30]。他们希望发现的群体结构在以下两个性质上达到一个好的平衡：①每个群体内部个体在结构上互相接近，不同群体个体在结构上互相遥远；②每个群体内部个体有相同的属性值，不同群体内个体有不同的属性值。为了融合结构和属性信息，同时量化群体的结构和属性特征，他们基于邻域随机游走距离在属性增大网络上定义一个结构和属性统一的距离度量指标。当任意一对个体之间结构上连接紧密，属性上相似，则该对个体之间的统一距离较大。假设 P 为一个网络 G 上的 $N\times N$ 转移概率矩阵，l 为一次随机游走可以移动的最大长度，c 为重启概率，则从个体 v 到个体 u 的邻域随机游走距离 $d(v,u)$ 定义为

$$d(v,u)=\sum_{\substack{\tau:v\to u\\ \text{length}(\tau)\le l}} p(\tau)c(1-c)^{\text{length}(\tau)} \tag{3.59}$$

式中，τ 是一个从 v 到 u 的路径，其长度是 $\text{length}(\tau)$，路径转移概率为 $p(\tau)$。整个网络的邻域随机游走距离矩阵为

$$R^l=\sum_{\gamma=1}^{l}c(1-c)^{\gamma}P^{\gamma}=c(1-c)^l P^l+R^{l-1} \tag{3.60}$$

实际上邻域随机游走距离度量了个体之间的结构亲近度或者结构相似度，两个个体之间的邻域随机游走距离越大，他们在结构上越亲近或者越相似。为了将属性信息也融合到距离度量中，他们定义了一个融合属性信息的属性增大网络。

定义 3.2(属性增大网络)　给定一个属性网络 $G=(V,E,\Lambda)$，V、E、$\Lambda=\{a_1,\cdots,a_D\}$ 分别为个体集合、边集合和属性集合。属性 a_i 的值域为 $\text{Dom}(a_i)=\{a_{i1},\cdots,a_{id_i}\}$，则一个属性增大网络表示为 $G_a=(V\cup V_a,E\cup E_a)$，其中 $V_a=\{v_{ij}\}_{i=1,j=1}^{D,d_i}$ 表示为属性个体集合。一个属性个体 $v_{ij}\in V_a$ 表示属性值 a_{ij}。一条属性边 $(v,v_{ij})\in E_a$ 表示个体 v 在属性 a_i 上取值 a_{ij}。

在属性增大网络上推广邻域随机游走距离来计算融合属性信息的统一距离。在属性增大网络上的随机游走和在原网络上的一个重要的不同点为，如果两个个体在属性 a_i 取同样的属性值 a_{ij}，他们将有一个新的共同邻居，即属性个体 $v_{ij} \in V_a$，因此他们之间多一条经过 v_{ij} 的随机游走路径。显然，两个个体分享越多的相同属性值，他们之间的随机游走路径越多，他们之间的综合相似度越大。因此统一距离可以度量所有个体之间的综合相似度。从个体 v 到个体 u 的统一邻域随机游走距离 $d_a(v,u)$ 定义为

$$d_a(v,u) = \sum_{\substack{\tau: v \to u \\ \text{length}(\tau) \leqslant l}} p_a(\tau) c (1-c)^{\text{length}(\tau)} \tag{3.61}$$

式中，$p_a(\tau)$ 为属性增大网络上路径的转移概率。整个网络的统一邻域随机游走距离矩阵为

$$R_a^l = \sum_{\gamma=1}^{l} c(1-c)^{\gamma} P_a^l \tag{3.62}$$

式中，P_a 表示属性增大网络上的转移概率矩阵。属性增大网络中的结构边和属性边是不同的类型，并且 D 个属性也可能具有不同的重要性，因此它们对随机游走距离可能有不同程度的贡献。假设结构边的重要性权值为 ω_0，对应于属性 $a_1,\cdots,a_D$ 的属性边的权值分别为 $\omega_1,\cdots,\omega_D$。此时从个体 v 到个体 u 经过结构边的转移概率为

$$p_{v,u} = \begin{cases} \dfrac{\omega_0}{|N(v)| \times \omega_0 + \omega_1 + \cdots + \omega_D}, & (v,u) \in E \\ 0, & \text{其他} \end{cases} \tag{3.63}$$

式中，$N(v)$ 表示个体 v 的邻居集合。相似地，从个体 v 到属性个体 v_{ij} 经过属性边的转移概率为

$$p_{v,v_{ij}} = \begin{cases} \dfrac{\omega_i}{|N(v)| \times \omega_0 + \omega_1 + \cdots + \omega_D}, & (v,v_{ij}) \in E_a \\ 0, & \text{其他} \end{cases} \tag{3.64}$$

从属性个体 v_{ij} 到个体 v 经过属性边的转移概率为

$$p_{v_{ij},v} = \begin{cases} \dfrac{1}{|N(v_{ij})|}, & (v_{ij},v) \in E_a \\ 0, & \text{其他} \end{cases} \tag{3.65}$$

属性增大网络上的转移概率矩阵 P_a 可以基于以上三个关系等式计算。

统一距离度量了个体之间的综合相似度，当两个个体的统一距离很大时，他们应该属于同一个群体，而当统一距离很小时，他们应该属于不同的群体。基于统一

距离，可以采用 k-Medoids 聚类方法划分群体。该方法的主要迭代步骤：为每一个群体选择位于中心位置的个体作为其中心，中心作为群体的代表，剩下的个体分配到离他们最近的中心所代表的群体，基于调整后的群体结构调整边权值 $\{\omega_1,\cdots,\omega_D\}$。重复以上迭代过程直到收敛。为了使迭代更快地收敛，将邻域稠密的个体设置为初始中心。当个体 v 在 l 步内可以游走到许多其他个体，则认为个体 v 的 l 步邻域是稠密的。定义个体 v 对另一个个体 u 的影响函数为

$$f_{v,u}=1-\mathrm{e}^{-\frac{d_a(v,u)^2}{2\sigma^2}} \tag{3.66}$$

影响函数度量一个个体对另一个个体的影响程度。一个个体 v 的密度函数定义为其对网络中所有个体影响函数之和：

$$f_v^{\mathrm{den}}=\sum_{u\in V} f_{v,u} \tag{3.67}$$

如果一个个体 v 有大的密度值，则意味着要么 v 和很多其他个体通过随机游走路径连接，要么 v 和很多其他个体有相同的属性值。基于密度函数，将所有个体按密度值降序排列。选择密度最大的 k 个个体作为初始中心 $\{c_1^0,\cdots,c_k^0\}$。假设第 t 次迭代时的群体中心为 $\{c_1^t,\cdots,c_k^t\}$，将每个个体分配给距离最近的中心。然后使用每个群体中最中心的个体更新该群体的中心。首先确定某个群体 V_i 相对于整个网络的平均中心点 $\overline{v_i}$ 为

$$R_a^l(\overline{v}_i,u)=\frac{1}{|V_i|}\sum_{v\in V_i} R_a^l(v,u),\forall u\in V \tag{3.68}$$

则 $R_a^l(\overline{v}_i)$ 为群体 V_i 的平均随机游走距离向量。类似地，可以计算群体 V_i 每个个体 v 的随机游走距离向量为 $R_a^l(v)$，则群体 V_i 的新中心为

$$c_i^{t+1}=\arg\min_{v\in V_i}\| R_a^l(v)-R_a^l(\overline{v}_i)\| \tag{3.69}$$

即新中心为最接近群体平均中心点的个体。在每次迭代更新群体和中心时，属性的权值也进行自适应更新，来使下一次更新的群体更好。属性权值更新不是该方法的关键步骤，这里省略权值更新的详细过程。

SA-Cluster 方法定义一个统一的相似度度量指标来衡量个体之间结构和属性相似度。和这类方法不同，为了充分发挥结构和属性对群体的划分作用，MOCDA (multi-objective optimization community detection algorithms for networks with attribute) [8]为结构和属性分别定义不同的优化指标。为了量化群体的结构特征，MOCDA 采用著名的模块度指标 Q_C，模块度的详细定义参见 3.1.1 节。相比较随机基准网络，群体集 C 中的群体内部连接越紧密，该群体集的模块度越大。因此可以通过最大化模块度来发现内部连接紧密的群体集。为了量化群体的属性特征，MOCDA 定义了属性

均质性函数 $H_{\mathcal{C}}$，均质性函数的详细定义参见 3.1.2 节。群体集 $\mathcal{C}$ 中的群体内部属性值越均质，不同群体之间的属性值越异质，该群体集的均质性函数值越大。因此可以通过最大化均质性函数来发现群体内部属性均质且群体之间属性异质的群体集。

为了整合多源信息，挖掘结构内聚属性均质的群体集，需要同时优化模块度和均质性函数。然而具有最优结构特征的群体通常并不具有最优的属性特征，反之亦然，也就是说，模块度和均质性函数通常无法同时获得最优值。一种解决方法是事先为两个目标函数指定权值来表征他们的重要性。但是，结构和属性哪一个更重要通常是无法事先知道的。因此 MOCDA 采用一个多目标优化机制来同时优化两个目标函数，得到一组对应于模块度和均质性函数不同平衡的群体集。多目标群体发现问题定义为

$$\max F(\mathcal{C}) = \{Q_{\mathcal{C}}, H_{\mathcal{C}}\}, \text{ subject to } \mathcal{C} = (c_1, c_2, \cdots, c_n) \in \Omega \tag{3.70}$$

式中，$\mathcal{C}$ 表示一个可能的群体集编码；c_v 表示个体 v 的码字；Ω 表示所有可能的群体集。多目标优化问题的解集基于 Pareto 优化理论定义。假设 $f_1(\mathcal{C}) = Q_{\mathcal{C}}$，$f_2(\mathcal{C}) = H_{\mathcal{C}}$。给定任意两个可行的群体集 $\mathcal{C}_1$ 和 $\mathcal{C}_2$，我们称 $\mathcal{C}_1$ 支配 $\mathcal{C}_2$，即 $\mathcal{C}_1 \succ \mathcal{C}_2$，当且仅当

$$\forall\, i = 1,2: f_i(\mathcal{C}_1) \geqslant f_i(\mathcal{C}_2) \ \wedge\ \exists\, i = 1,2: f_i(\mathcal{C}_1) > f_i(\mathcal{C}_2) \tag{3.71}$$

$\mathcal{C}_2$ 称为被支配群体集。如果一个群体集 $\mathcal{C}^*$ 不被其他任意群体集 $\mathcal{C}$ 支配，则该群体集为 Pareto 最优解。如果一个群体集集合中一个群体集不被该集合中其他任意群体集支配，则该群体集称为支配群体集。所有的 Pareto 最优解之间没有相互支配关系，它们组成 Pareto 最优集 PS：

$$\text{PS} \triangleq \{\mathcal{C}^* \in \Omega \mid \nexists \mathcal{C} \in \Omega, \mathcal{C} \succ \mathcal{C}^*\} \tag{3.72}$$

多目标群体发现问题的目标就是找到 Pareto 最优集或者其近似解集。

为了一次运行同时处理一组解集，MOCDA 基于多目标优化遗传算法设计多目标优化群体发现方法。遗传算法中，每一个群体集被编码成个体，一组群体集个体称为一个种群。该算法的主要过程见算法 3.1。

算法 3.1　MOCDA 算法

输入：最大代数 $g_{\max}$，最大支配种群规模 S_D，最大活跃种群规模 S_A，克隆种群规模 S_C，变异概率 p_m，社交网络 G。

输出：一组群体集集合。

1：生成规模为 S_D，初始解集种群 I_0，设置当前代数 $g = 0$；

2：解码种群 I_g 中的每一个群体集个体，并计算每一个群体集的模块度和均质性；

3：基于模块度和均质性识别出 I_g 中所有的支配群体集个体；

4：基于拥挤距离选择 S_D 个支配个体组成支配种群 D_g，从 D_g 中基于拥挤距离选择 S_A 个个体组成活跃种群 A_g，对种群 A_g 应用比例克隆，得到克隆种群 CL_g；

5：对克隆种群实施交叉和变异操作，获得后代种群；

6：合并支配种群和后代种群形成组合种群 I_{g+1}；

7：$g = g + 1$；

8：当 $g < g_{\max}$ 时，返回步骤 2，否则进行下一步；

9：选择 I_g 中的所有支配个体，并解码成群体集。

在种群演化过程中，群体集需要被合适的编码来进行交叉变异等相关进化操作。这里采用基于位置的邻接表示方法，因为该方法隐式地满足群体内部连通的要求。具体来说，每个群体集个体 $\mathcal{C}$ 使用 n 个基因 $(c_1, c_2, \cdots, c_n)$ 编码，每个基因 c_v 对应网络中一个节点 v，编码后的群体集对应一个编码网络。每个基因 c_v 的等位基因值的范围为 $\{1, 2, \cdots, n\}$。基因 c_v 的等位基因值取 u 表示在对应的编码网络中，节点 v 和节点 u 之间存在一条边。在译码阶段，找出编码网络中所有的分离部分，每个分离部分中的节点个体组成群体集中的一个群体。显然，译码步骤可以在线性时间内完成。该编码方法的一个显著优点是群体的个数可以由编码网络中分离部分的个数自动确定。该表示方法的一个示例图如图 3.23 所示，一个群体集个体对应的编码网络将原示例网络划分成两个分离部分，因此原示例网络被划分成两个群体。为了满足群体内部连通的要求，种群的初始化过程需要考虑网络节点之间的有效连接。有效连接是指种群中群体集个体对应的编码网络中的边取自于原网络的边集，即编码网络为原网络的某个子网络，这要求每个基因的等位基因值取值范围为该基因对应节点的邻居集，即 $c_v \in N(v)$，其中 $N(v)$ 表示节点 v 的邻居集。此时，编码网络中的每个连通部分在原网络中也是连通的，即确保了每个群体内部的连通性。满足有效连接的群体集个体称为安全个体。除了确保群体内部连通性，有效连接还可以大大减少解集空间和计算复杂度。

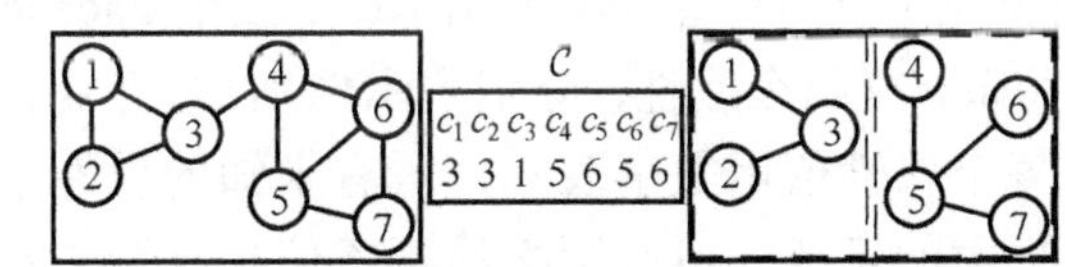

图 3.23　基于位置的邻接表示方法的示例图

左侧是一个有 7 个节点的示例网络，中间是一个可能的群体集个体编码，右侧是对应的编码网络，每一个虚圈内部表示一个群体

算法中的活跃种群和克隆种群基于拥挤距离精炼群体集个体。为了充分搜索解集空间，交叉操作和变异操作被用来进化个体种群。采用均匀交叉操作，假设 $\mathcal{C}_1$ 和 $\mathcal{C}_2$ 是两个父群体集个体。为了生成一个子群体集个体，给定一个长度为 n 的随机生成的二进制向量，取 $\mathcal{C}_1$ 中对应随机向量值为 1 的位置的基因，取 $\mathcal{C}_2$ 中对应随机向量值为 0 的位置的基因，取出的基因按它们的原位置组合起来，形成子个体。均匀交叉操作能够生成两个父个体的任何组合组成的子个体，并且子个体保持节点之间的有效连接。接下来采用随机变异操作，每个群体集个体中每个基因以概率 p_m 变异。

基因的等位基因值变异范围为该基因对应节点的邻居集，这样变异后的个体仍保持有效连接。最后，进化足够代数后，将种群中的所有支配个体解码成群体集。

下面分析该方法的时间复杂度。假设网络有n个节点，m条边，考虑t个属性，其中属性i的值域规模为d_i，支配种群和克隆种群的最大规模分别为S_D与S_C。算法的第一步初始化过程耗时$O(S_D \times n)$。计算一个群体集的模块度需要$O(m)$时间，计算其均质性函数需要$O\left(n \times \sum_{i=1}^{t} d_i\right)$。第二步中，最多需要计算$O(S_D + S_C)$次目标函数。第三步中，最多需要$O((S_D + S_C)^2)$次对比来发现所有的支配个体。第四步中，基于拥挤距离的排序耗时$O((S_D + S_C)\log_2(S_D + S_C))$，比例克隆需要$O(S_C)$时间。第五步中，交叉和变异操作耗时$O(S_C \times n)$。所以，变异一代总的时间复杂度为$O\left((S_D + S_C)\left(m + n\sum_{i=1}^{t} d_t\right) + (S_D + S_C)^2\right)$。假设总共需要变异$g_{\max}$代，则总的时间复杂度为$O\left(g_{\max}(S_D + S_C)\left(m + n\sum_{i=1}^{t} d_t + S_D + S_C\right)\right)$。

最后，介绍该方法在六个规模各异的真实网络数据集上的实验结果。书籍网络N1中的节点表示关于美国政治的书籍，两本书籍之间的边表示他们经常被同一个买家共同购买，该网络具有一个属性，表示书籍的政治倾向，包括自由、中立和保守。足球网络N2中节点表示球队，边表示比赛，网络具有一个属性，表示球队所属的联盟，一共有12个联盟。博客网络N3中节点表示美国政治家博客，边表示博客之间的超链接，网络具有一个属性，表示博客的政治倾向，包括自由和保守。加州理工网络N4、阿默斯特网络N5和霍普金斯网络N6是三个Facebook子网络，节点表示用户，边表示朋友关系，有四个属性，分别表示性别i_1、专业i_2、宿舍i_3和年级i_4。出于隐私保护目的，每个属性值用数字表示，所有未知的属性用0表示。未知属性值为群体发现带来了更大的挑战。所有网络的基本信息见表3.2。

表 3.2 真实网络的基本信息，d_j表示属性i_j的值域规模

网络	节点数	边数	d_1	d_2	d_3	d_4
N1	105	441	3	—	—	—
N2	115	613	12	—	—	—
N3	1490	16715	2	—	—	—
N4	769	16656	3	31	9	18
N5	2235	90954	3	30	35	16
N6	5180	186586	3	94	58	24

为了评估方法的性能，使用四个相关算法来和MOCDA对比。Louvain算法[12]

通过最优化模块度发现群体结构，它仅使用网络结构信息。HM (homogeneity maximization) 是一个虚构的属性分类方法，其基于单个属性分类群体使得对应的均质性函数值最大。1-HM 基于属性 i_1 划分群体，将在属性 i_1 上取相同值的连通的节点分到同一群体，取不同值的分到不同群体。1-HM 事实上最大化了属性 i_1 的均质性函数。BAGC (Bayesian attributed graph clustering) [31] 是统一指标群体发现方法，其定义一个贝叶斯概率模型，通过解一个概率推断问题来获得群体集。和 MOCDA 不同，BAGC 需要事先设置群体集中最大可能的群体数 k。k-BAGC 表示最大群体数设置为 k 时的结果。AGCA (augmented graph clustering algorithm) [32] 是一个分离指标群体发现方法，该方法迭代优化模块度和基于属性相似度的熵。

MOCDA 和 BAGC 的相关参数基于网络规模与属性值域规模设置。MOCDA 中，活跃种群规模必须小于支配种群规模，通常设置为 $S_A = S_D / 5$。克隆种群规模通常和支配种群规模相等。BAGC 中，由于真实群体数事先并不知道，所以在每个网络上为 BAGC 设置四个不同的最大群体数 k_1、k_2、k_3 和 k_4 来发现最好的结果。详细的参数设置见表 3.3。

表 3.3 MOCDA 和 BAGC 的参数设置

网络	S_D	$g_{\max}$	p_m	k_1	k_2	k_3	k_4
N1	100	100	0.01	2	4	6	8
N2	100	100	0.01	8	10	12	14
N3	200	200	0.01	4	6	8	10
N4	600	600	0.01	4	6	8	10
N5	800	800	0.01	10	30	50	70
N6	1000	1000	0.01	20	40	60	80

发现的群体集的质量从结构和属性两个方面评价。模块度 Q (参见式 3.14) 是广泛使用的群体集结构质量评价指标，其值越大表示群体集在结构方面越好。在 3.1.3 节中我们已经说明属性熵并不能很好地评价群体集的属性特征，而均质性函数 H (参见式 (3.25)) 可以同时衡量群体内部属性均质性，不同群体之间属性异质性。因此我们使用均质性函数作为群体集属性质量评价指标，其值越大表示群体集在属性方面越好。

首先评估算法的收敛性。MOCDA 种群中在两个网络上的最佳模块度和最佳均质性随种群代数的变化如图 3.24 所示。结果显示，模块度和均质性在 30 代后都趋于稳定，表明该算法能较快地收敛。

接下来分析在不同网络上各算法的性能对比。我们设计了 Q-H 图来同时展示每个方法发现的群体集的模块度和均质性。MOCDA 最终种群中所有的群体集的结果都被展示在图中。图 3.25 (a) 为各方法在书籍网络上的性能对比，结果显示 MOCDA 的每一个群体集对应于模块度优化目标和均质性优化目标之间的某个平衡。由于群体集的结构特征和属性特征的相对重要性事先通常未知，所以获得多样化的群体集是

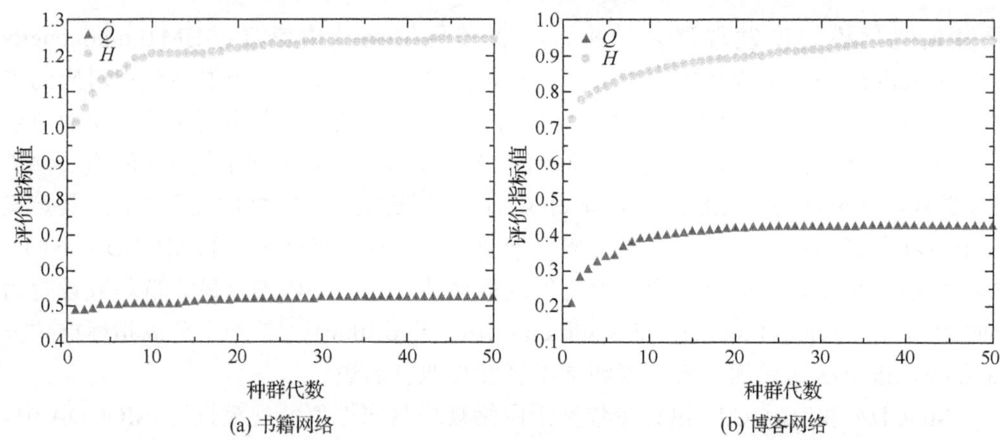

(a) 书籍网络　　(b) 博客网络

图 3.24　MOCDA 种群中最佳模块度 Q 和最佳均质性 H 随种群代数变化图

合理的，这些群体集可以基于具体应用进行进一步分析。根据多目标优化问题中的支配关系，BAGC 在不同输入群体数下的结果被 MOCDA 得到的大部分结果支配，这意味着 MOCDA 发现的许多群体集在结构指标和属性指标上都优于 BAGC 得到的。尽管 Louvain 发现的群体集的模块度值与 MOCDA 模块度的最大值相似，它的均质性小于 MOCDA 的所有结果，这是因为 Louvain 仅基于网络结构发现群体集。另外，HM 发现的群体集具有最佳的属性指标，但是它的模块度值小于 MOCDA 所有结果，这是因为 HM 仅基于属性特征发现群体集。出人意料地，AGCA 与 HM 具有相同的模块度和均质性，这是因为当 AGCA 在属性上获得最好的群体集后，无法再调整群体集来优化模块度。

在足球网络上的性能对比如图 3.25(b)所示。BAGC 的四个结果都被 MOCDA 的所有结果支配，这表明 BAGC 在结构和属性两方面都比 MOCDA 的结果差。类似地，Louvain 有最佳的模块度值，但是在属性上比 MOCDA 的所有结果差，而 HM 有最佳的均质性值，但是在结构上比 MOCDA 的大部分结果差。AGCA 的结果和 HM 相似。

在博客网络上的性能对比如图 3.25(c)所示。BAGC 的四个结果在结构和属性两方面都有最差的性能。Louvain 在结构上具有稍好的性能，但是在属性上比 MOCDA 的所有结果都差。HM 在属性上比 MOCDA 好，但是在结构上比 MOCDA 的很多结果差。AGCA 的结果被 MOCDA 的很多结果支配。

图 3.25(d)～(f)展示了在加州理工、阿默斯特和霍普金斯网络上的性能对比。在这些网络上，BAGC 的四个结果都被 MOCDA 的一些结果支配。在加州理工和阿默斯特网络上，AGCA 在属性和结构上的性能都较差，这是因为对 AGCA 中熵的优化会得到一组规模相似的小群体，尽管这种群体集有较低的熵值，但是它的属性和结构性能都较差。关于属性“专业”的 HM 有最佳的属性方面的性能，Louvain 有

最佳的结构方面的性能。与 HM 和 Louvain 相比，MOCDA 最终种群中的群体集性能在结构和属性上取得折中，这有利于为多样的应用发现有意义的群体结构。

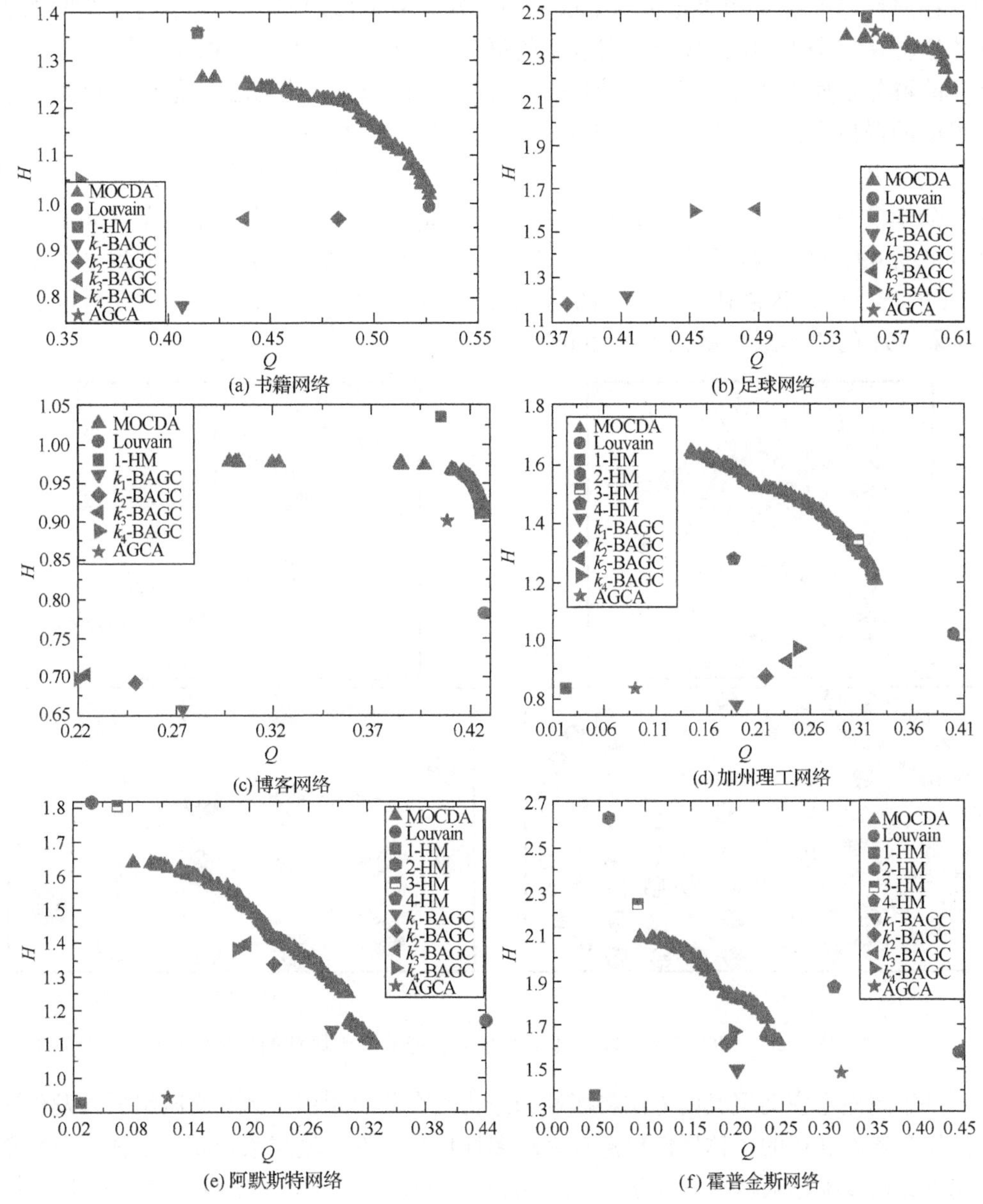

图 3.25 *Q-H* 图

最后我们可视化并研究 MOCDA 在加州理工网络上关于属性“宿舍”和“年级”得到的群体集，图 3.26 可视化了相应的群体结构。上图是群体结构图，其中节点表示群体，节点的大小正比于相应群体的规模，边的宽度正比于对应群体之间边的和，只可视化了规模大于 10 的群体。下图详细展示了包含节点 491 的群体。节点 491 在属性“宿舍”和“年级”上取值均未知。我们发现基于两个不同属性发现的群体结构是完全不同的。基于“宿舍”的群体在属性“宿舍”上更均质，而基于“年级”的群体在属性“年级”上更均质。属性未知的节点被分配到其他属性已知的节点组成的群体中，这是因为属性未知的节点和属性已知的节点之间有稠密的连接。该特点可以被用来推断属性未知节点的属性。在“宿舍”属性上，节点 491 被分配到一个规模为 91 的群体中，该群体中 71.43%的节点在“宿舍”上取值 166，因此可以推断 491 的“宿舍”属性值为 166。在“年级”属性上，491 被分配到一个规模为 21 的群体中，该群体中 71.43%的节点的“年级”属性值为 2005，因此可以合理地推断 491 的“年级”属性值为 2005。

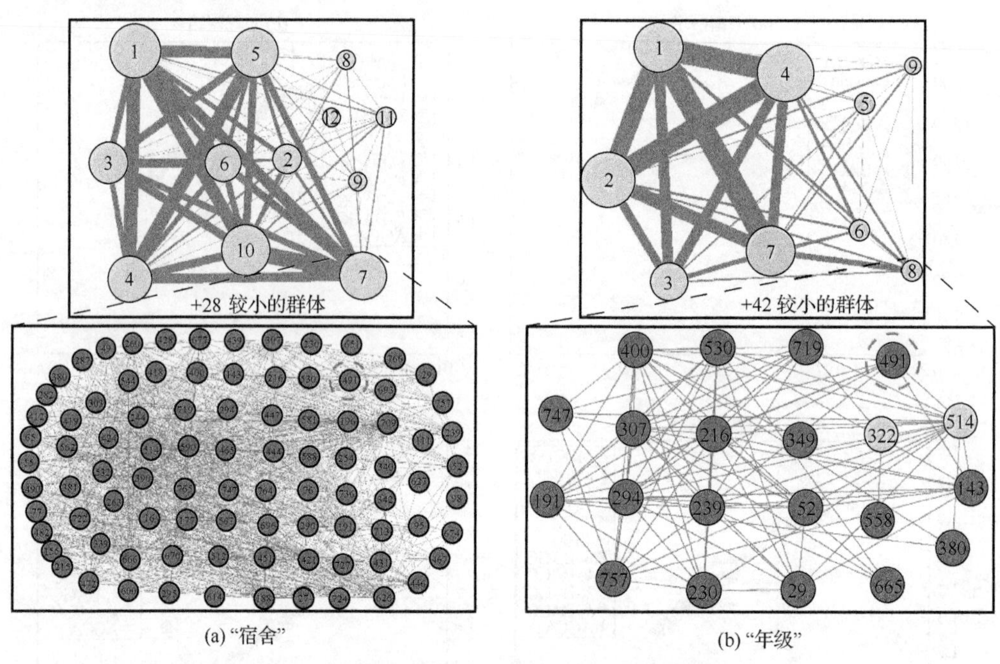

(a)“宿舍”　(b)“年级”

图 3.26　MOCDA 在加州理工网络上获得的关于属性的群体结构

基于属性全空间聚类的方法将属性和结构结合的思想引入到社交网络群体发现领域，但是随着获得的个体属性信息越来越多样化且属性维度越来越高，个体在属性全空间下的相似度越来越缺乏区分能力，因此全空间方法已难以满足群体发现的新要求。

3.4.2　子空间优化发现方法

不同于全空间优化发现方法，基于属性子空间优化的方法为每个群体提取相应的属性子空间，在属性子空间下考虑群体内部个体属性的相似性或者均质性。事实上，在线社交网络中个体通常很难在所有属性上相似，群体内的个体更可能在特定的部分属性上相似，因此基于属性子空间优化的群体发现方法更符合在线社交网络的特性。

Gunnemann 等考虑属性维度在不同群体处具有不同相关性，推广谱聚类原理提出属性子空间优化群体发现方法 SSCG(spectral subspace clustering for graphs)[33]。其为每个群体赋予一个独立的相关属性子集，基于属性子集计算节点之间的相似度并设置边权值为对应节点之间的相似度。在重新加权的网络上定义子空间优化目标函数标准子空间割。该目标函数具有两类未知量，一个是网络中个体的群体身份，另一个是每个群体的属性子集，求其中一个未知量的最优解需要固定另外一个未知量。因此他们采用迭代优化方法，在优化一个未知量时固定另一个未知量，如此循环直到目标函数收敛，得到最终的群体集和每个群体相应的属性子集。

Gunnemann 等综合子空间聚类和稠密子图挖掘技术提出子空间优化群体发现方法 GAMer(graph & attribute miner)[34]。他们要求群体内部个体连接稠密，且内部个体在群体对应的属性子集上有高相似度。具体来说，每个群体有一个相关属性子集，群体内部节点在这些相关属性上相似，即在相关属性上的差值小于一个阈值，而在所有不相关属性上差值大于该阈值。另外每个群体在结构上需要满足准团性质，即群体内部边密度大于一个阈值。最后每个群体都是内部连通的，且规模大于一个阈值。满足上述属性，结构和规模三个条件的群体称为双重群体。为了挖掘满足条件的双重群体，GAMer 首先基于群体定义采用剪枝策略排除所有不能组成双重群体的节点，大大减少需要进一步分析的解集空间。然后使用集合枚举树在可行的解集中有效枚举符合条件的群体，同时基于群体冗余关系排除所有的冗余群体，得到最终的双重群体集。

Huang 等采用基于细胞的子空间聚类技术设计群体发现方法 SCMAG(subspace clustering on multi-valued attributed graph)[35]。网络中所有节点的属性向量可以嵌入到一个属性空间中，该属性空间可以在不同属性子空间上被划分成网格，每个网格作为一个细胞。所有节点的属性向量以一定概率分布于每个网格中。子空间熵被定义来度量节点属性向量在某个子空间细胞网格中的分布情况，子空间的熵越低，属性向量在该子空间中的聚集程度越高，表明该子空间下越可能产生群体。基于子空间熵，他们定义了子空间兴趣度，衡量一个 k 维子空间相对于它的任何 $k-1$ 维子集的聚类兴趣度增长。每个细胞从两个角度衡量其是否是群体的一部分，即细胞内部节点数和连接度要分别大于一个阈值。连接度衡量节点之间的属性和结构相似度，基于统一邻域随机游走距离 $d_a(v,u)$ 定义(见式(3.61))。SCMAG 按属性维度由低到高基于子空间熵和子空间兴趣度判断属性子空间中是否存在潜在群体，在存在群体的子空间中，选取所有满足规模条件和连接度条件的细胞，将在子空间中相邻的细胞合并，每个合并的细胞组中的所有节点组成一个群体。

大部分全空间优化和子空间优化方法都是采用无监督聚类技术，基于网络结构特征和属性特征自动挖掘所有群体，它们无法针对不同应用调整挖掘的群体结构，而不同应用目的通常需要不同的群体结构，无监督群体发现方法耗时较长，发现群体结构缺乏针对性。

3.4.3 定向群体发现方法

和无监督方法不同，定向群体发现方法[36,37]采用半监督策略，从领域专家提供的样本信息出发，定向的挖掘特定的群体集。Pool 等基于模式挖掘技术提出发现具有特定描述的群体的方法 DCM (description-driven community detection)[36]。为了衡量单个群体的结构质量，他们定义了群体分数。群体分数度量群体内部的内聚程度和该群体与外界的稀疏程度，当某个群体内部连接越稠密，其与外界连接越稀疏，则该群体的群体分数较大，因此可以最大化群体分数来优化一个群体。需要注意的是，群体分数的最大化偏好发现较大的群体。另外，该方法仅考虑二值属性，即每一个属性取 1 或 0，分别表示节点是否具有该属性。群体的属性描述定义为关于属性的查询。查询的基本条件为是否具有任一属性，则查询被定义为基本条件的合取析取式，基本条件可以取非。他们要求每个群体的描述尽可能简洁并且能够将群体和网络其他节点区分开来，描述的复杂度定义为描述中包含的属性个数。初始时，该方法需要一个领域专家基于具体应用给定一个群体描述，按该描述基于模式挖掘技术将网络节点进行分类，分为满足描述的节点和不满足描述的节点，其中满足描述的节点组成候选群体。对候选群体迭代进行两步操作，第一步，采用爬山法调整群体结构组成，从而最大化群体分数；第二步，利用有监督模式挖掘方法挖掘该群体的描述，如果描述不完全匹配此时的群体，则基于描述进一步对网络节点分类，并相应地调整群体组成。迭代上述两步操作直到群体收敛，得到符合给定描述的内聚群体。Perozzi 等基于距离优化提出一个可控的群体发现方法 FocusCO (focused clustering and outlier detection)[37]，发现符合用户兴趣的群体集。领域专家为算法提供一组感兴趣的样本节点，样本节点在某些属性上互相相似，且和符合用户兴趣的群体内节点类型相似。首先基于提供的样本节点集推断领域专家的偏好，即领域专家感兴趣的群体所属的属性子空间。属性子空间推断问题可以被建模为一个距离度量学习问题，学习某个子空间下的距离度量，使样本节点在该子空间中距离相对于网络中其他节点在该子空间中距离最小。最小化该距离度量得到样本节点集的特征属性子空间。基于推断到的属性子空间向量重新加权网络的边，使该属性子空间下群体内的边权值较大，从而可以定位符合兴趣的群体集。权重显著较大且连通的边组成群体种子，局部扩展优化种子得到符合兴趣的定向群体集。下面详细介绍在两个不同应用环境下的定向群体发现方法 ACM (attributed community mining) 和 TCD (target community detection)。

正如上面所述，社交网络中每个群体通常嵌入在某个独立的属性子空间中。具体应用通常需要嵌入在特定子空间下的群体，如在广告推销某个商品时，具有一些特定属性的群体对该商品有更大的潜在兴趣，这些特定属性可以基于商品特点、需求分析和过往购买情况等分析得到，因此需要挖掘嵌入在具有这些特定属性的子空间下的群体来更有针对性地推销该产品。嵌入在具有特定属性的子空间下的定向群体称为可应用群体。上述问题称为可应用群体发现问题，我们提出可应用群体发现方法 ACM。

一个社交网络被表示为一个 3 元组 $\mathcal{G}=(\mathcal{V},\mathcal{E},\mathcal{F})$，其中 $\mathcal{V}$ 表示节点集，$\mathcal{E}$ 表示边集，$\mathcal{F}:\mathcal{V}\to\mathcal{D}_1\times\cdots\times\mathcal{D}_r$ 表示一个属性函数。$\mathcal{F}(v)$ 是节点 v 的属性向量。$\text{Dim}=\{1,2,\cdots,r\}$ 表示属性全空间中的属性集合，$\mathcal{D}_r$ 表示属性 r 的值域。下面首先基于群体的属性特征和结构特征定义定向群体的质量函数。结构上，一个群体是一组内部连接紧密，而和外部连接稀疏的节点集。他们采用健康度函数（参见 3.1.1 节）来度量群体的结构特征。假设 $A=[A_{u,v}]_{u,v=1}^{n}$ 为网络的邻接矩阵，则该网络中一个群体 C 的健康度定义为

$$f_A(C)=\frac{k_{\text{in}}^{A}(C)}{\text{Vol}_A(C)} \tag{3.73}$$

式中，$k_{\text{in}}^{A}(C)$ 表示群体内节点内部度之和；$\text{Vol}_A(C)$ 表示群体内节点度之和。当群体内部边越多，跨越群体边界的边越少，该群体的健康度越大，因此最大化健康度可以发现结构特征好的群体。除了结构特征，群体还需要具有很强的属性特征，即群体内部节点互相相似，内部节点与外部节点不相似。属性特征和结构特征可以基于属性相似度合成起来。采用属性向量之间的指数核作为属性相似度，即 $s(\mathcal{F}(v),\mathcal{F}(u))=k_\theta(\|\mathcal{F}(v)-\mathcal{F}(u)\|)=\mathrm{e}^{\frac{\|\mathcal{F}(v)-\mathcal{F}(u)\|}{\theta}}$（参加 3.1.2 节），式中 θ 是一个尺度参数，$\|\mathcal{F}(v)-\mathcal{F}(u)\|$ 表示两个属性向量之间的欧氏范数。由于是在属性子空间下挖掘群体，需要考虑群体属性子空间特征，所以采用子空间加权欧氏范数，即

$$\|\mathcal{F}(v)-\mathcal{F}(u)\|_{l^D}=\sqrt{(\mathcal{F}(v)-\mathcal{F}(u))^{\mathrm{T}}\text{diag}(l^D)(\mathcal{F}(v)-\mathcal{F}(u))} \tag{3.74}$$

式中，l^D 是对应于子空间 D 的子空间向量，满足归一化条件。子空间向量中的元素 l_i^D 表示子空间 D 中属性 i 的重要性。为了简化问题的复杂度，仅考虑子空间中是否存在属性而忽略属性之间的相对重要性。因此对一个子空间 $D=\{i_1,\cdots,i_t\}$，其内部属性重要性相等，其不包括的属性重要性为 0，即

$$l_i^D=\begin{cases}\dfrac{1}{t}, & i\in D=\{i_1,\cdots,i_t\}\\ 0, & \text{其他}\end{cases} \tag{3.75}$$

基于定义的属性相似度，将网络重新加权为 $A^D=[A_{u,v}^D]_{u,v=1}^{n}$，其中 $A_{u,v}^D$ 定义为

$$A_{u,v}^D=k_\theta(\|\mathcal{F}(u)-\mathcal{F}(v)\|_{l^D})\cdot\mathbb{I}((u,v)\in\mathcal{E}) \tag{3.76}$$

式中，$\mathbb{I}$是一个指示函数。为了将属性特征和结构特征合成起来，将健康度定义中的邻接矩阵替换为上面定义的加权邻接矩阵，定义新的子空间健康度。最大化子空间健康度不仅使群体内部边较多，群体边界边较少，还使群体内节点在子空间下更加相似，而与群体外节点更加不同。

在上述分析中，群体的子空间是假设已知的。但是在这里研究的应用环境下，已知子空间中必须包含的几个属性，而群体完整的子空间也需要进行推断。对于一个群体，其最佳的子空间应该使群体内部节点尽可能互相相似，而与群体外节点不相似。子空间的优化目标和群体属性特征的优化目标相似。所以上述定义的子空间健康度也是群体属性子空间优化的一个候选质量函数。由于子空间中可能有不同数量的属性，所以子空间健康度需要进行修改，使其相对于子空间中属性数量无偏，即具有不同属性数量的子空间需要有可比的子空间健康度值。加权欧氏范数是属性子空间和子空间健康度之间的桥梁，因此当范数相对于子空间中属性数量无偏时，健康度也无偏。可以证明欧氏范数的 z-分数标准化相对于属性数量无偏，因此将子空间健康度中的欧氏范数替换为其 z-分数标准化，即

$$\|\mathcal{F}(v)-\mathcal{F}(u)\|_{l^D}^{z}=\frac{\|\mathcal{F}(v)-\mathcal{F}(u)\|_{l^D}-E[\|\mathcal{F}(v)-\mathcal{F}(u)\|_{l^D}]}{\sqrt{\operatorname{Var}(\|\mathcal{F}(v)-\mathcal{F}(u)\|_{l^D})}}+Q \tag{3.77}$$

式中，Q是一个用于保证 z-分数非负的常数。在计算无偏子空间健康度时，可以证明在尺度参数为 θ 的指数核中使用范数的 z-分数标准化等价于在尺度参数为 $\theta\cdot\sqrt{\operatorname{Var}(\|\mathcal{F}(v)-\mathcal{F}(u)\|_{l^D})}$ 的指数核中使用原欧氏范数。显然改变尺度参数不影响子空间健康度作为群体的优化目标。因此对于一个固定的群体 C，子空间的优化目标为无偏子空间健康度，对于一个固定的子空间 l^D，群体的优化目标也为该无偏子空间健康度。

下面给出可应用群体发现问题定义。

定义 3.3(可应用群体发现问题)　给定一个社交网络 $\mathcal{G}=(\mathcal{V},\mathcal{E},\mathcal{F})$、一个尺度参数 θ 和特定属性集 $D'=\{i_1,\cdots,i_t\}$，可应用群体发现问题的目的是发现一组群体-子空间对 $\mathcal{P}=\{(C,D)\}$，要求 $C\subseteq\mathcal{V}$，$D'\subseteq D\subseteq\mathrm{Dim}$，且 (C,D) 局部最大化子空间健康度：

$$f_{A^D}(C)=\frac{\sum\limits_{u,v\in C}A_{u,v}^{D}}{\sum\limits_{u\in C,v\in\mathcal{V}}A_{u,v}^{D}} \tag{3.78}$$

式中

$$A_{u,v}^{D}=\mathrm{e}^{-\frac{\|\mathcal{F}(u)-\mathcal{F}(v)\|_{l^D}}{\theta\cdot\sqrt{\operatorname{Var}(\|\mathcal{F}(u)-\mathcal{F}(v)\|_{l^D})}}}\cdot\mathbb{I}((u,v)\in\mathcal{E}) \tag{3.79}$$

局部最大化子空间健康度表示对于一个固定的子空间 D，在其嵌入的群体 C 中无论增加任何节点或者移除如何节点都不能增大他们的子空间健康度，而对于一个固定的群体 C，在其子空间中无论增加任何属性或者移除任何属性也不能增大他们的子空间健康度。

由于每个发现的群体-子空间对是互相独立的，所以可能存在冗余的群体-子空间对。给定两个冗余参数 $\beta_C,\beta_D\in[0,1]$，(C',D') 相对于 (C,D) 冗余($(C',D')\preccurlyeq_{\text{red}}(C,D)$)，当且仅当 $f_{A^{D'}}(C')\leqslant f_{A^D}(C)\wedge\dfrac{|C'\cap C|}{|C'\cup C|}\geqslant\beta_C\wedge\dfrac{|D'\cap D|}{|D'\cup D|}\geqslant\beta_D$。所有冗余的群体-子空间对需要从最终的结果中去除。

社交网络中通常有三类属性，即数值型、二进制型和绝对值型。为了确保三类属性在计算健康度时被公平对待，统一定义它们的属性值之差。每个数值属性的值被调整到范围[0,1]中，即原最大值对应于 1，原最小值对应于 0。然后两个节点数值属性值之差为 $\mathcal{F}_i(v)-\mathcal{F}_i(u)$。绝对值属性只有相等关系，对于一个绝对值属性，当两个节点有相同值时，他们的值之差为 0，否则为 1。二进制属性的 1-0 取值表征节点是否具有该属性，对于一个二进制属性，当两个节点都具有该属性时，他们的值之差为 0，否则为 1。

下面介绍启发式算法 ACM 来有效地近似求解上述可应用群体发现问题，该算法的伪代码见算法 3.2。首先 CONSTRUCT_SEED_SET 用来建造可应用群体种子集合。特定属性集通过引导群体种子集合的创建来控制 ACM 算法。直观上，每个可应用群体内的节点应该在提供的特定属性上以较大的可能性取相似值。为了突出可应用群体部分，构建一个网络骨架，网络骨架由那些在特定属性上取值相似的节点之间的边组成。这里，两个属性值被认为是相似的，当它们之差小于所有边两端节点在该属性上值之差平均值的π。π是一个规模参数，控制网络骨架的规模，并进一步控制群体种子的数量。除了在特定属性上相似，群体种子还应该足够内聚，因此采用传统群体发现方法发现网络骨架的内聚部分，所有规模大于一个门限的内聚部分被设置为群体种子。

算法 3.2　ACM 算法

输入：社交网络 $\mathcal{G}=(\mathcal{V},\mathcal{E},\mathcal{F})$，尺度参数 θ，冗余参数 β_C，β_D，规模参数 π，特定属性集 $D'=\{i_1,\cdots,i_t\}$。

输出：可应用群体-子空间对集合 $\mathcal{H}$。

```
ℋ ← ∅； visitedNodes ← ∅；
𝒞 ← CONSTRUCT_SEED_SET(𝒢, D', π)；
for 每个种子 C ∈ 𝒞 do
        if C ⊈ visitedNodes then
```

```
        D ← D′;
        repeat
            C ← ADJUST_COMMUNITY(𝒢, C, D, θ);
            D ← ADJUST_SUBSPACE(𝒢, C, D, θ);
            if D′ ⊈ D then
                break;
            end if
        until (C, D) 保持不变;
        ℋ ← ℋ ∪ {(C, D)};
        visitedNodes ← visitedNodes ∪ C;
    end if
end for
ℋ ← SELECT_DIVERSE_PAIRS(ℋ, β_C, β_D);
return ℋ;
```

接下来采用一个简单的启发式策略来避免部分冗余的群体和不必要的运行时间。所有已发现的群体中的节点被标记为已访问节点 visitedNodes。如果一个群体种子中所有节点都已被访问，则该种子很可能会增长为冗余群体，因此将其舍弃。所有剩下的群体种子的初始子空间由提供的特定属性组成。然后群体和其子空间由两个相似的贪心爬山技术迭代调整来最大化子空间健康度。如果在迭代中，调整后的子空间不完全包含提供的特定属性集，则将该子空间和它的群体舍弃。迭代直到群体-子空间对不发生变化才停止。由于每次调整都提升子空间健康度的值，且子空间健康度有最大值 1，因此上述迭代能够收敛。

所有种子被独立处理后，运行一个后处理步骤 SELECT_DIVERSE_PAIRS 来选出所有不同的群体-子空间对。首先所有群体-子空间对按它们的子空间健康度值降序排列，按降序升序一个接一个地进行判断。当前的对如果相对于任何已判断的非冗余对不冗余，则该对也被标记为非冗余。

由于子空间健康度同时取决于群体和其子空间，所以最大化子空间健康度可以固定其中一个因素而调整另一个因素。下面详细介绍基于贪心爬山技术的两个调整过程，两个调整过程的伪代码见算法 3.3 和算法 3.4。

算法 3.3 ADJUST_COMMUNITY

输入：社交网络 $\mathcal{G}=(\mathcal{V},\mathcal{E},\mathcal{F})$，初始群体种子 C，初始子空间 D，尺度参数 θ。

输出：改进后的群体 C。

```
repeat
    Δf_best ← 0;
```

Actions $\leftarrow \{\text{REMOVE}(v) \mid v \in C\} \cup \{\text{ADD}(v) \mid v \in \mathcal{V} \setminus C \wedge \exists u \in C:(v,u) \in \mathcal{E}\}$；
for 每个 $a \in$ Actions **do**
$\Delta f \leftarrow \text{GET\_}\Delta\text{\_FITNESS}(\mathcal{G},a,C,D,\theta)$；
if $\Delta f > \Delta f_{\text{best}}$ **then**
$\Delta f_{\text{best}} \leftarrow \Delta f$； bestAction $\leftarrow a$；
end if
end for
if $\Delta f_{\text{best}} > 0$ **then**
$C \leftarrow \text{MODIFY}(C, \text{bestAction})$；
end if
until $\Delta f_{\text{best}} = 0$
return C；

ADJUST_COMMUNITY 固定子空间，更新群体。定义一组操作为增加一个邻居节点到当前群体，或者从其中移除一个节点。计算每个操作带来的子空间健康度变化。选择带来最大正变化的操作来改变群体。迭代上述步骤直到不存在操作能增大子空间健康度。

ADJUST_COMMUNITY 固定群体，更新子空间。同样，定义一组操作为增加一个属性到当前子空间，或者从其中移除一个属性。计算每个操作带来的子空间健康度变化。选择带来最大正变化的操作来改变子空间。迭代上述步骤直到不存在操作能增大子空间健康度。

算法 3.4 ADJUST_SUPSPACE

输入：社交网络 $\mathcal{G}=(\mathcal{V},\mathcal{E},\mathcal{F})$，初始群体种子 C，初始子空间 D，尺度参数 θ。
输出：改进后的子空间 D。

repeat
$\Delta f_{\text{best}} \leftarrow 0$；
Actions $\leftarrow \{\text{REMOVE}(i) \mid i \in D\} \cup \{\text{ADD}(i) \mid i \in \text{Dim} \setminus D\}$；
for 每个 $a \in$ Actions **do**
$\Delta f \leftarrow \text{GET\_}\Delta\text{\_FITNESS}(\mathcal{G},a,C,D,\theta)$；
if $\Delta f > \Delta f_{\text{best}}$ **then**
$\Delta f_{\text{best}} \leftarrow \Delta f$； bestAction $\leftarrow a$；
end if
end for
if $\Delta f_{\text{best}} > 0$ **then**
$D \leftarrow \text{MODIFY}(D, \text{bestAction})$；

12:　　**end if**

13: **until** $\Delta f_{\text{best}} = 0$

14: **return** D;

最后介绍评估该方法性能的实验结果。实验使用具有已知群体结构的人工数据集。人工数据集基于 LFR（Lancichinetti Fortunato Radicchi）基准网络[38]生成。该基准网络的度分布和群体规模分布分别服从指数为 τ_1 与 τ_2 的两个幂率分布。基准网络由下面一些参数控制，节点数 n、节点平均度 k_{avg}、节点最大度 $k_{\max}$、最小群体规模 $c_{\min}$、最大群体规模 $c_{\max}$ 和混合参数 μ。其中混合参数越大，网络群体结构越模糊，越难准确发现。接下来为每个节点分别赋予三类属性向量，生成三类数据集，即数值属性网络、二进制值属性网络和绝对值属性网络。属性向量由三个参数控制，属性数 r、属性子空间大小 t 和相似概率 p。每个群体随机选择 t 个属性组成其子空间，群体内节点在子空间中相似的概率为 p。因此 p 越大，群体在子空间中越均质。数据集默认的参数设置为 $\tau_1 = 2$、$\tau_2 = 1$、$n = 5000$、$k_{\text{avg}} = 30$、$k_{\max} = 100$、$c_{\min} = 40$、$c_{\max} = 2c_{\min}$、$\mu = 0.2$、$r = 20$、$t = 6$、$p = 0.9$。固定所有其他默认参数值，分别改变 n、$c_{\min}$、μ、r、t 和 p 生成 6 组不同的人工网络。

一组相关的算法被用来和 ACM 进行性能对比。它们是仅依赖网络结构信息的 Louvain，全空间优化方法 BAGC 和 PICS，子空间优化方法 GAMer，以及定向群体发现方法 FocusCO。真实群体数量的 1～5 倍分别被设置为 BAGC 的参数输入，其中的最佳结果作为 BAGC 的结果。BAGC 运行在绝对值属性网络上，PICS 运行在二进制值属性网络上，GAMer 运行在数值属性网络上。随机选择一组在提供的给定属性上相似的节点作为 FocusCO 的样本节点。FocusCO 和 ACM 可以运行在所有三类网络上，后缀‘-num’、‘-bin’和‘-cate’分别表示在数值属性网络、二进制值属性网络和绝对值属性网络上的结果。

基于 F1 分数定义评估算法性能的质量指标 Q。由于目标是挖掘可应用群体，即挖掘嵌入在具有特定属性的子空间下的定向群体，首先计算每一个真实可应用群体的质量。计算每一个真实可应用群体与所有挖掘群体之间的 F1 分数，并选择最大分数作为该真实可应用群体的质量。算法的质量指标 Q 定义为所有真实可应用群体质量的平均值，算法的 Q 越大，表示该算法越能更好地解决该应用环境下的问题。

下面分析各方法在 6 组人工数据集上的性能对比。图 3.27（a）显示算法质量随网络节点个数增长的变化。随着网络变大，真实可应用群体的数量也相应增加，使可应用群体发现问题更有挑战。因此大部分方法的性能降低，特别是 PICS、FocusCO 和 GAMer 的性能非常低。然而，ACM 能够在所有三类数据集上完美地发现所有的可应用群体。图 3.27（b）显示算法质量随混合参数的变化。当混合参数变大时，Louvain 的质量降低了很多，而其他方法的质量降得比较少，特别是 ACM 几乎保持了完美的性能。这表明属性信息有助于在模糊的网络中发现可应用群体。图 3.27(c)显示算法质量随群体规模的变化。由于 GAMer 倾向于发现小群体，因此其质量逐渐下降。而 PICS 倾向于发现大群体，因此其质量有上升趋势。ACM 仍然始终有完美的性能。图 3.27(d)显示 ACM 在不同属性数时都有完美的性能。在图 3.27(e)中，

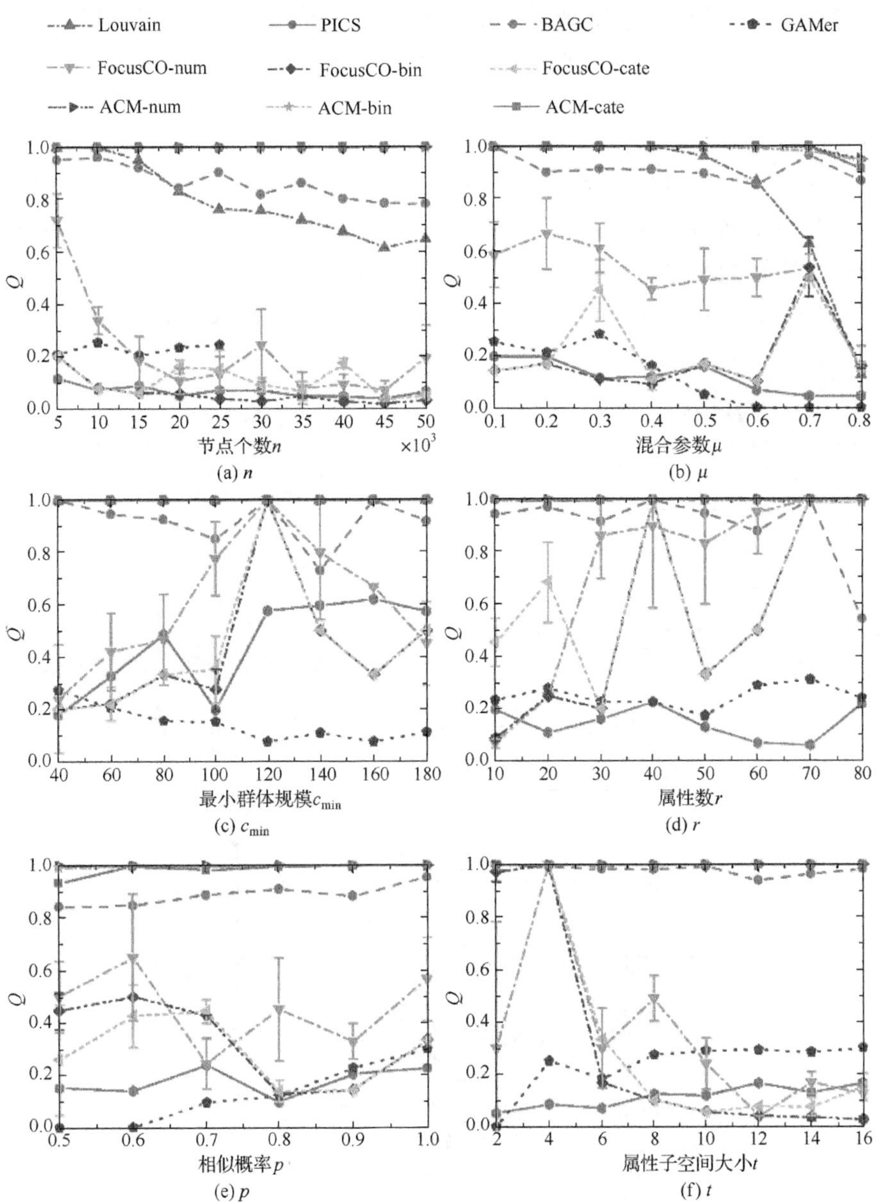

图 3.27　算法在 6 组数据集上的质量指标变化

竖条表示标准差。由于内存不足，GAMer 在规模大于 25000 的网络上无法运行

ACM-num、BAGC 和 GAMer 的性能随着相似概率的变大而增长。最后，图 3.27(f) 显示算法的质量随子空间大小的变化。随着子空间规模变大，子空间越来越接近全空间，因此全空间方法 PICS 稍微增长了性能。在所有 6 组实验中，PICS 和 GAMer 的性能很差，FocusCO 的性能较差且不稳定，这是因为提供的样本节点无法推断出所有包含给定属性的子空间，所以 FocusCO 很容易漏掉一些可应用群体。当然其他方法性能较差的主要原因是他们不是专门设计来发现可应用群体的。

各方法的运行时间如图 3.28 所示。在图 3.28(a) 中，所有方法的运行时间都随网络节点数增大而增加。其中 ACM、FocusCO 和 Louvain 比其他方法快很多。Louvain 是仅考虑网络结构信息的快速方法。ACM 和 FocusCO 是局部群体挖掘方法，它们不完全划分整个网络，因此运行速度较快。正如前面分析，FocusCO 会漏掉很多可应用群体，特别当网络较大具有较多可应用群体时，因此随着网络增大，FocusCO

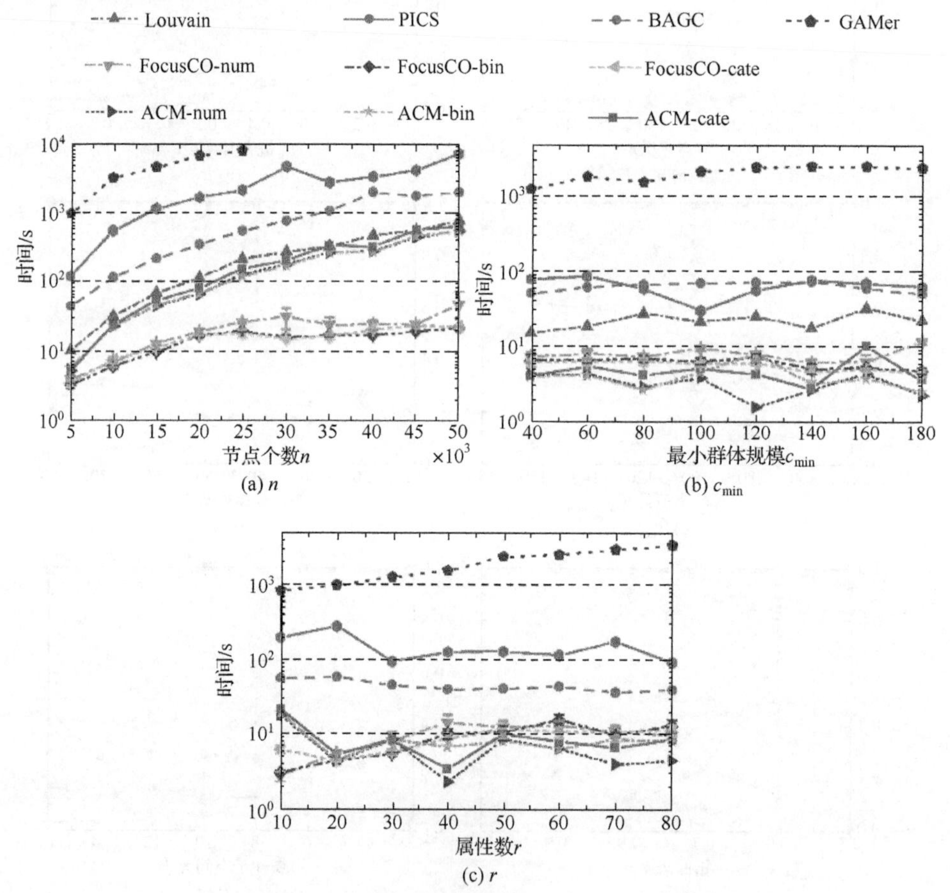

(a) n　(b) $c_{\min}$

(c) r

图 3.28　算法在 3 组数据集上的运行时间变化

竖条表示标准差

相对 ACM 越来越快。在图 3.28(b)中，GAMer 的运行时间随群体规模增大而增加，但是群体规模对其他算法的影响很小。同样在图 3.28(c)中，随着属性数的增加，GAMer 的运行时间增多，但是其他算法的运行时间变化不大。总的来说，ACM 能够较快准确地挖掘所有可应用群体。

然而并非任何时候应用都能提供特定的属性信息，接下来介绍另一种应用环境下的定向群体发现方法 TCD。这里符合应用要求的群体称为目标群体。如目标营销时，需要挖掘目标群体来推销产品，目标群体的特定属性可能并不能事先知道，但是通过营销活动能够获得几个属于目标群体并购买该产品的原型个体，因此可以通过几个原型个体挖掘目标群体。该问题称为目标群体发现问题，为了降低提供原型节点的难度，只要求提供两个属于潜在目标群体的原型节点。基于提供的原型节点，我们提出目标群体发现方法 TCD。

和前面一样，社交网络被定义为$\mathcal{G}=(\mathcal{V},\mathcal{E},\mathcal{F})$，其中$\mathcal{V}$包含$n$个节点，$\mathcal{E}$包含$m$条边，$\mathcal{F}:\mathcal{V}\to\mathcal{D}_1\times\cdots\times\mathcal{D}_r$表示一个属性函数。$\mathcal{F}(v)$是节点$v$的属性向量，$\mathcal{F}_t(v)$表示节点$v$在属性$t$上的值。$\mathrm{Dim}=\{1,2,\cdots,r\}$表示属性全空间中的属性集合，$\mathcal{D}_r$表示属性$r$的值域。一个属性子空间由一个满足归一化条件的属性向量l表示，其元素l_t度量子空间中属性t的重要性。

社交网络中，节点通常基于某些原因加入群体，也就是基于某些属性加入群体。因此群体中的节点对在这些重要属性上相似度应该大于整个网络中随机节点对在这些属性上的相似度。如果群体C中节点在属性t上比整个网络中节点更相似，则该群体属性子空间中该属性重要性权值l_t较大。为了确定群体的子空间，首先定义属性对群体的相对相似程度。

定义 3.4(相对相似程度)　属性t对群体C的相对相似程度定义为

$$\mathrm{SD}_t=\frac{\dfrac{1}{N_{\mathcal{V}}}\sum_{v,u\in\mathcal{V}}(\mathcal{F}_t(v)-\mathcal{F}_t(u))^2}{\dfrac{1}{N_C}\left(\sum_{v,u\in C}(\mathcal{F}_t(v)-\mathcal{F}_t(u))^2+\delta\right)} \tag{3.80}$$

式中，$N_{\mathcal{V}}$是$\mathcal{V}$中所有节点对数；N_C是群体C中所有节点对数，$\delta=\dfrac{\sum_{v,u\in\mathcal{V}}(\mathcal{F}_t(v)-\mathcal{F}_t(u))^2}{N_{\mathcal{V}}}$是一个规则化因子，用来避免分母为 0。

相对相似程度SD_t的分子度量整个网络节点对之间属性值的均方差，分母度量群体中节点对之间属性值的均方差加上一个规则化因子。属性t对群体C的相对相似程度越大，群体内节点相对整个网络中节点在属性t上越相似。因此群体C子空间中的属性重要性权值l_t正比于t对C的相对相似程度。另外，如果一个群体由从网络中随机选取的节点组成，则整个网络节点对之间属性值均方差的期望和群体内的期望相等，即 $E\left(\frac{1}{N_{\mathcal{V}}}\sum_{v,u\in\mathcal{V}}(\mathcal{F}_t(v)-\mathcal{F}_t(u))^2\right)=E\left(\frac{1}{N_C}\sum_{v,u\in C}(\mathcal{F}_t(v)-\mathcal{F}_t(u))^2\right)$。此时，相对相似程度的期望为 $E(\mathrm{SD}_t)=\frac{N_C}{N_C+1}$。当 $\mathrm{SD}_t\leqslant\frac{N_C}{N_C+1}$ 时，属性 t 的重要性权值应该为 0，因为群体内节点并不比网络中节点在该属性上更相似。综上，对于一个群体 C，如果 $\mathrm{SD}_t\leqslant\frac{N_C}{N_C+1}$，$l_t=0$，否则 l_t 正比于 SD_t。定义一个中间量 IM 来表述上述关系为

$$\mathrm{IM}_t=\begin{cases}\mathrm{SD}_t, & \mathrm{SD}_t>\dfrac{N_C}{N_C+1}, \quad t=1,2,\cdots,r\\ 0, & \text{其他}\end{cases} \tag{3.81}$$

$$l_t=\frac{\mathrm{IM}_t}{\sum_{t=1}^{r}\mathrm{IM}_t},\quad t=1,2,\cdots,r \tag{3.82}$$

嵌入在子空间 l 中的群体 C 定义为一组节点，他们不仅互相紧密连接，和群体外节点稀疏连接，而且在子空间下互相相似。嵌入在子空间中的群体质量采用前面定义的子空间健康度定义，即子空间 l 中的群体 C 的子空间健康度定义为

$$f_l(C)=\frac{\sum_{v,u\in C}A_{v,u}^l}{\sum_{u\in C,v\in\mathcal{V}}A_{v,u}^l} \tag{3.83}$$

式中，$A_{v,u}^l$ 为子空间 l 下的边权值，即

$$A_{v,u}^l=s_l(v,u)\cdot\mathbb{I}((v,u)\in\mathcal{E})=\mathrm{e}^{-\frac{\|\mathcal{F}(v)-\mathcal{F}(u)\|_l}{\theta}}\cdot\mathbb{I}((v,u)\in\mathcal{E}) \tag{3.84}$$

从式(3.83)和式(3.84)可以发现，如果一个属性在一个子空间中权值较大，为了最大化子空间健康度，则该子空间中的群体内节点在该属性上的相似度需要较大。另外，群体内节点相似度较大的属性在子空间中权值也较大。因此定义的子空间和定义的群体是一致的。

上述分析显示推断子空间需要输入群体，挖掘群体需要输入子空间，而子空间和群体事先都是未知的。在该问题中，只事先提供属于目标群体的两个原型节点。因此群体发现方法需要首先基于原型节点推断目标子空间，再挖掘嵌入在目标子空间中的目标群体。由于每个目标群体是独立挖掘的，因此也存在冗余目标群体，给定一个冗余参数 $\beta\in[0,1]$，群体 C' 相对 C 是冗余的（$C'\prec_{\mathrm{red}}C$），当且仅当

$f_l(C') \leqslant f_l(C) \wedge \dfrac{|C' \cap C|}{|C' \cup C|} \geqslant \beta$。最后，所有的冗余群体需要被去除。

下面介绍解决上述目标群体发现问题的方法 TCD，该算法的伪代码见算法 3.5。该算法发现的群体由两个原型节点 v_{p1} 和 v_{p2} 控制。首先，INFER_TARGET_SUBSPACE 从两个原型节点出发推断目标子空间。由于每个目标群体内的节点在目标子空间下的相似度较大，因此目标群体可以由相似度显著大的连通节点组成的种子定位。CONSTRUCT_SEED_SET 用来发现种子集 $\mathcal{C}$。在 CONSTRUCT_SEED_ SET 中，网络基于式(3.84)加权，权值显著大的边组成一个网络骨架。这里，当边的权值大于最大边权值的 π %时，该权值被认为是显著大的。π 是一个控制网络骨架规模的规模参数，较大的 π 会带来较小的网络骨架。同样，群体种子还需要足够内聚，因此用传统群体发现方法将网络骨架划分为内聚部分，规模大于一个门限的内聚部分作为群体种子集。

每个群体种子被独立调整。所有已挖掘的目标群体内的节点被标记为已访问节点 visitedNode，如果某个种子内节点都是已访问节点，则该种子为冗余种子。为了避免发现部分冗余群体和不必要的计算，潜在成为冗余群体的冗余种子被舍弃。每个剩下的种子被一个贪心爬山算法 ADJUST_COMMUNITY 调整来最大化子空间健康度，该算法的伪代码参见算法 3.3。最后，SELECT_DIVERSE_COMMUNITIES 从发现的群体集中发现所有非冗余群体。首先所有群体按子空间健康度值降序排列，并按降序升序一个接一个地进行判断。当前群体如果相对于任何已判断的非冗余群体不冗余，则该群体也被标记为非冗余。

算法 3.5　TCD 算法

输入：社交网络 $\mathcal{G}$，尺度参数 θ，冗余参数 β，规模参数 π，两个原型节点 v_{p1} 和 v_{p2}。

输出：目标子空间 l，目标群体集 $\mathcal{H}$。

$\mathcal{H} \leftarrow \varnothing$； visitedNodes $\leftarrow \varnothing$；
$l \leftarrow$ INFER_TARGET_SUBSPACE$(\mathcal{G}, v_{p1}, v_{p2})$；
$[\mathcal{C}, A_l] \leftarrow$ CONSTRUCT_SEED_SET$(\mathcal{G}, l, \theta, \pi)$；
for 每个 $C \in \mathcal{C}$ **do**
　　if $C \not\subseteq$ visitedNodes **then**
　　　　$C \leftarrow$ ADJUST_COMMUNITY(A_l, C)；
　　　　$\mathcal{H} \leftarrow \mathcal{H} \cup \{C\}$； visitedNodes $\leftarrow$ visitedNodes $\cup\, C$；
　　end if
end for
$\mathcal{H} \leftarrow$ SELECT_DIVERSE_COMMUNITIES$(\mathcal{H}, \beta)$；
return l，$\mathcal{H}$；

下面详细介绍目标子空间推断算法 INFER_TARGET_SUBSPACE。根据式(3.80)～式(3.82)，确定一个群体的子空间需要该群体内所有节点的属性信息。然而，起初只提供了两个属于目标群体的原型节点的信息。由于群体内节点在子空间下互相尽可能相似，因此群体内的一个节点子集能够几乎保存该群体的属性特征。因此一个群体的属性子空间可以由该群体内节点子集的属性子空间近似。因为原型节点属于目标群体，所以目标群体内的节点子集可以从原型节点的邻居网络中抽取。当然并非所有邻居都来自目标群体。根据群体在结构上的内聚性，可以合理地推断原型节点邻居网络的某些内聚部分来自一个目标群体，并且可以被用来推断目标子空间。这些内聚部分称为邻居群体，可以在邻居网络上使用传统群体发现方法挖掘。但是两个原型节点的所有邻居群体中，到底哪一个来自于目标群体是未知的。首先推断两个原型节点所有邻居群体的子空间，然后通过一个协同方法近似目标子空间。

每个邻居群体和相应的原型节点组成一个训练集 $\mathcal{T}$。训练集既不能太小也不能太大，因为太小的不能抓住群体足够的属性特征，而太大的容易包含噪声。因此为训练集的规模设置一个下界 γ_l 和一个上界 γ_u。在基于式(3.80)计算相对相似程度时，训练集代替群体，而计算网络中所有节点对的属性值之差太耗时间，因此使用一组随机采样的节点对 P_R 代替网络中所有的节点对。P_R 的规模设置为 $r\cdot\gamma_u^2$，确保它相对于训练集中的节点对集合和属性数量都足够大。每个规模小于 γ_l 的训练集都被舍弃。如果一个训练集规模大于 γ_u，则相应邻居群体中和原型节点在子空间下最相似的 γ_u-1 个节点被选择作为训练节点，这是因为和原型节点不相似的节点更可能是噪声。但是相似度不能在子空间被推断出之前计算，所以该算法迭代的选择训练节点和计算子空间，让他们互相改善。起初，邻居群体中 γ_u-1 个随机节点作为初始训练集。给定训练集 $\mathcal{T}$ 和随机节点对集 P_R，$\mathcal{T}$ 的子空间 l_C 可以根据式(3.80)～式(3.82)计算。而给定子空间 l_C，原型节点和邻居群体中所有节点的相似度可以根据 $s_l(\mathcal{F}(v),\mathcal{F}(u))=k_\theta(\|\mathcal{F}(v)-\mathcal{F}(u)\|_l)=\mathrm{e}^{-\frac{\|\mathcal{F}(v)-\mathcal{F}(u)\|_l}{\theta}}$ 计算。然后在邻居群体中选择最相似的 γ_u-1 个节点来更新训练集。上述迭代直到以前形成过的训练集再次出现。

接下来，设计一个相同方法从两个原型节点所有推断出的子空间近似最终的目标子空间。每个原型节点都属于目标群体，其至少有一个邻居群体属于目标群体，因此至少有一个子空间和目标子空间近似。和目标子空间近似的子空间互相也是相似的。基于余弦相似度，计算一个原型节点每个子空间和另一个原型节点的每个子空间之间的相似度，即

$$\mathrm{SS}=\frac{l_1\cdot l_2}{|l_1||l_2|} \tag{3.85}$$

式中，l_1 是原型节点 v_{p1} 的一个子空间；l_2 是原型节点 v_{p2} 的一个子空间。选择相似度最大的两个子空间，目标子空间设为这两个子空间的平均。

INFER_TARGET_SUBSPACE 的伪代码见算法 3.6。SAMPLE_RANDOM_PAIRS 从网络节点集中随机采样节点对。DETECT_NEI_COMMUNITY 发现原型节点周围的所有邻居群体。SELECT_NODE 在邻居群体中随机选择 $\gamma_u - 1$ 个节点。COMPUTE_SUBSPACE 计算训练集的子空间。SELECT_SIMILAR_NODE 首先计算原型节点和邻居群体内节点的相似度，然后选择相似度最大的 $\gamma_u - 1$ 个节点。最后，GET_TARGET_SUBSPACE 计算子空间之间的相似度并选择相似度最大的两个子空间近似目标子空间。

算法 3.6　INFER_TARGET_SUBSPACE

输入：社交网络 $\mathcal{G}$，两个原型节点 v_{p1} 和 v_{p2}，下界门限和上界门限 γ_l，γ_u。

输出：目标子空间 l。

$P_R \leftarrow \text{SAMPLE\_RANDOM\_PAIRS}(\mathcal{V}, r \cdot \gamma_u^2)$；
for 每个 $v_p \in \{v_{p1}, v_{p2}\}$ **do**
　　$\mathcal{L}(v_p) \leftarrow \varnothing$；
　　$NC \leftarrow \text{DETECT\_NEI\_COMMUNITY}(\mathcal{G}, v_p)$；
　　for 每个 $C \in NC$ **do**
　　　　if $|C| \geqslant \gamma_l - 1$ **then**
　　　　　　if $|C| \leqslant \gamma_u - 1$ **then**
　　　　　　　　$\mathcal{T} \leftarrow C \cup \{v_p\}$；
　　　　　　else
　　　　　　　　$\mathcal{T} \leftarrow \text{SELECT\_NODE}(C, \gamma_u - 1) \cup \{v_p\}$；
　　　　　　end if
　　　　　　$\mathcal{Z} \leftarrow \varnothing$；
　　　　　　repeat
　　　　　　　　$\mathcal{Z} \leftarrow \mathcal{Z} \cup \{\mathcal{T}\}$；
　　　　　　　　$l_C \leftarrow \text{COMPUTE\_SUBSPACE}(\mathcal{F}, \mathcal{T}, P_R)$；
　　　　　　　　if $|\mathcal{T}| > \gamma_u$ **then**
　　　　　　　　　　$\mathcal{T} \leftarrow \text{SELECT\_SIMILAR\_NODE}(v_p, C, l_C, \mathcal{F}, \gamma_u - 1) \cup \{v_p\}$；
　　　　　　　　end if
　　　　　　until $\mathcal{T} \in \mathcal{Z}$
　　　　　　$\mathcal{L}(v_p) \leftarrow \mathcal{L}(v_p) \cup \{l_C\}$；
　　　　end if
　　end for
end for
$l \leftarrow \text{GET\_TARGET\_SUBSPACE}(\mathcal{L}(v_{p1}), \mathcal{L}(v_{p2}))$；
return l；

最后介绍评估该方法性能的实验结果。采用和 ACM 评估实验中相似的人工数据集。唯一的不同是随机选择一个子空间作为目标子空间，并在该子空间中嵌入 5 个目标群体来增大发现难度。假设目标子空间中所有重要属性有相同的重要性权值，而其他属性没有重要性权值，目标子空间可以表示为

$$l_i = \begin{cases} \dfrac{1}{t}, & \text{如果属性}i\text{是重要属性} \\ 0, & \text{其他} \end{cases} \tag{3.86}$$

采用和 ACM 评估实验中相同的 5 个对比方法，即 Louvain、BAGC、PICS、GAMer 和 FocusCO。目标群体中的任意两个节点被设置为 TCD 的原型节点。由于不同目标群体中的节点在目标子空间下不一定互相相似，所以 FocusCO 的样本节点需要从同一个目标群体中选取，并且 FocusCO 的样本节点数超过两个。显然，提供两个原型节点比从一个目标群体中提供一组样本节点要更容易。FocusCO 和 TCD 一样，也有一个子空间推断过程，来推断样本节点互相相似的子空间。由于样本节点来自同一个目标群体，所以推断的子空间也应该是目标子空间。首先对比 TCD 和 FocusCO 推断的子空间的质量。子空间质量由推断的子空间和目标子空间之间的相似度度量，相似度越大，推断的和目标的越相似。算法的质量由 ACM 评估实验中定义的质量指标度量，算法的质量指标越大，其发现目标群体的性能越好。

下面首先分析 TCD 和 FocusCO 在 6 组数据集上的子空间质量，结果如图 3.29 所示。大部分情况下，他们的属性相似度在 0.9 左右，除了以下一些情况。图 3.29(b) 中，TCD-bin 的相似度随着混合参数的增长稍微下降。图 3.29(c) 中，FocusCO-bin 的相似度随最小群体规模的增长稍微下降。图 3.29(d) 中，FocusCO-num 的相似度随属性数的增大降低较多。图 3.29(e) 中，随着相似概率的增长，两个算法的相似度都变大，这是因为 TCD 训练集中的节点和 FocusCO 的样本节点随着相似概率的增长变得更加互相相似。最后图 3.29(f) 中，当子空间很小时，FocusCO-num 的相似度较小。事实上，相似度取决于很多因素，如网络结构、属性特征、提供的原型节点或样本节点、推断过程等。尽管比起原型节点，FocusCO 中的样本节点来自于同一个目标群体并且数量更多，TCD 和 FocusCO 有可比的子空间推断性能。这表明 TCD 的子空间推断过程是有效的。同时 TCD 和 FocusCO 的子空间推断所需的时间如图 3.30 所示，在所有情况下，TCD 的方法都比 FocusCO 的方法快一个数量级。

图 3.31 显示了各方法在 6 组数据集上的性能对比。图 3.31(a) 中，随着网络增大，群体相对变小。由于模块度最大化的分辨率限制，所以 Louvain 的质量下降。PICS 的质量也下降，因为它倾向发现较大的群体。FocusCO-bin 性能较差，因为在二进制值网络中，FocusCO 构建的群体种子容易包含多个群体的节点。图 3.31(b)

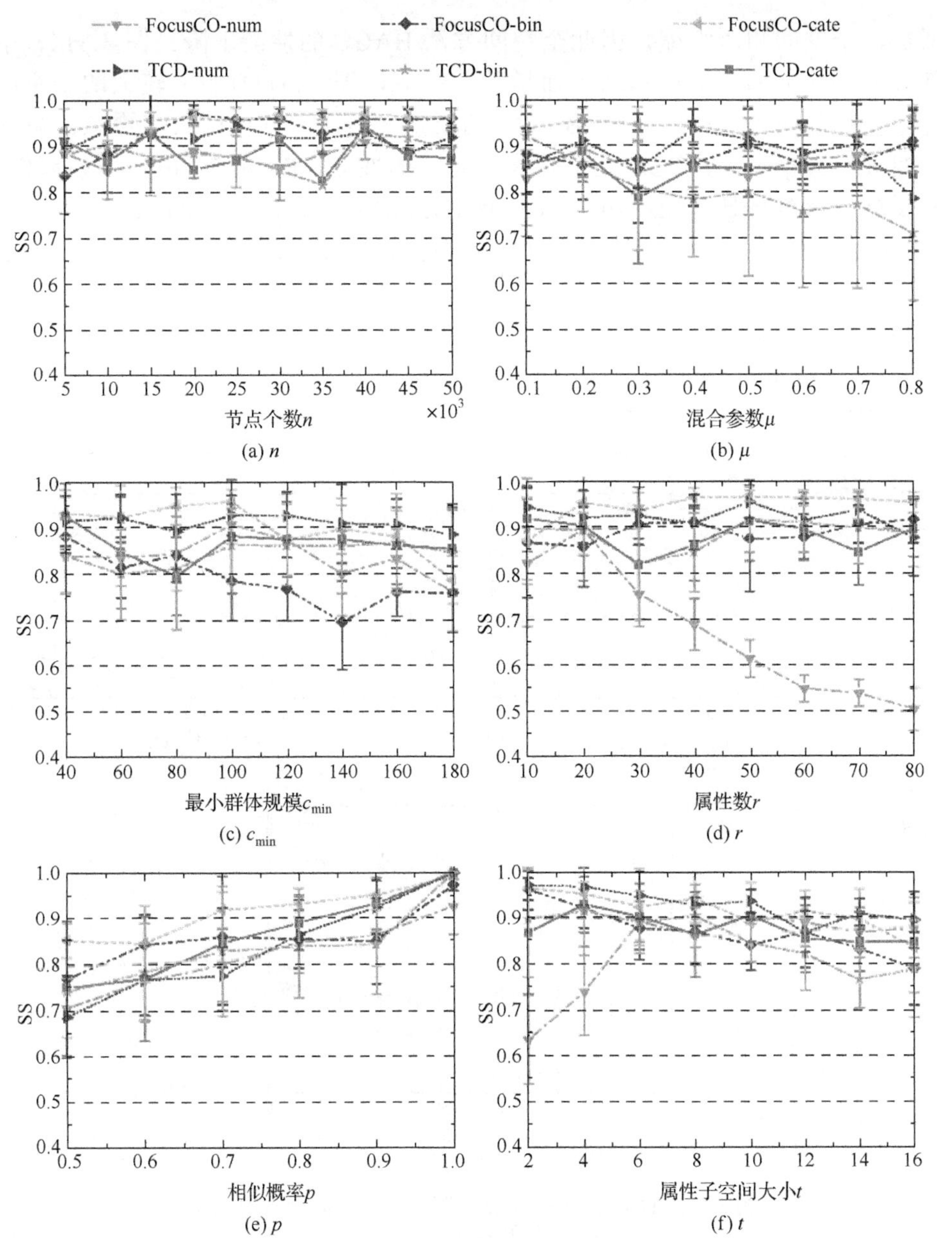

图 3.29　TCD 和 FocusCO 的属性相似度 SS
竖条表示标准差

中，随着混合参数变大，Louvain 的质量下降很多，而其他算法的质量下降相对适度，这证明属性信息有助于模糊网络中的群体发现。图 3.31(c)中，GAMer 质量随群体规模增大而降低，这是因为它倾向发现较小的群体。图 3.31(d)中，随着属性数增加，子空间相对收缩，因此全空间方法 BAGC 的性能下降。图 3.31(e) 中，大部分方法性能随相似概率增大而增长。最后，图 3.31(f) 中，较大的子空间更接近全空间，因此全空间方法 BAGC 的质量随着子空间的变大而增长。总的来说，在 6 组数据集上，TCD 几乎始终有完美的性能，FocusCO-bin 的性能较差，FocusCO-num 性能比 TCD-num 差，只有 FocusCO-cate 的和 TCD-cate 可比。PICS 和 GAMer 的质量也较差。其他方法较差的性能主要是因为它们并不是专门设计来发现目标群体的。

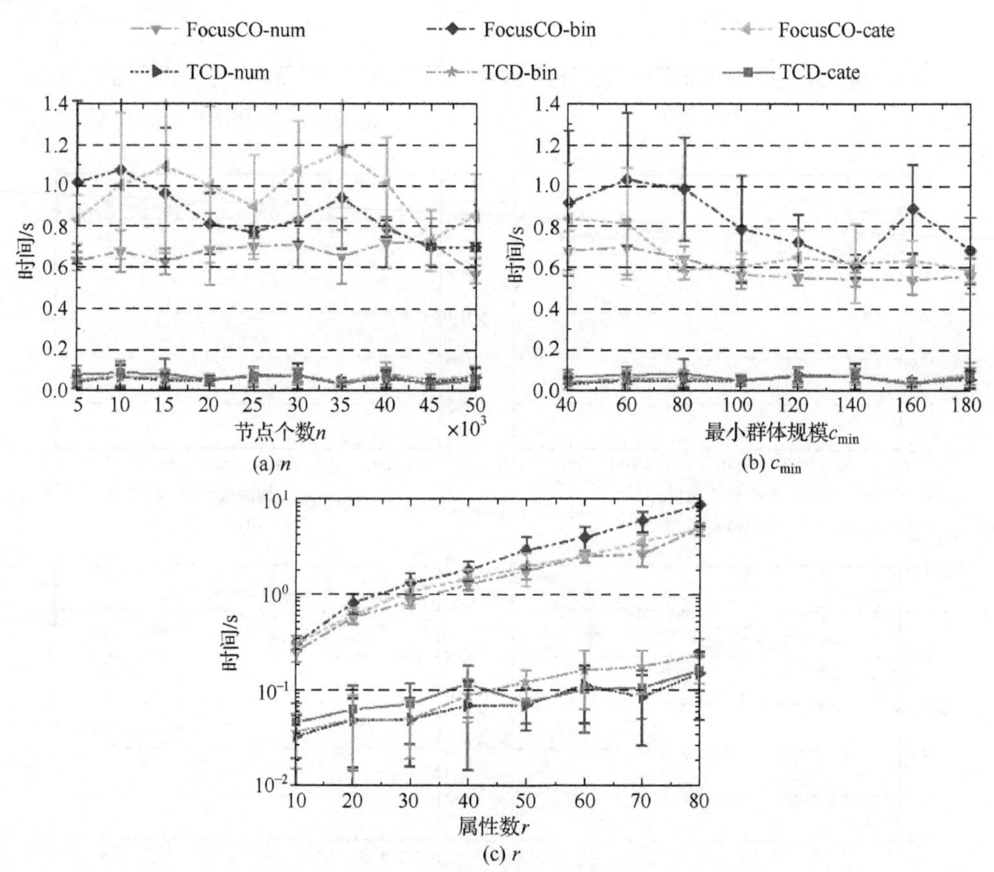

图 3.30　TCD 和 FocusCO 推断目标子空间所需的时间

竖条表示标准差

算法的运行时间对比如图 3.32 所示。总的来说，GAMer 花费时间最多，接下来是 PICS 和 BAGC。TCD 和 FocusCO 比其他方法快几个数量级，这是因为它们仅挖掘需要的群体，而不划分整个网络。

上面介绍的定向群体发现方法基于具体应用，挖掘符合应用目标的群体，算法运行速度较快，且挖掘出的群体更有针对性，能更好地满足应用需要。

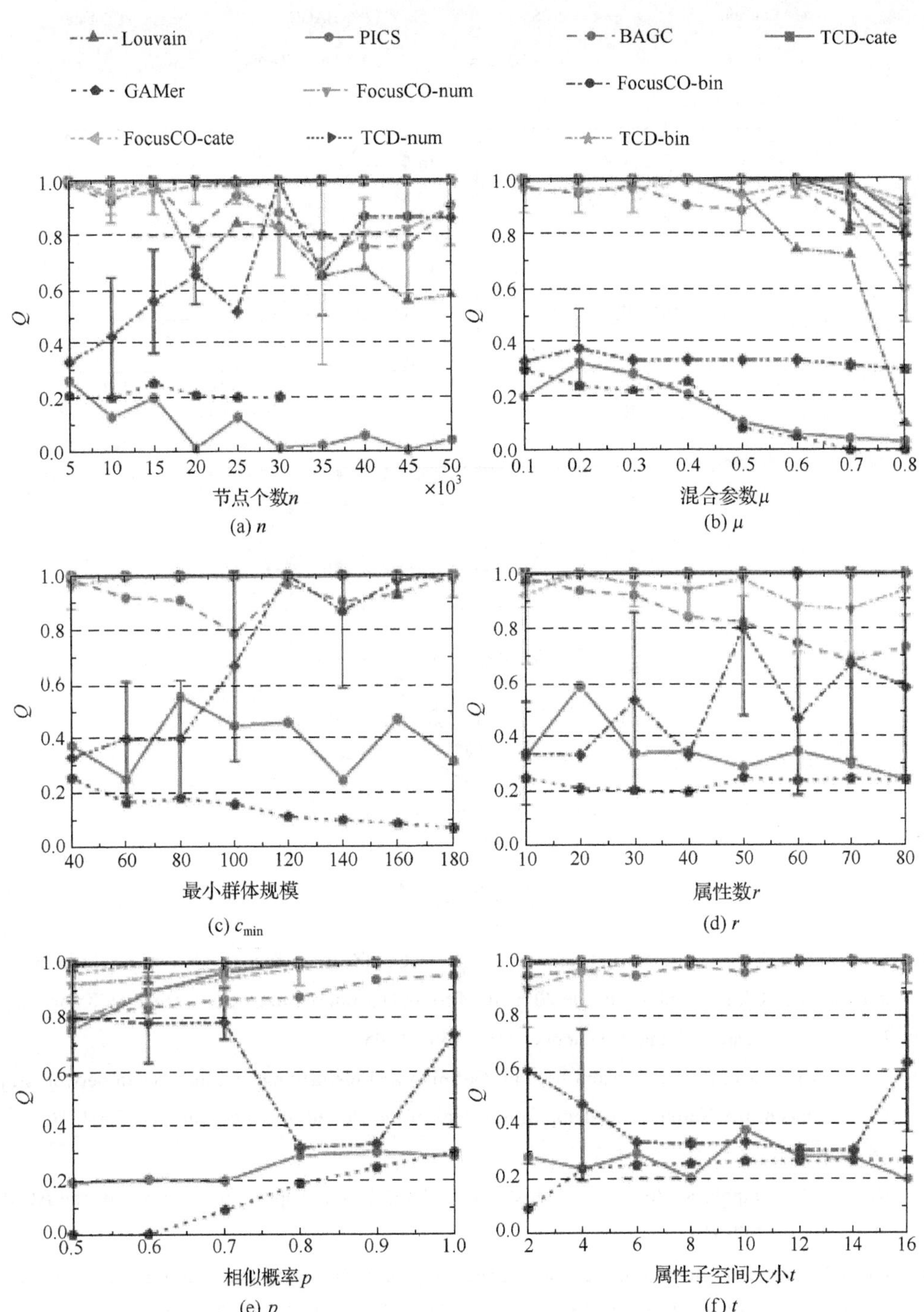

图 3.31　算法的质量指标变化

竖条表示标准差。由于内存不足，GAMer 在规模大于 30000 的网络上无法运行

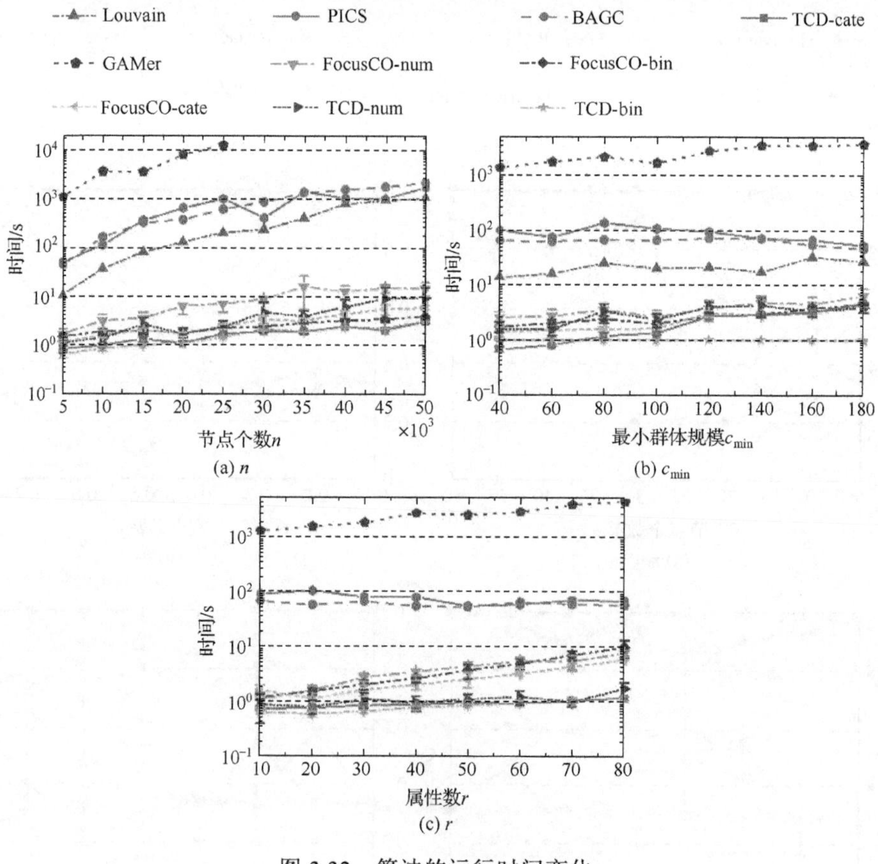

图 3.32 算法的运行时间变化

竖条表示标准差

参考文献

[1] Chakraborty T, Srinivasan S, Ganguly N, et al. On the permanence of vertices in network communities[C]. Proceedings of the 20th ACM SIGKDD International Conference on Knowledge Discovery and Data Mining, New York, 2014: 1396-1405.

[2] Radicchi F, Castellano C, Cecconi F, et al. Defining and identifying communities in networks[J]. Proceedings of the National Academy of Sciences of the United States of America, 2004, 101 (9): 2658-2663.

[3] Kannan R, Vempala S, Vetta A. On clusterings: Good, bad and spectral[J]. Journal of the ACM, 2004, 51 (3): 497-515.

[4] Lancichinetti A, Fortunato S, Kertész J. Detecting the overlapping and hierarchical community structure in complex networks[J]. New Journal of Physics, 2009, 11 (3): 033015.

[5] Newman M E, Girvan M. Finding and evaluating community structure in networks[J]. Physical

Review E, 2004, 69(2): 026113.

[6] Günnemann S, Färber I, Raubach S, et al. Spectral subspace clustering for graphs with feature vectors[C]. 2013 IEEE 13th International Conference on Data Mining, Dallas, 2013: 231-240.

[7] Li T, Ma S, Ogihara M. Entropy-based criterion in categorical clustering[C]. Proceedings of the 21st International Conference on Machine Learning, Banff, 2004: 68.

[8] Wu P, Pan L. Multi-objective community detection method by integrating users' behavior attributes[J]. Neurocomputing, 2016, 210: 13-25.

[9] Delvenne J C, Yaliraki S N, Barahona M. Stability of graph communities across time scales[J]. Proceedings of the National Academy of Sciences, 2010, 107(29): 12755-12760.

[10] Rosvall M, Bergstrom C T. An information-theoretic framework for resolving community structure in complex networks[J]. Proceedings of the National Academy of Sciences, 2007, 104(18): 7327-7331.

[11] Fortunato S. Community detection in graphs[J]. Physics Reports, 2010, 486(3): 75-174.

[12] Vincent D B, Jean-Loup G, Renaud L, et al. Fast unfolding of communities in large networks[J]. Journal of Statistical Mechanics: Theory and Experiment, 2008, 2008(10):155-168.

[13] Clauset A. Finding local community structure in networks[J]. Physical Review E, 2005, 72(2): 026132.

[14] Schaeffer S E. Graph clustering[J]. Computer Science Review, 2007, 1(1): 27-64.

[15] Andrea L, Santo F, János K. Detecting the overlapping and hierarchical community structure in complex networks[J]. New Journal of Physics, 2009, 11(3): 033015.

[16] Palla G, Derényi I, Farkas I, et al. Uncovering the overlapping community structure of complex networks in nature and society[J]. Nature, 2005, 435(7043): 814-818.

[17] Illés F, Dániel Á, Gergely P, et al. Weighted network modules[J]. New Journal of Physics, 2007, 9(6): 180.

[18] Raghavan U N, Albert R, Kumara S. Near linear time algorithm to detect community structures in large-scale networks[J]. Physical Review E, 2007, 76(3): 036106.

[19] Steve G. Finding overlapping communities in networks by label propagation[J]. New Journal of Physics, 2010, 12(10): 103018.

[20] Leung I X Y, Hui P, Liò P, et al. Towards real-time community detection in large networks[J]. Physical Review E, 2009, 79(6): 066107.

[21] Ahn Y Y, Bagrow J P, Lehmann S. Link communities reveal multiscale complexity in networks[J]. Nature, 2010, 466(7307): 761-764.

[22] Milo R, Shen-Orrss, Tzkovitz S, et al. Network motifs: Simple building blocks of complex networks[J]. Science, 2002, 298(5594): 824.

[23] Milo R, Kashtan N, Itzkovitz S, et al. On the uniform generation of random graphs with prescribed degree sequences[J]. arXiv preprint cond-mat, 2003: 0312028.

[24] Frey B J, Dueck D. Clustering by passing messages between data points[J]. Science, 2007, 315(5814): 972-976.

[25] Maia M, Almeida J, Almeida V. Identifying user behavior in online social networks[C]. Proceedings of the 1st Workshop on Social Network Systems, Glasgow, 2008: 1-6.

[26] Lee A J, Yang F C, Tsai H C, et al. Discovering content-based behavioral roles in social networks[J]. Decision Support Systems, 2014, 59(1): 250-261.

[27] Du F, Liu Y, Liu X, et al. User role analysis in online social networks based on dirichlet process mixture models[C]. 2016 International Conference on Advanced Cloud and Big Data (CBD), Chengdu, 2016: 172-177.

[28] Ruan Y Y, Fuhry D, Parthasarathy S. Efficient community detection in large networks using content and links[C]. Proceedings of the 22nd International Conference on World Wide Web, Rio de Janeiro, 2013: 1089-1098.

[29] Akoglu L, Tong H, Meeder B, et al. PICS: Parameter-free identification of cohesive subgroups in large attributed graphs[C]. Proceedings of SDM, New York, 2012: 439-450.

[30] Zhou Y, Cheng H, Yu J X. Graph clustering based on structural/attribute similarities[J]. Proceedings VLDB Endowment, 2009, 2(1): 718-729.

[31] Xu Z, Ke Y, Wang Y, et al. A model-based approach to attributed graph clustering[C]. Proceedings of the 2012 ACM SIGMOD International Conference on Management of Data, Scottsdale, 2012: 505-516.

[32] Cruz J D, Bothorel C, Poulet F. Entropy based community detection in augmented social networks[C]. 2011 International Conference on Computational Aspects of Social Networks (CASoN), Salamanca, 2011: 163-168.

[33] Gunnemann S, Farber I, Raubach S, et al. Spectral subspace clustering for graphs with feature vectors[C]. 2013 IEEE 13th International Conference on Data Mining (ICDM), Dallas, 2013: 231-240.

[34] Gunnemann S, Färber I, Boden B, et al. GAMer: A synthesis of subspace clustering and dense subgraph mining[J]. Knowledge and Information Systems, 2014, 40(2): 243-278.

[35] Huang X, Cheng H, Yu J X. Dense community detection in multi-valued attributed networks[J]. Information Sciences, 2015, 314(c): 77-99.

[36] Pool S, Bonchi F, Leeuwen M V. Description-driven community detection[J]. ACM Transactions on Intelligent Systems and Technology (TIST), 2014, 5(2): 28.

[37] Perozzi B, Akoglu L, Iglesias Sánchez P, et al. Focused clustering and outlier detection in large attributed graphs[C]. Proceedings of the 20th ACM SIGKDD International Conference on Knowledge Discovery and Data Mining, New York, 2014: 1346-1355.

[38] Lancichinetti A, Fortunato S, Radicchi F. Benchmark graphs for testing community detection algorithms[J]. Physical Review E, 2008, 78(4): 046110.

第4章　群体情感

随着社交网络的快速发展以及用户数量的不断增多，旨在帮助用户结交朋友以及共享信息的在线社交网络开始成为用户之间互相交流沟通的重要平台。与传统媒体相比，社交网络更加强调速度以及简洁，并且主要聚焦于正在发生的事件。用户越来越喜欢针对某些具体的事件或者主题(Topic)，例如，名人、政治、产品、经济以及股票等，表达出自己情感，或者与他人交流自己的看法和意见。正因为如此，大量的学者和企业界管理者开始意识到情感分析的重要性。

当前有关情感分析的研究主要集中在个体情感分析。研究的对象主要为在线产品评论(online reviews)以及社交网络中的用户言论(如，tweets, states updates)。然而，随着社交网络数据量的迅速膨胀，群体情感而非个体情感的研究显得越来越重要。例如，Bollen 以天作为时间轴的基本单位，使用心境量表(profile of mood states，POMS)抽取隐藏在 Twitter 中六种群体情感，通过统计建模，分析这些群体情感波动的出现和股市、石油价格以及社会重大事件之间的关系。使用 Twitter 数据，来自惠普实验室的 Asur 和 Huberman 成功地通过线性回归预测出了电影的票房，这比传统的基于市场调查的预测准确性要高。基于 Twitter 数据，Connor 等分析了微博群体情感与社会选举之间的关系，并得到很多有意义的结论。但这些研究依然存在很多问题：有关群体情感的计算依然较为简单，只是将个体情感进行简单叠加；缺少群体情感影响因素的研究；缺少对群体情感演化机理的研究。

本章将对上述三个问题进行系统地分析介绍。针对群体情感影响因素，本章探讨内在因素和外在因素对群体情感的影响。关于内在因素，本章分析大五人格特质(big five personality traits)对某个具体话题中群体用户情感的影响，即讨论拥有何种特质的群体对何种话题持正面或者负面的情感。关于外在因素，本章探讨聚合群体中关系强度对群体观点采纳的影响。针对群体情感分析，我们讨论两种计算模式，一种是利用信息熵原理直接计算负面群体情感(客户抱怨)的强度，另一种是采用集成学习方法计算群体情感正负向比值，进而得到群体情感的分布情况。针对群体情感演化机理的研究，本章主要介绍无领导的群体情感演化模型以及有领导的群体情感演化模型。

本章内容组织安排如下：4.1 节介绍群体情感的影响因素研究，4.2 节介绍群体情感计算方法，4.3 节介绍群体情感演化机理。

4.1 群体情感的影响因素研究

任何行为都是在内在和外在因素的影响下形成的，因此本小节探讨内在因素(人格特质)[1]和外在因素(关系强度)[2]对群体情感的影响。

4.1.1 人格特质对群体情感的影响

外部和内部因素是用户行为的两个显著的诱因。作为一个典型的内部因素，人格特质已被发现是真实世界用户行为的典型指示指标。大量研究者开始关注这一领域的研究。例如，为什么用户喜欢使用社交网络？Correa 等指出人格特质是解释社交网络用户行为的一个重要工具。他们同时发现外向型以及情感稳定型用户更喜欢使用社交网络。为什么有些用户喜欢共享自己的个人信息(如照片)？神经质人格被证明是一个关键因素。正因为如此，针对具体话题，人格特质也很可能对群体用户的情感倾向产生影响。人格(personality)是指能够体现个人独一无二的特点的品质。最著名的人格特质模型当属五因子模型(five factor model)。具体来说，五因子模型包含五个维度：开放型(例如，富于想象、自主、有好奇心以及寻求变化等)、尽责型(例如，自律、有责任心、谨慎细心以及有序等)、宜人型(例如，有同情心、善良、信赖以及合作等)、外向型(例如，乐观的、积极的、好交际以及健谈的等)、神经质(例如，烦恼、焦虑、不安全感、敌对以及压抑等)。本小节旨在探讨人格特质对群体情感的影响。

1. 模型构建

假设有U个社交网络用户，每个用户都发表了一系列的文本信息。我们将任意用户u发表的文本信息集成起来，并命名为d_u，这样每个文档实际就是N_u个词的序列$d_u=(w_{u,1},w_{u,2},\cdots,w_{u,N_u})$。文档中每个单词都是介于$[1,V]$的一个索引值，其中$V$指的是词汇表的大小。为了与五因子模型一致，本节假设每个用户具有五个维度，并用$P_{u,1}$、$P_{u,2}$、$P_{u,3}$、$P_{u,4}$和$P_{u,5}$分别表示用户在这个五个维度上的特质值，且$P_{u,1},P_{u,2},P_{u,2},P_{u,2},P_{u,2}\in[1,5]$。本小节介绍一种能够挖掘群体用户对特定话题情感偏好的模型，称为人格特质潜在的狄利克雷分配(personality traits latent dirichlet allocation，PT-LDA)。该模型扩展了标准的潜在狄利克雷分配(latent dirichlet allocation，LDA)模型。基于训练数据，PT-LDA 做了如下假设。

①共有T个主题描述用户发布的所有内容，每个主题都拥有一个在词汇表V上的多项式分布ϕ_z。②在给定主题的情况下，该模型还定义五个高斯分布$N(\mu_{z,i},\sigma_{z,i}^2)$生成对应的用户的五种人格特质。③每个用户对应一个特定的主题分布θ_u。假设θ_u与ϕ_z分别具有超参数先验α和β。

概括起来，用户所有文本内容的生成过程如下。

对于每一个用户，采样 $\theta_u \sim \text{Dirichlet}(\alpha)$。

对于每个话题，采样 $\phi_z \sim \text{Dirichlet}(\beta)$。

对于每个单词 $w_{u,n}$：采样 $z_{u,n} \sim \text{Dirichlet}(\theta_u)$；采样 $w_{u,n} \sim \text{Dirichlet}(\phi_{z_{u,n}})$；给定主题 $z_{u,n}$，采样其对应的人格特质值，$P_{u,i} \sim N(\mu_{z_{u,n},i}, \sigma^2_{z_{u,n},i})$。

完整的图模型见图 4.1。模型中所需的符号见表 4.1。为简洁起见，图 4.1 省去了超参数，并且只画出了五个高斯混合分布中的一个。正如图 4.1 所示，每个特质-主题组合关联一个高斯分布。因此，在五因子模型的框架内，PT-LDA 设计了五个高斯混合分布。

群体用户(即具有相同特质的用户)针对特定主题的情感偏好可以依据高斯分布的均值和方差来判断。假设特质 i 与主题 z 的组合对应的高斯分布的均值较大，方差较小，则表明拥有该高特质值的用户倾向于在该话题上表达出正面的情感倾向，反之则表达负面的情感倾向。假设特质 i 与主题 z 的组合对应的高斯分布的均值较小，方差较小，则表明拥有该低特质值的用户倾向于在该话题上表达出正面的情感倾向，反之则表达负面的情感倾向。假设特质 i 与主题 z 的组合对应的高斯分布的方差较大，则表明拥有该特质值的用户在该话题上不表达明显的情感倾向。

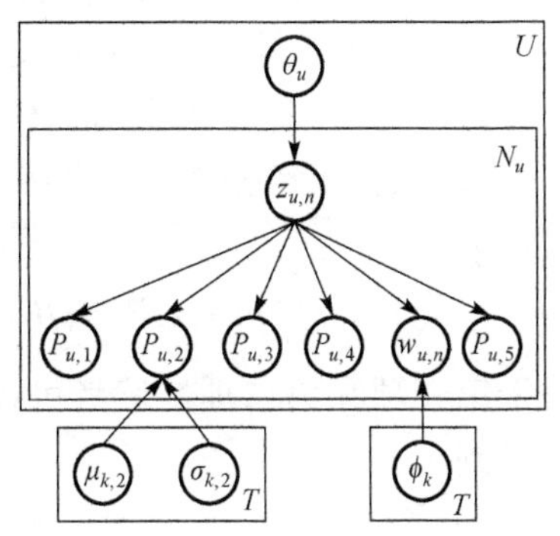

图 4.1　PT-LDA 的图模型

表 4.1　模型 PT-LDA 中所使用的符号

符号	描述
U	用户的总数量
N_u	用户 u 发表的单词数总量
T	主题的总数量
V	词汇表的大小
S	特质的数量(本节中是 5 个)
$P_{u,1},\cdots,P_{u,5}$	用户 u 的五种人格特质值
θ_u	用户 u 独有的主题分布
ϕ_z	主题 z 独有的词分布
$\mu_{z,i}$	给定主题 z，特质 i 对应的高斯分布的均值
$M_{T\times S}$	人格特质对应的高斯分布的均值矩阵
$\sigma^2_{z,i}$	给定主题 z，特质 i 对应高斯分布的方差 t
$\Sigma_{T\times S}$	人格特质对应的高斯分布的方差矩阵
α,β	狄利克雷先验
$N_{u,k}$	用户 u 发布的内容中属于主题 k 的单词的数量
$N_{k,v}$	所有单词 v 被赋予主题 k 的次数
N_k	语料中属于主题 k 的单词综述

2. 模型求解

依据图 4.1，在给定主题 $z_{u,n}$ 的情况下，PT(personality traits)LDA 不仅仅采样单词 $w_{u,n}$，还采样特质 $P_{u,i}$。因此，所提出的 PT-LDA 模型相比较于标准的 LDA 模型而言更加复杂，并且不能够执行精确推理和参数估计。因此，本节使用吉普斯抽样-期望最大化(Gibbs-EM)算法迭代地求解 PT-LDA 模型，该算法是基于吉布斯抽样以及期望最大化的算法。其中，利用吉布斯抽样估计采样每个单词的主题以及使用期望最大化求解高斯分布的均值和方差交替地执行。吉布斯抽样是一种经典的学习近似模型的方法，核心思想是更新一个潜在变量的同时固定剩下的其他变量。由于篇幅限制，本书省去详细的推导过程并且只给出我们在 E 步(E-step)和 M 步(M-step)中用到的公式。

1)E-step：运行吉布斯抽样，进而给每个单词分配合适的主题

(1)联合概率分布：人格特质、单词以及主题的联合概率分布可以被分解成如下三项：

$$p(w,z,P\mid\alpha,\beta,M,\varSigma)=p(z\mid\alpha)p(w\mid z,\beta)p(P\mid z,M,\varSigma) \tag{4.1}$$

对于第一项和第二项，读者可以参考文献获取详细的推导过程。通过扩展第三项可以得到

$$p(P\mid z,M,\varSigma)=\prod_{u=1}^{U}\prod_{n=1}^{N_u}\prod_{i=1}^{S}p(P_{u,i}\mid\mu_{z_{u,n},i},\sigma^2_{z_{u,n},i}) \tag{4.2}$$

因此，联合概率分布可以进一步重写为下面的形式：

$$p(w,z\mid P,\alpha,\beta,M,\varSigma)=\left(\frac{\Gamma(T\alpha)}{\prod_{k=1}^{T}\Gamma(\alpha)}\right)^{U}\times\prod_{u=1}^{U}\frac{\prod_{k=1}^{T}\Gamma(N_{u,k}+\alpha)}{\Gamma(N_u+T\alpha)}\times\left(\frac{\Gamma(V\beta)}{\prod_{v=1}^{V}\Gamma(\beta)}\right)^{\mathrm{T}}$$
$$\times\prod_{k=1}^{T}\frac{\prod_{v=1}^{V}\Gamma\left(N_{k,v}+\beta\right)}{\Gamma\left(N_k+V\beta\right)}\times\prod_{u=1}^{U}\prod_{n=1}^{N_u}\prod_{i=1}^{S}p(P_{u,i}\mid\mu_{z_{u,n},i},\sigma^2_{z_{u,n},i}) \tag{4.3}$$

(2)后验分布：给定 $z_{\neg(u,n)}$，后验分布可以通过采样 $z_{u,n}$ 得到。$\neg(u,n)$ 是指在语料中去掉用户 u 的文档中第 n 位置的单词后剩下的所有单词。条件后验可以通过联合概率分布得到

$$\begin{aligned}&p(z_{u,n}=k\mid z_{\neg(u,n)},w,P;\alpha,\beta,M,\varSigma)\\&\quad\propto\{(N_{u,k})_{\neg(u,n)}+\alpha\}\\&\quad\times\frac{(N_{k,w_{u,n}})_{\neg(u,n)}+\beta}{(N_k)_{\neg(u,n)}+V\beta}\prod_{i=1}^{s}\frac{1}{\sigma_{k,i}}\exp\left(-\frac{(p_{u,i}-\mu_{k,i})^2}{2\sigma^2_{k,i}}\right)\end{aligned} \tag{4.4}$$

2)M-step：本节使用极大似然方法估计五个高斯混合分布的均值和方差

具体地，本节通过最大化下面的目标函数求解在 $p+1$ 代的 $(M)^{p+1}$ 和 $(\varSigma)^{p+1}$。

$$(M)^{p+1},(\Sigma)^{p+1}=\operatorname{argmax}_{M,\Sigma}\sum_{z\in S^{p+1}}\ln p(z,w,P\mid\alpha,\beta,M,\Sigma) \tag{4.5}$$

式中，S^{p+1}表示p+1代在E步中得到的所有单词的主题索引。因此，我们可以得到如下求解$(M)^{p+1}$和$(\Sigma)^{p+1}$的公式：

$$\mu_{z,i}=\frac{\sum_{j=1}^{N_z}P_{j,i}}{N_z}\qquad \sigma_{z,i}^2=\frac{\sum_{j=1}^{N_z}(P_{j,i}-\mu_{z,i})^2}{N_z} \tag{4.6}$$

式中，$P_{j,i}$表示N_z中第j个单词所对应的特质i的值。

我们可以通过如下公式计算每个主题以及用户分别对应的分布：

$$\begin{aligned}\theta_{u,k}&=\frac{N_{u,k}+\alpha}{N_u+T\alpha}\\ \phi_{k,v}&=\frac{N_{k,v}+\beta}{N_k+V\beta}\end{aligned} \tag{4.7}$$

3. 实验分析

本节所有实验数据来自于my Personality应用，这是运行在Facebook上的一个第三方应用。本节通过如下几个步骤筛选出所需的数据：①只有发表超过1000个单词的用户才会被选择。因为用户发表的每条状态信息都很短，所以我们将一个用户发表的所有信息集成为一个新的大文档。②因为我们需要每个用户的五种人格特质值，所以只有那些参加了大五人格特质测试的用户才会被选择。该问卷主要是基于五因素人格量表(revised NEO personality inventory，NEO-PI-R)。最终得到了5135个参与者，并且利用他们发布的数据训练PT-LDA模型。因为原始数据噪声很大，本节使用如下三个步骤预处理原始数据：所有的单词都被转换成小写的形式；所有的信息都被分割成句子并且使用斯坦福的词性标记工具(Standford POS tagger)进行词性标记；从语料中删除所有停用词、标点符号、数字、统一资源定位符(uniform resource locators，URLs)以及不是拉丁的字符。

实验结果：表4.2和表4.3展示了拥有某种人格特质的用户群体对特定主题的情感倾向。开放型人格较低的用户群体对于宗教信仰(Topic 1)主题更多的表达正面的情感倾向，反之则表达负面的情感倾向。开放型较高的用户群体对于足球运动(Topic 2)主题更多的表达正面的情感倾向，反之则表达负面的情感倾向。尽责型人格较高的用户群体对家庭的主题更多持正面的情感偏好，反之则持负面的情感偏好。综上，可以发现，人格特质对于用户群体情感偏好确实具有影响。为了更好地表明这些关系的可靠性，本节基于这些关系预测新用户的人格特质，实验结果见表4.4。其中，sLDA是有监督的潜在狄利克雷分配(supervised latent Dirichlet allocation)的缩写，详细算法见文献[3]。SVR(N-grams)是指将 N-grams 当作支持向量机回归的特征集，而 SVR(topics)则是指将标准 LDA 训练后得到的主题分布值当作支持向量机回归的特征集。从表 4.4 中可以发现，我们的方法是优于这三个基准算法的，同时也表明了 PT-LDA 模型挖掘的人格特质与群体情感偏好之间的关系是可靠的。

表 4.2 PT-LDA 模型挖掘的有关开放型和尽责型人格的主题

开放型				尽责型			
主题 1		主题 2		主题 3		主题 4	
低		高		低		高	
w	$p(w\|z)$	w	$p(w\|z)$	w	$p(w\|z)$	w	$p(w\|z)$
religion	0.016478	world_cup	0.027241	oli	0.022385	hubbi	0.068573
cultur	0.011157	liverpool	0.022984	sen	0.022083	daddi	0.025947
theori	0.009711	england	0.020903	niin	0.020267	supper	0.018249
religi	0.008683	football	0.020808	vaan	0.019511	ilub	0.014898
common	0.008512	chelsea	0.016934	voi	0.017999	babe	0.014257
scienc	0.008449	thoma	0.015892	ihan_eka	0.014067	busi_dai	0.014256
logic	0.007796	william	0.015796	sitten	0.013613	pregnant	0.011833
virtu	0.007796	brazil	0.013809	mun	0.011193	wait_till	0.011548
mental	0.006909	spain	0.009364	mutta	0.010891	husband	0.010907
author	0.006722	leagu	0.009269	olla	0.010286	littl_girl	0.009981

表 4.3 PT-LDA 模型挖掘的有关外向型、宜人型和神经质人格的主题

外向型				宜人型		神经质	
主题 5		主题 6		主题 7		主题 8	
低		高		高		低	
w	$p(w\|z)$	w	$p(w\|z)$	w	$p(w\|z)$	w	$p(w\|z)$
download	0.018069	chicago	0.032794	nurs	0.036502	christ	0.032802
pokemon	0.017794	hotel	0.017583	clinic	0.025119	praise	0.021781
final_fantasi	0.011518	iowa	0.017188	patient	0.017199	sin	0.018993
halo	0.010967	michigan	0.016202	spend_time	0.011879	glori	0.018906
metal	0.010828	wisconsin	0.012052	lab	0.010147	worship	0.013853
starcraft	0.008692	travel	0.011656	medic	0.007921	grace	0.011982
sword	0.008552	illinoi	0.011064	medicin	0.007796	biblcal	0.011109
rage	0.008207	milwauke	0.010175	particip	0.006932	psalm	0.010412
goddamn	0.007932	ireland	0.007014	anatomi	0.006312	amen	0.009148
avatar	0.007656	minnesota	0.006224	cherish	0.005943	prais_god	0.008451

表 4.4 基于 RMSE 的预测结果比较

	开放型	尽责型	外向型	宜人型	神经质
PT-LDA	0.481	0.636	0.754	0.557	0.763
sLDA	0.479	0.631	0.756	0.554	0.759
SVR(N-grams)	0.531	0.675	0.796	0.588	0.802
SVR(topics)	0.494	0.648	0.774	0.567	0.777

4.1.2 聚合关系强度对群体情感的影响

除了用户内在因素对群体情感的影响，外在因素也会对群体用户之间的情感的形成产生影响。即社交网络中用户的情感可能会通过交互影响其好友，并在不断交互中形成群体情感。而群体交互中一个重要影响因素就是群体内用户之间的关系强度。群体内用户间的关系强度表示的是用户间的亲疏程度，度量关系强度对分析群体中信息交互，从而对聚合群体情感有很大的帮助。由于群体的情感不容易获得，考虑到观点的采纳是个体对某个观点持正向情感的显性表示，本节以观点采纳为例，研究聚合关系强度对观点采纳的影响。

1. 基于交互行为度量节点间的关系强度

社会学经典的理论“强链接的强度”和“弱链接的强度”指出：关系密切的朋友很有可能平时都生活在相同或相似的社会环境中，能够彼此信任，因此相互间的关系强度较强。然而自格兰诺维特首次提出关系强度的概念以来，由于很难找到可靠地反映现实中大规模社会网络中的人与人之间的互动数据，导致许多推测，即人与人之间的关系强度对观点采纳的影响，无法在大规模的社会网络中得到验证。

随着 Web2.0 时代的到来，这种状况迅速得到改变。借助于 Web2.0 技术，涌现了许多在线社交网络平台，如微博、微信、QQ、Facebook、Twitter 等，产生了大量带有日期时间戳的帖子，用户间通过频繁的发帖行为进行互动。从时间角度观察发帖行为，可发现其具有爆发性和间歇性，即发帖行为的密集爆发被长的静默间隙所分离，而发帖行为的一次爆发对应的是两个或多个用户共同参与的一次交互活动。因此采集此类数据，统计用户发帖行为的时间间隔，界定互动行为的时间间隔阈值，可从时间轴角度划分交互活动。

基于上述描述，本节中的互动行为、交互活动及交互行为的定义如下。

在群体活动中，当其中的一个用户发布一条评论后，若群体中的另一用户在小于时间间隔阈值 θ 的时间范围内发帖响应，则称这两个用户间发生了一次互动行为；交互活动是指发帖行为的一次爆发，一次交互活动中包含两个以上用户所发布的多条评论；交互行为是指在群体活动中，当两个用户共同参与了一次交互活动，则称这两个用户间发生了一次交互行为。

用户间的交互行为是观点能够被采纳的主要途径，一般说来，若两个用户间的交互频率较高，则说明两者间的关系强度 β 较高，也意味着在观点采纳的过程中，当其中的一个节点采纳某一观点后，另一节点在下一时间步采纳该观点的概率也较大。基于格兰诺维特提出的关系强度概念，关系强度的度量方法如下。

图 4.2 中的 N_1、N_2、N_3、N_4、N_5 表示关系网络中的 5 个用户，用户 i 与 j 间的关系强度为

$$\beta_{ij} = b_{ij} / (b_i + b_j - b_{ij}) \tag{4.8}$$

式中，b_{ij}，$i,j \in \{1,2,3,4,5\}$ 且 $i \neq j$ 为用户 i 与 j 间的交互行为次数；b_i，$i \in \{1,2,3,4,5\}$ 为用户 i 与关系网络中其他用户的交互行为次数之和，即 $b_i = \sum_{i \neq j, j=1}^{5} b_{ij}$。由式(4.8)可知，$0 \leqslant \beta_{ij} \leqslant 1$，0 表示用户 i 与 j 间没有发生交互行为；1 表示在关系网络中，用户 i 或 j 只与用户 j 或 i 进行互动。

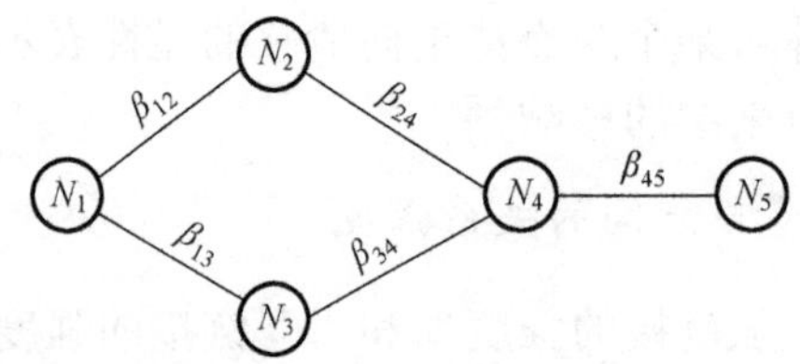

图 4.2　关系网络的示意图

2．基于交互行为构建关系网络

实验数据：大量的研究表明，用户在即时通信平台(instant messenger)进行互动时，数据流的到达具有明显的爆发性和间歇性。QQ 群是腾讯公司基于即时通信平台，推出的多人聊天交流服务，依托于庞大的 QQ 用户规模，QQ 群的数量同样庞大，据腾讯公司的官方网站称，截止到 2012 年 12 月 31 日，QQ 群数量已超过 7000 万，因此在 Web2.0 时代，QQ 群在互联网社交产品中有着无可撼动的优势地位。基于此，本节选取 QQ 群，以其为例来分析聚合群体内部的关系强度对观点采纳的作用机制。由于不同 QQ 群的活跃度不同，而本节旨在探究聚合群体内部的关系强度对观点采纳的作用机制，所以作者选择一个以电影评论为主题，活跃度较高的超级 QQ 群(人数上限为 500 人)为研究对象，采集其时间窗口内所有用户所发布的评论数据。数据的采集时间段、采集时间窗口、数据规模及 QQ 群的人数规模如表 4.5 所示，数据格式如表 4.6 所示。

表 4.5　数据集来源及数据集规模

数据名称	采集时间段	采集时间窗口	数据规模	人数规模
电影评论 QQ 群	8:00～22:00	2012.08.01～2013.08.01	56662	435

表 4.6　数据格式

日期	时间	发帖人昵称	发帖人 ID	发帖人的评论
2012.08.01	09:31:32	***	***	***
2012.08.01	09:32:45	***	***	***
…	…	…	…	…

基于 Pareto 定律界定互动行为的时间间隔阈值：由互动行为的定义可知，互动行为由相邻两次的发帖行为组成，界定互动行为的时间间隔阈值是度量节点间关系强度的关键。研究表明在线社交网络中发帖行为的时间间隔服从幂律分布，也就是说，大量帖子在极短的时间范围内获得了响应，这也为我们界定互动行为的时间间隔阈值提供了理论依据。Pareto 定律是一种幂律分布定律，该定律认为对于任何一种满足幂律分布的事物，最重要的只占其中极少部分，大约为 20%，其余 80%虽是多数却是次要的。也就是说，运用 Pareto 定律界定互动行为的时间间隔阈值 θ 后，若相邻两条帖子之间的时间间隔值大于阈值 θ，则后一条帖子将会以 80%的概率成为下次交互活动的首条帖子。因此，本节中得到时间间隔阈值 θ 的方法是：统计分析发帖行为的时间间隔，寻找 2-8 分布的分界线，分界线所对应的时间值为时间间隔阈值，如图 4.3 所示。

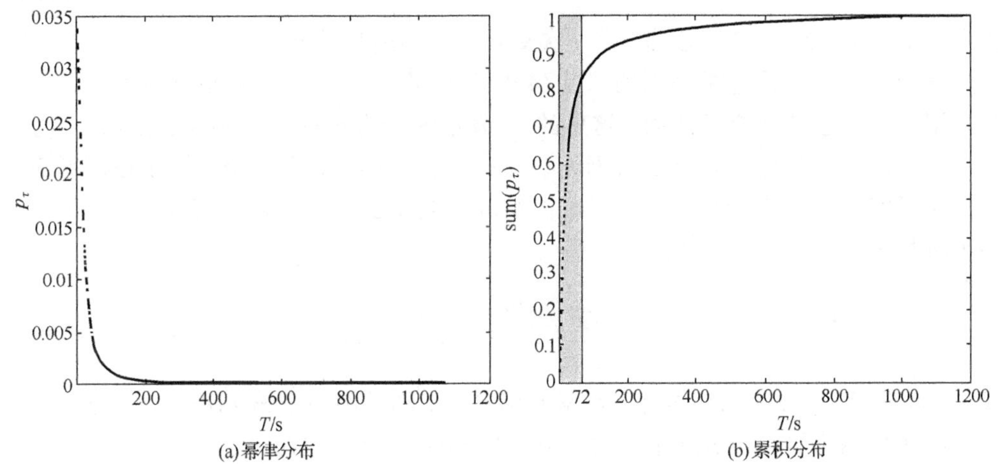

图 4.3 发帖行为的时间间隔分布

图 4.3 是统计 56662 条帖子到达的时间间隔后，所形成的时间间隔分布图。其中横轴表示相邻两次帖子到达的时间间隔，单位为秒。图 4.3(a) 表示发帖行为的时间间隔服从幂律分布，图 4.3(b) 是时间间隔的累积分布图，其中阴影区域的右边界为 2-8 分布的分界线，对应的横轴值为 72s，即 θ=72s。此值说明，56662 条帖子中有 45330 条帖子在 72s 内得到即时响应，也意味着，若某一条帖子在 72s 内得不到响应，则此帖将会以 20%的概率成为所在交互活动的最后一条帖子，以 80%的概率成为下次交互活动的首条帖子。需要注意的是，由于不同聚合群体的活跃度不相同，统计分析得到的时间间隔阈值也不相同。一般说来，活跃度越强，时间间隔值越小，越弱则越大。

基于时间间隔阈值的交互活动：为准确描述交互活动，定义以下概念。

Action_i 表示网络中第 i 次交互活动；U_i 表示参与第 i 次交互活动的用户集；u_i^k 表

示参与第 i 次交互活动的编号为 k 的用户，$u_i^k \in U_i$；D_i 表示第 i 次交互活动中用户发布的帖子集合；$d_{ij}^{t_{ij}}$ 表示第 i 次交互活动中在 t_{ij} 时刻产生的第 j 条帖子，$d_{ij}^{t_{ij}} \in D_i$；t_{ij} 表示第 i 次交互活动中第 j 条帖子的发布时间。假设在对第 i 次交互活动的界定过程中，已将 m 个用户所发布的 n 条帖子归入第 i 次交互活动中，现基于以下两条规则判断第 $n+1$ 条帖子是否属于第 k 次交互活动。

规则 1　若 $t_{i(n+1)} - t_{in} \leqslant \theta$，则第 $n+1$ 条帖子归入第 i 次交互活动，继续判断 $t_{i(n+2)} - t_{i(n+1)}$ 的值是否小于等于时间间隔阈值 θ。

规则 2　若 $t_{i(n+1)} - t_{in} > \theta$，则第 $n+1$ 条帖子将成为第 $i+1$ 次交互活动的首条记录。

运用上述规则，假设第 i 次交互活动界定完毕后，参与第 i 次交互活动的人数为 m，发布的帖子为 n 条，则

$$\text{Action}_i = \{U_i, D_i\} = \{(u_i^{k_1}, u_i^{k_2}, \cdots, u_i^{k_j} \cdots, u_i^{k_m}), (d_{i1}^{t_{i1}}, d_{i2}^{t_{i2}}, \cdots, d_{ij}^{t_{ij}} \cdots, d_{in}^{t_{in}})\} \tag{4.9}$$

式中，$k_j, j \in \{1,2,\cdots,m\}$ 表示参与第 i 次交互活动的用户编号。

基于交互行为构建关系网络：式(4.9)中的 $u_i^{k_j}$ 表征的是一种隶属关系，即描述某一用户参与了某次交互活动，这里的 $u_i^{k_j}$ 表示编号为 k_j 的用户参与了第 i 次交互活动。由隶属关系数据可创建 2-模网络(2-mode networks)，记为 $A_{m\times n}$，2-模网络表示的是关系网络中用户参与各交互活动的情况，其中的元素值 a_{ij} 表示编号为 i 的用户是否参与了第 j 次交互活动：

$$a_{ij} = \begin{cases} 0, & i \notin U_j \\ 1, & i \in U_j \end{cases} \tag{4.10}$$

式中，0 表示用户 i 没有参与第 j 次交互活动，1 则是参与了第 j 次交互活动。

由 2-模网络 A 可创建 1-模网络(1-mode networks)，记为 $B_{m\times m}$

$$B = AA^{\mathrm{T}} \tag{4.11}$$

$$b_{ij} = \sum_{k=1}^{n} a_{ik} \times a_{jk} \tag{4.12}$$

式中，$i, j \in \{1,2,\cdots,m\}$。

1-模网络中的元素值 $b_{ij}, i \neq j$，表示用户 i 与用户 j 间发生交互行为的次数；$b_{ij}, i = j$，表示用户 i 与关系网络中其他用户的交互行为次数之和。由式(4.12)可知用户 i 与 j 间的关系强度为

$$\beta_{ij} = b_{ij} / (b_{ii} + b_{jj} - b_{ij}) \tag{4.13}$$

针对实验数据，运用上述方法，构建的关系网络如图 4.4 所示，图 4.4 中连线的灰度对应关系强度的强弱，灰度由浅至深表示关系强度由弱到强，关系网络中关系强度分布如图 4.5、图 4.6 所示。

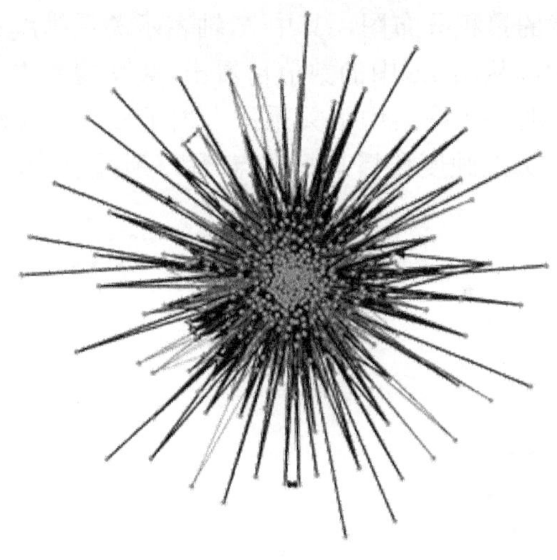

图 4.4 关系网络

图 4.5 是关系网络中关系强度的分布图，其中 X 轴和 Y 轴表示的是节点编号，节点编号为 1～435；Z 轴表示的是节点间的关系强度 β，节点对的总数为 23359。由图中节点对的颜色分布，可看出关系网络中弱关系占据了绝大多数的比例。图 4.5 也向我们展示了在线社交网络中节点间的关系强度是不一致的，图中可看出关系强度值在 $0<\beta<0.2$ 内都有涉及。这也意味着，针对聚合群体，研究有关观点采纳的问题时，依据“平均场理论”(mean-filed theory)，假设各节点间的感染概率具有一致性是不合适的。

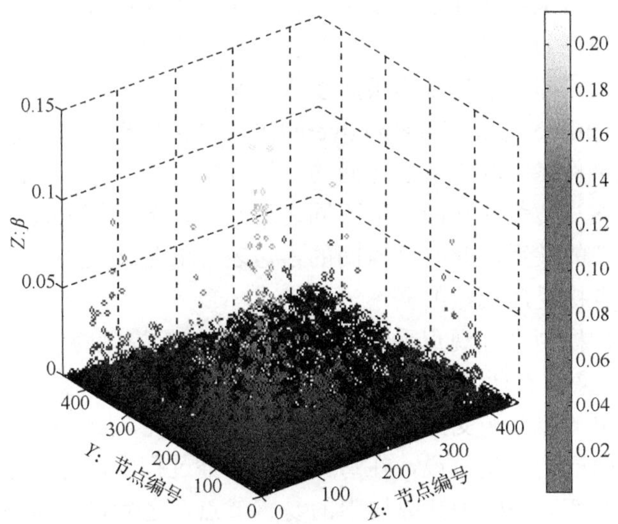

图 4.5 节点间的关系强度(无单位)

图 4.6 是关系强度的累积分布图，其中 X 轴表示关系强度 β，Y 轴表示关系强度的累积分布概率 $P(\beta)$。从图 4.6 中的数值可看出，关系网络中关系强度值大于 0.05 的概率接近 5%，这说明关系网络中强关系只占据了极小的比例，这也意味着，聚合群体内任一用户依据关系强度传播某一观点，最终所能感染的节点规模是有限的。

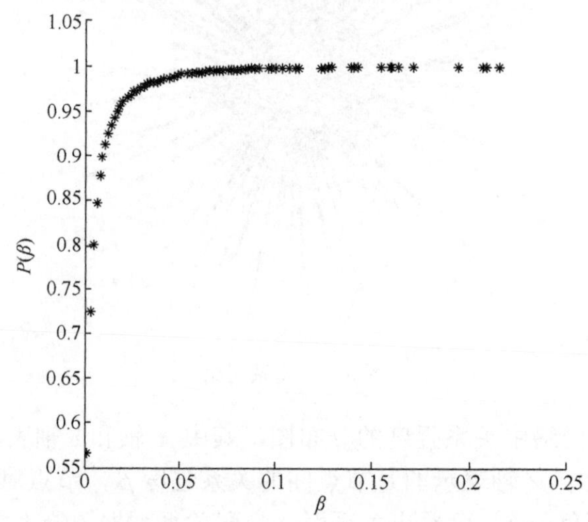

图 4.6　关系强度的累积分布(无单位)

3．基于 SIR 模型的仿真实验

本节通过仿真实验，考察关系网络中节点的观点被其他节点采纳的情况，并用节点的传播影响力对采纳情况进行度量。假设观点执有者为节点 i，以节点 i 能够感染其他节点的规模衡量节点 i 的影响力大小，能够感染的节点规模越大，表示节点的传播影响力越大，即节点的观点被越多人采纳。

传染病(susceptibles infectives recovered，SIR)传播模型：在前面已经构建了关系网络。此时关系网络中两个节点之间的连边权值为 β_{ij}，β_{ij} 表示节点 i 与 j 间的关系强度。关系网络与传统社交网络的不同之处在于，节点间的连边不再是一种“关注”与“被关注”的关系，此时节点间的连边表征的是当其中的一个节点接受某一观点后，另一节点接受此观点的概率。

本节采用 SIR 模型进行观点采纳的仿真实验，SIR 模型将节点划分为三种状态：易感节点(S)、感染节点(I)和移除节点(R)。实验中设初始感染方式为单源，每一个感染个体以给定的概率 γ 变为移除状态，不失一般性，令 $\gamma=1$，这种做法只是改变演化时间尺度而已。也就是说，在每一轮的传播过程中，每一个被感染节点有且仅有一次机会以概率 λ 去感染其邻居中的易感节点，之后该节点将被“移除”。传播过程中的感染概率 $\lambda=\beta^{\alpha}$，这里 α 的大小反映了观点的权威性，α 的值与观点的权威性成反比。对于一般性的观点，$\alpha=1$，此时观点持有者将依据关系强度 β 去感染邻居节点。此外，实验结果得到的值是期望值，这是因为即使给定两组完全相同的实验条件，由于随机性的存在，且节点间关系强度较小的值占据了绝大多数的比例，两组实验得到的感染节点数的规模不会完全相等，所以实验中我们对每个节点作为初始感染源进行 100 次独立实验后取算术平均值。

节点的传播影响力($\alpha=1$)：由图 4.7、图 4.8 可得出以下结论。

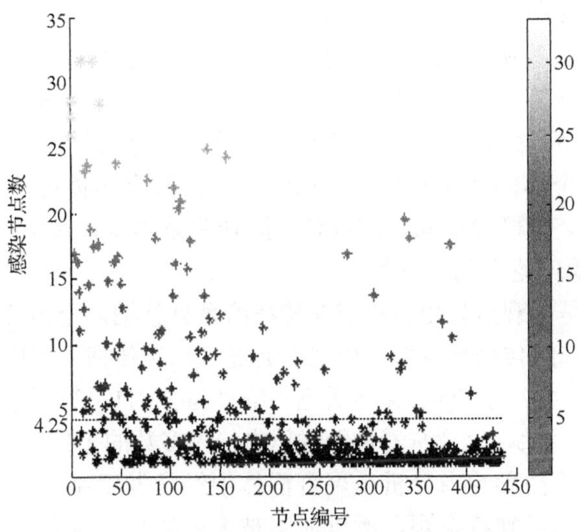

图 4.7 节点的传播影响力($\alpha=1$)(无单位)

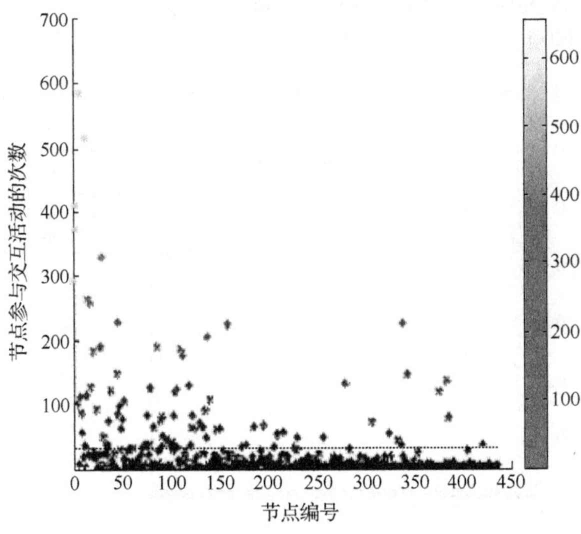

图 4.8 节点参与的交互活动次数(无单位)

(1) 随机策略对观点采纳的无效性。

随机策略是指每次实验中，随机选择一个初始感染者。图 4.7 中的黑色虚线对应的纵轴值为 4.25，该值是在 100 次实验中，运用随机策略选择初始感染节点后，聚合群体内部最终的感染节点数规模，其所占的比例为 4.25/435=0.98%。

(2) 个体频繁地参与交互活动有助于提升自身的传播影响力。

从图 4.7 的实验结果可看出，编号 5、11、23 的节点为高影响力节点，感染的节点数超过 30，所占的比例大于 30/435=6.9%。图 4.8 表示的是节点参与的交互活动次数，其中黑色虚线所对应的纵轴值为 29.616，该值表示的是聚合群体内个体参与的平均交互活动次数。由图 4.8 可知，编号 5、11、23 的节点对应的交互活动次数为 588、517、656。因此，在不考虑观点权威性的情况下 ($\alpha=1$)，聚合群体中个体的传播影响力与个体的活跃性相关，也就是说，聚合群体内部的个体可以通过频繁地参与交互活动，与群成员间建立信任，提升关系强度，提高自身的传播影响力。

(3) “二级传播理论”的合理性。

“二级传播”是指观点先由传播媒介传播给意见领袖，再由意见领袖扩散到广大的受众的过程，“二级传播理论”指出观点通过“二级传播”对广大受众施加影响的能力是有限的。从图 4.7 的实验结果可看出，编号为 5、11、23 的意见领袖节点，其感染的节点数规模接近 7%，这意味着聚合群体内绝大多数的个体没有受到观点的影响。

不同 α 值下的传播影响力分析：聚合群体中经常发现某个个体并不活跃，但是由于其每次发表的观点独特新颖，所以能够被大家接受。实验中 α 值对应的是观点的权威性，α 的值大小与观点的权威性成反比。通过随机选择初始感染节点，以 $\lambda=\beta^{\alpha}$ 为节点间的传染概率，独立进行 1000 次实验后，得到不同 α 值情况下感染节点数的规模，如图 4.9 所示。

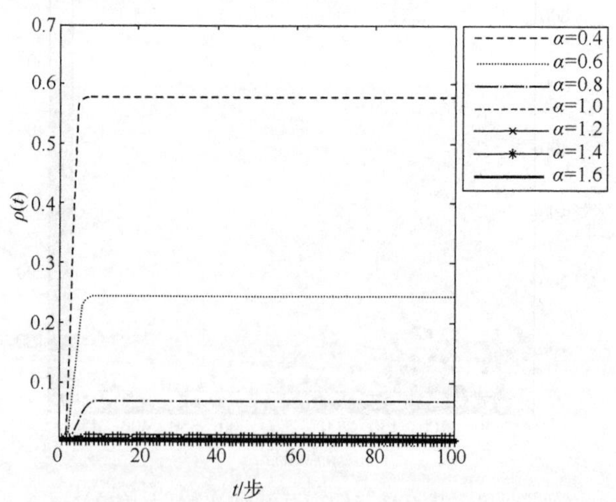

图 4.9　不同 α 值情况下观点采纳广度随时间 t 的变化曲线

从图 4.9 可以看出在$\alpha=1.0$，即不考虑观点权威性的情况下，随机选择初始感染节点，最终仅有 0.98%的用户采纳观点。随着α的减小，即观点权威性加强，关系网络中采纳该观点的人数越来越多，传播速度也越来越快，即在很短的时间内感染节点数的规模趋于稳定状态。相反，随着α的增大，即观点权威性减弱，观点在关系网络中无法传播开来。由此可见观点在关系网络中的传播广度与观点权威性有关：观点越权威，采纳的人数就越多；反之，毫无理论根据的观点在关系网络中是无法传播开来的。这个结论与现实中的情况是吻合的，因而在一定程度上验证了关系网络的合理性。

好友推荐策略下活跃节点的传播影响力：网络中的活跃节点是指参与交互活动次数较多的节点，是对网络具有较高黏度和忠诚度的节点。广告投放时，这些节点是广告商所关注的对象。文中选取活跃节点的标准是参与交互活动次数大于平均值2 倍，图 4.10 是活跃节点参与交互活动次数的分布状况，图 4.11 是活跃节点的感染节点数规模，图 4.10、图 4.11 中，黑色虚线对应的纵轴值是平均值。从图 4.11 中可看出，活跃节点的平均感染节点数规模为 16.64，相对网络规模(节点数为 435)来说，其所占的比例较小。如何提升活跃节点的传播影响力，是广告商和网络运营商所关注的问题，针对此问题，本节提出一种好友推荐策略，分析好友推荐策略下活跃节点的传播影响力。

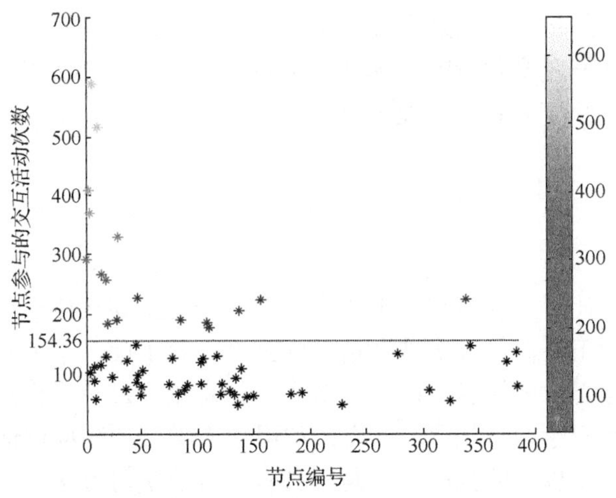

图 4.10 活跃节点参与的交互活动次数

好友推荐策略是指针对初始感染节点，从与其相连的邻居节点中，依据关系的强弱，为初始感染节点推荐一组合适的朋友列表。QQ 软件具有创建讨论组(临时性的对话组)的功能，因而好友推荐策略在 QQ 群中的应用具有得天独厚的条件。当广告商利用 QQ 群推荐商品时，首先需要做的是选择关系网络中的活跃节点，其次依

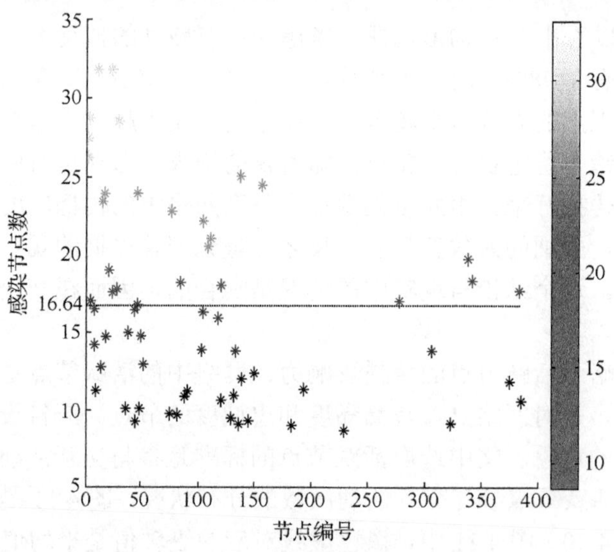

图 4.11 活跃节点的感染节点数

据好友推荐策略为活跃节点提供一组朋友列表，朋友数为 q，然后由活跃节点来创建讨论组，让一组好友在讨论组中，针对广告商所提供的商品进行讨论，加深对商品可用性与易用性的认识。最后，让好友在 QQ 群中推荐商品或传播其观点。

基于上述设想的仿真实验过程分为两个阶段：首先在时间 t 由 1～2 的过程中，初始感染节点依据好友推荐策略选择邻居节点进行感染；其次邻居节点在接受了观点后，再依据关系强度去感染其他节点。

4.2 群体情感计算方法

当前有关情感计算主要存在以下两个问题：一是主要聚焦于个体情感领域；二是主要涉及情感的正负向，很少涉及情感的强度。鉴于此，本节介绍两种群体情感的计算方法。聚焦于负面抱怨情感，本节利用信息熵度量负面抱怨的情感强度，这是一种典型的非监督学习方法[4]。其次，利用集成学习预测群体情感的正负比例的比值，从而得到情感极性的强度，这是一种有监督的学习方法[5]。

4.2.1 非监督学习方法：群体抱怨强度的度量

在线社交网络平台为群体用户抱怨开辟了新的通道。由于该平台用户多、互动性强、信息传播快，它很快成为抱怨者发泄不满声音的主要手段，也为其他的用户关注、搜索、浏览和分享网上抱怨提供了新的途径。用户抱怨经在线社交网络平台的聚集、交互和口碑传播以后，其话语影响力急剧放大，能够激起有相同抱怨感受人群的情绪共振，诱发群体抱怨舆情。在实际中，群体抱怨对企业创建品牌形象和营销环境造成极大危害。

本节在分析社交网络上用户抱怨信息特征的基础上，以信息熵理论为基础，透过用户抱怨文本质量、传播速度和用户交互程度三维视角和对此抱怨信息静态与动态属性的实时监测与分析，构建网上群体抱怨主题信息及其影响力度量模型，以探索网上群体抱怨主题信息及其强度的度量方法。

1．抱怨指标体系构建

1948 年 Shannon 率先提出“信息熵”概念用以度量信息的价值及其影响力[6]。随后，学者提出“时效熵”的概念，通过建立“时效熵模型”评估指挥流程效率，同时运用模糊绝对熵、相对熵、交互熵等测度指标，度量模糊信息的价值，由此可见“熵”是度量信息及其影响力的一种有效方法。在社交网上，网上抱怨主题信息的影响力取决于消费者之间的互动内容和活跃程度，采用“质量熵”、“时效熵”和“交互熵”测度指标，度量网上消费者抱怨文本的质量、传播时效和交互程度，是测度社交网上抱怨文本和抱怨主题的影响力的可行方法。

抱怨文本的质量度量：已有研究发现权威人士发布的评论质量更高，更具有影响力，评论信息的质量与其内容中出现的产品、品牌信息的词汇次数有正相关关系；而对在线评论的有用性研究发现，用评论文本长度度量其评论深度，评论深度与评论质量成正相关。在因特网社交平台上，本节选用抱怨者在社区的等级、抱怨文本的字数和抱怨文本中关键词的数量等评测指标，作为评价网上消费者抱怨文本质量的测度指标。

抱怨文本的传播时效度量：时效是指信息在系统各元素之间传递过程中，信息流通程度的大小。郭岩等在评估网络舆情信息源的影响力时，以回复频率表示用户对信源信息发布的参与速度，认为关注程度能反映信息源的影响力。本节选用转发频率作为对抱怨文本传播时效的测度指标。转发频率是指抱怨文本单位时间内被转发的数量，转发频率越高，表明抱怨文本传播速度越快，影响力也越大。

抱怨文本的交互程度度量：抱怨文本的质量对抱怨信息传播有重要的影响，而抱怨信息传播的广度和深度才是决定群体抱怨强度的重要因素，社交网上用户之间的广泛且有深度的交互行动，可使抱怨信息的传播更有广度和深度。Chae 和 Kim 在研究信息质量及其影响时强调，交互质量是信息影响力的重要因素。在社交网上，针对特定主题的用户信息交互能够推进信息的传播和扩散效果，交互程度越高，吸引关注信息的人更多，带来信息影响力越大，交互程度成为观测信息影响力的重要指标。在一些大型的论坛网站及微博平台上，一般采用点击量、参与人数、回复数量、转发次数等指标对发帖排名，以体现社区信息帖受用户关注和喜爱的程度。因此，在对抱怨信息交互程度度量时，可选取抱怨文本的点击量、参与抱怨主题讨论的人数、抱怨文本的有效回复数量、等级高的回复人和转发人的数量、抱怨文本被转发的次数指标，以度量抱怨文本的交互程度。其中，参与抱怨主题讨论的人数只计算有效人数，即多次参与讨论的同一个人只计算一次；回复人和转发人的等级会影响抱怨信息被传播的广度，对于同样的一条抱怨信息，被社交网络上等级高的意见领袖关注和被一般的用户关注，抱怨主题信息的强度是完全不同的。在抱怨信息交互中，等级高的回复人和转发人越多，抱怨文本的强度就会增强；抱怨文本的有效回复数量是去除了与抱怨主题观点相左和与主题无关的回复文本数量，在这个过程中考虑到回复文本的观点一致性、内容聚合度等因素，更加注重回复文本质量对抱怨文本交互程度的有用性。

在社交网络平台上，用户的抱怨文本质量并不随时间的流逝而变化，计算抱怨文本传播时效时，仅需考虑可测时段内的文本转发频率即可。故可将抱怨文本的质量和传播时效指标视为静态指标，抱怨文本信息的交互程度则视为动态指标，由此构建“静态”和“动态”两种情形下的抱怨文本影响力度量指标体系，见表 4.7。

表 4.7　在线社交网络下抱怨文本强度评价指标体系

指标状态	一级指标	二级指标
静态	抱怨文本的质量	抱怨者的等级
		抱怨文本的字数
		抱怨文本中关键词的数量
	抱怨传播的时效性	抱怨文本的转发频率
动态	抱怨文本交互程度	抱怨文本的点击量
		参与抱怨主题讨论的人数
		抱怨文本的有效回复数量
		等级高的回复人和转发人的数量
		抱怨文本被转发的次数

2. *群体抱怨强度的度量*

在一个特定抱怨主题下通常有一群用户围绕此主题表达他们的情感倾向。群体抱怨强度的度量思路是：首先，以抱怨文本强度度量指标体系为基础，以抱怨文本的质量、传播时效和交互程度三维度指标，构建抱怨文本影响力度量基本模型；然后，再根据抱怨文本的影响力指标动态变化规律，建立度量抱怨主题影响力的动态模型，实现对社交网络平台上的群体抱怨强度完整度量。

抱怨主题影响力度量指标定义：在社交网平台上，假定某个抱怨主题 T 有 N 个用户在讨论，抱怨主题受注册用户关注并通过发表和回复抱怨文本与抱怨主题互动，形成抱怨信息交互关系。随着时间推移，群体抱怨情绪发酵，影响力扩大，

参与主题 T 讨论的用户逐渐增加，群体用户之间的交互关系及其交互程度也随之增强。在此过程中，群体抱怨情绪及其影响力呈现动态变化。一是参与抱怨主题 T 讨论的用户数量 N 的变化，二是与抱怨主题 T 下的用户发表的抱怨文本之间的交互关系及其程度的变化。所以在度量抱怨主题信息及其影响力时，要综合考虑上述变化因素，以科学地度量抱怨主题信息及其影响力。为了便于计算社交网平台上的抱怨主题信息及其影响力指标数值，下面对抱怨主题及其相关的度量指标进行描述性定义。

定义 4.1 在社交网平台上，假定存在某一抱怨主题 T，T 由 n 个用户发表的抱怨文本 A_i 组成，$T=\{A_1,A_2,\cdots,A_i,\cdots,A_n\}(i=1,2,\cdots,n)$。$A_i$ 是 T 中第 i 个用户发表的抱怨文本，A_i 是由两类属性项组成的集合，即 $A_i=\{y_{i1},y_{i2},y_{i3},y_{i4},x_{i1},x_{i2},x_{i3},x_{i4},x_{i5}\}$。其中，$y_{i1},y_{i2},y_{i3},y_{i4}$ 表示抱怨用户的等级、抱怨文本的字数、抱怨文本中关键词的数量、抱怨文本的转发频率，y 类属性项的值不随观测时间变化而改变，可视为静态指标；$x_{i1},x_{i2},x_{i3},x_{i4},x_{i5}$ 表示抱怨用户发表的文本的点击量、参与抱怨主题讨论的人数、抱怨文本的有效回复数量、等级高的回复人和转发人的数量、抱怨文本被转发的次数，x 类属性项的值随观测时间段变化而改变，可视为动态指标。

定义 4.2 为了便于评测某一时段内的群体情感强度及其影响力变化状况，现将评测时间段分为若干区间，用 $t_1,t_2,t_3,\cdots,t_l$ 表示。设在第 $t_i(i=1,2,3,\cdots,l)$ 时段，抱怨主题 T 中有 P 个用户发表抱怨文本，则任意时段抱怨主题 T 的集合为 $T\left(t_i\right)$，$T(t_i)=\{A_1(t_i),A_2(t_i),\cdots,A_p(t_i)\},p<n$，其中，$A_p(t_i)=\{y_{p_1}(t_i),y_{p_2}(t_i),y_{p_3}(t_i),y_{p_4}(t_i),x_{p_1}(t_i),x_{p_2}(t_i),x_{p_3}(t_i),x_{p_4}(t_i),x_{p_5}(t_i)\}$，此时 $p\in P$。

为便于描述可将 y 类和 x 类指标采用集合描述，$y(t_i)=\{y_{pg}(t_i)\}$ $(g=1,\cdots,4)$，$x(t_i)=\{x_{pk}(t_i)\}(k=1,\cdots,5)$。当观测区间由 t_i 转为 $t_j(1\leqslant i,j\leqslant n;i\leqslant j\leqslant n)$ 时段时，$A_p(t_i)$ 抱怨文本集合演变为 $A_p(t_{i\to j})$ 集合，$A_p(t_{i\to j})=\{y_{p_1}(t_i),y_{p_2}(t_i),y_{p_3}(t_i)y_{p_4}(t_i),x_{p_1}(t_j),x_{p_2}(t_j),x_{p_3}(t_j),x_{p_4}(t_j),x_{p_5}(t_j)\}$ 表明在观测时间段 t_i 下的抱怨文本 $A_p(t_i)$ 在 t_j 阶段下的属性值集合 $A_p(t_{i\to j})$。

抱怨主题 T 在 t_j 时段观测区间还会新增一些用户发表的抱怨文本，假定新增的抱怨文本有 q 个，则在 t_j 时间段的抱怨文本集合为 $A_q(t_j)=\{A_1(t_j),A_2(t_j),\cdots,A_p(t_j),A_{p+1}(t_j),\cdots,A_{p+q}(t_j)\}$。

抱怨主题影响力度量指标权重的确定：采用指标权重系数表示指标重要程度是权重赋权的常用方法，可借此确定抱怨文本影响力度量指标的重要程度。因此，本节综合考虑主客观评价因素，采用专家评分法确定一级指标权重，再利用熵模型权重法计算各二级指标权重。为了减少时间因素对赋权的影响，在确定二级指标权重时，暂不考虑抱怨主题影响力随时间变化因素，任意选取抱怨主题 T 的 m 条抱怨文本，各指标权重计算方法如下。

(1)建立初始矩阵

$$Z=\begin{matrix} A_1 \\ A_2 \\ \vdots \\ A_i \\ \vdots \\ A_m \end{matrix}\begin{bmatrix} y_{11} & \cdots & y_{14} & x_{11} & \cdots & x_{15} \\ y_{21} & \cdots & y_{24} & x_{21} & \cdots & x_{25} \\ \vdots & \vdots & \vdots & \vdots & & \vdots \\ y_{i1} & \cdots & y_{i4} & x_{i1} & \cdots & x_{i5} \\ \vdots & \vdots & \vdots & \vdots & & \vdots \\ y_{m1} & \cdots & y_{m4} & x_{m1} & \cdots & x_{m5} \end{bmatrix} \tag{4.14}$$

(2)数据无量纲化处理。由于各指标的量纲不统一，需要对数据进行归一化处理才可以进行比较。本节中抱怨强度指标均为正向指标，指标值越大越好，可采取下面的公式进行归一化处理：

$$y'_{ig}=\frac{y_{ig}}{\max(y_{ig})},\quad i=1,2,\cdots,m;g=1,\cdots,4 \tag{4.15}$$

$$x'_{ik}=\frac{x_{ik}}{\max(x_{ik})},\quad i=1,2,\cdots,m;k=1,\cdots,5 \tag{4.16}$$

则规范化后的矩阵可表示为

$$Z'=\begin{matrix} A_1 \\ A_2 \\ \vdots \\ A_i \\ \vdots \\ A_m \end{matrix}\begin{bmatrix} y'_{11} & \cdots & y'_{14} & x'_{11} & \cdots & x'_{15} \\ y'_{21} & \cdots & y'_{24} & x'_{21} & \cdots & x'_{25} \\ \vdots & \vdots & \vdots & \vdots & & \vdots \\ y'_{i1} & \cdots & y'_{i4} & x'_{i1} & \cdots & x'_{i5} \\ \vdots & \vdots & \vdots & \vdots & & \vdots \\ y'_{m1} & \cdots & y'_{m4} & x'_{m1} & \cdots & x'_{m5} \end{bmatrix} \tag{4.17}$$

(3)计算指标比重 $p_{ig}(y)$ 和 $p_{ik}(x)$。

$$p_{ig}(y)=\frac{y'_{ig}}{\sum_{i=1}^{m}y'_{ig}},\quad i=1,2,\cdots,m;g=1,\cdots,4 \tag{4.18}$$

$$p_{ik}(x)=\frac{x'_{ik}}{\sum_{i=1}^{m}x'_{ik}},\quad i=1,2,\cdots,m;k=1,\cdots,5 \tag{4.19}$$

(4)计算各指标的熵值 $H_g(H_k)$。

$$H_g=-k\sum_{i=1}^{m}p_{ig}(y)\ln p_{ig}(y) \tag{4.20}$$

式中，$k=\frac{1}{\ln m}$，当 $p_{ig}=0$ 时，$p_{ig}\ln p_{ig}=0$。

同理，可求出 H_k。

(5)各指标的权重。

$$w_g = \frac{1-H_g}{9-\left(\sum_{g=1}^{4} H_g + \sum_{k=1}^{5} H_k\right)}, w_k = \frac{1-H_k}{9-\left(\sum_{g=1}^{4} H_g + \sum_{k=1}^{5} H_k\right)} \tag{4.21}$$

式中，$\sum_{g=1}^{4} H_g + \sum_{k=1}^{5} H_k = 1$。

群体抱怨强度度量动态模型：假定每个用户发表的抱怨文本度量指标相同，在不考虑时间因素情形下，下面是度量同一抱怨主题下的任意用户发表的文本抱怨强度的一般计算方法。

假设对于任意抱怨文本 A_i，其属性指标集合为 $A_i = \{y_{i1}, y_{i2}, y_{i3}, y_{i4}, x_{i1}, x_{i2}, x_{i3}, x_{i4}, x_{i5}\}$，则抱怨文本 A_i 的质量 $Iq(A_i)$、时效 $It(A_i)$ 和交互程度 $Ic(A_i)$ 分别为

$$Iq(A_i) = \sum_{g=1}^{3} w_g y_{ig} \tag{4.22}$$

$$It(A_i) = w_4 y_{i4} \tag{4.23}$$

$$Ic(A_i) = \sum_{k=1}^{5} w_k x_{ik} \tag{4.24}$$

文本 A_i 的抱怨强度为

$$In(A_i) = \alpha Iq(A_i) + \beta It(A_i) + \gamma Ic(A_i) \tag{4.25}$$

式中，α、β、γ 分别代表一级指标抱怨文本质量、抱怨传播时效性和抱怨文本交互程度的权重系数。

因此，在不考虑时间因素时，主题 T 的整体抱怨强度为

$$In(T) = \sum_{i=1}^{n} In(A_i) \tag{4.26}$$

式(4.26)给出了不考虑时间因素情形下的主题抱怨强度的度量方法，为了观察主题抱怨强度的动态变化过程，现加入时间因素，则抱怨主题在任一时间段 $t_j (j=1,2,\cdots,l)$ 的影响力等于 t_j 时间段之前的所有抱怨文本交互程度变化所增加的强度和该阶段新增加的所有抱怨文本强度的总和。

假定可测时间区段的抱怨文本数量集合为 $Q = \{q_1, q_2, \cdots, q_l\}$，$\sum_{i=1}^{l} q_i = n, 0 \leqslant q_i \leqslant n$。

可得 t_j 时间段的抱怨强度的动态度量模型为

$$\begin{aligned} In(T_{t_j}) &= \sum_{i=1}^{j-1}\sum_{q=1}^{q_i} Ic[A_q(t_{i\to j})] + \sum_{q=1}^{q_i} In[A_q(t_j)] \\ &= \sum_{i=1}^{j-1}\sum_{q=1}^{q_i} Ic[A_q(t_{i\to j})] + \sum_{q=1}^{q_i} \{\alpha Iq[A_q(t_j)] + \beta It[A_q(t_j)] \\ &\quad + \gamma Ic[A_q(t_j)]\} \end{aligned} \tag{4.27}$$

3. 实例分析

数据收集及预处理：为了验证群体抱怨强度度量模型的有效性和实用性，本书以新浪微博网站作为实验数据获取平台，将网上热点事件“酒鬼酒塑化剂”作为抱怨主题(记为T_1)展开研究，观察周期 1 个月，自 2012.11.18 至 2012.12.18。网上微博信息主题和内容更新传播速度快，选择最小观测粒度天作为时间统计区间，统计观测时间段每天的抱怨信息及其度量指标变化的情况。

(1)数据收集。以“塑化剂”为关键词，利用 R 统计软件和微博数据中心获取所需要的数据，将所得的数据记录存入 Excel 表，其中原始数据主要包括用户 ID、用户等级、用户活跃粉丝数量、用户发表的抱怨文本内容、被转发数、转发人等级、评论数量、评论人等级。

(2)数据处理。为了对模型验证，需要对原始数据特殊处理。数据处理包括：①用户的等级。新浪微博将用户使用微博的天数作为等级划分的依据，可将用户等级数据代替抱怨人的等级数据；在实验中发现，一些新浪认证机构并没有标注其等级，但该类机构的影响力很大，一般用户的最高等级未超出 13 级，可将新浪认证机构的等级设定为 15 级。②抱怨文本中的关键词是指抱怨文本中有关抱怨主题、抱怨强度等的词汇，先标记 Excel 表中的抱怨文本内容，再统计关键词的数量。③抱怨文本的转发频率，是指抱怨文本发布后 4 小时内的回复文本数量与时间的比值。④抱怨文本的点击量，由于微博消息最多 140 个字且简明扼要，用户滑动浏览无须点击。假定注册用户在微博上发布一条抱怨文本，即有所有粉丝关注并瞬时浏览，剔除僵尸粉丝数量，计算活跃粉丝数量为用户抱怨文本的点击量。⑤参与抱怨主题的讨论人数是指回复人中只出现过一次的所有回复人总和。⑥抱怨文本的有效回复数量是综合考虑回复文本的质量后得到的回复文本的数量。⑦等级高的回复人和转发人的数量，新浪微博一般用户的等级均未超过 13 级，可将大于或等于 7 级的用户视为高等级用户，以作为等级高的回复人和转发人的数量计算值。

经过上述数据处理，整个观测期间内共收集有关主题T_1记录数据 1 万余条，截取抱怨主题T_1“酒鬼酒塑化剂事件”在t_2时间段即 2012.11.19 的部分数据列表，见表 4.8。

表 4.8 抱怨主题 T_1 的 t_2 时间段部分文本数据一览表

一级指标	抱怨文本质量 Iq			抱怨传播的时效性 It	抱怨文本交互程度 Ic				
抱怨文本 $A_i(t_2)$	抱怨者的等级 y_1	抱怨文本字数 y_2	抱怨文本的关键词数量 y_3	抱怨文本的转发频率(条/h) y_4	抱怨文本的点击量 x_1	参与抱怨主题讨论的人数 x_2	抱怨文本的有效回复数量 x_3	等级高的回复人和转发人的数量 x_4	抱怨文本被转发的次数 x_5
$A_1(t_2)$	6	120	11	2.5	139	5	5	6	10
$A_2(t_2)$	11	137	12	3.25	289	2	2	10	13
$A_3(t_2)$	15	115	10	28.75	36461	20	25	90	115
$A_4(t_2)$	5	106	7	1.25	68	0	0	2	5
$A_5(t_2)$	10	119	9	0.5	430	1	1	1	2
$A_6(t_2)$	7	113	8	3.75	127	2	2	8	15
$A_7(t_2)$	9	96	9	5.25	316	5	7	12	21
$A_8(t_2)$	5	137	11	0	101	0	0	0	0
$A_9(t_2)$	7	93	10	1.25	218	2	2	4	5
$A_{10}(t_2)$	15	138	13	239	2361000	207	305	677	956
$A_{11}(t_2)$	4	128	9	0.5	87	0	0	0	2
$A_{12}(t_2)$	7	115	8	2.25	97	5	5	4	9
$A_{13}(t_2)$	11	122	9	2.75	356	7	7	12	11
$A_{14}(t_2)$	9	86	8	5.25	417	9	9	17	21
$A_{15}(t_2)$	10	139	10	8.75	297	5	5	24	35
$A_{16}(t_2)$	7	106	6	1.25	142	0	0	2	5
$A_{17}(t_2)$	5	93	8	0	54	0	0	0	0
$A_{18}(t_2)$	11	122	9	2	301	2	2	7	8
$A_{19}(t_2)$	8	96	10	1.75	72	0	0	3	7
$A_{20}(t_2)$	11	126	12	3.75	121	3	3	11	15
$A_{21}(t_2)$	15	128	10	109.25	1571003	67	111	389	437
$A_{22}(t_2)$	7	119	6	1.25	94	0	0	2	5
$A_{23}(t_2)$	7	120	11	4.5	69	5	5	12	18
$A_{24}(t_2)$	4	103	8	0	53	0	0	0	0
$A_{25}(t_2)$	7	85	8	1.25	176	1	1	3	5
$A_{26}(t_2)$	8	98	12	2.25	216	4	4	7	9
$A_{27}(t_2)$	6	80	6	0	42	1	1	0	0
$A_{28}(t_2)$	5	106	7	0.5	37	0	0	0	2
$A_{29}(t_2)$	10	79	5	7.5	365	8	15	23	30
$A_{30}(t_2)$	4	120	9	0	25	0	0	0	0
…	…	…	…	…	…	…	…	…	…

群体抱怨强度计算：为了在一级指标中确定二级指标的关键指标，本节以熵权模型法计算各个一级指标下的二级指标权重，计算结果如表 4.9 所示。

表 4.9　一级指标权重为 1 下的二级指标的权重

一级指标	二级指标	权重	合计
抱怨文本的质量 Iq	抱怨者的等级 y_1	0.643	1
	抱怨文本的字数 y_2	0.124	
	抱怨文本中关键词的数量 y_3	0.233	
抱怨传播的时效性 It	抱怨文本的转发频率 y_4	1	1
抱怨文本交互程度 Ic	抱怨文本的点击量 x_1	0.262	1
	参与抱怨主题讨论的人数 x_2	0.177	
	抱怨文本的有效回复数量 x_3	0.192	
	等级高的回复人和转发人的数量 x_4	0.187	
	抱怨文本被转发的次数 x_5	0.182	

由表 4.9 计算结果可知，用户的等级对抱怨文本的质量有显著影响；抱怨文本的点击量、抱怨文本的有效回复数量、等级高的回复人和转发人的数量对抱怨文本的交互程度有较大的影响。上述权重计算是在假定每个一级指标的权重为 1 的条件下计算得出二级指标权重，事实上一级指标各项权重并不一定相同，因此需要将专家打分法和熵权模型法的计算结果综合考虑，由此计算出一级和二级指标的权重，如表 4.10 所示。

表 4.10　一级指标和二级指标的权重

一级指标	权重	二级指标	权重
抱怨文本的质量 Iq	0.2	抱怨者的等级 y_1	0.006
		抱怨文本的字数 y_2	0.001
		抱怨文本中关键词的数量 y_3	0.002
抱怨传播的时效性 It	0.3	抱怨文本的转发频率 y_4	0.153
抱怨文本交互程度 Ic	0.5	抱怨文本的点击量 x_1	0.220
		参与抱怨主题讨论的人数 x_2	0.147
		抱怨文本的有效回复数量 x_3	0.161
		等级高的回复人和转发人的数量 x_4	0.157
		抱怨文本被转发的次数 x_5	0.153
合计	1	合计	1

从表 4.10 中我们又可以看出，抱怨传播的时效性和抱怨文本交互程度对抱怨主题的影响力影响更大，并且抱怨传播的时效性和抱怨文本交互程度对应的二级指标的权重也较大，而用户的等级对抱怨文本的质量影响依然是最大的。因此，综合表 4.9 和表 4.10 的结果可知，用户的等级、抱怨传播的时效性和抱怨文本的交互程度对抱怨强度有显著影响。

利用表 4.10 中的各指标权重和群体抱怨度量动态模型计算得到抱怨主题各阶段的影响力大小如表 4.11 所示。

表 4.11 各阶段抱怨主题影响力大小

抱怨主题 / 时间段	T_1
t_1	111.8
t_2	12899632
t_3	16565553
t_4	16675806
t_5	18109099
t_6	18467422
t_7	15876470
t_8	14126199
t_9	12375929
t_{10}	13285518
t_{11}	5326897
t_{12}	5591
t_{13}	2795
t_{14}	1118
t_{15}	372
t_{16}	1118
t_{17}	3355
t_{18}	6710
t_{19}	3947
t_{20}	2763
t_{21}	2210
t_{22}	1105
t_{23}	995
t_{24}	2487
t_{25}	1989
t_{26}	1326
t_{27}	1459
t_{28}	1751
t_{29}	701
t_{30}	560
t_{31}	504

将实验观察期内不同时段的数据合成，可生成描述抱怨主题 T_1 的信息影响力变化趋势曲线，如图 4.12 所示。

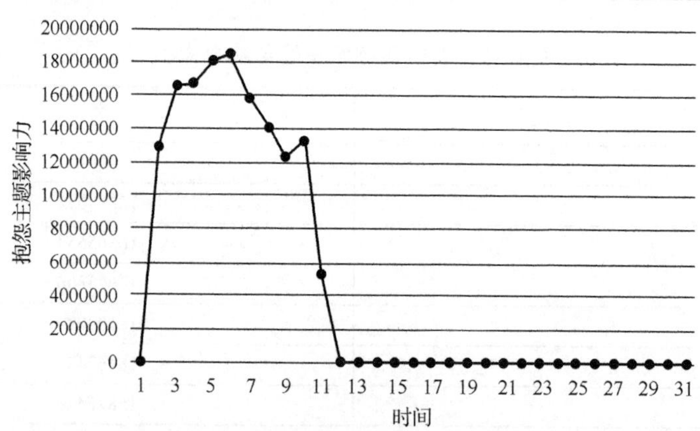

图 4.12　抱怨主题下的影响力变化趋势图

由图 4.12 可见，在线社交网络上的群体抱怨强度可以在很短时间内达到高峰，这一特征不同于传统环境下的抱怨形成过程，需要一段时间孕育和发酵过程。通过分析实际算例结果可看出：通过在线社交网络平台上的群体抱怨强度度量模型构建，以及求解、计算和结果利用，可以获得群体抱怨强度的计算方法和计算结果，并可确定不同抱怨主题影响力大小，计算过程及其结果实用，具有可操作性。为了进一步验证模型的有效性，研究中将上述实验结果与新浪微博数据中心对上述主题的影响力进行结果排序对比，由于对新浪微博的后台数据处理过程并不知情，研究仅对抱怨主题的影响力排名顺序和影响力变化趋势进行比较，并未对影响力大小数值进行比较。对比表明：运用本节的群体抱怨度量模型计算抱怨主题影响力数值排名顺序及变化趋势，与新浪数据中心提供的结果完全符合，从而佐证模型的合理性和有效性。

4.2.2　有监督学习方法：基于集成学习的群体情感计算

集成学习是使用多个基分类器进行学习，并使用某种规则把各个基分类器生成的结果进行整合从而获得比单个分类器更好的性能的一种机器学习方法。近年来，越来越多的研究开始聚焦于使用集成学习提高情感分类的精度。已有研究表明 Bagging、Boosting 以及 Stacking 的情感分类性能要比单分类器更好。然而，随机子空间(random subspace)作为一种已经在其他文本分析领域大展拳脚的方法却很少被用于情感分类研究。

本节将介绍一种利用集成学习实现群体情感(正负情感比值)计算的方法，即 POS-RS(part-of-speech-random subspace)。具体地，POS-RS 采用基于词性标记的随机子空间思路。它考虑两个分类器参数，即内容词典子空间比例(content lexicon subspace rate)以及虚词词典子空间比例(function lexicon subspace rate)，分别被用于控制群体情感分类器的多样性(diversity)以及精确度(accuracy)。从多目标优化的角度看，一个好的机制应该要考虑如何平衡精度和基分类器的多样性。实验结果表明，相比较于支持向量机等基线方法，POS-RS 能够获得最好的性能，并且能够同时降低偏差和方差。

1. 集成学习模型构建

集成学习指一种机器学习范式，训练多个分类器实现同一个问题。相比较于传统的只从训练数据中学习一种分类器的方法，集成学习尝试构建一系列假设，并且将这些假设集合起来使用。集成学习的最小组成单元是基分类器(base learner)。此外集成学习的可扩展性优势使得该方法比单分类器更加吸引研究者的关注。

在实践中，为了获取一个好的集成分类器，需要考虑两个条件，即精度和多样性。基分类器的分类精度需要比随机猜测更加准确，并且每个基分类器应该包含它独立的对该分类问题的看法，也就是说，它的分类错误模式(pattern of errors)应该与其他分类器不一样。一般地，集成学习方法可以被分成三类：样本划分方法、特征划分方法以及 Stacking。Bagging 和 Boosting 都是样本划分方法；随机子空间是特征划分方法。在随机子空间中，训练数据也要像 Bagging 一样进行修改。但是，这种修改是在特征空间而不是样本空间上执行。

相比较于其他集成学习方法，随机子空间方法更加适合于情感分类问题。主要原因就是情感分类实际上就是文本分类问题的一个实例，包含大量的相关以及冗余的特征集合。因此，当数据集包含大量的冗余或者不相关的特征时，基于子特征空间而非原始特征空间的基分类器性能可能会更好。这些基分类器的组合决策结果可能会优于构建于原始完整特征集上的单分类器。尽管随机子空间有这些优点，先前的研究并没有将其应用于情感分类领域中。因此本节提出了一种基于词性标记的随机子空间集成方法。整体模型框架见图 4.13。POS-RS 包含两个主要步骤：抽取一系列的特征以及构建基分类器。这些步骤被用于实现情感分类。

特征抽取：在集成学习中，精度和多样性是两个必须要考虑的问题。然而，就像很多多目标优化问题一样，如何平衡这两个因素并没有明确的理论指导。尽管随机子空间和 Bagging 也有他们的优势应用领域，比较性研究指出，AdaBoost 通常是最好的方法。Bagging 通过随机有放回的抽样获取子样本集合，从而实现多样性目标。Boosting 通过有序地重新给训练集样本赋权重来构造不同的分类器。而那些容易被基分类器分错的样本，在下一代的训练中会得到更大的权重。不同于样本划分方法，随机子空间通过随机选择特征集合构建基分类器。随机特征子集的目标是将随机性注入基分类器中从而增加集成分类器的多样性，但是这种方法忽视了另一个重要的因素：精度。因此，一个有趣的研究问题就是：是否存在一种既能考虑精度同时又能保证多样性的机制？

为了实现群体情感计算，文本内容必须要按照语言学分析。基于语言学理论，

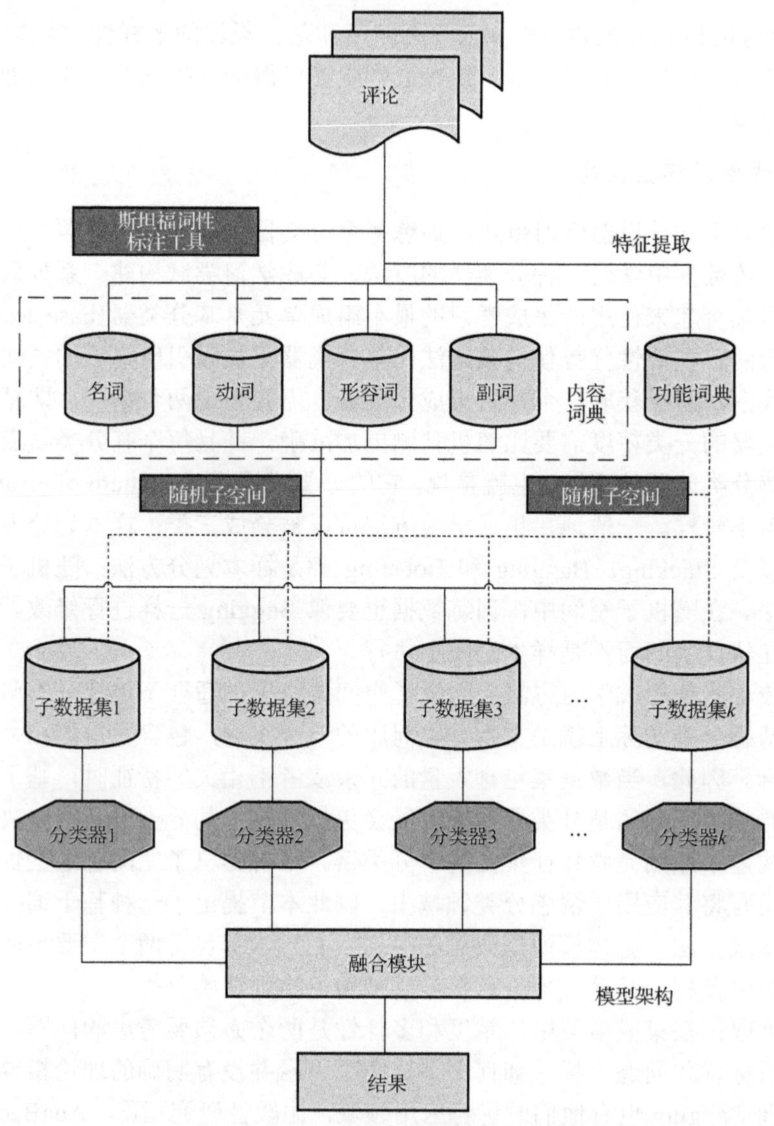

图 4.13　模型 POS-RS 框架

一条语句是由很多相关的单词构成的。英语中的单词可以被分成内容词(content words)和虚词(function words)。内容词指一些描述对象、行为或者其他非语言意思的词语。虚词是指几乎不含实际意义但是用于描述语法关系的词语。内容词主要包括名词、动词、形容词以及副词。虚词主要包括冠词、介词以及连词等。很明显，内容词比虚词包含更多的信息。

基于上述分析，本节利用词性标记信息实现精度与多样性的平衡。POS-RS 首先将文本信息分成内容词典和虚词词典。然后，使用两个参数(内容词典子空间比例和虚词词典子空间比例)来控制构建子训练集的过程。特别地，在特征抽取阶段，本节使用斯坦福词性标记器(从语料中抽取内容词典和虚词词典。斯坦福词性标记器能够读取一些语言类型的内容并且给每一个单词赋值一个词性，如名词、动词等。在试验中发现名词、动词、形容词以及副词这四类词在群体情感分析中起主要作用。

模型构建：模型的目的是学习每个样本子集中的模式。尽管每个基分类器只需要满足其性能优于随机猜测即可，但是更精确的基分类器能够获得更好的整体性能。SVM(support vector machine)是一个被广泛使用的分类算法并且展示出了相对于其他分类算法更加优越的性能。因此，本节选择 SVM 作为基分类器。在支持向量机学习中，原始的输入空间被映射到更高维的内积空间中，并且在特征空间中最优超平面决定了分类器的可扩展性。最优超平面可以通过优化理论得到。

给定 k 样本子集中的一系列训练数据点 $\mathrm{TR}_k=\{(x_1^k,y_1^k),\cdots,(x_N^k,y_N^k)\}$，其中 $x_i^k\in\mathbf{R}^n$ 是向量空间模式，$y_i\in\{-1,1\}$ 是类别标签，SVM 试图找到一个分类器 $f(x)$ 最小化期望误分类比例(expected misclassification rate)。线性分类器 $f(x)$ 是一个超平面，并且可以表示成 $f(x)=\mathrm{sgn}(w^{\mathrm{T}}x+b)$。寻找最优分类器 $f(x)$ 的过程等价于求解下属的凸二次优化问题：

$$\max_{w,b}\frac{1}{2}\|w^{k2}\|+C^k\sum_{i=1}^{N}\xi_i^k \tag{4.28}$$

$$\text{Subject to } y_i(\langle w^k,x_i^k\rangle+b^k)\geqslant 1-\xi_i^k(\xi_i^k\geqslant 0,i=1,\cdots,N)$$

式中，C^k 为正则参数，主要用于防止模型过拟合。这个典型的二次型规划问题可以通过它的对偶形式求解。

训练完不同的基分类器后，接下来的问题就是如何综合不同的分类器得到群体用户的正负情感比例，也即群体情感极性。假设每个基分类器的权重都是一样的，因此群体情感极性可以用如下公式表示：

$$\mathrm{GS}=\frac{V_+}{V_-+Sm} \tag{4.29}$$

式中，V_+ 表示基分类器中认为该群用户所发表的文本情感呈正向的票数(vote)，同理 V_-表示基分类器中认为该群用户所发表的文本情感呈负向的票数，Sm 是一个极小值，防止分母为 0。

2．POS-RS 算法

POS-RS 算法的整体工作思路是：首先使用斯坦福词性标记器将原始特征空间 D 分割成内容词典 D_C 以及虚词词典 D_F。然后，POS-RS 通过随机选择以及组合来自 D_C 和 D_F 中的特征集合生成 k 个训练子集。其中从 D_C 和 D_F 选取特征的数量分别受参数

r_C 与 r_F 控制。之后在 k 个训练子集训练 k 个基分类器。最后，通过式(4.29)得到最终的群体情感极性。POS-RS 的伪代码见图 4.14。

POS-RS（D，r_C，r_F，k, L）
输入：数据集 $D=\{(x_1,y_1),(x_2,y_2),\cdots,(x_m,y_m)\}$；
内容词典子空间比例 r_C；
虚词词典子空间比例 r_F；
子分类器的数量 k;
基分类器 L;
过程：
使用斯坦福词性标注工具将 D 分为内容词典 D_C 和虚词词典 D_F；
　　对于 $t\in\{1,2,\cdots,k\}$ 执行
　　　$D_t^C=\mathrm{RS}(D_c,r_C)$　　%%从 D_C 中随机生成一个子数据集
　　　$D_t^F=\mathrm{RS}(D_F,r_F)$　　%%从 D_F 中随机生成一个子数据集
$D_t=\mathrm{Combine}(D_t^C,D_t^F)$　　%%组合 D_t^C 和 D_t^F
$h_t=L(D_t)$　　%%基于子空间样本集合 D_t 训练基分类器 h_t
Endfor
输出：$\mathrm{GS}=\dfrac{\sum_{t=1}^{k}1(1=h_t(x))}{\sum_{t=1}^{k}1(0=h_t(x))+Sm}$ %%如果 α 是真，则 $1(\alpha)=1$

图 4.14　POS-RS 的伪代码

3. 实验分析

鉴于群体情感极性计算的准确性无法直接衡量，故而采用间接的评测方法进行衡量。即采用个体情感分类的精度度量所涉及的算法的性能。在个体情感的度量中，遵从少数服从多数的原则确定每条文本的最终情感倾向。这里假设只有正负两种极性。具体地，给定一系列的基分类器 $\{C_i(x),1\leqslant i\leqslant k\}$，少数服从多数的原则可以表示成如下形式：

$$C^*(x)=\mathrm{sgn}\left\{\sum_i C_i(x)-\frac{k-1}{2}\right\}\tag{4.30}$$

数据：为了验证 POS-RS 在情感分类领域的有效性，本节选用了 10 个来自于多个领域的数据集。除了相机数据集包含 250 条正例 248 条反例，其他 9 个数据集中正例的数量与反例是相等的。数据详情见表 4.13。

评价标准：本节使用平均精度(average accuracy)这一情感分类中的标准度量指标来评价 POS-RS 的性能。平均精度的定义可以用表 4.12 中的混淆矩阵来解释。具体地，平均精度可以定义为如下公式：

$$\text{average accuracy}=\frac{\mathrm{TP}+\mathrm{TN}}{\mathrm{TP}+\mathrm{FP}+\mathrm{FN}+\mathrm{TN}}\tag{4.31}$$

表 4.12 混淆矩阵

		实际情况	
·		正向情感	负向情感
实验结果	正向情感	真正向	假正向
	负向情感	假负向	真负向

表 4.13 数据集详情

数据集	描述	(特征 F1)	(特征 F2)	实例
相机	来自 Amazon.com 的数码相机评论数据。这些评论是从具有大量评论的相机中抽取的。这个数据集和笔记本电脑评论都属于消费电子领域	4352	257	498 (250:248)
露营	来自 CampRatingz.com 的露营评论数据。这些评论中有相当一部分是由参加露营的年轻人撰写的	3775	116	804 (402:402)
医生	来自 RateMDs.com 的医生评论数据	5115	125	1478 (739:739)
药物	DrugRatingz.com 上的药物评论数据	3796	140	802 (401:401)
笔记本电脑	来自 Amazon.com 的笔记本评论数据	3693	150	176 (88:88)
律师	来自 LawyerRatingz.com 的律师评论数据	1684	30	220 (110:110)
电影	各种电影的评论数据	44207	876	2000 (1000:1000)
音乐	来自 Amazon.com 的音乐 CD 评论数据。被评论的专辑最近发行了属于各种音乐流派的流行音乐	7220	165	582 (291:291)
广播	RadioRatingz.com 广播节目的评论数据。这个数据集和电视数据集的平均评价是最短的	3916	129	1004 (502:502)
电视	来自 TVRatingz.com 的电视节目评论数据。这些评论通常很短，并且不是很详细	1991	35	470 (235:235)

实验结果：本节使用数据挖掘工具 Weka 实施基分类器。该开放工具包含很多解决数据挖掘问题的基础机器学习算法。本节选择 SVM、Bagging、Boosting、Random Subspace(RS)、Naive Bayes(NB)、Maximum Entroppy(ME)、Stanford NLP(SNLP)、Senti Strength(SS)以及 Opinion Finder(OF)作为对比算法。表 4.14 展示了实验结果。一般而言，表 4.14 中的结果表明 POS-RS 算法是优于其他方法的。除了相机、音乐以及 TV 数据集，POS-RS 在其他数据集上都取得了最好的成绩，分别为 85.26%-Camp（$r_C=0.5$ 和 $r_F=0.5$），85.03%-Doctor（$r_C=0.8$ 和 $r_F=0.7$），68.82%-Drug（$r_C=0.5$ 和 $r_F=0.6$），79.79%-Laptop（$r_C=0.4$ 和 $r_F=0.9$），83.86%-Lawyer（$r_C=0.6$ 和 $r_F=0.2$），85.55%-Moive（$r_C=0.9$ 和 $r_F=0.5$）以及 70.66%-Radio（$r_C=0.8$ 和 $r_F=0.3$）。此外，正如我们所预期的，使用虚词词典的方法性能最差。

表 4.14　不同方法的实验结果

方法	相机/%	露营/%	医生/%	药物/%	笔记本电脑/%	律师/%	电影/%	音乐/%	广播/%	电视/%
SVM(F1)	74.10 ±5.37	82.16 ±4.53	82.82 ±2.79	67.15 ±5.42	74.64 ±8.79	80.91 ±7.31	85.00 ±2.82	66.07 ±4.70	68.93 ±4.39	74.36 ±5.37
Bagging(F1)	75.70 ±4.99	82.65 ±3.36	83.09 ±3.23	67.89 ±5.22	76.13 ±7.75	80.68 ±3.33	85.05 ±3.17	66.32 ±4.51	69.58 ±3.67	75.74 ±6.03
Boosting(F1)	74.10 ±5.37	82.46 ±4.21	80.62 ±3.27	66.22 ±4.37	74.64 ±8.79	67.73 ±9.66	85.00 ±2.82	66.07 ±4.70	68.39 ±4.16	74.36 ±5.37
RS(F1)	75.92 ±7.77	84.33 ±3.58	84.64 ±2.69	68.69 ±4.71	78.17 ±10.17	81.82 ±7.22	85.48 ±2.37	70.02 ±5.72	70.32 ±5.16	76.28 ±5.27
SVM(F2)	54.22 ±5.37	54.04 ±2.69	52.37 ±1.47	52.81 ±3.39	63.06 ±9.56	54.55 ±4.17	56.20 ±3.27	55.08 ±5.30	53.29 ±2.18	52.66 ±3.51
Bagging(F2)	55.42 ±5.82	53.92 ±2.77	52.40 ±1.94	82.84 ±3.82	62.25 ±10.58	54.55 ±3.90	57.15 ±2.91	53.27 ±4.67	53.19 ±2.30	51.38 ±2.95
Boosting(F2)	51.40 ±4.91	53.05 ±2.98	52.10 ±1.73	52.81 ±4.11	61.62 ±8.08	54.55 ±4.17	55.25 ±2.73	53.27 ±5.88	51.20 ±1.28	52.55 ±3.66
RS(F2)	54.32 ±5.64	53.99 ±5.20	52.47 ±1.77	52.93 ±4.25	60.60 ±8.20	54.77 ±5.61	57.73 ±3.10	54.65 ±4.83	53.98 ±3.59	53.09 ±4.60
SVM(F1+F2)	73.21 ±5.55	82.89 ±2.96	82.29 ±3.82	66.59 ±5.98	75.77 ±10.57	79.09 ±6.66	84.70 ±3.26	66.23 ±4.16	68.92 ±2.92	73.62 ±5.50
Bagging(F1+F2)	74.50 ±4.82	83.89 ±3.11	82.26 ±3.42	67.96 ±5.41	76.05 ±10.19	77.50 ±6.99	85.33 ±3.20	66.74 ±4.66	68.67 ±3.24	74.57 ±6.00
Boosting(F1+F2)	74.21 ±5.55	73.40 ±2.22	80.92 ±3.74	65.46 ±5.96	75.77 ±10.57	65.23 ±10.86	87.70 ±3.26	66.23 ±4.16	68.47 ±4.64	73.62 ±5.50
RS(F1+F2)	75.01 ±5.61	84.33 ±2.82	84.34 ±3.81	68.70 ±4.28	78.99 ±12.15	82.50 ±6.47	84.98 ±2.87	**70.09** ±5.93	70.43 ±4.57	76.49 ±5.67
NB(F1+F2)	77.09 ±5.31	82.01 ±4.67	78.92 ±3.29	66.43 ±4.32	77.92 ±9.10	79.85 ±7.44	83.07 ±2.67	65.57 ±6.74	65.21 ±4.64	71.20 ±6.89
ME(F1+F2)	75.79 ±6.04	80.56 ±4.02	73.88 ±4.11	63.12 ±5.26	69.68 ±9.88	78.24 ±7.65	67.81 ±3.29	64.66 ±6.89	65.61 ±3.79	72.46 ±6.46
SNLP	74.15 ±3.22	74.43 ±3.56	80.78 ±4.08	67.59 ±3.76	77.14 ±5.27	82.22 ±4.69	79.86 ±3.35	69.84 ±4.62	64.69 ±3.57	77.86 ±3.88
SS	66.34 ±3.75	69.22 ±3.66	65.63 ±3.89	56.93 ±3.19	64.42 ±4.64	63.78 ±4.42	68.94 ±3.87	58.47 ±4.23	60.24 ±3.65	62.17 ±3.91
OF	**77.27** ±5.05	83.71 ±3.75	82.49 ±3.38	67.61 ±4.23	77.59 ±8.73	81.08 ±7.33	84.04 ±2.62	68.69 ±6.34	67.41 ±4.38	75.67 ±6.31
POS-RS	76.49 ±6.02	**85.26** ±4.88	**85.03** ±2.65	**68.82** ±4.57	**79.79** ±9.49	**83.86** ±6.67	**85.55** ±2.98	69.59 ±5.08	**70.66** ±4.59	76.06 ±6.83

4.3 群体情感演化机理

近年来随着复杂性科学的兴起，研究者以社交网络和社交动力学为基础对群体情感演化机制展开研究。在这些研究中，一般用观点值来表达个体情感，用观点值的动力学方程对群体情感演化进行建模。例如，通过投票者模型(voter model)、多数决定模型(majority-rule model)以及基于有界信任假设所提出的连续型观点动力学模型，来解释群体观点为什么发生演化、按何种方式进行演化，特定话题的群体观点为什么出现统一、极化或者分裂等各种宏观现象，从而揭示出许多群体情感观点演化过程的本质特征。从群体内个体的角色差异性角度来说，现有的模型大体可分为无领导的群体情感演化模型及有领导的群体情感演化模型，本章将主要介绍这两个模型。

4.3.1 无领导的群体情感演化模型

此类模型中，个体间的角色地位几乎是无差异的，或者说，研究中并不考虑这种差异性，我们称为无领导的群体演化模型。本节以文献[7]作为该类模型的一个例子加以介绍。

首先，群体内部个体间的关系可以用社交网络来表达。用网络中的节点表示个体，节点间的连边表示个体之间存在的相互作用或影响的社会关系。当个体情感(观点)比较接近时，他们才进行相互作用(如交流或讨论)，而个体情感(观点)差距较大时，则个体之间不再互相影响。这体现了现实世界中的“道不同不相与谋”的思想。我们把这种情况称为有界信任。Hegselmann 和 Krause 等根据有界信任提出的情感演化模型(Hegselmann-Krause model，HK model)：[8]

$$x_i(t+1) = a_{i1} \cdot x_1(t) + a_{i2} \cdot x_2(t) + \cdots + a_{in} \cdot x_n(t) \tag{4.32}$$

式中，$a_{ij} = \dfrac{1}{|I(i,x(t))|}$，$|I(i,x(t))|$表示所有与个体$i$有联系的邻居的数量。个体$i$的邻居被定义为：$\{j \,||\, x_i - x_j| < \varepsilon, j = 1,2,\cdots,n\}$，其中$\varepsilon$为个体间的有界信任参数，它为一个固定的常数，因此式(4.32)表明第i个个体在$t+1$时的观点值为第t时的所有与第i个个体有联系的个体的观点值的简单算术平均。

其次，由于 HK 模型不能反映个体间的信任和影响是由量变到质变的过程，且邻居的界定特别依赖于ε，该参数的微小变化将导致邻居范围发生很大变化，模型的稳健度不高。为克服上述缺陷，我们引入影响函数的概念，并针对 HK 模型的影响函数为跳跃函数的特点，提出具有连续影响函数的群体观点演化模型。

1. 基于连续影响函数的群体观点演化模型

1) 影响函数

根据 HK 模型，把个体的观点更新规则改写为

$$x_i(t+1) = \sum_{j:|x_i(t)-x_j(t)|<\varepsilon} a_{ij} x_j(t) \tag{4.33}$$

社交网络中个体i和j之间不一定有联系(既包括网络结构关系的不联系，也包括i和j之间由于观点差距大于有界信任参数所造成的不联系)。把上述观点更新过程看成所有与i有联系的个体的观点的平均过程。但本节给所有个体都赋予权重值，如与个体 2 有联系的有个体 1、个体 2 和个体 4。其权重分别为 0.3、0.3 和 0.4。而其他无联系的个体如个体 3、个体 5 等都赋予 0 的权重。因此上述观点更新过程就可以改写为如下形式：

$$x_i(t+1) = \sum_{j=1}^{n} s(x_i - x_j) a_{ij} x_j(t)$$
$$s(\tau) = \begin{cases} 1, & |\tau| < \varepsilon \\ 0, & |\tau| \geqslant \varepsilon \end{cases} \tag{4.34}$$

当i和j不具有邻居关系时$a_{ij}=0$，因此只有i与j同时具有邻居关系和较为接近的观点距离时，他们之间才会发生观点交互。不难看出，$\sum_{j=1}^{n} s(x_i - x_j) a_{ij} = 1$。其中个体的自信程度为$a_{ii}$，它反映了个体$i$在多大程度上依赖上一轮的观点值。

本书称$s(\tau)$函数为影响函数，它表明的是个体之间相互影响的程度。可以看出在 HK 模型里，该函数是非连续的。当两个个体之间的观点差距超过有界信任参数ε时，也就是相互影响程度为 0，称为完全不影响，当两个个体之间的观点差距小于有界信任参数ε时，相互影响程度为 1，称为完全影响。值得说明的是，完全信任并不代表个体i会完全接受j的观点。由于跳跃的影响函数不能反映随着时间的推演，个体之间的信任关系由量变到质变过程，因此本书假定个体i与个体j之间的相互信任过程分为 3 个阶段，即完全影响阶段、不完全影响阶段和完全不影响阶段。同时假定在从完全影响到不完全影响的量变过程中，影响函数是呈线性递减的。因此具有连续形式的影响函数(图 4.15)的表达式为

$$s'(\tau) = \begin{cases} 1, & |\tau| \leqslant k\varepsilon(\text{完全影响区间}) \\ \dfrac{\varepsilon - \tau}{\varepsilon(1-k)}, & k\varepsilon < |\tau| < \varepsilon(\text{部分影响区间}) \\ 0, & |\tau| \geqslant \varepsilon(\text{完全不影响区间}) \end{cases} \tag{4.35}$$

式中，$\tau = x_i(t) - x_j(t),\ k \in [0,1]$，本书称 k 为个体间完全影响的信任区间参数，显然 HK 模型相当于 $k=1$ 的情形。

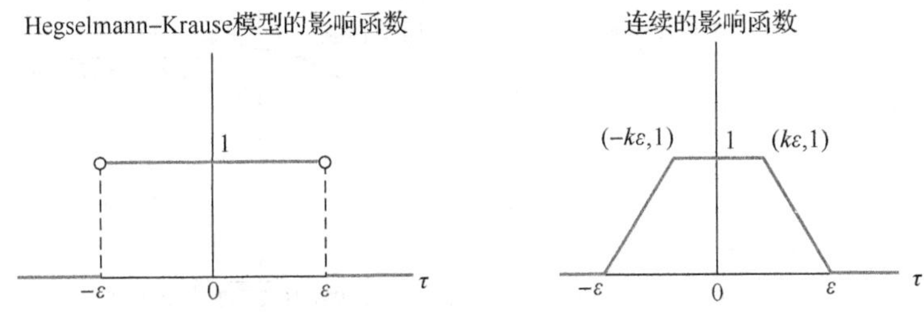

图 4.15 两种类型的影响函数

2) 基于连续影响函数的群体观点演化模型

假设具有 n 个个体的社交网络的每一个有界信任参数为 ε，完全影响的信任区间参数为 k，个体的观点更新规则为

$$x_i(t+1) = \sum_{j=1}^{n} s'(x_i - x_j) a_{ij} x_j(t)$$

$$s'(\tau) = \begin{cases} 1, & |\tau| \leqslant k\varepsilon \\ \dfrac{\varepsilon - \tau}{\varepsilon(1-k)}, & k\varepsilon < |\tau| < \varepsilon (0 \leqslant k \leqslant 1) \\ 0, & |\tau| \geqslant \varepsilon \end{cases} \tag{4.36}$$

也可以把上述模型写成矩阵的形式：设 $X(t) = (x_1(t), x_2(t), \cdots, x_n(t))'$ 代表 t 时刻 n 个个体的观点所形成的列向量，记 $A(t) = (s'(x_i - x_j) a_{ij}(t))_{n \times n}$。同时假定个体之间的信任和不信任是相互的，即若 $a_{ij} = 0$，那么 $a_{ji} = 0$。因此，社交网络中的这种联系关系是一个无向图。如果一开始社交网络为完全图，则不论 t 为多少，$A(t)$ 中的零项始终是对称的。但对于现实中的在线社交网络，$A(t)$ 中的零项则不一定对称。但不论哪种情形，最后，个体观点演化规则为：$X(t+1) = A(t)X(t)$。

2. 本模型与 HK 模型的比较

在其他条件相同下，本模型与 HK 模型相比每个个体有更高的自信程度。影响函数的完全信任区间的参数 k 反映了个体间观点交互的动态过程是由量变到质变的过程。假设 n 个个体组成的社交网络形成了 ε 链，对于个体 i，假设个体 j 是其邻居，且具有较近的观点距离，但随着群体观点不断交互，i 和 j 个体之间的观点差距越来越大，以至于最终形成断裂。图 4.16 显示了两个个体在 $n=100$ 的群体内观点差距的变化过程（$k=0.3, \varepsilon=0.2$）。在第一个阶段，i 和 j 因为观点距离较小，它们之间的影响是完全的（$t<12$）。后来 i 和 j 个体之间的观点差距越来越大，它们之间的信任关

系进入部分影响阶段($12<t<22$)。最后由于观点距离超过了有界信任参数，它们之间不再相互信任，各自分属于两个观点集团。

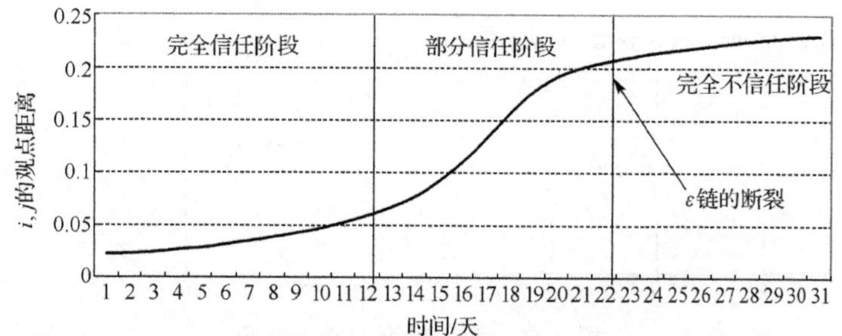

图 4.16　ε 链的断裂——两个个体的三个信任阶段的示例

由于$x_i(t+1)=\sum_{j=1}^{n}a_{ij}s'(x_i(t)-x_j(t))x_j(t)$，个体自信程度为$a_{ii}=1-\sum_{j\neq i}a_{ij}s'(x_i(t)-x_j(t))\geqslant 1-\sum_{j\neq i}a_{ij}s(x_i(t)-x_j(t))$，由此可见，较之于 HK 模型，本模型中的个体自信程度会更大，同理还可以看出，在其他条件不变的情况下，随着参数k的增大，s'会越来越大，个体自信程度将越来越小，即较大的k代表着较小的个体自信程度。

本模型与 HK 模型相比有更慢的观点更新速率。

令$w_j=a_{ij}s'(x_i(t)-x_j(t))$，则$\sum_{j=1}^{n}w_j=1$。

$$x_i(t+1)=w_1x_1(t)+w_2x_2(t)+\cdots+w_{i-1}x_{i-1}(t)+w_ix_i(t)+w_{i+1}x_{i+1}(t)+\cdots+w_nx_n(t)$$

$$\begin{aligned}x_i(t+1)-x_i(t)&=(w_i-1)x_i(t)+\sum_{j\neq i}w_jx_j(t)=\sum_{j=1}^{n}w_jx_j(t)-(w_1+w_2+\cdots+w_n)x_i(t)\\&=\sum_{j=1}^{n}w_j[x_j(t)-x_i(t)]=\sum_{j=1}^{n}a_{ij}s'(x_i(t)-x_j(t))[x_j(t)-x_i(t)]\end{aligned}\tag{4.37}$$

同理，HK 模型中的观点更新速率为$\sum_{j=1}^{n}a_{ij}s(x_i(t)-x_j(t))[x_j(t)-x_i(t)]$，在有界信任参数相同的情况下，$s'(x_i(t)-x_j(t))<s(x_i(t)-x_j(t))$，所以较之于 HK 模型，该模型的观点更新速率更慢。显然 HK 模型是本模型完全影响的区间参数$k\in[0.75,1.2)$的情况，因此，本模型是 HK 模型的改进与推广。此外，本模型更符合社会心理学的社会判断理论(social judgment theory，SJT)的基本思想①。

① 社会判断理论：由谢里夫、霍夫兰德等于 1961 年所提出的态度理论。该理论认为个体的观点区域可以分为接受的区域、态度不明朗的区域和拒绝的区域。当个体接触到一个新观点时，首先会判断该信息或观点处于自身态度区域的哪一个位置，如果一种新观点位于自己态度的接受区域，则会接受此新态度，改变原有态度；如果一种新观点位于自己态度的拒绝区域，就会拒绝改变原有态度。当新态度位于不明朗区域时，劝说的作用才比较大，态度改变明显。

3．仿真分析

1)有界信任参数ε对观点集团数量和收敛时间的影响

本节利用 MATLAB 对 100 个个体的观点演化情况进行了仿真实验，并假设个体初始时的观点值服从[0,1]的均匀分布。实验结果表明，在上述演化规则下，群体观点最终或趋于一致，或分裂成若干个集团，并且每一个集团的群体观点最终达到稳态。观点集团的数量受ε的影响：以$k=0.2$为例，ε越大，观点集团的数量就越少；如当$\varepsilon=0.1$时，观点集团的数量为 9；而当$\varepsilon=0.3$时，观点集团的数量为 3。当进一步增加到 0.5 时，观点集团数量为 1，即群体内所有人观点最终趋于一致，ε对群体观点演化的影响如图 4.17 所示。

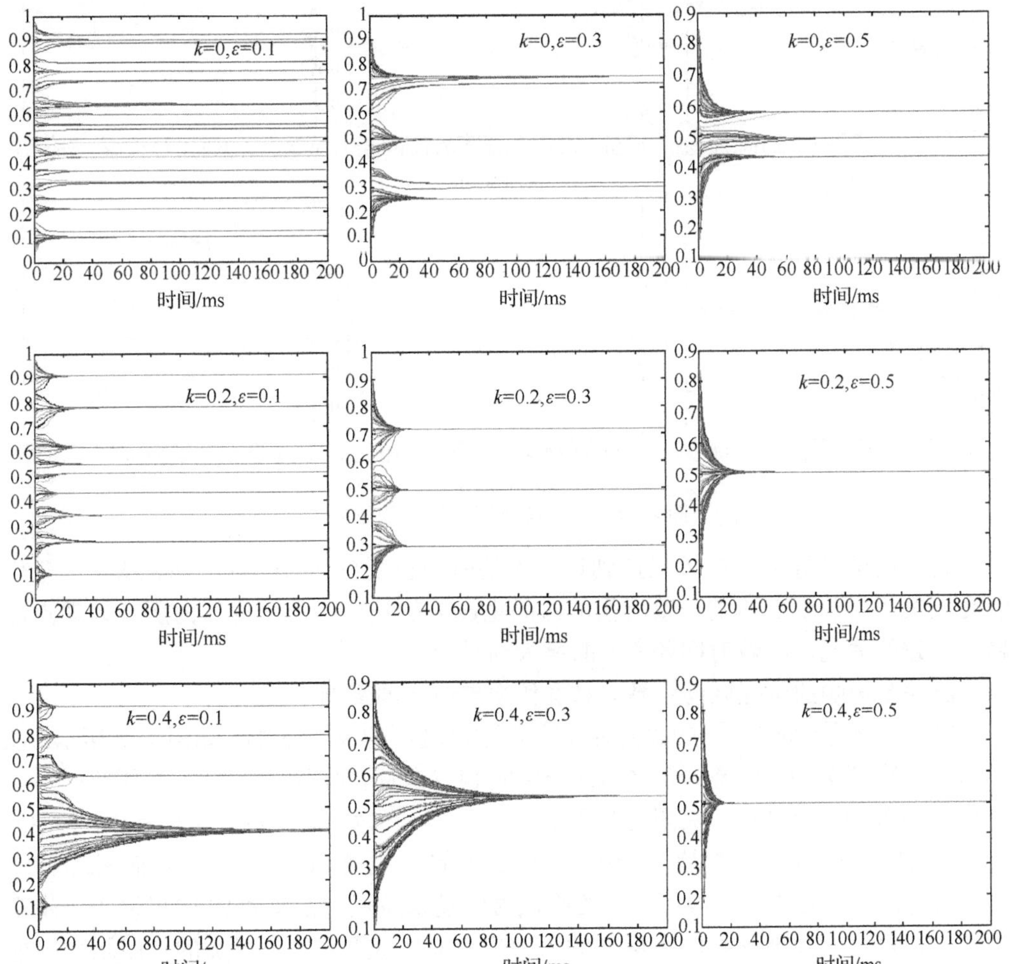

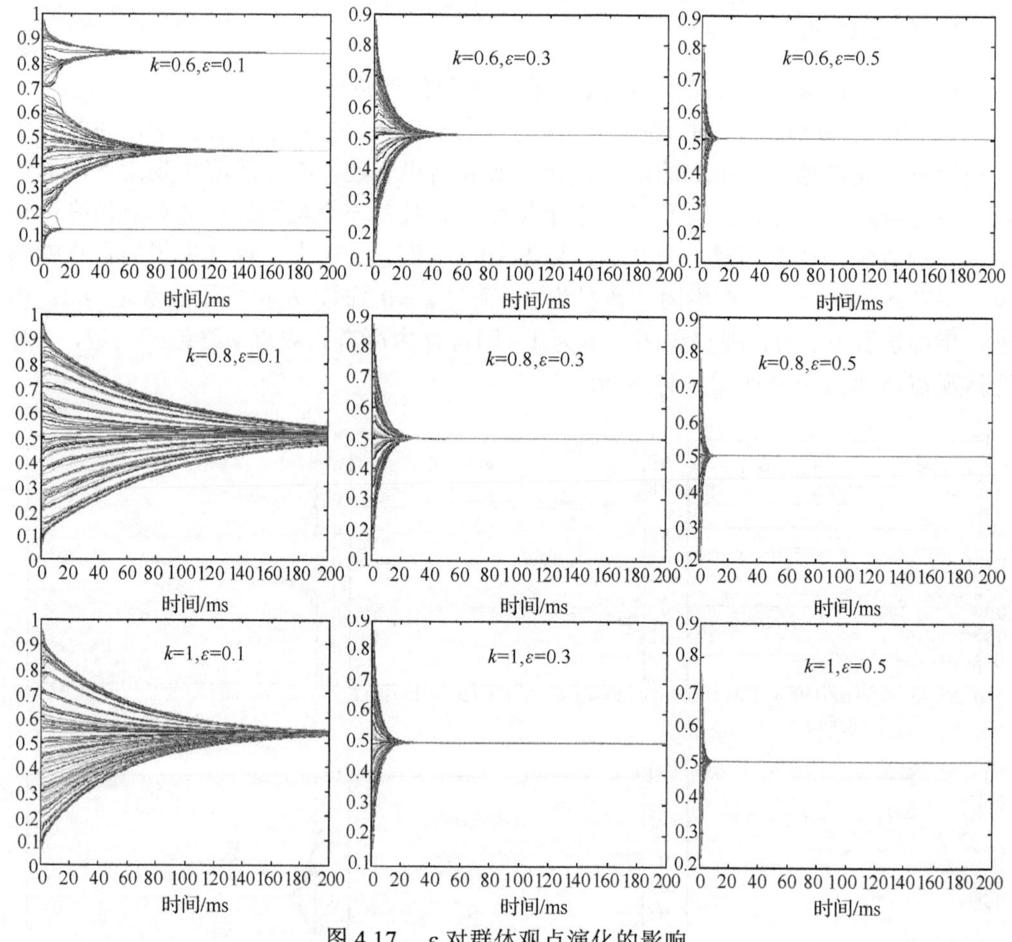

图 4.17　ε 对群体观点演化的影响

同时还可以看出，群体观点到达收敛的时间也受到 ε 的影响，当 ε 越大，分化的观点集团内部观点达到一致所需的时间也越来越长。但对于群体内所有人观点都趋于一致的情况，收敛时间随着 ε 的增大而减少。

2) 完全影响的信任区间参数 k 对群体观点演化的影响

完全影响的区间参数 k 的取值对群体观点演化也产生重要影响，如图 4.18 所示：以 $\varepsilon = 0.2$ 为例，当 $k = 0$ 时，整个群体最终分化成 14 个集团，而当 $k = 0.2$ 时，集团数量为 5。当 k 进一步增加到 0.4 时，集团的数量为 2 等。当 $k = 1$ 时，影响函数 $s(z)$ 为 HK 模型的情形。这时，群体观点最终趋于一致。因而可以看出集团数量随着 k 的增加而逐渐减少。

另外随着 k 的增加，群体观点的收敛时间越来越短。在图 4.18 中可以进一步观察到：在每一个互不影响的小群体的内部更容易达成共识，随着 k 的不断增大，能达成共识或意见一致的群体规模不断扩大，群体观点趋于一致的时间也就越来越短。如在 $k = 0.8$ 和 $k = 1$ 的两种群体观点都趋于一致情形下，前者所需要的时间更长。

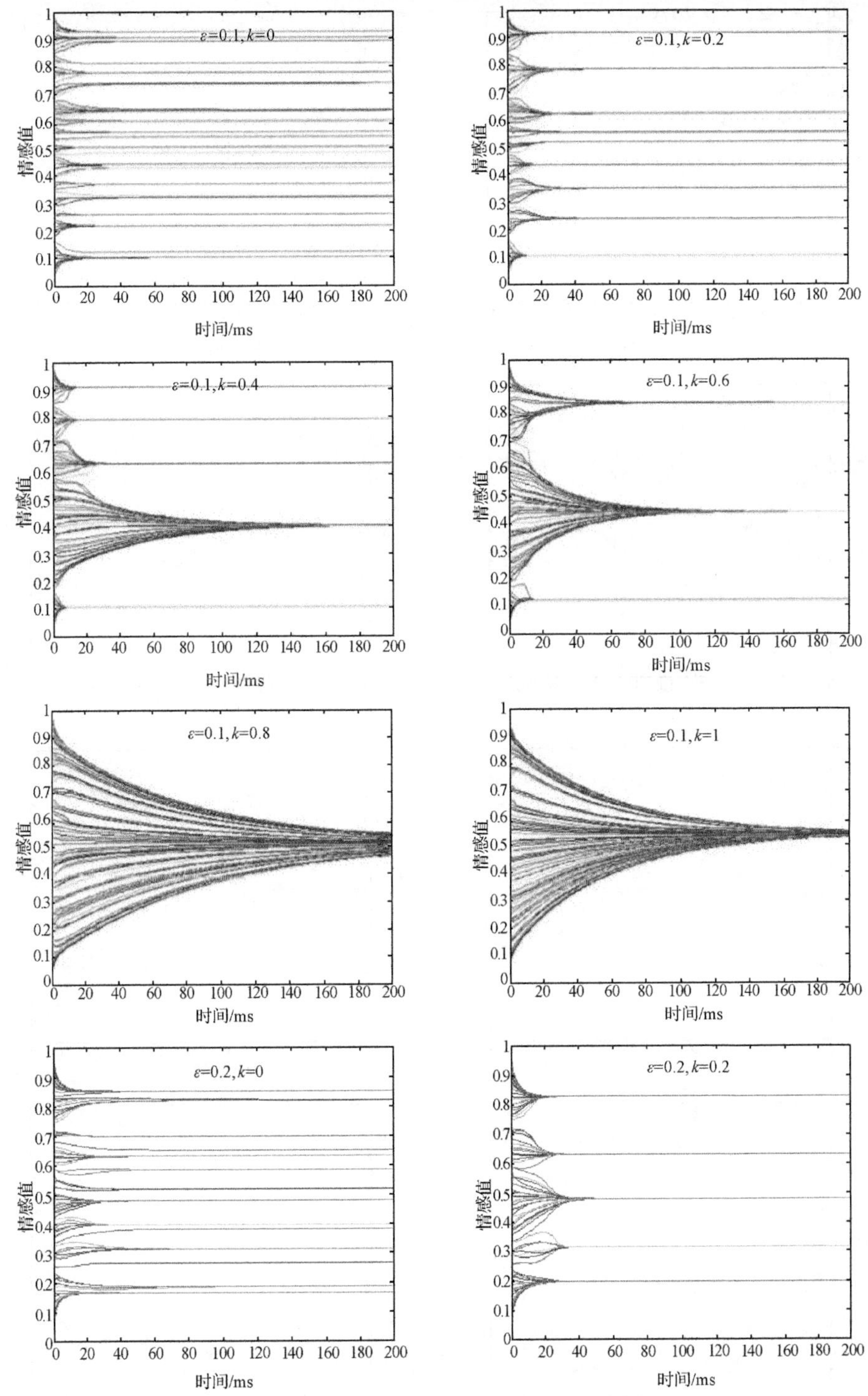
ε=0.1, k=0
情感值
时间/ms
ε=0.1, k=0.2
情感值
时间/ms
ε=0.1, k=0.4
情感值
时间/ms
ε=0.1, k=0.6
情感值
时间/ms
ε=0.1, k=0.8
情感值
时间/ms
ε=0.1, k=1
情感值
时间/ms
ε=0.2, k=0
情感值
时间/ms
ε=0.2, k=0.2
情感值
时间/ms

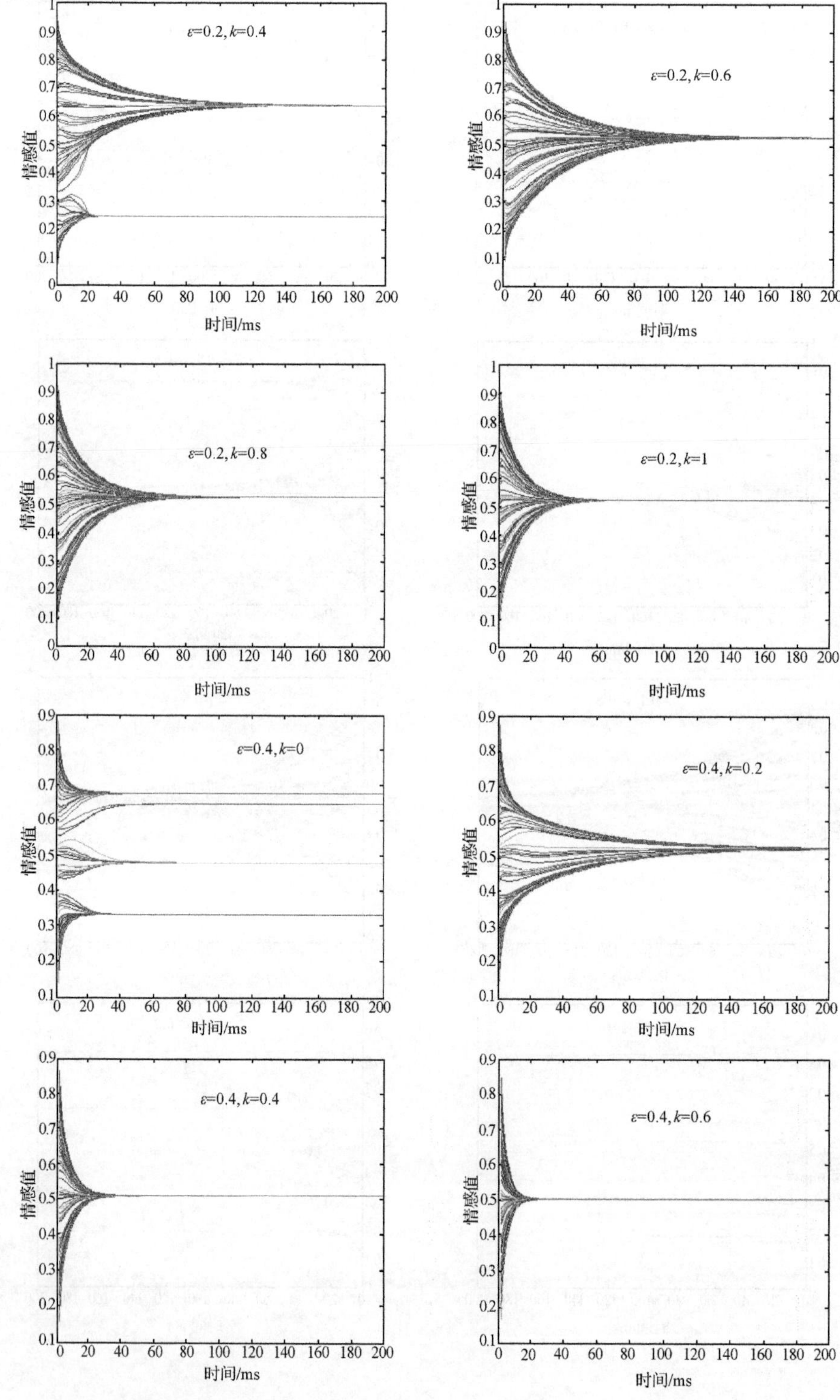
ε=0.2, k=0.4
ε=0.2, k=0.6
ε=0.2, k=0.8
ε=0.2, k=1
ε=0.4, k=0
ε=0.4, k=0.2
ε=0.4, k=0.4
ε=0.4, k=0.6
情感值
时间/ms

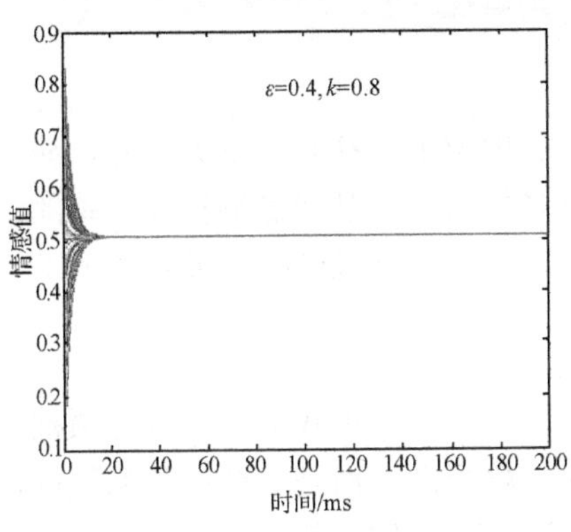

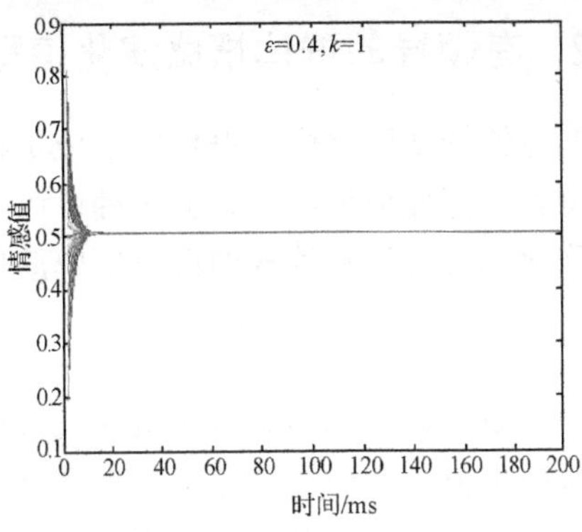

图 4.18　k 对群体观点演化的影响

把上述结果整理成表 4.15，结果表明：有界信任参数越大则群体观点集团数量越少，而在群体观点趋于一致的情况下，收敛时间越短；完全影响的区间参数越大则群体观点集团数量越少，而在群体观点趋于一致的情况下，收敛时间越短；因而 k 和 ε 对群体观点集团数量以及收敛时间的影响是一致的。

表 4.15　有界信任参数与完全信任的区间参数对观点集团数量和群体观点收敛时间的影响

		有界信任参数				
		$\varepsilon=0.1$	$\varepsilon=0.2$	$\varepsilon=0.3$	$\varepsilon=0.4$	$\varepsilon=0.5$
完全信任的区间参数	$k=0$	20	14	6	4	3
	$k=0.2$	9	5	3	1 (400)	1 (70)
	$k=0.4$	5	2	1 (280)	1 (83)	1 (42)
	$k=0.6$	3	1 (364)	1 (132)	1 (52)	1 (26)
	$k=0.8$	1 (998)	1 (201)	1 (73)	1 (37)	1 (23)
	$k=1$	1 (748)	1 (159)	1 (57)	1 (27)	1 (17)

有界信任参数是现实中个体开放性(openness)的反映。从上述结果可以看出，当群体中个体开放性越大，则群体观点容易趋于一致。

此外，由于 k 的值越大，影响函数 $s(\tau)$ 就越大，即个体受他人影响的程度就越高，因而该参数反映了个体自信心程度。k 越小，代表个体自信程度越高，所以还可得出如下结论：在个体间不发生分歧的情况下，群体观点收敛时间随着个体自信程度的增加而增加，即群体观点不容易趋于一致。此时观点集团数量往往较多，但每一个观点集团内，观点趋于稳定的时间则往往较短。这与现实的情形是类似的，如果一个社会网络中的个体都是自信程度较高的个体，则这些个体不易被说服，那么他们的观点不容易趋于一致。相反在他的周围往往会容易形成一个观点簇，最终导致观点集团的数量偏多。

4.3.2　有领导的群体情感演化模型

实际的社交网络中，群体内部成员在角色、地位上往往存在很大差异。演化过程中，总有一部分个体——意见领袖可以吸引更多的关注，从而影响群体情感的演化。我们称此类模型为有领导的群体情感演化模型。下面以文献[9]为例进行介绍。

1．群体观点演化建模

20 世纪 40 年代，Lazarsfeld 等《人民的选择》一书中正式提出“意见领袖”的概念，他们认为，大众传播并不是直接“流”向一般受众，而是要经过意见领袖这个中间环节，即“大众传播—意见领袖—一般受众”[10]。相比一般受众，“意见领袖”接触媒体的频率更高，他们通过向他人提供信息，传达观点，影响那些媒介接触度、知识水平和兴趣度比较低的受众。他们的存在对大众传播效果产生重大影响。随着网络应用的普及和网络作用的日益凸显，网络“意见领袖”影响舆论、引导舆论的能力也越来越受到重视。

意见领袖区别于大众人群主要体现在两方面：网络结构中的位置和演化模型中的权重系数。假设网络中存在意见领袖(中心节点)和普通人群(非中心节点)，非中心节点处于等价的地位，那么意见领袖和普通人群就形成了具有中心的规则网络结构，如图 4.19 所示。用 $x_i(t)$ 表示个体 $i\,(i=1,2,\cdots,n)$ 在 t 时刻对某事件的观点状态值，且 $x_i(t)\in[-1,+1]$ 为连续观点，当观点 $x_i<0$ 或 $x_i>0$ 时表示个体 i 对该事件的态度倾向于反对或赞成，x_i 越接近于−1 或+1 表示反对或赞成的极性越强，$x_i=0$ 表示中立态

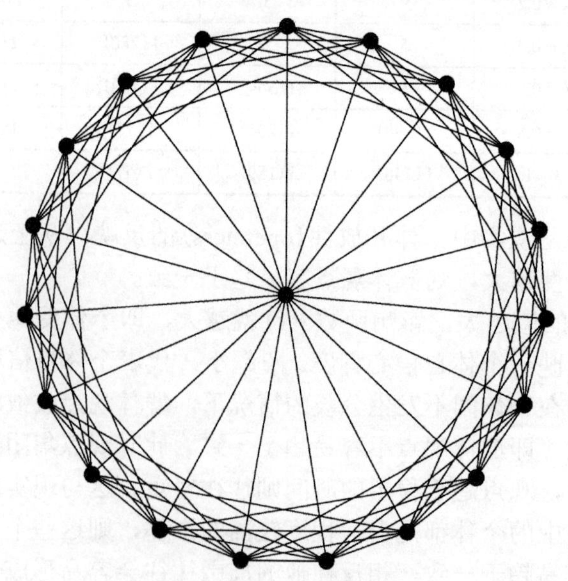

图 4.19　具有中心的规则网络

度。人们对待某事件的态度或观点，既受到个人知识、经验、判断能力、价值观等个体因素的影响，又受到社会规范的作用，特别当个体对事件的认知缺少足够信息支持时，其观点将主要受到社会规范的作用，其表现在群体观点演化中的形式是：个体 i 在 $t+1$ 时刻的观点值 $x_i(t+1)$ 受到自身在上一时刻 t 时观点值 $x_i(t)$ 和与之有连接关系的其他个体在 t 时刻的观点值 $x_j(t)$ 的影响。由于外界丰富的公共信息对个体决策的影响，个体的局部观点演化往往具有不稳定性，令个体局部的动力学演化为 $x(t+1)=f(x(t))$，则群体观点演化的模型可描述为

中心节点：$x_1(t+1)=(1-\delta_1)f(x_1(t))+\dfrac{\delta_1}{n-1}\sum_{j=2}^{n}f(x_j(t))$

非中心点：$x_i(t+1)=(1-\delta_2)f(x_i(t))+\dfrac{\delta_2}{k+1}\sum_{j\in d_i}f(x_j(t))$

即

$$\begin{cases} x_1(t+1)=f(x_1(t))+c_1\sum_{j=1}^{n}a_{1j}f(x_j(t)) \\ x_i(t+1)=f(x_i(t))+c_2\sum_{j=1}^{n}a_{ij}f(x_j(t)) \end{cases} \tag{4.38}$$

式中，$1-\delta_1$、$1-\delta_2$ 分别表示意见领袖和普通人群保持自己观点不变的权重，记 $c_1=\dfrac{\delta_1}{n-1}$，$c_2=\dfrac{\delta_2}{k+1}$，$c_1,c_2$ 均大于0，也称为网络的耦合强度。当节点 i 和 j 有连接时，$a_{ij}=1$；否则，$a_{ij}=0$。a_{ij} 满足耗散耦合条件：$\sum_{j=1}^{n}a_{ij}=0,\ a_{ii}=-\sum_{j=1,j\neq i}^{n}a_{ij}$。$k=2d$ 为偶数，d_i 表示第 i 个节点的邻居集合，记矩阵 $G=(a_{ij})_{n\times n}=-L$，$L$ 为图 4.19 的 Laplace 连接矩阵，$f(x)$ 为 $[-1,+1]$ 上的任意可导函数。

当 $f(x)=x$ 时，式(4.38)为固定权重系数的线性观点演化模型：$x(t+1)=Ax(t)$。结论显示，当 $\delta_1,\delta_2\in(0,1)$ 时，图 4.19 结构下群体的观点演化可以达到同步，这表明具有中心的网络结构对加权平均意义下的群体观点演化达到同步是有利的。下面将采取非线性系统的 Lyapunov 稳定性分析群体观点演化达到同步时的充分或必要条件。

2．群体观点演化的同步条件

如果当 $t\to\infty$ 时，有 $x_1(t),x_2(t),\cdots,x_n(t)\to s(t)$，则称 n 个个体观点演化达到完全同步，由于耗散耦合条件 $a_{ii}=-\sum_{j=1,j\neq i}^{n}a_{ij}$ 存在，同步状态 $s(t)$ 为单个孤立节点的解，即满

足 $s(t+1)=f(s(t))$，这里 $s(t)$ 可以是孤立节点的平衡点，周期轨道，甚至是混沌轨道，对方程式(4.38)关于同步状态 $s(t)$ 线性化，令 $\xi(t)=(\xi_1(t),\xi_2(t),\cdots,\xi_n(t))^{\mathrm{T}}$，$\xi_i(t)=x_i(t)-s(t)$，$i=1,2,\cdots,n$，则得到如下的变分方程：

$$\xi(t+1)=Df(s(t))(A+E)\xi(t) \tag{4.39}$$

记 $Df(s(t))$ 为 $f(s(t))$ 的 Jacobi 矩阵，则有

$$A=\begin{pmatrix}-(n-1)c_1 & c_1\cdot 1^{\mathrm{T}}\\ c_2\cdot 1 & A_{11}\end{pmatrix}=-KL \tag{4.40}$$

式中，$A_{11}=c_2\begin{pmatrix}-(k+1) & a_1 & a_2 & \cdots & a_{n-2}\\ a_{n-2} & -(k+1) & a_1 & \cdots & a_{n-3}\\ a_{n-3} & a_{n-2} & -(k+1) & \cdots & a_{n-4}\\ \vdots & \vdots & \vdots & & \vdots\\ a_1 & a_2 & a_3 & \cdots & -(k+1)\end{pmatrix}=-c_2(L_1+E)$，$K=\mathrm{diag}(c_1,c_2,\cdots,c_2)$，

$a_{-l}=a_{n-l},l>0$，$a_{\pm l}=1(0<l<d)$，$a_{\pm l}=0(d<l<n-1-d)$，L,L_1（A,A_{11}）分别为图 4.19 和 n−1 个节点的 K-近邻网络的有向加权的 Laplace 矩阵，当式(4.38)中的 $x_i(t),i=1,2,\cdots,n$ 的维数等于 1 时，式(4.39)为

$$\xi(t+1)=f'(s(t)(A+E))\xi(t) \tag{4.41}$$

定义 4.3 一维离散映射 $x(t+1)=f(x(t))$ 的 Lyapunov 指数为 $L=\lim\limits_{t\to\infty}\left(\sum\limits_{i=0}^{t-1}\ln|f'(x_i)|\right)\Big/t$，其中 $f\in C^1(a,b)$, x_0 是初值，$x_1=f(x_0),x_i=f(x_{i-1})$。

定理 4.1 基于式(4.41)的 Lyapunov 指数为 $L=\Delta_0+\ln|1+\lambda|$。其中 Δ_0 为 $x(t+1)=f(x(t))$ 的 Lyapunov 指数，λ 为 A 的特征值，$x(t)=(x_1(t),\cdots,x_n(t))$，$x_i(t),i=1,2,\cdots,n$ 均为一维实数。

证明 由定义 4.3 知，式(4.41)的 Lyapunov 指数为

$$\begin{aligned}L&=\lim_{t\to\infty}\frac{\ln\left\|Df^{(t)}(p_0)\cdot V\right\|}{t}=\lim_{t\to\infty}\frac{\ln\left\|Df(p_{t-1})\cdot Df(p_{t-2})\cdots Df(p_0)\cdot V\right\|}{t}\\&=\lim_{t\to\infty}\frac{\ln\left\|f'(s(t-1))(A+E)\cdot f'(s(t-2))(A+E)\cdots f'(s(0))(A+E)\cdot V\right\|}{t}\\&=\lim_{t\to\infty}\frac{\sum\limits_{i=0}^{t-1}\ln|f'(s(i))|+\ln\left\|(A+E)^t\cdot V\right\|}{t}=\Delta_0+\lim_{t\to\infty}\frac{\ln\left\|(1+\lambda)^t\cdot V\right\|}{t}=\Delta_0+\ln|1+\lambda|\end{aligned}$$

式中，设矩阵 A 的特征值为 λ，V 取对应的单位特征向量，故 $(A+E)^t\cdot V=(\lambda+1)^t\cdot V$，$\|V\|=1$。

当 $x_i(t),i=1,2,\cdots,n$ 为一维实数时，式(4.38)对应的主稳定方程为式(4.41)，由判

断同步流行稳定的一个常用判据是要求式(4.41)的横截 Lyapunov 指数全为负值，所以关键是要求矩阵 A 的特征值。

定理 4.2 非对称矩阵 $A=-KL$ 与半负定对称矩阵 $W=-K^{1/2}LK^{1/2}$ 的特征值相同，且特征值为零或负实数.

证明 矩阵 $A=-KL$ 的特征多项式为

$$\begin{aligned}|-KL-\lambda E|&=\left|-K^{1/2}\cdot K^{1/2}\cdot L-\lambda K^{1/2}K^{-1/2}\right|=\left|K^{1/2}\right|\left|-K^{1/2}\cdot L-\lambda K^{-1/2}\right|\\&=\left|-K^{1/2}\cdot L-\lambda K^{-1/2}\right|\left|K^{1/2}\right|=\left|-K^{1/2}\cdot L\cdot K^{1/2}-\lambda K^{-1/2}K^{1/2}\right|\\&=\left|-K^{1/2}\cdot L\cdot K^{1/2}-\lambda E\right|\end{aligned}$$

由此，$A=-KL$与$W=-K^{1/2}LK^{1/2}$有相同的特征多项式，故特征值也相同，又 $W^{\mathrm T}=W$，$\forall x\neq 0,\ x^{\mathrm T}Wx=-x^{\mathrm T}K^{1/2}LK^{1/2}x=-\eta^{\mathrm T}L\eta\leqslant 0$，令 $K^{1/2}x=\eta$，因此矩阵 W 为对称的半负定矩阵，所以 A 的特征值为零或负实数，证毕。

由于矩阵 A 的行和等于 0，故存在零特征值，若有向加权图是一颗生成树(a spanning tree)，那么图对应的 Laplace 矩阵 L 有一重的特征值 0，其余 $n-1$ 个特征值的实部均为正，由定理 4.2 知，矩阵 A 对应的零特征根是单根且其余特征根均为负实数，根据圆盘定理知 A 的特征值 λ 满足 $|\lambda-(-\delta_i)|\leqslant\delta_i$，即 $-2\leqslant-2\delta_i\leqslant\lambda\leqslant 0,\ i=1,2$，记 $\lambda_1=0>\lambda_2\geqslant\cdots\lambda_n=\lambda_{\min}\geqslant-2$，由于 $A_{11}=-c_2(L_1+E)$，L_1 的第 i 个特征值为 $\tilde\mu_i=4\sum_{j=1}^{K/2}\sin^2\left(\frac{\pi(i-1)j}{n-1}\right)$，记 u_i 表示矩阵 L_1 的第 i 大特征值，即 $\mu_1=0<\mu_2\leqslant\mu_3\leqslant\cdots\leqslant\mu_{n-1}$，当 n 为奇数时，$u_1=\tilde u_1=0$，$u_{n-1}=\tilde u_{(n-1)/2}$，其余特征值满足 $\tilde u_i=\tilde u_{n-i}$，所以 A_{11} 的特征值为 $\tilde\lambda_i=-c_2(\tilde\mu_i+1)$，$i-1,2,\cdots,(n-1)$，矩阵 A_{11} 的最大特征值为 $\tilde\lambda_1=-c_2$，最小特征值为 $\tilde\lambda_{\min}=\tilde\lambda_{(n-1)/2}=-c_2(u_{\max}+1)$。由式(4.40)知矩阵 A 和 A_{11} 有特殊的关系，分别设它们的特征值为 $\tilde\lambda$ 和 λ，得到以下的结论。

定理 4.3 若矩阵 A_{11} 和 A 的特征值分别为 $\tilde\lambda$ 与 λ，则满足等式 $\dfrac{(n-1)c_1-\lambda}{(n-1)c_2}=\dfrac{c_1}{\lambda-\tilde\lambda}$，且 $\tilde\lambda\neq-c_2$ 时，$\lambda=\dfrac{\tilde\lambda-(n-1)c_1-\sqrt{(\tilde\lambda-(n-1)c_1)^2-4(n-1)c_1(c_2+\tilde\lambda)}}{2}$。

证明 由特征值的定义知，设 A_{11} 的特征值为 $\tilde\lambda$，对应的特征向量为 $\tilde\xi\neq 0$，则 $A_{11}\tilde\xi=\tilde\lambda\tilde\xi$，取 $\xi=(x\ \ \tilde\xi^{\mathrm T})^{\mathrm T}$ 使 $A\xi=\lambda\xi$，等价于

$$\begin{pmatrix}-(n-1)c_1 & c_1\cdot 1^{\mathrm T}\\ c_2\cdot 1 & A_{11}\end{pmatrix}\begin{pmatrix}x\\ \tilde\xi\end{pmatrix}=\lambda\begin{pmatrix}x\\ \tilde\xi\end{pmatrix}$$，即满足：

$$\begin{cases}-(n-1)c_1\cdot x+c_1\cdot 1^{\mathrm T}\cdot\tilde\xi=\lambda x & (4.42)\\ c_1\cdot 1^{\mathrm T}\cdot x+A_{11}\cdot\tilde\xi=\lambda\tilde\xi & (4.43)\end{cases}$$

又 $A_{11}\tilde{\xi}=\tilde{\lambda}\tilde{\xi}$，对式(4.43)左乘$(n-1)$维向量$1^{\mathrm{T}}$,两式之比得 $\dfrac{(n-1)c_1+\lambda}{(n-1)c_2}=\dfrac{c_1}{\lambda-\tilde{\lambda}}$，解得 $\lambda_{1,2}=\dfrac{\tilde{\lambda}-(n-1)c_1\pm\sqrt{(\tilde{\lambda}-(n-1)c_1)^2-4(n-1)c_1(c_2+\tilde{\lambda})}}{2}$，由于 $\tilde{\lambda}\leqslant -c_2$，因此 $\lambda_1\geqslant 0$, $\lambda_2\leqslant 0$，且当且仅当 $\tilde{\lambda}=-c_2=-(n-1)c_1$ 时，$\lambda_1=0$，否则 $\lambda_1>0$ 与定理 4.1 结论矛盾，证毕。

由定理 4.3 得到矩阵 A 与 K 近邻矩阵 A_{11} 的特征值之间关系式记为 $\lambda=\lambda(\tilde{\lambda})$。

推论 4.1　A 的 n 个特征值为 $\lambda_1=0,\lambda_2=-c_2-(n-1)c_1,\lambda_{i+1}=\lambda(\tilde{\lambda}_i)$，且 A 的最大特征值为 $\lambda_1=0$,第二大特征值为 $\lambda_2=-c_2-(n-1)c_1$，最小特征值为 $\lambda_{\min}=\lambda(\tilde{\lambda}(u_{\max}))$。

证明　由定理 4.3 知，当 A_{11} 取特征值 $\tilde{\lambda}_1=-c_2$ 时，矩阵 A 对应的特征值为 $\lambda_1=0$，$\lambda_2=-c_2-(n-1)c_1$，当 $\lambda\neq -c_2, i=2,3,\cdots,n-1$ 时，$\lambda_{i+1}=\lambda(\tilde{\lambda}_i),\ i=2,3,\cdots,n-1$。容易证明 $\lambda=\lambda(\tilde{\lambda})$ 关于 $\tilde{\lambda}$ 为单调增加函数，所以 A 的最大特征值为 $\lambda_1=0$，第二大特征值为 $\lambda_2=-c_2-(n-1)c_1$，最小特征值为 $\lambda_{\min}=\lambda(\tilde{\lambda}(u_{\max}))$。

定理 4.4　对于无领导的群体观点演化模型(4.38)，若满足 $\delta_1\cdot c_2\cdot u_{\max}+[c_2(u_{\max}+1)+\delta_1](1+\mathrm{e}^{-\Delta_0})<(1+\mathrm{e}^{-\Delta_0})^2$ 且 $c_2+\delta_1>1-\mathrm{e}^{-\Delta_0}$，则 $x_1(t),x_2(t),\cdots,x_n(t)\to s(t)$ 是指数稳定的。

证明　当 $x_i(t), i=1,2,\cdots,n$ 为一维实数时，式(4.38)对应的主稳定方程为(4.41)，由判断同步流行稳定的一个常用判据是要求式(4.41)的横截 Lyapunov 指数全为负值，由定理 4.3 知，对矩阵 A 的每个特征值 λ_i，$L=\Delta_0+\ln|1+\lambda_i|<0$，即 $-\mathrm{e}^{-\Delta_0}-1<\lambda_i<\mathrm{e}^{-\Delta_0}-1$，等价于 $\lambda_{(2)}<\mathrm{e}^{-\Delta_0}-1$，$\lambda_{(n)}=\lambda_{\min}>-\mathrm{e}^{-\Delta_0}-1$，由推论 4.1 知：若 $\delta_1\cdot c_2\cdot u_{\max}+[c_2(u_{\max}+1)+\delta_1](1+\mathrm{e}^{-\Delta_0})<(1+\mathrm{e}^{-\Delta_0})^2$ 且 $c_2+\delta_1>1-\mathrm{e}^{-\Delta_0}$，则式(4.40)的横截 Lyapunov 指数全为负值，即证。

特别地，当个体的局部动力学函数 $x(t+1)=f(x(t))$ 稳定时，即 Lyapunov 指数 $\Delta_0<0$，对任意的 $\delta_1,\delta_2\in(0,1)$，有 $\lambda_{\min}\geqslant -2>-\mathrm{e}^{-\Delta_0}-1,\ \lambda_{(2)}=-(c_2+\delta_1)<\mathrm{e}^{-\Delta_0}-1$ 均满足定理 4.4 的条件，从而群体观点演化模型(4.38)是可以达到同步的；当个体的局部动力学函数 $x(t+1)=f(x(t))$ 不稳定时，即 $\Delta_0>0$，$u_{\max}>k+1$，则由定理 4.4 得式(4.38)达到同步的必要条件为

$$\delta_2\left(1+\frac{\delta_1}{2}\right)<2\mathrm{e}^{-\Delta_0} \tag{4.44}$$

且

$$\frac{\delta_2}{k+1}+\delta_1>1-\mathrm{e}^{-\Delta_0} \tag{4.45}$$

上述不等式(4.44)和式(4.45)表明：当局部的动力系统不稳定时，在适当的范围内，可以通过调整个体之间相互影响的权重系数 δ_1,δ_2 达到观点的充分融合来削弱局部不稳定的影响，且意见领袖的权重系数 δ_1 对个体的局部不稳定性的调节功能更强，但存

在下限 k_0，当 $\Delta_0 \geqslant k_0 > 0$ 时，式(4.44)和式(4.45)的交集为空集，此时通过调整权重系数已无法使群体的观点达到同步，即由于外部信息不确定性的加强，个体局部动力系统的不稳性在观点演化中占主导因素，从而群体观点无法达到同步。

3．仿真分析

下面将通过一系列计算机仿真分析 n 个个体的观点在模型(4.38)下的演化过程，每个个体的初始观点取为 $[-1,+1]$ 区间上的随机数，假定网络的大小为 $n=100$，$k=4$，其拓扑结构见图 4.19，个体的局部动力学行为取为非线性函数：不妨取 Logistic 映射 $f(x)=1-ax^2$，以 $a\in[0,2]$ 为例，$a=0$ 时为不动点，随着 a 的增大稳定性越来越弱，$a=2$ 时为完全随机状态，横轴为演化迭代的次数，纵轴为 n 个个体的观点状态值，仿真结果如下。

$f(x)=1-ax^2, a\in[0,2], x\in[-1,+1]$ 的 Lyapunov 指数图如图 4.20 所示。

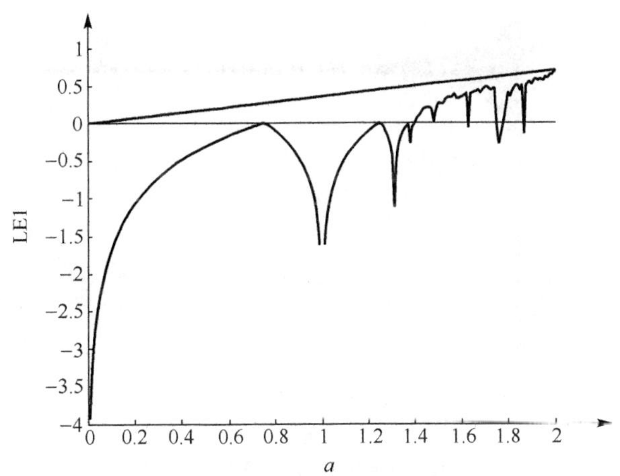

图 4.20　Logistic 函数的 Lyapunov 指数

(1) 当 $a\in[0,1.2)$ 时个体之间的观点演化可以达到同步。此时具有中心的规则网络结构对同步的有利影响占主导地位，δ_1、δ_2 的取值对同步和收敛的稳定状态没有影响，对初期状态的分裂程度和收敛速度有一定的影响。

① 当 $a\in[0,0.75)$ 时，个体之间的观点演化达到同步且收敛到一种稳定状态，如图4.21和图4.22所示。随着 a 的增大，由于函数 $f(x)=1-ax^2$ 的平衡点 $x_s=(\sqrt{4a+1}-1)/2a$ 关于 a 单调递减，收敛的状态值越小，且随着 a 的增大，局部动力学行为 $x(t+1)=1-ax^2(t)$ 随机性越来越强，收敛的时间越长。

② 当 $a\in[0.75,1.2)$ 时，个体之间的观点演化达到稳定同步，但在分岔点附近，表现出不稳定性，收敛时间显著变长，如图 4.23 和图 4.24 所示。图 4.20 显示的函数 $f(x)=1-ax^2$ 在 $a=0.75$ 和 $a=1.2$ 附近的 Lyapunov 指数 $L=0$，该两点属于分岔点。

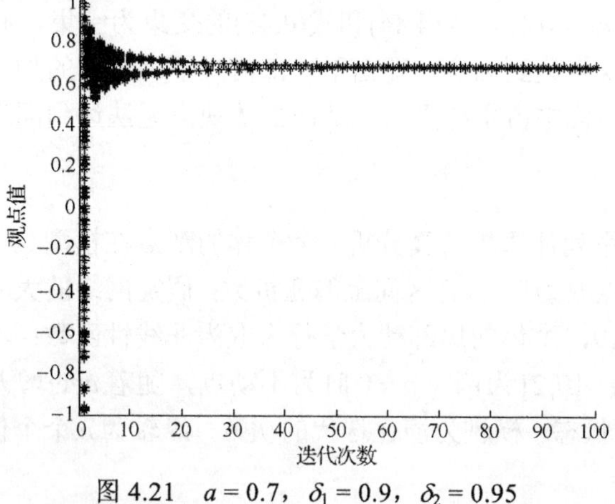

图 4.21　$a = 0.7$，$\delta_1 = 0.9$，$\delta_2 = 0.95$

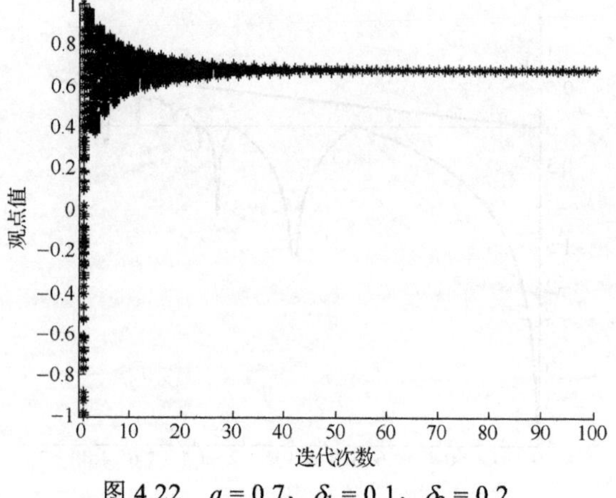

图 4.22　$a = 0.7$，$\delta_1 = 0.1$，$\delta_2 = 0.2$

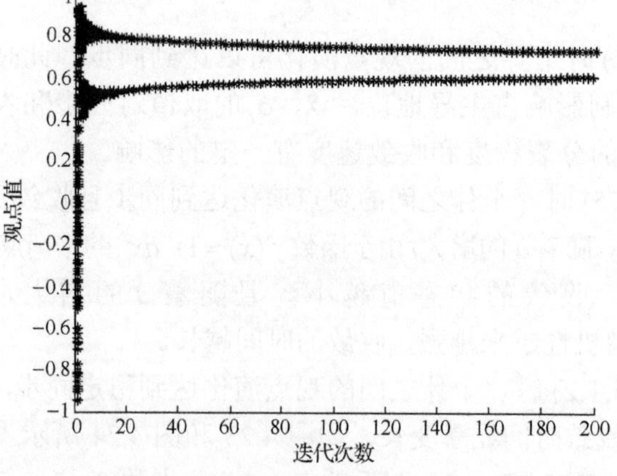

图 4.23　$a = 0.75$，$\delta_1 = 0.9$，$\delta_2 = 0.95$

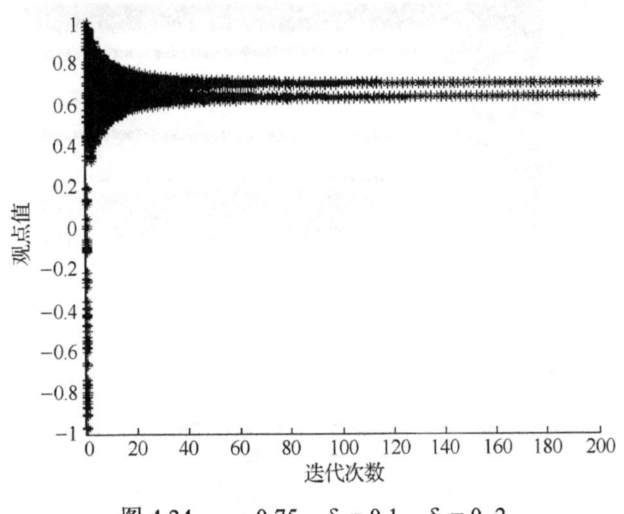

图 4.24 $a = 0.75$，$\delta_1 = 0.1$，$\delta_2 = 0.2$

(2) 当 $a \in [1.2,1.5)$ 时，由图 4.20 可知，个体局部的稳定状态越来越多直至随机化。此时群体观点能否达到一致取决于个体局部行为的不稳定程度和个体之间观点融合程度的相互较量。在个体局部的动力系统的稳定性较弱的某些领域内(即 a 在一定的范围内)，可以通过调整意见领袖和普通个体的权重系数来削弱局部个体的不稳定性影响。δ_1、δ_2 取值越大，也即每个个体保留自己观点不变的权重越小，观点的融合越充分。如图 4.25(同步)，图 4.26(不同步)所示。

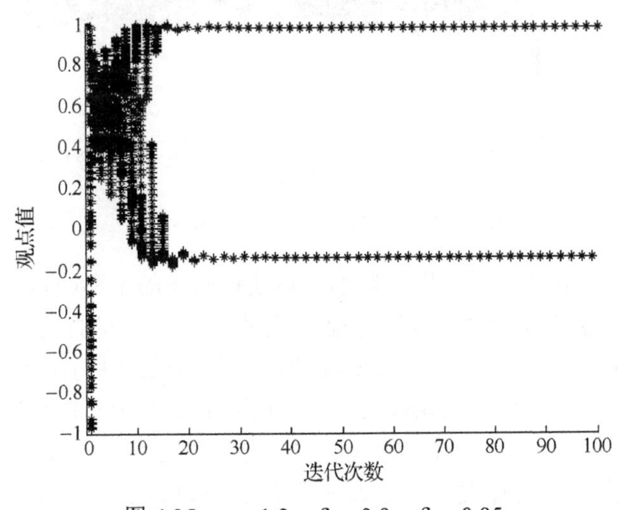

图 4.25 $a = 1.2$，$\delta_1 = 0.9$，$\delta_2 = 0.95$

(3) 当 $a \in [1.5,2]$ 时，个体局部的不稳定性在群体观点演化中占主导地位，个体之间已经无法通过调整 δ_1、δ_2 来达到同步，如图 4.27 和图 4.28 所示。

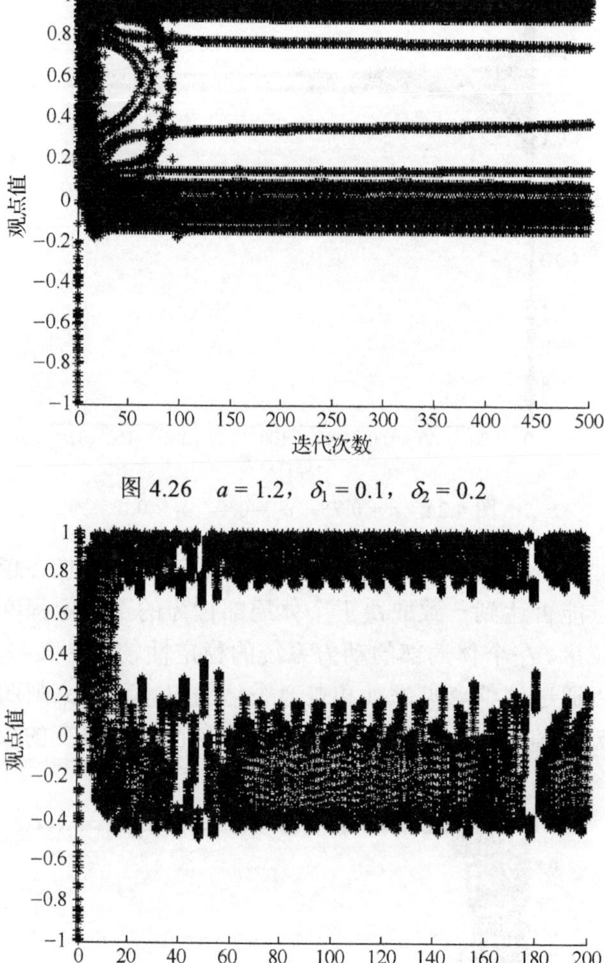

图 4.26　$a = 1.2$，$\delta_1 = 0.1$，$\delta_2 = 0.2$

图 4.27　$a = 1.5$，$\delta_1 = 0.9$，$\delta_2 = 0.95$

以上结果表明：在不同的阶段，影响观点演化同步的主要因素有所不同。

(1) 当个体的局部动力学行为具有稳定性时，个体之间的观点演化可以达到同步，同步可以是稳定的，也可以是周期性的，权重系数的大小对稳定时的同步没有影响，而对同步的收敛速度有影响，此时对观点演化达到同步起主导作用的是具有中心特点的网络结构和广义加权意义的观点演化方式而不是观点更新时的权重系数，意见领袖的作用主要体现在比普通人群有更强的调整观点演化达到同步的收敛时间。

(2) 当个体的局部演化在稳定性较弱或某些非稳定的区域时，决定群体观点演化能否达到一致取决于个体局部行为的不稳定程度和个体之间观点融合程度的相互较

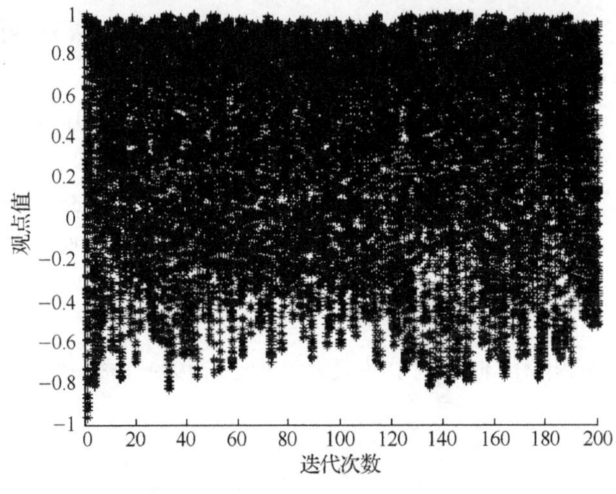

图 4.28 $a=2.0$，$\delta_1=0.9$，$\delta_2=0.95$

量，可以通过调整权重系数的大小，便于群体之间观点的交换从而达到同步，意见领袖的主要作用体现在对同步的调整能力更强。

(3)当个体局部的稳定性逐渐减弱直至随机化，个体之间已经无法通过调整权重系数来达到同步，因此在该阶段，影响群体观点演化同步的主导因素是个体局部的动力学行为的不稳定性。

上述分析显示：在图 4.19 的网络结构和模型(4.38)的群体观点演化方式下意见领袖对观点演化达到同步的调整能力是有限的，个体的局部动力行为的稳定性对群体观点能否达到同步发挥着至关重要的作用。

参考文献

[1] Liu Y, Wang J, Jiang Y. PT-LDA: A latent variable model to predict personality traits of social network users[J]. Neurocomputing, 2016, 210: 155-163.

[2] 李旭军，刘业政. 聚合群体中关系强度对观点采纳的影响[J]. 计算机工程，2016，42(4)：226-234.

[3] Blei D M, Mcauliffe J D. Supervised topic models[J]. Advances in Neural Information Processing Systems, 2008, 7: 121-128.

[4] He J, Hu M, Shi M, et al. Research on the measure method of complaint theme influence on online social network[J]. Expert Systems with Applications, 2014, 41(13): 6039-6046.

[5] Wang G, Zhang Z, Sun J, et al. POS-RS: A random subspace method for sentiment classification based on part-of-speech analysis[J]. Information Processing & Management, 2015, 51(4): 458-479.

[6] Shannon C E. A mathematical theory of communication[J]. ACM SIGMOBILE Mobile Computing and Communications Review, 2001, 5(1): 3-55.

[7] 陆安，刘业政. 基于连续影响函数的群体观点演化模型与仿真[J]. 管理学报，2014,11(2): 283-287.

[8] Hegselmann R, Krause U. Opinion dynamics and bounded confidence models, analysis,and simulation[J]. Journal of Artificial Societies and Social Simulation, 2002, 5(3): 2.

[9] 熊莲花. 基于中心化的非线性舆论演化模型同步分析[J]. 合肥工业大学学报(自然版)，2016, 39(3): 427-432.

[10] 郭庆光. 传播学教程[M]. 北京：中国人民大学出版社, 1999: 103-110.

第 5 章　群体影响力

5.1　群体影响力定义与影响因素

5.1.1　群体影响力的概念

通过计算群体内讨论事件的热度趋势，得到群体的内部敏感性，再建立内部敏感性与群体各维度变量的关系。

在线群体影响力是一个跨学科的概念，计算机学、社会学及心理学等诸多学科均对在线群体影响力给出了不同视角的定义。

1. 计算机领域的群体影响力

群体影响力的概念在计算机领域的研究中经常被提及和使用。计算机领域中对群体影响力的定义主要有两个层次，分别是社交网络的结构特征和社交网络用户的行为。

Azimdoost 等[1]从社交网络的结构特征出发对群体影响力进行度量，将群体影响力定义为社交网络的范围和群体的流动分布，并建立了一个模型对其进行计算。

另一种理论从社交网络用户的行为对群体影响力进行了度量，郭静等将社交网络用户在彼此的交互行为中让其他用户接受或发生改变的能力和力量理解为社交网络中的影响力，并认为影响力的本质是用户之间的相互作用。

也有研究在对群体影响力进行定义时结合了群体结构特征和用户行为这两种层次。徐恪等认为，在线社会网络的测量与分析是指通过采集、整理在线社交网络的原始数据，利用复杂网络、社会网络和数据挖掘的理论方法与技术，挖掘和提取在线社交网络的结构特征与用户行为特性。

2. 社会学领域的群体影响力

群体影响力的概念在社会学领域中也应用很广，社会学领域中的相关研究更加强调的是社会中的个人受到的来自其他因素的影响。

社会学中与群体影响力有关系的一个概念是“社会存在感”(social presence)。Short 等[2]、Rice[3]、Walther[4]从社会学的角度出发，将社会存在感定义为一种基于人际关系交往价值的对其他人的感知意识。

社会存在感这个概念在在线教育学中的相关研究也很多，维基百科中对于“社会存在感”的解释是“在在线学习社区中学习者在学习过程中得以投射出自己性格的能力，从而展示自己为‘真实的个体’”。Tu 等[5]度量了一个在线学习者在在线授课环境中感受到在何种程度上处于一个群体的感受。

社会学中另外一个与群体影响力相关的词是“社会认同感”（social identity），Bergami 等[6]、Bhattacharya 等[7]在文献中对以品牌为核心的在线群体进行了研究，认为群体存在的前提是成员对群体有认同感。

社会学中对群体的度量采用的是“存在感”和“认同感”这两项指标，个体在群体中感受到的存在感或者认同感程度大小决定了个体对群体的归属关系，从而决定了群体的范围。

3. 信息学领域的群体影响力

信息学领域主要从信息传播的角度来描述群体及群体的影响。信息学领域中把群体对个体的影响描述为信息传播的过程，这是一个动态的群体行为。

信息学认为群体对个体的影响是一个信息传送和工作分配的过程。Pacala 等[8]将群体的行为总结为对将不同任务分配给个体们。Azimdoost 等则将群体影响力度量的问题总结为网络的容量，通过对在线网络容量的度量，可以得到群体的影响力大小。Burt[9]将群体认为群体中的个体受影响是一个群体中的意见领袖接受来自外部媒体的信息，将信息传递给群体中其他个体并造成影响的过程。

信息学领域基于信息传播的角度对群体影响力做出了理解，通过对群体行为的刻画，强调的是信息层面上的群体影响力。

本书中的在线群体影响力的定义综合建立在计算机、社会学和心理学定义的基础上。群体影响力是一个群体内部信息传播的速度、广度和信息对外辐射的能力。社交网络群体影响力指一个社交网络群体，对于信息的传播速度、广度及对外辐射的能力。群体影响力一方面体现为对群体内部个体的效用，另一方面体现为群体的外部输出效果。

基于上述理论，在本书中，我们将群体影响力定义为一个群体内部信息传播的速度、广度和信息对外辐射的强度(group influence strength)，对群体影响力的大小进行定性度量，表示群体对内部和外部个体的影响程度。社交网络群体影响力指一个社交网络中的群体，对于信息的传播速度、广度及对外辐射的影响强度。群体影响力一方面体现为对群体内部个体的效用，另一方面体现为群体的外部输出效果。

5.1.2　群体影响力的影响因素

1. 群体内部影响力

群体内部影响力指群体对内部个体的影响强度，对群体内部影响力的早期研究工作仅考虑网络结构，利用共同邻居数目、边介数、转载频度等因素来衡量影响强度；随后，针对基于网络拓扑的方法对用户之间的行为和交互信息利用较少的缺陷，相关学者提出了基于个体行为的影响强度计算方法；针对用户在不同的话题中表现影响强度的差异性，相关学者研究了基于话题的影响强度计算方法。

1）基于网络结构的影响力量化计算

对群体内部影响力的早期研究主要集中在对群体网络结构的定性度量方向，主要考虑的因素有共同邻居数目、边介数、转载频度等因素。

社会学家 Granovetter[10]利用社会网络中两节点的共同邻居数目来计算节点间的影响强度，发现社交网络中节点间的共同邻居数据越多，影响强度则会越高。

社会学家 Freeman[11]提出了边介数的概念，边介数指社交网络中经过某条边的流的总数，通常以经过某条边的最短路径总数来度量流的总数。社交网络中经过某条边的最短路径数目值越多，则说明该边连接下的社交网络影响强度越高。

Java[12]在分析博客空间的影响力传播问题时，用有向多重图表示节点间的影响力，弧的重数代表节点间的权重大小，弧的方向表示影响力的作用方向。随后利用影响力图用于刻画上述关系，弧的方向表示影响力来源，权重表示影响力强度。

2）基于用户行为的影响力量化计算

在线社交网络中的用户行为种类很多，包括了建立社交关系、发布信息、评论转发信息和购买及评价商品等。通过分析这些行为的分布规律和因果关系，就能够评估行为的发起者和传播者之间的影响力，还可以预测人们在社交网络上的行为，加深我们对人类社交行为的认识和理解。

在线社交网络中包含了人们通过交互活动产生的大量行为信息，分析这些数据可用于衡量群体内部个体间的影响力大小，还可以以此为依据建立用户之间的社交网络关系。Goyal 等[13]利用网络日志信息分别计算了用户和行为自身的影响力，与基于网络结构的影响强度计算方法不同的是，上述模型以动作的传播频率作为影响强度的评估指标，并用动作的执行范围度量动作本身的影响力指标。

Yang 于 2010 年对 Twitter 上的转发行为进行了单独研究. 他们分析了影响 Twitter 转发行为的各种因素：用户属性、消息、时间等，基于因子图模型提出了一个半监督的学习框架预测用户的转发行为，将用户的转发行为视为群体影响力的体现。

3）基于话题的影响力量化计算

话题是社交网络中常见的一种讨论内容，不同用户在同一话题中的表现强度存在差异，同一用户在不同话题中的表现强度也存在差异。直接从话题内容和用户对话题的参与度构建用户和话题之间的联系，无须用户之间通过好友申请或被关注等行为建立的社交网络结构作为模型输入，将前者分析出的影响力称为隐性影响力，而将基于后者的计算结果称为显性影响力。

从话题角度对社交网络影响力进行度量，是社交网络研究中常见的处理方法，能够更准确地度量群体内部用户间影响力的产生和变化过程。Liu 于 2010 年将话题分布和影响力分布结合到一起考虑，在用户和各种文本信息构成的网络中，对基于话题的社交网络隐性影响力进行了定性度量，并利用文本内容的相似性挖掘用户之间的隐性影响和预测用户的行为。

4) 考虑多因素的影响力量化模型

Tan 于 2010 年对社会网络结构、用户属性和用户行为都进行了建模，提出了一个考虑数据噪声和时间三因素的因子图模型。他们定义了 3 种因子函数：行为偏差因子、影响力因子和用户行为的关联因子，分别对应于不同先验知识的情形。

2. 群体外部影响力

群体外部影响力指群体对不属于群体中的其他个体的信息传播能力。对群体外部影响力的研究主要集中在信息传播领域，将群体发挥外部影响力的过程视为信息传播的过程，以传播结果来作为群体影响力的量化度量计算。相关研究分别以最终传播节点数量、传播概率和传播目标作为度量群体外部影响力的量化计算结果。

1) 基于传播数量的影响力量化计算

基于传播数量的影响力量化计算以传播的节点数量结果作为群体影响力的量化数值。Kempe 等[14]将一个信息扩散中被原已感染节点集所感染的节点数量定义为影响力。将群体对外部个体的影响视为一个信息级联的过程，运用独立级联模型对影响力进行建模和度量。

2) 基于传播概率的影响力量化计算

基于传播概率的影响力量化计算以已有节点向其他节点传播的概率结果作为群体影响力的量化数值。Myers 于 2010 年研究了节点被传播概率的推断问题。他们以节点的传播时间约束为假设前提，即传播了的节点才可能向别的节点传播，利用极大似然估计的方法建立了目标函数。

3) 基于传播节点集的影响力量化计算

基于传播节点集的影响力量化计算以传播的节点集结果作为群体影响力的量化结果。Yang 基于对 Twitter 上转发行为的数据，研究了在关系结构和交互结构未知情况下，未来哪些节点会被传播的预测问题。

3. 小结

目前对群体的定量性研究主要集中在社区发现、社区规模度量方面，对群体的研究更多的是定性的研究，如研究网络结构维度、节点特征维度和边特征维度等因素或变量对群体影响力的效用。本书对群体影响力的定量度量研究，是对已有研究的补充和验证。群体互动是社交网络一个很重要的因素，对在线群体影响力的度量是社交网络相关领域的一大研究热点，群体的相关研究必然是社交网络领域进一步研究的趋势。

传统的研究对于群体影响力的理解局限在内部或外部单一方面，内部影响力从群体网络的角度出发，基于网络结构、用户行为和话题对在线群体影响力进行量化计算；外部影响力从信息传播的角度出发，基于信息传播结果的传播节点数量、传播概率和传播节点集对在线群体影响力进行量化计算。然而现有研究缺乏考虑和比较内部和外部两个维度的影响力方面的研究。本书将群体内部和外部影响力进行了区分，从两个角度同时对群体影响力进行了度量和比较。

传统研究对于群体影响力度量因素的相关研究较多，基于网络结构特征、节点特征和边特征对于群体影响力的度量进行研究。然而对群体影响力进行宏观的量化和度量的研究则较为缺乏。

现有研究对群体影响力的预测模型均存在不足之处。只考虑历史数据的预测模型准确度不够高，考虑网络结构的模型不适用于网络层次结构不明显的社交网络。

5.2　群体影响力度量

5.2.1　数据选择及采集

1. 平台选择

根据本书对网络在线群体的定义：网络在线群体指两个或以上的个体，由于共同的目标或兴趣，通过互联网进行互动和信息交流、相互影响，自发组成具有关系网络的群体，群体成员对群体有认同感和归属感。本书选择雪球网作为研究群体影响力的平台，主要基于以下三点理由。

(1) 雪球网中的在线群体是由股票这一兴趣聚合而成的投资者群体，符合本书对于在线群体用户间存在共同兴趣的定义。雪球是一家为投资者提供实时行情、新闻资讯、投资策略、交易服务的移动互联网公司，目前涵盖 A 股/港股/基金/美股。雪球旗下拥有手机炒股应用「雪球」，曾多次被应用商店评为优秀新应用。雪球网为投资者用户提供股票实时行情、重要资讯信息及股市热点板块信息。雪球网中的用户大都是股票投资爱好者，雪球网平台上的在线群体是由共同兴趣联结着的，符合本书对于在线群体需有共同兴趣这一概念内涵。

(2) 雪球网中的在线群体个体存在网络连接关系，符合本书对于在线群体内部需存在社交网络关系的定义。雪球网也是一个高质量投资者的交流平台，在雪球网上，用户可以在雪球关注聪明的投资者，与他们深入交流。用户也可以在雪球查阅聪明投资者的雪球组合，随时查看他们的调仓动态。在雪球网上用户可以通过关注、回复或转发等行为进行互动，满足本书对于在线群体内部个体间需由网络连接这一概念内涵。

(3)雪球网平台中用户间的关系为强关系强传播，符合本书对分析数据的需求。本书从传播学角度比较了百度贴吧、微信和雪球网等多个平台的数据情况，对三者的数据进行了比较，比较结果见表 5.1。

表 5.1　百度贴吧、微信和雪球网平台的数据情况比较

平台	百度贴吧	微信	雪球网
社交联系	最弱	最强	一般
共同兴趣	最强	最弱	一般
平台类型	弱关系强传播	强关系弱传播	强关系强传播

以微信为代表的强关系弱传播的平台以点对点的人际传播为主，一般内容具有个人私密性和准实名制的特征，大众传播能力薄弱。传播范围主要在自己的微信朋友之间，传播的内容只有好友能看见，陌生人看不见。以百度贴吧为代表的弱关系强传播的平台以点对面的信息传播为主，一般传播的内容公开度较高，大众传播能力较强；社交关系以陌生人社交为主，甚至用户间不会有明显的社交网络关系。在本书中社交网络关系与内部影响力直接相关，而信息传播能力与外部影响力直接相关，雪球网由于存在社交网络关系和基于共同兴趣的强传播能力，能满足本书对于内在和外在影响力的对比，因此选择了雪球网作为本书的数据。

2. 数据采集

本书选取雪球网作为数据来源平台。选取雪球网上 9 个热门股票群体作为研究对象，9 个热门股票分别是中国建筑、中国铁建、中国联通、中国石化、工商银行、保利地产、伊利股份、美的集团和农业银行。选取 2015 年 4 月 1 日～2015 年 4 月 7 日 9 个群体共计 21870 个讨论帖的数据。其中包括 3854 个发布帖子的节点和 459786 个相关用户的数据。

3. 变量测量

1)在线群体外部影响力

本书对于群体内部影响力的定义为一个群体信息对外辐射的强度(group influence strength)，群体外部影响力体现为群体的外部输出效果。已有书中有将传播节点数、传播概率和传播节点集[14]作为量化群体影响力的方法。传播节点数和传播概率都是量化的结果，符合本书的需求；由于传播节点数也体现了群体规模的影响，因此本书选择了传播节点数作为在线群体外部影响力的量化计算。在用传播节点数的相关研究中，群体外部影响力指一个信息扩散中被原已传播节点集所传播的节点数量[14]。结合所选数据平台的特点，在本书中，用每个统计天中新加入特定群体讨论的节点数量，即新增节点数，作为该群体外部影响力的量化计算，用 OutsideInflu 表示。如图 5.1 所示，每个股票具有“个股粉丝”，这里的外部影响力指新增的个股粉丝人数。

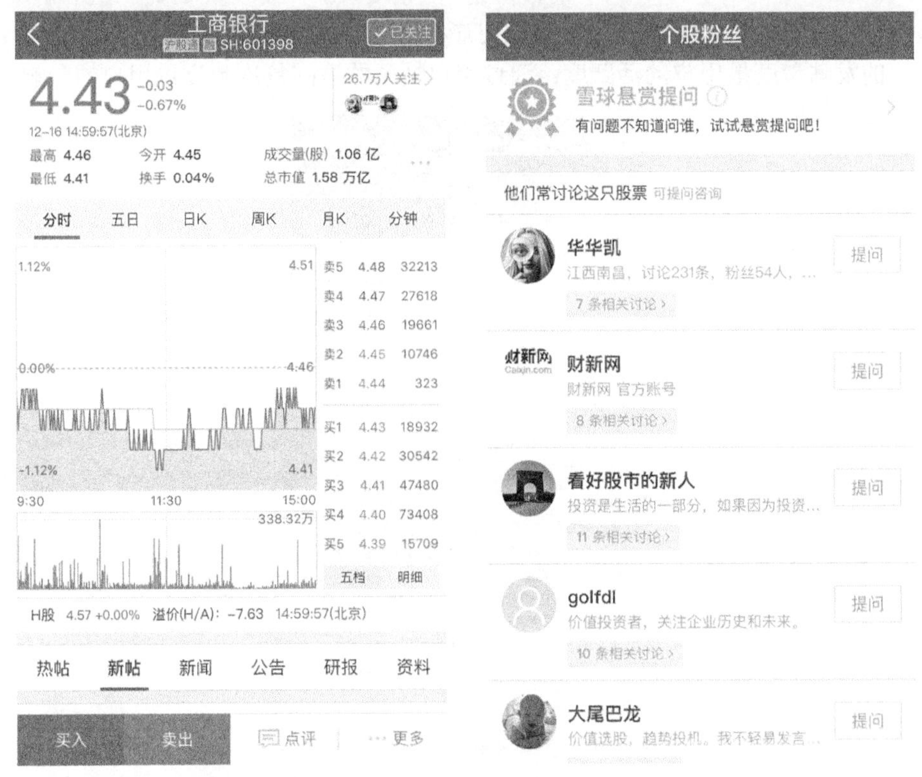

图 5.1　雪球网群体外部影响力指新增的个股粉丝数

2) 在线群体内部影响力

本书对于群体内部影响力的定义为一个群体内部信息传播的速度、广度。群体内部影响力体现为群体对内部个体的效用。已有研究对内部影响力的度量计算包括网络结构、用户行为和话题[10-13]等。由于本书只选取雪球网这一股票讨论平台，暂未将话题这一要素考虑进群体影响力度量指标，因此不选取话题相关的量化计算方法。由于用户行为更能直观体现用户受到影响这一逻辑关系，因此本书选择了用户行为作为群体内部影响力的量化计算指标。结合雪球网中群体的交流方式大多为发新帖的平台特点，在本书中，用每个统计天中群体内新增讨论数量作为该群体内部影响力的量化计算，用 InsideInflu 表示。关于每个股票的讨论种类有“热帖”、“新帖”、“新闻”、“公告”等，这里的内部影响力指新增的新帖数。

3) 在线群体影响力特征

传播主体特征：群体中节点的影响力对于整个群体的影响力效用很大，Cha 认为群体中的个体存在三类影响力，分别是入度(indegree influence)，转发(retweet influence)和提及(mention influence)。本书中将这三类影响力量化为三个维度的影响力，分别是节点影响力 Influ(u)、节点权威度 Aut(u) 和节点活跃度 Act(u)。图 5.2

是雪球网中用户的个人页面，本书通过用户的关注、粉丝数据度量用户的权威度；通过用户的发帖量度量用户的活跃度；通过用户帖子的被回复次数度量用户的影响力。

图 5.2　雪球网用户个人信息页示例

本节通过用户在一段时间内发布的所有消息的回复数来度量节点影响力 $\text{Influ}(u)$，这里参考的是 Yang 基于对 Twitter 网络中用户行为的大量研究提出的线性影响力模型(linear influence model)定义节点影响力的方法，用其帖子被回复的次数表示。由于数值较大，为了进行进一步的数据分析，我们对结果进行了取对数的处理。节点影响力的度量用以下公式表示，其中 #RT 表示该时段内一个节点所发布消息总的被回复次数。

$$\text{Influ}(u) = \lg(\#\text{RT} + 1) \tag{5.1}$$

本书通过用户的粉丝数度量用户的入度(in-degree)，通过用户的关注数度量用户的出度(out-degree)，通过一个用户的粉丝数与关注数来度量节点权威度 $\text{Aut}(u)$，由于数值较大，为了进行进一步的数据分析，我们对结果进行了取对数的处理。节点权威度的度量用以下公式表示，其中 #followers 表示用户的粉丝数，#attention 表示用户的关注数。

$$\text{Aut}(u) = \lg\left(\frac{\#\text{followers}}{\#\text{attention} + 1} + 1\right) \tag{5.2}$$

本书通过用户发布帖子的总数量表示节点活跃度 $\text{Act}(u)$，由于数值较大，为了进行进一步的数据分析，我们对结果进行了取对数的处理。节点活跃度的度量用以下公式表示，其中 #posts 表示用户的发帖总量。

$$\mathrm{Act}(u) = \lg(\#\mathrm{posts} + 1) \tag{5.3}$$

意见领袖特征：Alan 在其 2007 年的研究中发现，群体中核心节点数量少，大约只占 10%，但对整个社交网络群体的信息连接与传播却起着非常关键的作用。本书对群体中的特殊节点意见领袖在群体中发挥的作用进行了研究。通过对雪球网的研究，我们将一个群体中粉丝数最大的用户定义为该群体的意见领袖，对意见领袖的影响力、活跃度和权威度作为变量进行单独计算，其度量方法与传播主体特征中的度量公式基本一致。本书通过意见领袖在一段时间内发布的所有消息的回复数来度量意见领袖影响力 Influ(core)，由于数值较大，为了进行进一步的数据分析，我们对结果进行了取对数的处理。节点影响力的度量用以下公式表示，其中 #RT 表示该时段内一个节点所发布消息总的被回复次数。

$$\mathrm{Influ(core)} = \lg(\#\mathrm{RT} + 1) \tag{5.4}$$

本书通过意见领袖的粉丝数度量用户的入度(in-degree)，通过意见领袖的关注数度量用户的出度(out-degree)，通过意见领袖的粉丝数与关注数来度量节点权威度 Aut(core)，由于数值较大，为了进行进一步的数据分析，我们对结果进行了取对数的处理。节点权威度的度量用以下公式表示，其中 #followers 表示用户的粉丝数，#attention 表示用户的关注数。

$$\mathrm{Aut(core)} = \lg\left(\frac{\#\mathrm{followers}}{\#\mathrm{attention} + 1} + 1\right) \tag{5.5}$$

本书通过意见领袖发布帖子的总数量表示节点活跃度 Aut(core)，由于数值较大，为了进行进一步的数据分析，我们对结果进行了取对数的处理。节点活跃度的度量用以下公式表示，其中 #posts 表示用户的发帖总量。

$$\mathrm{Act(core)} = \lg(\#\mathrm{posts} + 1) \tag{5.6}$$

传播客体特征：同样属于用户维度特征的还有传播客体特征，度量的对象是不在群体中的目标传播用户。在本书的数据处理中，将目标传播用户均视为传播客体，并用信息接触度对目标传播用户进行度量。由于用户的入度越高，接收的信息越多，信息更不容易被看到，因此在本书中用用户的关注数的倒数表示传播客体的信息接触度 Indeg(v)，用以下公式表示，其中 #attention 表示用户的关注数。由于存在用户关注数为 0 的情况，所以对分母进行加 1 的处理。

$$\mathrm{Indeg}(v) = \frac{1}{\#\mathrm{attention} + 1} \tag{5.7}$$

网络疏密度特征：群体中的度分布体现了网络的疏密程度，本书用群体的平均入度、平均出度和加权平均入度、加权平均出度来对群体的疏密度进行度量。本书对群体中所有用户的粉丝数按照发帖数量进行权重加权，取平均数，用所得结果表示加权平均入度 WeidIndeg(u)，由于数值较大，为了进行进一步的数据分析，我们对结果进行了取对数的处理，用以下公式表示，其中 #followers$_i$ 表示用户 i 的粉丝数，ArticleNum$_i$ 表示用户 i 的发帖数量。

$$\text{WeidIndeg}(u) = \lg\left[\frac{1}{\sum_{i=1}^{i=n}\text{ArticleNum}_i} \times \sum_{i=1}^{i=n}(\#\text{followers}_i \times \text{ArticleNum}_i)\right] \tag{5.8}$$

本书对群体中所有用户的关注数按照发帖数量进行权重加权，取平均数，用所得结果表示加权平均出度 WeidOutdeg(u)，由于数值较大，为了进行进一步的数据分析，我们对结果进行了取对数的处理，用以下公式表示，其中 #attention$_i$ 表示用户 i 的粉丝数，ArticleNum$_i$ 表示用户 i 的发帖数量。

$$\text{WeidOutdeg}(u) = \lg\left[\frac{1}{\sum_{i=1}^{i=n}\text{ArticleNum}_i} \times \sum_{i=1}^{i=n}(\#\text{attention}_i \times \text{ArticleNum}_i)\right] \tag{5.9}$$

网络规模：社交网络群体效益随着群体用户数量的增加而呈指数增加，根据梅特卡夫法则：$V = n^2$，社交网络的群体影响力与社交网络中群体用户数量的平方成正比。本书中网络规模 Scale 指群体的规模，用以下公式表示，其中 n 表示网络中的节点数。

$$\text{Scale} = \ln n^2 \tag{5.10}$$

5.2.2　内部、外部影响力模型构建

现有研究对群体影响力主要为定性研究，证明了网络结构维度、节点特征维度和边特征维度等因素对群体影响力的效用，现有研究对群体内部和外部影响力的量化是比较缺乏的。已有研究的成果告诉我们，群体影响力受到诸多因素的影响，并将影响力体现为其内部的信息扩散能力和外部的信息传播能力两个方面。

关于传播主体特征和群体影响力的关系，马太效应也告诉我们，当一个群体中知情者比例较高，由于累积效应，群体对外的信息传播能力也会变强。马太效应告诉我们，群体中的知情者会对群体对外的影响力产生影响，所以本书通过影响力、权威度和活跃度三个方面对群体知情者进行描述，并构建模型研究知情者对群体影响力产生的影响。

关于传播客体特征和群体影响力的关系，在信息的传播过程中，传播主体和传播客体均对信息的传播效果起着不同的作用。有学者将群体对外部个体的影响视为一个信息级联的过程，证明了传播主体和传播客体对群体影响力的效用[14]。本书认为，传播客体也与传播主体一样，可能会对群体的信息传播产生影响。

关于意见领袖特征和群体影响力的关系，社交网络群体中往往存在入度很高的核心节点，我们称这些少数节点为群体的意见领袖，这样的节点只占群体总节点数不到 10%，却对整个网络有着非常重要的连接作用，对于该社交网络群体的信息连接与传播起着非常关键的作用。结构洞理论[15]和二阶段传播理论[16]均体现了意见领袖在群体信息传播过程中的重要性。因此本书认为，意见领袖会对群体的影响力造成影响，并将意见领袖的作用量化为影响力、权威度和活跃度三个方面。

关于网络结构特征和群体影响力的关系，已有研究中关于对社区或群体的价值度量的研究，很多都集中在对群体网络结构特征的量化和度量上，网络结构特征是群体度量中一个非常重要的特征要素。梅特卡夫法则指出：网络的价值等于网络节点数的平方，网络的规模与网络的价值具有正向的关系。已有研究结果也证明：网络中个体之间连接得越紧密，网络中的信息传播能力就越强[17]。因此本书认为网络结构特征可对群体影响力产生影响，并用网络规模和度分布对其进行量化分析。

关于内部影响力和外部影响力的关系，内部影响力体现的是群体网络中对信息的传播能力，而群体的外部影响力体现的是群体对外部节点的传播能力，分别是群体影响力的对内和对外两个方面。本书认为这两者之间存在一定的数量联系。

基于以上分析，本书提出如下理论框架，将传播主体、传播客体、意见领袖和网络特征分别与群体外部影响力和内部影响力联系起来，如图 5.3 所示。通过这一模型构建群体外部影响力和群体内部影响力的度量模型。

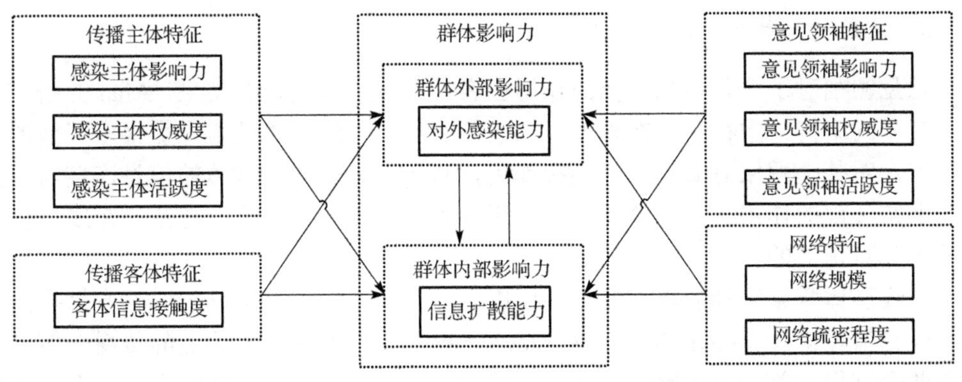

图 5.3　理论框架

1. 传播主体特征

传播主体的影响力与群体影响力的关系。在基于百度贴吧的尝试性研究中，我们发现网络在线群体传播主体的影响力越高，整个群体的外部影响力就越高。

传播主体的权威度与群体影响力的关系。心理学中的结构平衡理论告诉我们，人在社会中趋于形成平衡网络结构，简单地说就是如果我跟 A 是朋友，我跟 B 是朋友，那 A 跟 B 也倾向于是好友。即群体中大部分个体的入度越大，外部个体进入群体并构成平衡结构的可能性越大，也就是群体对外部个体的吸引力越大。本书中权威度是入度和出度的比值，如果群体中个体之间的朋友关系越多，权威度应当越小。

传播主体的活跃度与群体影响力的关系。用户活跃度用节点发布消息的总数量表示，一般我们认为活跃度高的用户其发布的消息更容易被其用户看到并传播，其对在线群体的影响力应当是正向的。然而在基于百度贴吧的尝试性研究中，我们发现已参与讨论的个体(传播主体)活跃度越高，群体外部影响力越低。原因在于百度贴吧平台通过积分等级等机制鼓励吧员多发言多发帖，如果贴吧吧员的平均发帖量偏高，往往表示这个个体的“水吧”行为较多，无效发言较多，而群体中的无效发言过多会稀释整个群体的外部影响力。对于雪球网而言，用户也可以通过发言达到得到积分提高等级的目的，通过观察也发现雪球网中同样存在“水帖”的行为，因此我们认为雪球网用户的活跃度越高，其群体影响力也会反而越低。

2. 传播客体特征

传播客体接触度指信息传播的客体信息接触量的多少，客体的信息接触度越高，客体接触到的信息越多，说明其参与讨论的积极性越高，对群体的信息传播而言是有利的。另外，在基于百度贴吧的尝试性研究中，我们发现群体外部用户(传播客体)信息接触度越高，群体影响力越高。

3. 意见领袖特征

意见领袖对于群体信息传播的作用已有过许多相关的研究结果，Alan 的研究发现，社交网络群体中往往存在入度很高的核心节点，这 10%的节点被很多其他的点包围着，对整个网络有着重要的连接作用，对于该社交网络群体的信息连接与传播起着非常关键的作用。大部分的研究结果都表明意见领袖维度的特征对在线群体的影响力起着正向的作用。

在线群体意见领袖的权威度和群体影响力的关系。根据 Lazarsfeld 等[16]提出的两阶段传播理论(two-step flow of communication)，创新应用或观点的传播一般需要经历两个过程，首先传播给观点领袖，然后从观点领袖传向更多的人。该理论肯定了社交网络中的意见领袖对于群体信息传播的重要性。从两阶段理论我们可以得到意见领袖的权威度对于网络在线群体信息传播的作用应当是正向的，意见领袖的权威度越高，意味着意见领袖的信息传播能力可能会越强。

同理，当意见领袖的活跃度高时，与传播主体活跃度的分析思路相似，我们认为当发帖量越多时，说明用户的无效发言更多，而无效发言会使得群体影响力降低。

4. 网络特征

网络规模和在线群体影响力的关系。根据马太效应我们知道，群体中的观点具有自行强化，滚动累积的效果，信息知道的人越多，信息的传播速度越快。社交网络群体效益随着群体用户数量的增加而呈指数增加，根据梅特卡夫法则：$V = n^2$，可以知道社交网络的群体影响力与社交网络中群体用户数量的平方成正比。

度分布和在线群体影响力的关系。Scott[17]指出网络中的个体之间连接紧密，就会减少不确定性并能产生一种归属感，有可能会增强彼此之间的信任，并有助于信息传播。Ugander 于 2012 年研究 Facebook 网络中用户的网络结构和用户转化率的关系，发现用户转化率随连边密度的增加先增大后减少，也就是在(0,1)区间内存在一个峰值。由于本书的数据量不大，所以我们认为在目前的数据量下，群体的度分布越紧密，在线群体的影响力越大。因为度分布包括了入度和出度两个方面，所以本书将入度和出度分开进行研究。

5. 内部影响力和外部影响力关系

群体的内部影响力体现的是群体内部对信息传播的能力，而群体的外部影响力体现的是群体对外部节点的信息传播能力。当群体的内部影响力较大时，群体内部信息传播的通畅，会使得信息向外传播的能力增强；另外，群体向外传播的能力较强时，群体内部对信息的传达能力可能也会随着增强。

5.2.3 数据分析

1. 数据描述性统计

样本包括 2015 年 4 月 1 日～2015 年 4 月 7 日围绕 9 个股票自发形成的 9 个群体的基本数据、用户基本数据、用户关注关系数据、用户行为数据。表 5.2 是本书模型中所涉及的各变量的描述性统计。

表 5.2　变量描述性统计

	极小值	极大值	标准差	方差	均值	标准误差
传播主体影响力	0.096	0.507	0.129	0.017	0.271	0.019
传播主体权威度	0.360	0.768	0.127	0.016	0.571	0.019
传播主体活跃度	2.229	2.921	0.215	0.046	2.513	0.032

续表

	极小值	极大值	标准差	方差	均值	标准误差
意见领袖影响力	2.115	3.548	0.443	0.196	2.788	0.066
意见领袖权威度	1.567	3.757	0.608	0.370	2.502	0.091
意见领袖活跃度	2.658	3.931	0.407	0.166	3.513	0.061
传播客体信息接触度	0.024	0.053	0.008	0.000	0.033	0.001
网络规模	4.305	5.643	0.337	0.113	4.999	0.050
加权入度均值	2.673	3.954	0.434	0.188	3.432	0.065
加权出度均值	1.895	2.454	0.143	0.020	2.136	0.021
新增讨论数	103	799	185.70	34483.96	347.1	23.40
新增节点数	10	305	61.23	3748.89	61.17	7.714

由于新增讨论数和新增节点数方差较大，本书在实际建模过程中对新增讨论数和新增节点数进行了取对数处理，以压缩量纲，消除离散值的影响，并将取了对数的新增讨论数视为内部影响力，作为因变量 1，将取了对数的新增节点数视为外部影响力，作为因变量 2。处理后的结果见表 5.3。

表 5.3　对数处理后的因变量描述统计

	极小值	极大值	标准差	方差	均值	标准误差
内部影响力	2.013	2.896	0.236	0.056	2.424	0.035
外部影响力	1	2.196	0.331	0.11	1.498	0.049

2. 相关性分析

在构建模型之前，本书对模型中涉及的自变量进行了相关性分析。得到结果如表 5.4 所示。

当两个变量之间的相关性超过 0.6 时，我们认为这两个变量间存在多重共线性，应当从两个变量中去除一个，以维持模型的稳定和准确性。从表 5.4 中我们可以看到，本书中的变量间的相关性均小于 0.6，因此不做进一步的处理。

表 5.4　相关自变量的相关性分析

		传播主体维度			意见领袖维度			传播客体维度	网络维度		
		影响力	权威度	活跃度	影响力	权威度	活跃度	信息接触度	网络规模	加权入度均值	加权出度均值
传播主体维度	影响力		0	0	0.275	0.009	0	0	0.357	0	0
	权威度	0		0	0	0	0	0	0.17	0	0
	活跃度	0	0		0.203	0	0	0	0.407	0	0
意见领袖维度	影响力	0.275	0	0.203		0.442	0.135	0.08	0	0	0.013
	权威度	0.009	0	0	0.442		0.022	0	0.414	0	0.085
	活跃度	0	0	0	0.135	0.022		0.012	0.131	0	0.016

续表

		传播主体维度			意见领袖维度			传播客体维度	网络维度		
		影响力	权威度	活跃度	影响力	权威度	活跃度	信息接触度	网络规模	加权入度均值	加权出度均值
传播客体维度	信息接触度	0	0	0	0.08	0	0.012		0.329	0	0.04
网络维度	网络规模	0.357	0.17	0.407	0	0.414	0.131	0.329		0.036	0
	加权入度均值	0	0	0	0	0	0	0	0.036		0
	加权出度均值	0	0	0	0.013	0.085	0.016	0.04	0	0	

3. 模型构建

结合已有文献成果、尝试性研究结果和所选平台数据情况，本书建立了以下两个群体影响力度量模型。

模型 1：

$$\begin{aligned}\text{InsideInflu} = {} & \alpha_0 + \alpha_1\text{Influ}(u) + \alpha_2\text{Aut}(u) + \alpha_3\text{Act}(u) + \alpha_4\text{Influ(core)} \\ & + \alpha_5\text{Aut(core)} + \alpha_6\text{Act(core)} + \alpha_7\text{Indeg}(v) + \alpha_8\text{WeidIndeg}(u) \\ & + \alpha_9\text{WeidOutdeg}(u) + \alpha_{10}\text{Scale}\end{aligned} \tag{5.11}$$

模型 2：

$$\begin{aligned}\text{OutsideInflu} = {} & \beta_0 + \beta_1\text{Influ}(u) + \beta_2\text{Aut}(u) + \beta_3\text{Act}(u) + \beta_4\text{Influ(core)} \\ & + \beta_5\text{Aut(core)} + \beta_6\text{Act(core)} + \beta_7\text{Indeg}(v) + \beta_8\text{WeidIndeg}(u) \\ & + \beta_9\text{WeidOutdeg}(u) + \beta_{10}\text{Scale}\end{aligned} \tag{5.12}$$

模型 1 用于验证群体内部影响力的度量模型，模型 2 用于验证群体外部影响力的度量模型。模型中的自变量包括：传播主体维度的传播主体影响力、传播主体权威度和传播主体活跃度，传播客体维度的传播客体信息接触度，意见领袖维度的意见领袖影响力、意见领袖权威度和意见领袖活跃度，网络维度的网络规模和加权入度均值、加权出度均值。

4. 数据验证

本书的数据形式为静态数据，自变量和因变量类型均为连续型。数据时间选取 2015 年 4 月 1 日～2015 年 4 月 7 日，期间选取的 9 个股票并没有发生重大变动事件，不存在外部突发意外干扰。由于所选的时间长度较短，因此样本量并不庞大。基于数据的特点，本书选择普通最小二乘法(ordinary least square，OLS)进行多元线性回归验证内部影响力和外部影响力的度量模型。

内部影响力的度量：本书首先根据内部影响力模型进行了回归，结果如表 5.5 所示。

表 5.5　内部影响力度量因素回归结果

内部影响力		
传播主体维度	截距	5.365***(2.144)
	影响力	0.609(0.525)
	权威度	−1.799**(0.760)
	活跃度	−4.024***(0.662)
意见领袖维度	影响力	0.410***(0.136)
	权威度	0.842***(0.156)
	活跃度	−0.313**(0.093)
传播客体维度	信息接触度	−0.671(4.267)
网络维度	网络规模	−1.078***(0.213)
	加权入度均值	0.789**(0.271)
	加权出度均值	4.021***(0.621)
Adjusted R-sq		0.654
F 值		9.311***
$^*p<0.1, ^{**}p<0.05, ^{***}p<0.01$		

从结果可以看到，对群体内部影响力有正向效用的要素包括：意见领袖影响力、意见领袖权威度、网络加权入度均值和网络加权出度均值。对群体内部影响力有反向效用的要素包括：传播主体的权威度、传播主体活跃度、意见领袖活跃度和网络规模。

传播主体维度方面，传播主体的影响力和群体的内部影响力并没有显著的关系。传播主体权威度和传播主体活跃度对群体的内部影响力是负向影响，在线群体中传播主体的权威度越大，网络在线群体内部影响力越小；在线群体中传播主体的活跃度越大，网络在线群体内部影响力也越小。根据结论洞理论，群体中的普遍个体，并不需要其具有很高的权威度，相反，具有更多的朋友反而会使群体中信息流传得更快。对于活跃度而言，雪球网和百度贴吧存在相似的情况，用户存在比较严重的水吧行为，用户的活跃度越高反而会使得群体内部的无效信息增多，信息获取成本增大，相应地，群体的内部影响力也会降低。

传播客体维度方面，我们发现，传播客体的信息接触度和群体的内部影响力并没有显著的关系。这说明了在雪球网这个平台上，群体的内部影响力不受外部信息接触节点的信息接触度影响，群体的影响力只受传播主体的影响因素的影响。

意见领袖维度方面，意见领袖的影响力、权威度和群体内部影响力存在反向显著的关系，在线群体中意见领袖的影响力越大，网络在线群体内部影响力越大；在线群体中意见领袖的权威度越高，网络在线群体内部影响力越大。另外，意见领袖的活跃度和群体内部影响力存在显著的正向关系，在线群体中意见领袖的活跃度越高，网络在线群体内部影响力越大。意见领袖的影响力、权威度越大，整个群体的影响力越大，这与许多已有研究的结果是一致的，群体中的少数节点发挥着联通信息传播的重要作用。另外意见领袖的活跃度越高，群体内部影响力反而越小，说明意见领袖的发言数量越多，反而会使内部用户获取信息的难度增大。

网络结构特征方面，网络的加权入度均值、加权出度均值都和群体内部影响力存在显著的正向关系，群体的度分布越密集，网络在线群体的内部影响力越大。网络规模和群体内部影响力存在显著的反向关系，群体的网络规模越大，网络在线群体的内部影响力反而越小。而群体中的度分布越密集，群体中的信息流通更畅通，群体的内部影响力也随着增大。网络中普通节点的入度和出度大小基本一致，而意见领袖的入度要远大于出度，度分布越高，来自普通节点较低权威度和意见领袖较高权威度的效果叠加，因此此时群体的影响力也越大。网络规模越大，群体的内部影响力反而越小，这是让我们比较意外的结论，然而这与许多在线群体的现状也是一致的，在线群体与传统群体不同的是，在线群体的规模往往要比传统群体大很多。而当在线群体的规模很大时，群体内部个体的声音会变得很难被听见，群体内部的信息传播能力反而会减弱。

外部影响力的度量：本书根据外部影响力模型进行了回归，结果如表 5.6 所示。

表 5.6　外部影响力度量因素回归结果

外部影响力		
传播主体维度	截距	10.093***(1.203)
	影响力	0.423(0.703)
	权威度	−0.542(1.019)
	活跃度	−7.604***(0.887)
意见领袖维度	影响力	0.399**(0.182)
	权威度	1.510***(0.208)
	活跃度	−0.484***(0.124)
传播客体维度	信息接触度	3.675(5.716)
网络维度	网络规模	−2.099***(0.286)
	加权入度均值	0.838**(0.363)
	加权出度均值	7.144***(0.832)
Adjusted R-sq		0.685
F 值		10.570***
*p<0.1, **p<0.05, ***p<0.01		

从结果可以看到，对群体外部影响力有正向效用的要素包括：意见领袖影响力、意见领袖权威度、网络加权入度均值和网络加权出度均值。对群体内部影响力有反向效用的要素包括：传播主体的权威度、传播主体活跃度、意见领袖活跃度和网络规模。

传播主体维度方面，传播主体的影响力、传播主体权威度和群体的外部影响力并没有显著的关系。传播主体活跃度对群体的外部影响力是反向效用，在线群体中传播主体的活跃度越大，网络在线群体外部影响力越小。与内部影响力不同的是，传播主体的权威度对外部影响力并没有显著的关系，说明内部的朋友关系并不会对信息的外部传播造成影响，与直观的经验是一致的。另外，传播主体活跃度越高，群体外部影响力越小也说明了“水贴”的行为不仅对群体的内部影响力有干扰，对群体的外部影响力也有干扰。

传播客体维度方面，我们发现，传播客体的信息接触度和群体的外部影响力并没有显著的关系。这说明了在雪球网这一平台，群体的外部影响力也不受外部信息接触节点的信息接触度影响，群体的影响力只受群体内部的影响因素的影响。

意见领袖维度方面，意见领袖的影响力、权威度和群体外部影响力存在显著的反向关系，在线群体中意见领袖的影响力越大，网络在线群体外部影响力越大；在线群体中意见领袖的权威度越高，网络在线群体外部影响力越大。另外，意见领袖的活跃度和群体内部影响力存在显著的正向关系，在线群体中意见领袖的活跃度越高，网络在线群体外部影响力越大。意见领袖的影响力和权威都越大，同样也会对信息向外部传播产生正向的作用，无效发言越多，群体的外部影响力同样也会降低。

网络结构特征方面，网络的加权入度均值、加权出度均值都和群体外部影响力存在显著的正向关系，群体的度分布越密集，网络在线群体的外部影响力越大。网络规模和群体外部影响力存在显著的反向关系，群体的网络规模越大，网络在线群体的外部影响力反而越小。群体的度分布对于外部影响力也是正向的作用，说明通畅的内部信息网络也会对外部信息的传播起到正面的作用。由于普通节点的权威度对群体的外部影响力没有显著作用，因此此处度分布更多体现的是意见领袖的入度，意见领袖的权威度越大，群体的外部影响力越大。在线群体规模的过大同样也使得群体外部的影响力随着降低，我们认为这也是因为在线群体与传统群体相比规模大很多。

内部影响力和外部影响力关系分析：为分析内部影响力和外部影响力之间的关系，本书对内部影响力和外部影响力进行了相关分析与回归分析。表 5.7 是相关分析的结果。

表 5.7　外部影响力和内部影响力的皮尔逊相关系数分析

	外部影响力	内部影响力
外部影响力	—	0.859***
内部影响力	0.859***	—

分别以外部影响力为自变量，内部影响力为因变量和内部影响力为自变量，外部影响力为因变量进行两次回归分析，分析结果如表 5.8 所示。

表 5.8　外部影响力和内部影响力的回归分析

	外部影响力	内部影响力
截距	−1.426***(0.267)	1.507***(0.085)
内部影响力	1.206***(0.110)	—
外部影响力	—	0.612***(0.056)
Adjusted R-sq	0.732	0.732
F 值	121.136***	121.136***
*p<0.1,**p<0.05,***p<0.01		

通过以上分析结果可以得到，内部影响力和外部影响力之间存在显著的正向关系。群体的外部影响力越大，群体的内部影响力越大；反之，群体的内部影响力越大，群体的外部影响力越大。

从以上分析结果可以知道，在线群体的内部影响力和外部影响力是高度正相关的关系，群体两个方面的影响力互相促进，同增同减。

5.2.4　群体影响力度量模型应用

本书在相关的文献和理论基础上，研究了外部影响力和内部影响力的度量，构建了度量模型，并对比了两者之间的关系。并以雪球网这一股票爱好者交流平台的数据作为研究数据支撑，进行了深入的实证研究。针对研究结果，进行了对应的分析，并给出以下结论。

(1) 意见领袖在群体的信息传播方面发挥了巨大的作用。一个群体中的核心节点有着非常重要的影响，有着高影响力高权威度意见领袖的群体，其影响力也比较大。具有高影响力高权威度意见领袖的在线群体对于商家进行营销具备更高的信息传播价值。相应地，在舆情监控方向上，意见领袖应当是重点的跟踪对象。

(2) 无效发言对在线群体的影响力产生了负面影响。无论是普通用户的活跃度还是意见领袖的活跃度，对群体的内部和外部影响力都有显著的负面效应。由于雪球网中用户的“水贴”行为较多，与百度贴吧类似，这些“水贴”行为会提高用户识别有用信息的成本，对群体的整体影响力造成消极的影响。本书建议在线群体在管理的过程中，可以考虑两个方法来降低“水贴”带来的负面效果：控制版块分布，可考虑专门开辟一个版块用于让用户刷积分等方式；鼓励用户用其他方式获得积分，如点赞和关注，而不都是会增加信息成本的发帖回复。另外一个在线群体中无效发言的数量也会影响到其营销和广告的价值。

(3) 群体中个体间的好友关系对群体内部影响力有正向效果，而意见领袖则需要有高的权威度才能提高群体的内部和外部影响力。对于普通节点来说，与权威度相比，更多的好友关系会使得群体内部信息流动更通畅；然而对群体中的意见领袖来说，高的权威度意味着意见领袖可以将信息传播给群体内部和外部的更多节点，因此对群体影响力起着正向的效应。这告诉我们，群体的信息流通既需要有大的意见领袖节点，也需要普通节点间有良好的好友网络。这启示我们，在在线群体的管理过程中，既需要吸引大的节点，也需要鼓励用户更多地建立好友关系，形成良好的社交环境。

(4)优化群体的环境比一味扩大群体规模更有实际意义。本书的结果证明了在线群体的网络规模对于群体的内部和外部影响力是负面的影响。对于一个群体而言，改进的方向应当是增进群体中好友间的关系、引入高影响力的意见领袖节点，而不是一味扩大群体规模、增加无效发言。当考虑一个群体营销的信息价值时，不应当只看群体的规模而忽视群体的节点质量、连边质量和发言质量。

(5)群体的内部和外部影响力具有显著的正向相关关系。群体的内部和外部影响力同增同减，信息传播在群体中传播较快也会使得其向外影响更快，同理，群体对外的影响力较大也意味着其内部的信息传播也会更迅速。

5.3 群体影响力预测

5.3.1 内部影响力预测模型

根据 5.2 中群体内部传播力及外部辐射力的度量模型，对群体的影响力进行预测。由于回归结果中存在多个变量显著性不高，所以本书进行了进一步的探索。将变量按照显著性从高到低(p 值从低到高)的顺序排列，按列表从后逐个排除变量，对剩余变量进行多元线性回归分析。此过程共进行了 2 次，依次去掉了传播客体信息接触度和传播主体影响力两个变量。最后内部影响力度量模型的回归结果如表 5.9 所示。

表 5.9 构建内部影响力预测模型

内部影响力		
传播主体维度	(Intercept)	4.959*** (0.819)
	权威度	−1.842** (0.751)
	活跃度	−3.836*** (0.603)
意见领袖维度	影响力	0.302*** (0.104)
	权威度	0.772*** (0.131)
	活跃度	−0.325*** (0.088)
网络维度	网络规模	−1.088*** (0.209)
	加权入度均值	0.986*** (0.221)
	加权出度均值	4.017*** (0.614)
Adjusted R-sq		0.657
F 值		11.558***
*p<0.1,**p<0.05,***p<0.01		

基于回归结果，本书提出群体内部影响力的预测模型如下：

$$\begin{aligned}\text{InsideInflu} = & 4.959 - 1.842\text{Aut}(u) - 3.836\text{Act}(u) + 0.302\text{Influ}(\text{core}) \\ & + 0.772\text{Aut}(\text{core}) - 0.325\text{Act}(\text{core}) + 0.986\text{WeidIndeg}(u) \\ & + 4.017\text{WeidOutdeg}(u) - 1.088\text{Scale}\end{aligned} \tag{5.13}$$

通过与经典的 SH(Szabo and Huberman)模型和考虑网络结构中连接度与传播深度模型的比较(表 5.10)，可以看到本书改进后的预测模型在均方根误差(root mean squared error，RMSE)和绝对平均误差(mean absolute error，MAE)上均有显著的改良。

表 5.10　本书模型与经典模型的比较

	RMSE	MAE
本书内部影响力预测模型	0.174	0.132
SH 模型	0.77	0.57
连接度模型	0.63	0.45
传播深度模型	0.61	0.43

5.3.2　构建外源性事件群体影响力预测模型

根据 5.2 节中群体内部感染力及外部辐射力的度量模型，对群体的影响力进行预测。同理，由于回归结果中存在多个变量显著性不高，因此本书对模型进行了进一步的简化。将变量按照显著性从高到低(p 值从低到高)的顺序排列，按列表从后逐个排除变量，对剩余变量进行多元线性回归分析。此过程共进行了 3 次，依次去掉了传播主体权威度、传染客体信息接触度和传播主体影响力三个变量。最后外部影响力度量模型的回归结果如表 5.11 所示。

表 5.11　构建外部影响力预测模型

	外部影响力	
	(Intercept)	9.831*** (1.079)
传播主体维度	活跃度	−7.539*** (0.789)
意见领袖维度	影响力	0.258*** (0.090)
网络维度	权威度	1.469*** (0.169)
	活跃度	−0.505*** (0.115)
	加权入度均值	0.916*** (0.185)
	网络规模	−2.061*** (0.241)
	加权出度均值	7.095*** (0.789)
Adjusted R-sq		0.699
F 值		15.593***
*p<0.1,**p<0.05,***p<0.01		

由回归结果可以得到，群体外部影响力的预测模型如下：

$$\begin{aligned}\text{OutsideInflu} = 9.831 - 7.539\text{Act}(u) + 0.258\text{Influ}(\text{core}) \\ + 1.469\text{Aut}(\text{core}) - 0.505\text{Act}(\text{core}) + 0.916\text{WeidIndeg}(u) \\ + 7.095\text{WeidOutdeg}(u) - 2.061\text{Scale}\end{aligned} \tag{5.14}$$

通过与经典的 SH 模型和考虑网络结构中连接度与传播深度模型的比较，从表 5.12 的结果中可以看到本书改进后的预测模型在 RMSE 和 MAE 上均有显著的改良。

表 5.12　本书模型与经典模型的比较

	RMSE	MAE
本书外部影响力预测模型	0.224	0.168
SH 模型	0.77	0.57
连接度模型	0.63	0.45
传播深度模型	0.61	0.43

参 考 文 献

[1] Azimdoost B, Westphal C, Sadjadpour H R. The price of updating the control plane in information-centric networks[J]. Computer Science, 2014.

[2] Short J, Williams E, Christie B. The social psychology of telecommunications[J]. Contemporary Sociology, 1976, 7(1): 32.

[3] Rice R E. Media appropriateness[J]. Human Communication Research, 1993, 19(4): 451-484.

[4] Walther J B. Interpersonal effects in computer-mediated interaction a relational perspective[J]. Communication Research, 1992, 19(1): 52-90.

[5] Tu C H, McIsaac M. The relationship of social presence and interaction in online classes[J]. The American Journal of Distance Education, 2002, 16(3): 131-150.

[6] Bergami M, Bagozzi R P. Self - categorization, affective commitment and group self - esteem as distinct aspects of social identity in the organization[J]. British Journal of Social Psychology, 2000, 39(4): 555-577.

[7] Bhattacharya C B, Sen S. Consumer-company identification: A framework for understanding consumers' relationships with companies[J]. Journal of Marketing, 2003, 67(2): 76-88.

[8] Pacala S W, Gordon D M, Godfray H C J. Effects of social group size on information transfer and task allocation[J]. Evolutionary Ecology, 1996, 10(2): 127-165.

[9] Burt R S. The social capital of opinion leaders[J]. The Annals of the American Academy of Political and Social Science, 1999, 566(1): 37-54.

[10] Granovetter M S. The strength of weak ties[J]. American Journal of Sociology, 1973, 78(6): 347-367.

[11] Freeman L C. A set of measures of centrality based on betweenness[J]. Sociometry, 1977, 40(1): 35-41.

[12] Java A, Kolari P, Finin T, et al. Modeling the spread of influence on the blogosphere[C]. Proceedings of the 15th International World Wide Web Conference, New York, 2006: 22-26.

[13] Goyal A, Bonchi F, Lakshmanan L V S. Learning influence probabilities in social networks[C]. International Conference on Web Search and Web Data Mining, New York, 2010: 241-250.

[14] Kempe D, Kleinberg J, Tardos É. Maximizing the spread of influence through a social network[C]. Proceedings of the 9th ACM SIGKDD International Conference on Knowledge Discovery and Data Mining, Washington, 2008: 137-146.

[15] Burt R S. Structural holes[M]. Cambridge: Harvard University Press, 1992.

[16] Lazarsfeld P F, Berelson B, Gaudet H. The people's choice[J]. Eco-Architecture: Harmonisation between Architecture and Nature, 1944, 18(2): 154.

[17] Scott J. Social network analysis: Developments, advances, and prospects[J]. Social Network Analysis and Mining, 2011, 1(1): 21-26.

第6章 群 体 演 化

在线社交网络中的用户基于一定的利益、爱好等目的，通过网络活动相互联系、相互影响等形成一个个的群体。这些群体又因各种网络活动或事件的产生，使得群体的成员组成、属性特征等发生变化。研究社交网络中的动态事件检测、群体成员的行为偏好以及行为预测等能有效地帮助我们理解群体演化规律，从而有效地促进在线社交网络服务以及网络空间治理。

6.1 实时群体演化检测

本节提出了一个基于相关性矩阵的社交网络动态事件检测算法。首先对社交网络中的动态事件进行定义，在定义了基本动态事件后提出了社区向量的概念。每一个社团映射为一个向量，向量中的元素则代表了社团中的成员组成。之后，通过这些社团向量构建了一个相关性矩阵。最后，利用相邻的相关性矩阵和动态事件的定义，提出了社交网络中的动态事件检测算法。

6.1.1 社交网络动态事件定义

在动态社交网络中，每时每刻都有新的事件产生，有新的成员加入或者离开，网络中的成员数目在不停地变化，而成员之间的联系也处于持续变动之中，因此有必要基于时间对网络中的群体运动进行分析和总结。文献[1]提出了动态网络中的 6 种典型的基本事件，它们分别为产生、消失、增长、合并、收缩和分裂。这 6 种动态事件基本上概括了动态社交网络中群体行为的大部分模式。通过提取和分析社交网络中的这些基本事件，有助于对网络的动态变化进行深入的了解，同时便于把握网络中社团行为的发展变化，为在线社交网络服务及网络空间治理提供依据。图 6.1 对这 6 种事件进行了一个简单的描述。

为了便于分析，我们将图 6.1 所示 6 种动态事件转化为可运算的数学表示，应用集合的概念对其作如下定义(符号的定义参见表 6.1)。

(1)增长：动态社交网络中某个群体因为某种原因，吸引到一些成员进入群体，因此 t 时刻的某社团在 $t+\tau$ 时刻添加了新的成员，如图 6.2(a)所示。

$$C_i(t) \subset C_i(t+\tau) \tag{6.1}$$

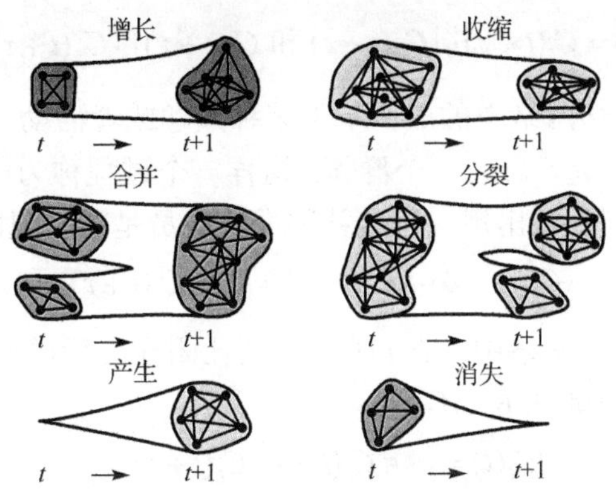

图 6.1　社团演化中可能出现的事件

表 6.1　描述事件时所需要的参数

参数	描述
i,j	社团的编号, $i \neq j$
u	任意一个顶点
t	取得快照的时间
τ	两个快照之间的时间间隔
G_t	在时间 t 获得的快照
V_t	快照 C_t 内的点的集合
E_t	快照 G_t 的边的集合
$C(t)$	t 时刻的社团集合
$C_i(t)$	t 时刻社团 i 的点的集合

(2) 收缩：动态社交网络中群体中的某些成员离开，造成 t 时刻的某社团在 $t+\tau$ 时刻丢失了部分成员(并不是全部成员)，如图 6.2(b)所示。

$$C_i(t) \subset C_i(t+\tau) \tag{6.2}$$

(3) 合并：动态社交网络中多个群体成员由于某种共同的兴趣导向或其他原因，相互之间的联系加强，逐渐融合在一起，形成一个群体，称为合并。其定义为 t 时刻的某些(大于等于 2)社团在 $t+\tau$ 时刻合并为一个社团(社团之间的成员不重复)，如图 6.2(c)所示。

$$C_i(t) \cup C_j(t) = C_i(t+\tau) \text{ 和 } C_i(t) \cap C_j(t) = \phi \tag{6.3}$$

(4) 分裂：动态社交网络中，群体中的成员因为兴趣的变化以及其他原因，彼此之间的某些联系变得稀松而逐渐分离形成两个群体，这样的过程称为分裂。其定义为 t 时刻的某社团在 $t+\tau$ 时刻分裂为两个或者更多的社团(社团成员之间不重复)，如图 6.2(d)所示。

$$C_i(t)=C_i(t+\tau)\bigcup C_j(t+\tau) \text{ 和 } C_i(t+\tau)\bigcap C_j(t+\tau)=\phi \tag{6.4}$$

(5) 产生：动态社交网络中的成员基于某种兴趣或者活动，相互联系交流，由独立的个体逐渐聚集在一起，形成一个群体，这样一个过程称为产生。其定义为 $t+\tau$ 时刻的某社团在之前时刻不曾出现，且该社团内的成员是新出现的，如图 6.2(e) 所示。

$$C_i(t)=\phi \to C_i(t+\tau)=\{u \in C_i(t+\tau)\} \tag{6.5}$$

(6) 消失：动态社交网络中，在 t 时刻的某社团在之后的时刻不再存在，且该社团内的成员不再出现，如图 6.2(f) 所示。

$$C_i(t)=\{u \in C_i(t)\} \to C_i(t+\tau)=\phi \tag{6.6}$$

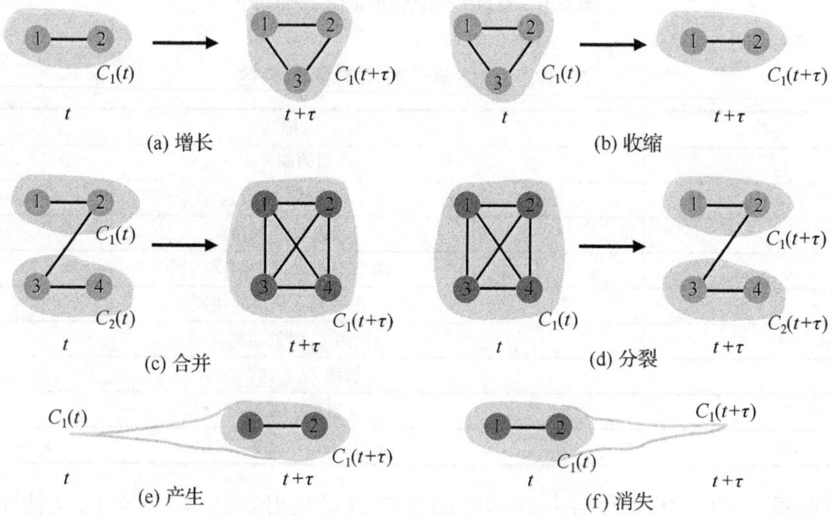

(a) 增长　(b) 收缩

(c) 合并　(d) 分裂

(e) 产生　(f) 消失

图 6.2　t 到 $t+\tau$ 时刻，社团的变化

以上各式对社区的 6 种演化事件进行了准确的定义，这对于理解网络的演化是必要的。然而，在实际的社交网络中对这些事件进行检测时，我们发现存在两个问题：①在真实的社交网络中，成员的行为是复杂多变的，因此社区中的演化事件能够严格满足以上条件的极少，为了更好地反映网络实际情况，我们在实际检测中需要允许一定的噪声存在；②现实生活中的社交网络用户群体庞大，如何在社区数量庞大的情况下，快速高效地检测出以上的 6 种事件，也是一个亟待解决的问题。为了解决以上两个问题，我们接下来介绍一个基于相关性矩阵的社区演化事件检测算法。

6.1.2　基于相关性矩阵的社区演化事件检测算法

基于相关性矩阵的社交网络动态事件检测算法首先将已划分好的社团向量化，

然后构造相关性矩阵，并应用针对 6 种事件的计算公式，通过对相关性矩阵的运算获取 6 种动态事件的信息。

1．动态事件检测算法流程

基于矩阵的社交网络社区演变事件检测算法可以用图 6.3 展示的流程来描述，具体的运算如下。

步骤 1　对选取的数据集进行预处理，保留用户 ID 以及用户建立关系的时间等信息。对处理后的数据，基于时间将其划分，获得一系列按照时间排列的网络快照。

步骤 2　对步骤 1 中获取的每个快照 G_t，应用社区划分算法分离社区结构，得到一组社团 $C_i(t)$（$i=1,2,\cdots,n_t$），n_t 为 t 时刻快照中的社团总数。

步骤 3　将步骤 2 中获取的社团信息 $C_i(t)$ 转换相应的社团向量 $V_{C_i}(t)$。

步骤 4　依据步骤 3 得到的社团向量 $V_{C_i}(t)$ 和 $V_{C_i}(t+\tau)$ 计算网络快照 G_t 与快照 $G_{t+\tau}$ 之间的相关性矩阵 $R1(t,t+\tau)$、$R2(t,t+\tau)$（式(6.9)和式(6.10)）。

步骤 5　根据相关性矩阵 $R1(t,t+\tau)$、$R2(t,t+\tau)$ 以及对动态事件的定义，通过计算检测并统计 t 时刻的网络快照和 $t+\tau$ 时刻的网络快照之间各种演变事件的次数。

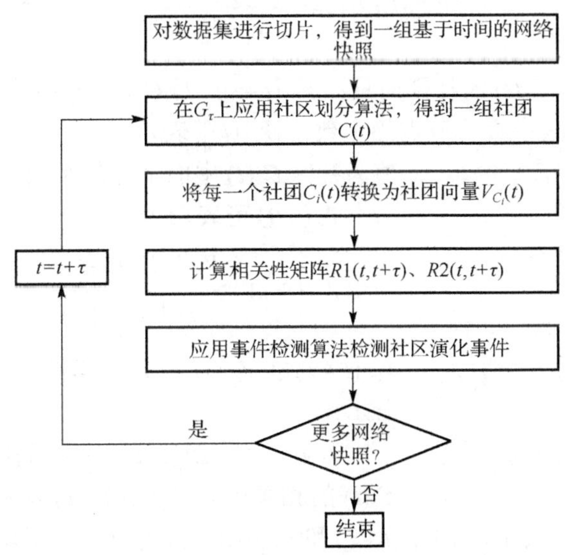

图 6.3　基于矩阵的事件检测算法流程图

步骤 3 中的社区向量 $V_{C_i}(t)$ 表示在时间为 t 的网络快照中社团 $C_i(t)$ 的组成节点。若节点 j 存在于社团 $C_i(t)$ 中，则在向量 $V_{C_i}(t)$ 的相应位置上置 1，否则置 0。通过社区发现算法提取出来的社区结构，包含了社区划分以及社团成员等信息。这里将社团构成的信息用简单的向量元素进行概括，缩减了社团信息的存储空间，提高了社团的可运算性。

确切来说，社团 $C_i(t)$ 对应的社团向量定义如下：

$$V_{C_i}(t)=\{x_1,x_2,\cdots,x_j,\cdots,x_n\} \tag{6.7}$$

式中，

$$x_j=\begin{cases}1, & j\in C_i(t)\\ 0, & j\notin C_i(t)\end{cases} \tag{6.8}$$

例如，在一个有四个节点的网络中，在 t 时刻，社团 1 包含了点 1 和 4。则 $C_1(t)=\{1,4\}$，$V_{C_1}(t)=[1\ 0\ 0\ 1]$。设两个相邻的时间快照相差的时间为 τ，为了讨论方便，式(6.7)中的 n 设为 t 时刻和 $t+\tau$ 时刻的两个网络快照中不重复的节点的总个数。

步骤 4 中的 $R1(t,t+\tau)$、$R2(t,t+\tau)$ 为描述时刻 t 和 $t+\tau$ 的两个网络快照中社团之间的相关性的矩阵。定义如下：

$$R1_{ij}(t,t+\tau)=\frac{V_{C_i}(t)V_{C_j}(t+\tau)^{\mathrm{T}}}{\|V_{C_i}(t)\|^2} \tag{6.9}$$

$$R2_{ij}(t,t+\tau)=\frac{V_{C_i}(t)V_{C_j}(t+\tau)^{\mathrm{T}}}{\|V_{C_j}(t+\tau)\|^2} \tag{6.10}$$

式中，$V_{C_i}(t)$ 是社区 $C_i(t)$ 的社区向量；$V_{C_j}(t+\tau)^{\mathrm{T}}$ 是 $C_j(t+\tau)$ 的社区向量的转置。它们的乘积为两个社区中重叠节点的个数；$\|V_{C_i}(t)\|^2$ 表示社区向量 $V_{C_i}(t)$ 的模平方，其值为社区 $C_i(t)$ 中的节点的个数。

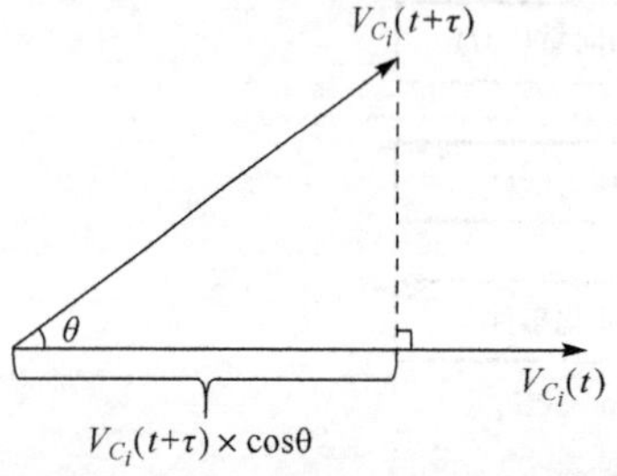

式(6.9)可表示为

$$R1_{ij}(t,t+\tau)=\frac{V_{C_i}(t)V_{C_j}(t+\tau)^{\mathrm{T}}}{\|V_{C_i}(t)\|^2}=\frac{\|V_{C_j}(t+\tau)\|\times\cos\theta}{\|V_{C_i}(t)\|}$$

$V_{C_j}(t+\tau)$ 在 $V_{C_i}(t)$ 上的投影的归一化值，如图 6.4 所示。

图 6.4　社区向量乘积的数学意义

可见，元素 $R1_{ij}(t,t+\tau)$ 表示社团 $C_j(t+\tau)$ 与社团 $C_i(t)$ 的相关性，$R2_{ij}(t,t+\tau)$ 表示社团 $C_i(t)$ 与社团 $C_j(t+\tau)$ 的相关性。其中，$R1_{ij}(t,t+\tau)$ 和 $R2_{ij}(t,t+\tau)$ 的取值范围均在 0～1。可证明如下。

由式(6.7)、式(6.8)可知

$$V_{C_i}(t)=\{x_1,x_2,\cdots,x_s,\cdots,x_n\},\quad V_{C_j}(t+\tau)=\{y_1,y_2,\cdots,y_s,\cdots,y_n\}$$

式中，$x_s=0$ 或者 1；$y_s=0$ 或者 1；则 $V_{C_i}(t)V_{C_j}(t+\tau)^{\mathrm{T}}=\sum_{s=1}^{n}x_sy_s\geqslant 0$；故 $R1_{ij}(t,t+\tau)\geqslant 0$；$R2_{ij}(t,t+\tau)\geqslant 0$。

又 $x_s y_s \leqslant x_s x_s$； $x_s y_s \leqslant y_s y_s$； 且 $\|V_{C_i}(t)\|^2 = \sum_{s=1}^{n} x_s x_s$，$\|V_{C_j}(t+\tau)\|^2 = \sum_{s=1}^{n} y_s y_s$。

则 $V_{C_i}(t)V_{C_j}(t+\tau)^{\mathrm{T}} \leqslant \|V_{C_i}(t)\|^2$； $V_{C_i}(t)V_{C_j}(t+\tau)^{\mathrm{T}} \leqslant \|V_{C_j}(t+\tau)\|^2$。

故 $R1_{ij}(t,t+\tau) \leqslant 1$； $R2_{ij}(t,t+\tau) \leqslant 1$。

步骤 5 基于以上相关性矩阵 $R1(t,t+\tau)$、$R2(t,t+\tau)$ 以及对动态事件的定义，利用以下方法检测并统计 t 时刻的网络快照和 $t+\tau$ 时刻的网络快照之间各种演变事件的次数。为了便于讨论，以下用 $R1$、$R2$ 分别代表矩阵 $R1(t,t+\tau)$、$R2(t,t+\tau)$。6 种基本演变事件的检测方法分别描述如下。

1) 产生事件检测

若

$$\sum_{j=1}^{n_t} R2_{ij} = 0 \tag{6.11}$$

式中，n_t 是时刻 t 的社团个数，则表示在 $t+\tau$ 的时刻，$C_j(t+\tau)$ 为一个新生成的社区，即出现一个“产生”事件。

2) 消失事件检测

若

$$\sum_{i=1}^{n_{t+\tau}} R1_{ij} = 0 \tag{6.12}$$

式中，$n_{t+\tau}$ 是时刻 $t+\tau$ 的社团个数，则表示在 t 时间存在的社团 $C_i(t)$ 在时刻 $t+\tau$ 消失了，即出现一个“消失”事件。

3) 合并和增长事件检测

考虑到数据集在收集和处理的过程中会存在噪声等干扰因素，实际网络中的数据能够严格匹配式(6.1)～式(6.6)定义的事件非常少，为了解决这个问题，我们引入了一个阈值 θ $(0\leqslant\theta\leqslant1)$，用于调控演变事件的检测精度。

(1) 在矩阵 $R1$ 中保留所有满足条件 $R1_{ij} > \theta$ 的元素 $R1_{ij}$，将余下不满足条件的元素置零，得到矩阵 $R1'$：

$$R1'_{ij} = \begin{cases} R1_{ij}, & R1_{ij} > \theta \\ 0, & \text{其他} \end{cases} \tag{6.13}$$

(2) 考虑到在合并和增长事件中，t 时刻的社团 $C_i(t)$ 只能对应一个在 $t+\tau$ 时刻的社团 $C_j(t+\tau)$，因此我们在矩阵 $R1'$ 中每一行保留一个最大值，其余置 0。若 $R1_i^s = \max\limits_{1\leqslant j\leqslant n_{t+\tau}} R1_{ij}$ 表示第 i 行的最大值(若某行的最大值不止一个，则任取一个)，则以上变换可表示为

$$R1''_{ij}=\begin{cases}R1^s_i, & R1_{ij}=R1^s_i\\0, & \text{其他}\end{cases}\tag{6.14}$$

(3)在经过上述处理的矩阵 $R1''$ 中，如果第 j 列在第 i 行存在一个非零元素，则表示社团 $C_i(t)$ 增长为 $C_j(t+\tau)$，即出现一个增长事件。如果第 j 列中存在一个以上的非零元素，则表示社团 $C_j(t+\tau)$ 由 t 时刻对应这些非零元素的社团合并而成，即出现一个合并事件。因此，可以通过判断第 j 列中非零值的个数 m_j 来判断相应的事件。当 $m_j>1$ 时，表明 $t+\tau$ 时刻的社团 j 是被合并后形成的，且该列中每一个非零行代表的社团为合并前的社团，即

$$\begin{cases}m_j>1, & \text{合并}\\m_j=1, & \text{增长}\end{cases}$$

4)分裂和收缩事件检测

(1)在矩阵 $R2$ 中保留所有满足条件 $R2_{ij}>\theta$ 的元素 $R2_{ij}$，将余下不满足条件的元素置零，得到矩阵 $R2'$：

$$R2'_{ij}=\begin{cases}R2_{ij}, & R2_{ij}>\theta\\0, & \text{其他}\end{cases}\tag{6.15}$$

(2)考虑到在分裂和收缩事件中，在 $t+\tau$ 时刻的社团 $C_j(t+\tau)$ 只能对应在 t 时刻的某一个社团 $C_i(t)$。因此，我们在矩阵 $R2'_{ij}$ 的每一列保留一个最大值，其余置零。若第 j 列最大值用 $R2^s_j=\max\limits_{1\leqslant i\leqslant n_t}R2_{ij}$ （若某列的最大值不止一个，则任取一个 i），则以上变换可表示为

$$R2'_{ij}=\begin{cases}R2^s_j, & R2_{ij}=R2^s_j\\0, & \text{其他}\end{cases}\tag{6.16}$$

(3)在经过上述处理的矩阵 $R2''$ 中，如果第 i 行在第 j 列中存在一个非零元素，则表示社团 $C_j(t+\tau)$ 为 $C_i(t)$ 收缩而形成，即出现一个收缩事件。如果第 i 行中存在一个以上的非零元素，则表示社团 $C_i(t)$ 分裂为 $t+\tau$ 时刻对应这些非零元素的社团，即出现一个分裂事件。因此，可以通过判断第 i 行中非零值的个数 n_i 来判断相应的事件。当 $n_i>1$ 时，表明 t 时刻的社团 i 发生分裂，且该行中每一个非零列代表的社团为分裂后的社团。

$$\begin{cases}n_i>1, & \text{分裂}\\n_i=1, & \text{收缩}\end{cases}$$

2. 演变事件检测示例

1)产生与消失事件检测

假设社团演变如图 6.5 所示，t 时刻有两个社团 $C_1(t)=\{1\}$，$C_2(t)=\{2,3,4\}$；$t+\tau$

时刻有两个社团 $C_1(t+\tau)=\{5\}$ ， $C_2(t+\tau)=\{2,3,4\}$ 。 t 时刻的社团向量为 $V_{C_1}(t)=\{1,0,0,0,0\}$ ， $V_{C_2}(t)=\{0,1,1,1,0\}$ ； $t+\tau$ 时刻的社团向量为 $V_{C_1}(t+\tau)=\{0,0,0,0,1\}$ ， $V_{C_2}(t+\tau)=\{0,1,1,1,0\}$ 。

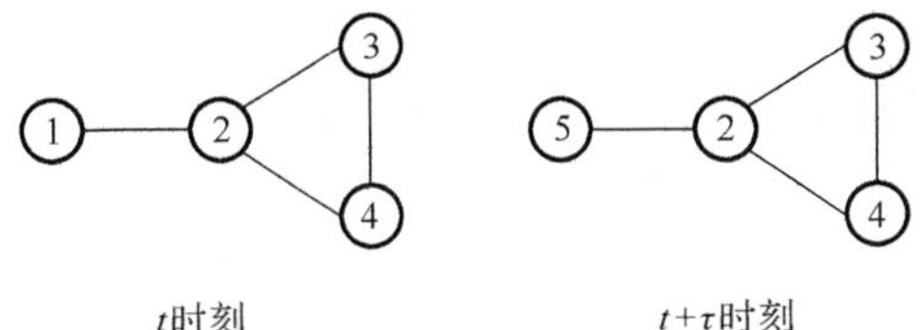

图 6.5 相关性矩阵以及产生、消失事件检测的举例

相应的向量矩阵可表示为

$$V(t)=\begin{pmatrix}1 & 0 & 0 & 0 & 0\\ 0 & 1 & 1 & 1 & 0\end{pmatrix},\quad V(t+\tau)=\begin{pmatrix}0 & 0 & 0 & 0 & 1\\ 0 & 1 & 1 & 1 & 0\end{pmatrix}$$

由式(6.9)、式(6.10)可得相关矩阵

$$R1=\begin{pmatrix}1 & 0\\ 0 & 0\end{pmatrix},\quad R2=\begin{pmatrix}1 & 0\\ 0 & 0\end{pmatrix}$$

由式(6.11)得， $j=2$ 时， $\sum_{j=2} R2_{ij}=0$ 。即在 $t+\tau$ 时刻，产生了新的社团 $C_2(t+\tau)$ ，检测到一个产生事件。

由式(6.12)得， $i=2$ 时， $\sum_{i=2} R1_{ij}=0$ 。即在 $t+\tau$ 时刻，社团 $C_2(t)$ 消失了，检测到一个消失事件。

2)增长与合并事件检测

假设相关性矩阵为

$$R1=\begin{pmatrix}0 & 0 & 0\\ 0.74 & 0.35 & 0.57\\ 0.63 & 0.69 & 0.21\\ 0.40 & 0.71 & 0.54\end{pmatrix}$$

阈值 $\theta=0.5$ ，则经过式(6.13)的变换后，

$$R1'=\begin{pmatrix}0 & 0 & 0\\ 0.74 & 0 & 0.57\\ 0.63 & 0.69 & 0\\ 0 & 0.71 & 0.54\end{pmatrix}$$

经过式(6.14)的变换后，

$$R1'' = \begin{pmatrix} 0 & 0 & 0 \\ 0.74 & 0 & 0 \\ 0 & 0.69 & 0 \\ 0 & 0.71 & 0 \end{pmatrix}$$

矩阵 $R1''$ 中第 1 列的非零元素有 1 个，即 $m_1 = 1$，表示 t 时刻的社团 2 在 $t+\tau$ 时刻增长为社团 1，检测到一个增长事件。

第 2 列中非零元素有 2 个，即 $m_2 = 2$，表示 t 时刻的社团 3 和 4 在 $t+\tau$ 时刻合并为社团 2，检测到一个合并事件。

3) 收缩和分裂事件检测

假设相关性矩阵为

$$R2 = \begin{pmatrix} 0.24 & 0.75 & 0.37 & 0 \\ 0.63 & 0.49 & 0.51 & 0 \\ 0.44 & 0.28 & 0.39 & 0 \end{pmatrix}$$

阈值 $\theta = 0.5$，则经过式(6.15)的变换后，

$$R2' = \begin{pmatrix} 0 & 0.75 & 0 & 0 \\ 0.63 & 0 & 0.51 & 0 \\ 0 & 0 & 0 & 0 \end{pmatrix}$$

经过式(6.16)的变换后，

$$R2'' = \begin{pmatrix} 0 & 0.75 & 0 & 0 \\ 0.63 & 0 & 0.51 & 0 \\ 0 & 0 & 0 & 0 \end{pmatrix}$$

矩阵 $R2''$ 中第 1 行的非零元素有 1 个，即 $n_1 = 1$，表示 t 时刻的社团 1 在 $t+\tau$ 时刻收缩为社团 2，检测到一个收缩事件。

第 2 行中非零元素有 2 个，即 $n_2 = 2$，表示 t 时刻的社团 2 在 $t+\tau$ 时刻分裂为社团 1 和 3，检测到一个分裂事件。

6.1.3 实验与结果分析

本次实验选取了社交网络研究中两种常用的数据集：Facebook 数据集[2,3]和 DBLP (digital bibliography & library project) 数据集[4]，分别代表了在线社交网络和真实世界两种不同网络的情况。实验中选用了 MATLAB R2013a 的软件环境。

我们首先对 Facebook 数据集进行预处理，选取了其中的 55597 个节点和 773059 条边。其中节点代表了 Facebook 中的注册用户，边则表示两个用户之间是朋友关系。在本书中，我们以月为单位将数据集划分，这样得到了 26 个快照。从 DBLP 数据

集中截取了从2001～2010年共十年间的任何两名作者合作发表文章的数据，包含了156816个点和42490条边。其中，点表示发表文章的作者，边则表示两个作者共同发表了文章。本书中，我们以年为单位将DBLP数据集划分为10部分，这样我们就得到了10个快照。

我们将基于相关性矩阵的社交网络动态事件检测算法应用在两个数据集上，检测并统计6种社团基本演变事件的发生，通过各种事件数量随时间的变化，推断在线社交网络的演变趋势。实验内容主要包括三部分。首先，我们在时间维度上检测在不同时间的动态事件的发生，并针对现实中的情况进行比较和分析。然后，我们通过调整阈值θ来观察参数对于检测动态事件的影响。最后，通过分析网络中的社团的情况，分析不同情境下的社交网络的存在状况。

1. 社区演化事件随时间变化的趋势

我们知道，社交网络中的成员和彼此之间的联系处于变动之中。不同的时刻，网络结构呈现不同的状态，网络结构的变化在某种程度上能够反映网络的特性，这些特性同现实网络中发生的状况有着密切的联系。图6.6和图6.7分别展示了在DBLP数据集与Facebook数据集上的社区演化事件随时间的变化趋势(为了方便研究和分析，该数据取自阈值$\theta=0.3$的条件下)。图6.6中在DBLP数据集中，演化事件数量的变化没有出现大幅度的剧烈波动，网络中的节点和边(即作者的人数和合作的文章数目)也没有发生太大的波动。由于DBLP数据集是一个关于两个作者合作共同发表文章的这样一个数据集，所以会在一定程度上受到地理位置的制约而且合作过的作者再次合作的概率会很大，因此该数据集相对比较稳定。在图6.6中的有关演化事件的图表中可以看出，产生事件的次数随着时间在逐渐小幅度递减，而消失事件随着时间在逐渐的增长。由于DBLP数据集从1995年开始采集数据对象，其研究的对象随着时间逐渐地步入稳定发展阶段，新成员的加入和旧成员的离开达到一个相对平衡的状态。各种演化事件发生的频率也相对稳定。DBLP数据集是一个基于计算机领域发表文献的数据集，计算机领域的发展日新月异，相应的各位作者的研究方向和合作伙伴也会不断变化。但总体来说，各位作者的研究方向不会偏离最初的方向过远，因此，某领域中的研究学者的数目在总体上不会发生过多的变化，少数研究学者可能会转向其他研究领域。因此，相应的收缩和增长事件有着较高的发生频率。可以从图6.6中看出，收缩和增长事件相较于其他事件发生的次数较多。

图6.7中可以看出，在Facebook数据集中，从2008年8月到2008年11月演化事件发生次数的波动较为剧烈。Facebook网站成立于2004年2月4日，该网站为用户提供能够与朋友、同事、同学以及周围的人交流、分享图片信息等的平台。该社交网站上线之初就吸引了大量的用户注册加入，发展前景良好。从总体来看，Facebook的注册用户数目逐年增长(2008年2月用户数目下降是因为在处理数据中，

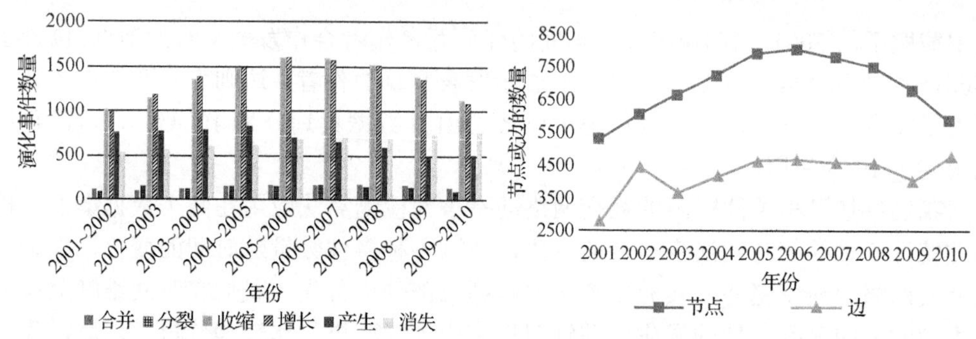

图 6.6　DBLP 数据集上的社区演化事件随时间的变化趋势以及节点变化趋势

部分数据由于没有附带确切的时间而被剔除，所以造成了一些误差）。通过查阅相关信息可以知道，在 2008 年 7 月～2008 年 9 月，Facebook 修改了网站并且更新了界面，同时这段时间内 Facebook 已注册的活跃用户突破了 100 万。对比图 6.7，我们可以看到在对应的时间网络中的点和边有较高的增幅，事件发生的次数也有较大的波动。

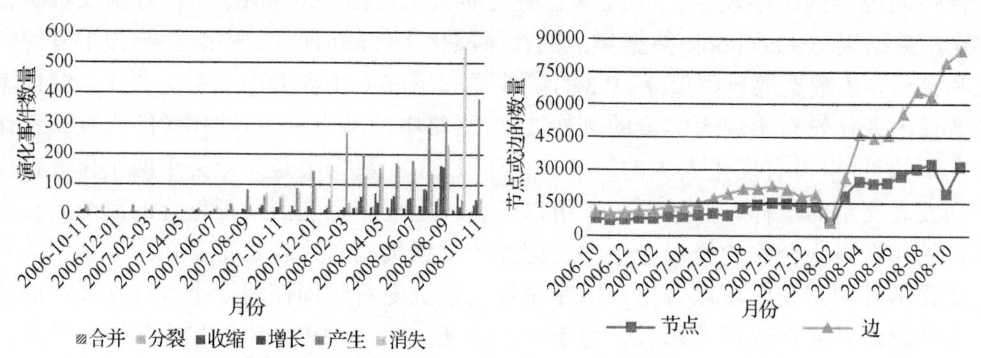

图 6.7　Facebook 数据集上的社区演化事件随时间的变化趋势以及节点的变化

图 6.8 将图 6.7 中的事件变化趋势拆分出来进行详细的分析。可以看到，这 6 种演化事件的变化趋势大体上相似，均在 2008 年 7 月～2008 年 9 月产生剧烈的波动变化，这与当时网络上发生的实际情况相吻合。Facebook 作为一个新兴的网站，其成员的活跃度较高。可以看出产生和消失事件发生的次数要远多于其他 4 种演化事件。作为一个新兴的充满活力的网站，其注册用户的活跃度较高，用户的兴趣度总是在不断变化中。可以看出，增长和收缩事件较多。社团内部的成员变动较为频繁。而网站成立之初，许多社团彼此之间的联系紧密程度还处于较弱的地步，因此合并和分裂事件的发生相较于其他演化事件而言较少。通过对比分析，这 6 种演化事件在在线社交网络上的分布情况可以看出，对于一个新兴的在线社交网络，由于其对用户的吸引程度较高，反映在数据上则展示为网络中的用户节点数持续增长，

产生和消失的演化事件发生次数较多。同时，因为存在时间较短，社团自身的凝聚力还不够强，对于用户的黏着力较弱，所以增长和收缩事件的发生相对较多，而社团之间的相互的吸引力和连接度还处于发展中，所以，分裂和合并事件的发生较少。因此，演化事件发生的次数能够在一定程度上反映该社交网络的所处的发展状态，并且对于现实世界中发生的对网络有重大影响的情况能够有一个良好的反馈能力。

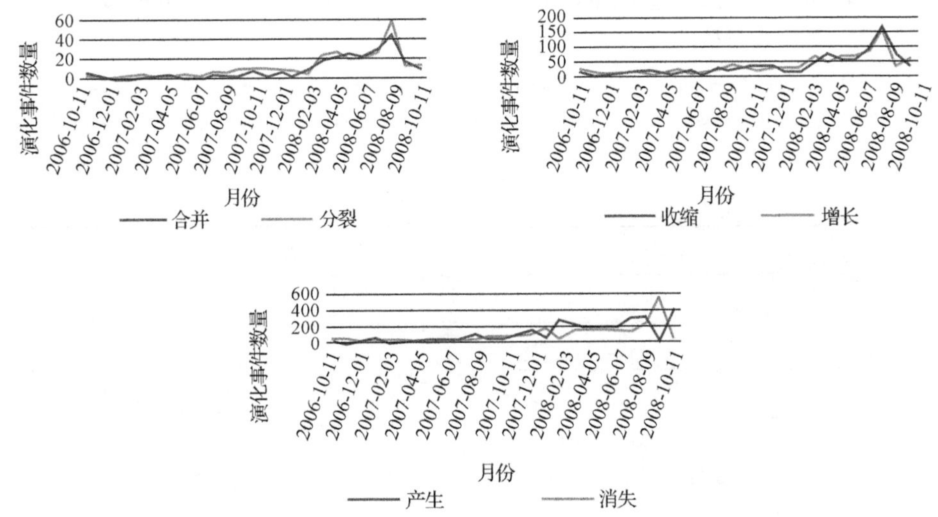

图 6.8 6 种演化事件在 Facebook 数据集上随时间变化的趋势

2. 阈值对检测结果的影响

阈值对于分析动态网络中事件的发生有着重要意义，它能够调控检测算法的准确性，同时也允许了一部分噪声的存在，使得研究结论更适用于真实的网络环境。图 6.9 和图 6.10 分别展示了在不同的阈值下，DBLP 数据和 Facebook 数据集中检测出各种演化事件发生的次数。从图中可以看到演化事件发生次数随阈值的变化趋势。从图中可以看到，随着阈值的逐渐增大，检测到的事件的数目在逐渐地减小。特别地，当阈值超过 0.5 时，事件数目的下降趋势变得剧烈。可以看到在阈值为 1 时，事件的数目变得极为少。这是因为，当阈值为 1 时，意味着事件严格符合定义，处于理想状态下。然而，在现实社交网络中，极少数的社团能够严格符合定义。现实网络中总会存在或多或少的噪声数据。因此，本书中对于阈值的取值总是小于 1。且阈值越小，检测系统能够容忍的噪声也就越多，就有越多的事件能够被检测出来。同时，本书中研究对象较多，因此，在展示中只挑选部分实验结果作为代表进行展示，未展示的实验数据与其有着相似的变化趋势。

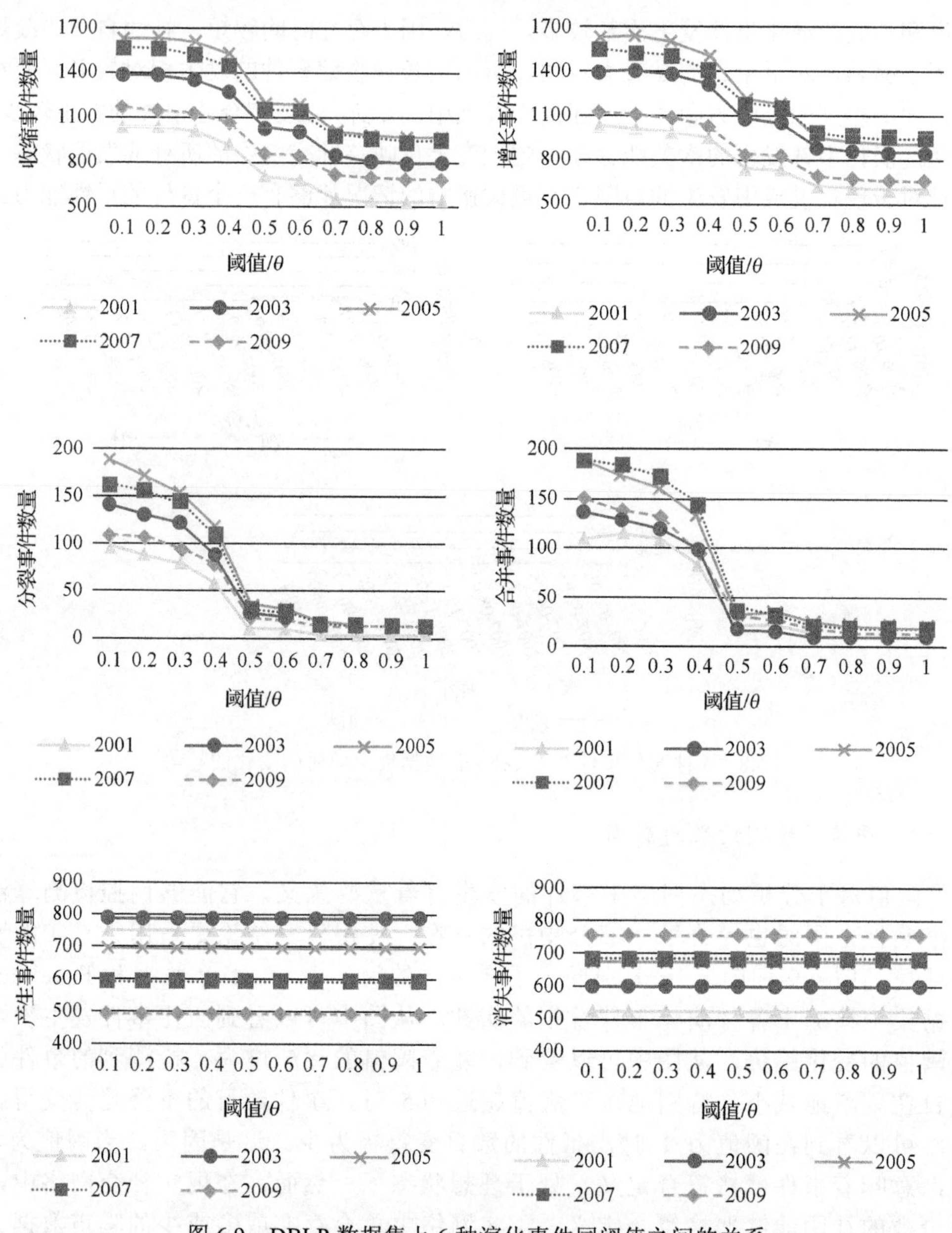

图 6.9　DBLP 数据集上 6 种演化事件同阈值之间的关系

图 6.9 中，DBLP 数据集中，对比分析 6 种演化事件随阈值的变化可以看出，增长和收缩这两种演化事件随着阈值的增大，事件发生次数在逐渐降低，降幅在阈值为 0.1～0.5 下降较为剧烈，在阈值为 0.5～1 下降较为平缓。同时，在阈值为 1(严格定义)时，仍有大量符合要求的事件发生。而分裂和合并事件在同样事件发生的次

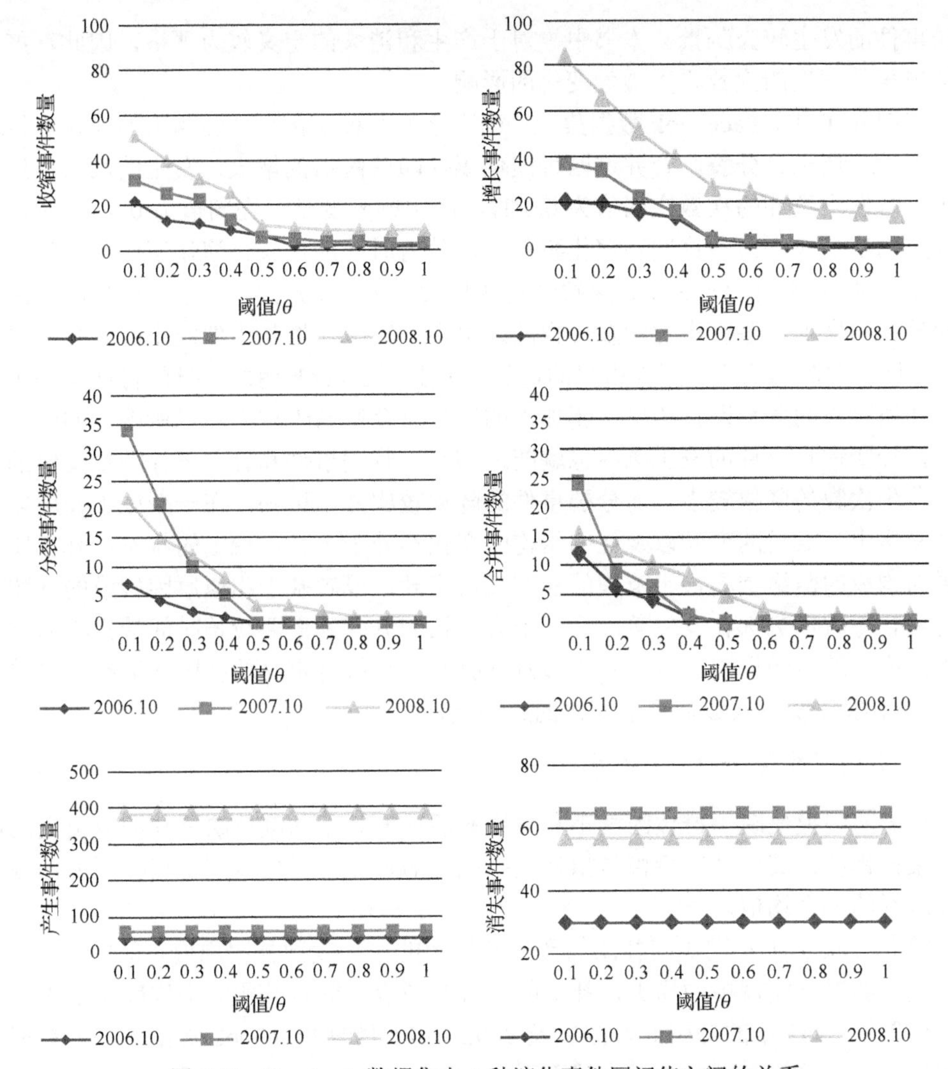

图 6.10　Facebook 数据集上 6 种演化事件同阈值之间的关系

数随着阈值的增大逐渐减少。但是，这两种事件发生的次数在阈值为 0.5 时发生的剧烈的下降，在阈值为 0.5～1，事件发生的次数极少。经过对比分析可以得知，在 DBLP 数据集中，由于该数据集是有关于计算机领域内的合作作者发表文章的数据集，计算机研究领域内的各个研究学者相互基于某种研究兴趣，大家专注于研究某个方向的计算机发展而相互聚集形成社区，因此社团在一定程度上能够表示计算机领域的某个研究方向。而研究方向之间的融合和分离，在整个计算机发展过程中会小范围地发生，因此该类演化事件产生的次数较少。而某一研究方向内的研究学者因为自身兴趣等方面的原因，调整自己的研究方向则是普遍存在的，相应的收缩和增长事件的发生较为频繁。本书中，对于产生和消失的定义较为严格，因此，产生和消失事件发生的次数不受阈值变化的影响。

在图 6.10 中，Facebook 数据集上，对比分析 6 种演化事件随阈值的变化可以看出，收缩、增长、分裂、合并这四种演化事件随着阈值的增大，发生的次数在逐渐减少。且发生事件的次数在阈值为 0.5 时，产生剧烈变动。在阈值为 0.5～1 时，事件发生的次数极少。在这四种演化事件中，随着时间的增长，演化事件发生的次数在增多。可知，随着 Facebook 网站的发展壮大，注册用户逐渐增多，产生的社区不断地扩大和增加，各种事件的发生也随之增多。其中，增长事件发生的次数相对最多，对比于实际网络中，随着用户的增加，由于 Facebook 网站本身的特性是基于熟人之间所构成的关系网，所以，新加入的用户总会倾向于进入自己所熟悉的圈子，因此，社团增长事件的发生频率也就随之增高。收缩事件和合并事件随着阈值的增大，发生次数的降幅较小，而分裂事件的降幅较剧烈。可知，在一个处于发展期的社交网络中，成员的变动以及社团结构的变化都处于一种不稳定的状态，基于朋友关系而构成的网络结构，小范围的社团成员离开，或者基于相似原因构成的社团之间的融合每时每刻都在发生着。而一个大的社团分裂则需要较长时间的累积催化才可以形成。随着噪声引入量的减少(阈值的增大)，符合定义的社团逐渐减少导致了图 6.10 中事件发生次数随阈值变化的趋势走向。

3．社团规模与平均度的关系

社团的规模反映了群体的大小和网络的活跃度。平均度反映了社团成员之间联系的紧密程度，其中社团规模是指社团中成员的数目，平均度则是指社团内部成员之间联系的一个均值。

图 6.11 展示了不同规模社团的数目和社团的平均度同社团规模之间的关系。可以看到，随着社团规模的增大，社团的数目在减少，同时社团的平均度在增大。这里仅选取了 2003 年的 DBLP 数据以及 2006 年 11 月的 Facebook 数据。其他数据均有相似的变化趋势，因此本书中就不再一一展示。

在网络中，大规模的社团往往是少数。由于大规模的社团往往具有较高的度，所以社团的凝聚力较好，较为稳定。同时，大规模的社团往往需要较长的时间才能够形成，因此稳定性较好，但形成的概率较低。而小规模的社团则层出不穷，这是因为在社交网络中，用户极为活跃，基于兴趣或者地域等因素而聚集的社团，往往会随着时间而发生变化，波动率较大。小社团的形成时间短，用户之间的度较小，相互之间的连接不是很紧密，因此较为活跃，易于变化。

可以看到在 2003 年的 DBLP 数据集中社团规模的范围在 2～11，社团平均度的范围在 1～10，同时，小社团的数量较多。可知，DBLP 的社团在某种程度上可以看作计算机领域某一研究方向的代表，同时，该数据集中的用户由于地域的限制，

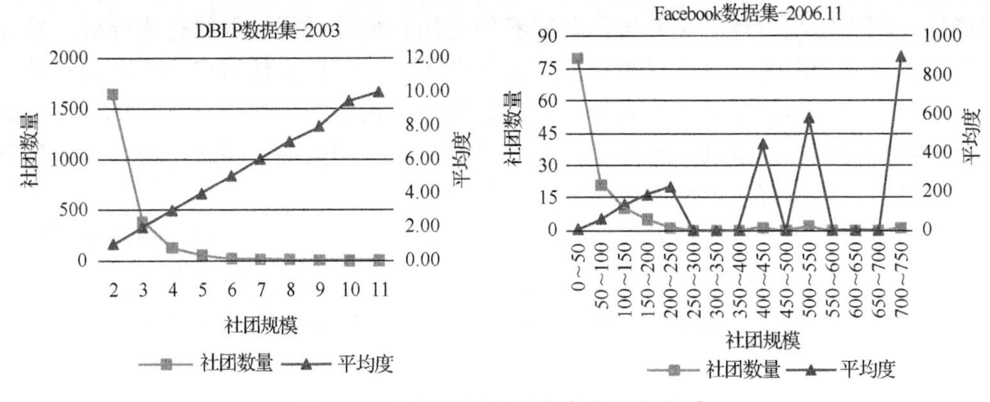

图 6.11　社团规模与平均度之间的关系

相互之间的合作大部分发生在自己临近的范围内，可合作的作者相对有限。而在 Facebook 数据集中，2006 年 11 月社团规模的范围为 2～728，社团平均度的范围为 1～898。可以看到虽然这两个数据集中的小社团的数目相对较多。但在 DBLP 数据集中的小社团更多，Facebook 数据集上的大社团的平均度更高。在 Facebook 这样一个基于熟人关系的社交网站上，人与人之间总会通过朋友的朋友建立联系逐渐扩大自己的社交范围，相应的社团的规模也会随之扩大。同时，缺少了地域的限制以及聚集形成社团的单一原因，Facebook 数据集上更容易形成大的社团。

6.2　网络群体行为偏好预测

在社交网络平台中，如何刻画由一群有着不同偏好的用户组成的群体的行为偏好有助于向该群体推荐产品和服务。现有刻画群体偏好的策略是直接对个体成员偏好聚合[5,6]。这种方法是将群体偏好的形成建模为一种单向过程，并没有考虑群体对个体偏好的影响。然而网络群体中，群体偏好和个体偏好是相互关联的，群体偏好的形成更应该是一个双向交互的过程。此外，群体对不同个体成员的影响通常存在差异。为了解决这些问题，本节将网络群体偏好建模为一个双向交互过程，并提出一种面向群体行为偏好预测的双向张量分解模型(BTF-GR)[7]，以刻画个体内在偏好和群体影响间的交互作用。我们采用贝叶斯个性化排序算法学习 BTF-GR 模型的参数。最后我们在两个实际社交群体数据集上进行实验，实验结果表明本节提出的方法优于用于传统的基准算法如加权矩阵分解方法和贝叶斯个性化排序方法。

6.2.1　群体行为偏好定义

社交网络是社交媒体中重要的活动环节，在如 Facebook 和 Twitter 的社交网络平台中，用户与定期约会看电影的朋友，或者与约好周末去户外郊游的网友形成虚拟群体。刻画每个群体的偏好可以帮助我们对用户群体进行深入的行为分析，推荐个性化的产品和服务。与针对个体用户的推荐不同，面向群体用户的推荐具有挑战性，这是因为群体通常是由具有多样化偏好的用户构成的。例如，尽管是朋友，但对于同样一部电影，群体成员的偏好也不可能是完全相同的。因此，群推荐的任务就是要聚合个体偏好以产生对一个群体的推荐。

为了将群体用户推荐问题形式化，我们用一个三元组<g, u, i>，描述在群体 g 中的用户 u 与产品 i 发生过交互。假设 G 是所有群体的集合，U 是所有用户的集合，I 是所有产品的集合。所有用户和产品的交互信息可以用一个三元组集合表示，如图 6.12 所示。

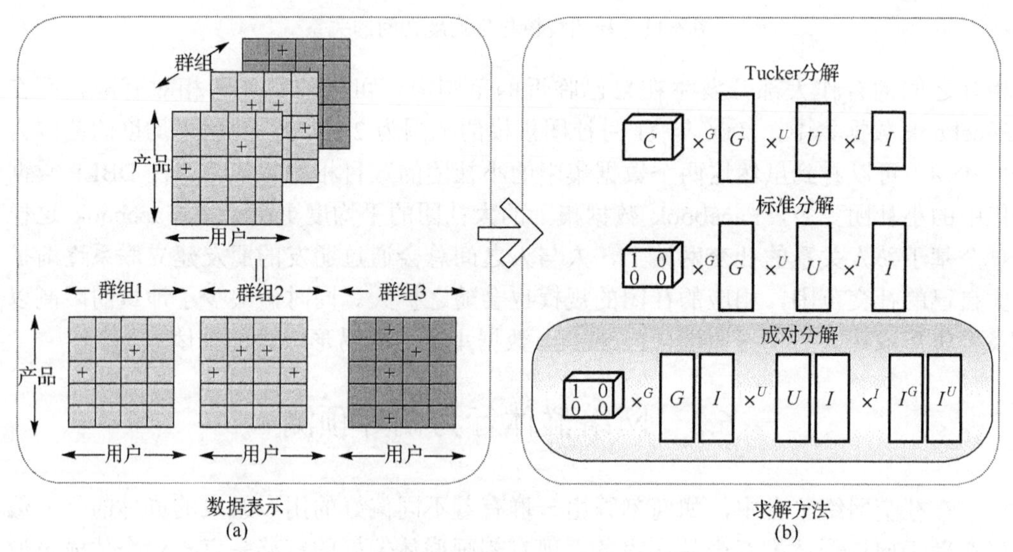

图 6.12　数据表示和我们的解决方案

如图 6.12(a)所示，在线社区中的群体事件历史信息构成了群体 G、用户 U 和产品 I 之间的三元关系 D_s。如果群体 g 中的成员 u 表明了他/她对于产品 i 的偏好，那么就给这个条目<g, u, i>标记+；如果没有观测到三元组<g, u, i>，则留空。如图 6.12(b)所示，用于解决<g, u, i>数据的三个张量分解模型，这里我们采用成对的张量分解用于群推荐。

本节利用结果聚合策略来预测群偏好，给定群体 g，群体用户推荐的目的是推荐一个群体可能感兴趣的产品列表。群体 g 的前 N 个得分最高的产品可以通过式(6.17)计算：

$$\mathrm{Top}(g,N)=\arg\max_{i\in I}^{N}\hat{r}_{g,i} \tag{6.17}$$

式中，N 表示被推荐产品的数目。为了估计群体 g 对产品 i 的偏好 $\hat{r}_{g,i}$，我们首先估计个体对于这个产品的个体偏好 $\hat{z}_{g,u,i}$ ，然后通过式(6.18)对该群体中所有用户偏好进行聚合：

$$\hat{r}_{g,i} = \Delta(\hat{z}_{g,u,i}) \tag{6.18}$$

式中，$\Delta(\cdot)$ 是平均聚合函数。我们在下面会给出 $\hat{z}_{g,u,i}$ 的计算方法。

图 6.13 展示了传统群推荐方法和本节提出的群推荐方法的区别，传统方法是单向地将个体偏好进行聚合作为群体偏好，本节的模型将群体偏好的形成视作一个双向过程，即当个体偏好聚合为群体偏好时，群体偏好反过来也会影响到个体的选择，而且群体对个体的影响是有差别的。如在图 6.13 中，群体的存在对于用户 1 的决策产生较强的影响，对用户 2 产生较弱的影响，而对用户 3 无任何影响。

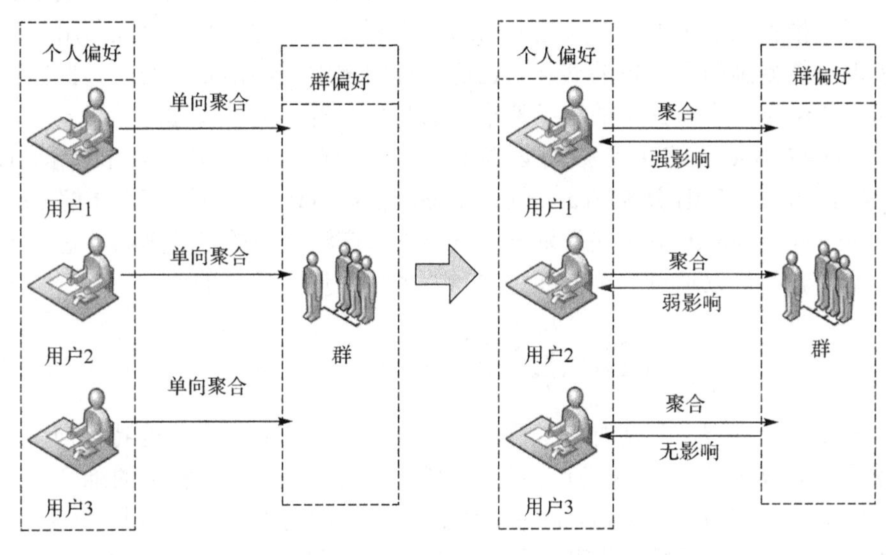

图 6.13 传统群体用户推荐方法和本节群体用户推荐方法

基于这些假设，本节提出一种面向群体用户推荐的双向张量分解模型(bidirectional tensor factorization model for group recommendation，BTF-GR)，此模型可刻画个体内在偏好和群体影响间的交互作用。我们将用户对产品的反馈矩阵理解为用户对于产品的内在偏好和用户所属群体影响共同作用的结果，从而可以通过用户、群体和产品之间的交互作用对用户偏好进行建模。本节提出的 BTF-GR 模型将用户反馈信息分解为一个三维张量，每一维度分别对应用户、群体、产品的隐特征。“用户-产品”的交互作用分解用户-产品矩阵，以对用户对产品的偏好程度建模；“群体-产品”交互作用分解群体-产品矩阵，以对群体对产品的偏好程度建模。对于不同的用户，在用户偏好形成过程中，“用户-产品”交互作用和“群体-产品”交互作用起到的作用是不同的，我们用个性化权重来度量这些交互作用的重要性。最后我们用贝叶斯个性化排序方法求解 BTF-GR 模型中的个体，群体和产品的隐特征向量；同时采用一个二阶段算法学习用户的个性化权重。在 Last.fm 和 CiteULike 两个真实数据集上的实验表明，本节提出的面向群体用户的双向张量分解推荐方法优于基准方法。

6.2.2 基于双向张量分解的群体用户推荐模型

1. 双向张量分解模型

在本节，我们介绍一种用于群体用户推荐的双向张量分解模型。张量分解模型已被证明是推荐系统中的有效策略。它适合于刻画三个对象间的交互作用，而矩阵分解模型只能刻画两个对象的交互。在群推荐问题中，群偏好是用户、群体和产品三维交互的结果。本节提出的用于群推荐的张量分解模型的目标是学习一个评分函数 $\hat{Z}:G\times U\times I\to R$，这个函数可以看作一个三维的张量 Z。塔克分解(Tucker decomposition)、正则分解(canonical decomposition)和成对交互分解(pairwise interaction decomposition)是在张量分解研究中被广泛使用的三种策略。基于 Tucker 分解策略，我们可以通过三个低秩矩阵和一个核张量估计 Z 的值：

$$\hat{z}_{g,u,i}^{\mathrm{TD}}=\sum_{l}^{k_g}\sum_{m}^{k_u}\sum_{n}^{k_i}c_{l,m,n}\cdot g_{g,l}\cdot u_{u,m}\cdot i_{i,n} \tag{6.19}$$

式中，$g_{g,l}$、$u_{u,m}$ 和 $i_{i,n}$ 分别对应于待估计的群体、用户和产品的隐特征向量；$c_{l,m,n}$ 是核张量的对应张量；k_g、k_u 和 k_i 对应于群体、用户和产品隐特征的维度。当学习完三个特征矩阵和核张量之后，产品 i 对于群体 g 中的用户 u 的效用，也就是 $z_{g,u,i}$，可以用式(6.19)进行预测。预测一个三元组<g, u, i>评分的时间复杂度是 $O(k^3)$，其中 $k=\min(k_g,k_u,k_i)$。因此当群体规模很大时，在群推荐中不适合使用 Tucker 分解策略。为了对大规模群体进行产品推荐，有着线性复杂度的正则分解(CD)策略可以用于刻画用户、群体和产品间的交互作用：

$$\hat{z}_{g,u,i}^{\mathrm{CD}}=\sum_{k}g_{g,k}\cdot u_{u,k}\cdot i_{i,k} \tag{6.20}$$

式中，$g_{g,k}$、$u_{u,k}$ 和 $i_{i,k}$ 分别对应群体、用户和产品的隐特征向量。显而易见，正则分解策略不包含嵌套和，因此有更低的时间复杂度 $O(k)$。虽然更低的时间复杂度使得 CD 策略更适合应用于群体用户推荐，但它没有考虑用户、群体和产品这三个对象每对间的交互作用。对于 CD 分解模型，我们必须同时固定两个隐变量才能学习另外一个隐变量，这会导致每一个实体的不精确表示。为了解决上面提到的问题，在本节中，我们通过分解这三种对象中的每一对关系，从而对用户、群体和产品之间的交互关系进行建模：

$$\hat{z}_{g,u,i} = \sum_k u_{u,k}^I \cdot i_{i,k}^U + \sum_k g_{g,k}^I \cdot i_{i,k}^G + \sum_k u_{u,k}^G \cdot g_{g,k}^U \tag{6.21}$$

式(6.21)中的第一项表示用户和产品间的交互作用，第二项表示群体和产品之间的交互作用，第三项表示用户和群体间的交互作用。当为一个指定群体推荐产品时，用户-群体的直接交互对于用户是否选择产品不产生影响。因此，我们可以将 $\sum_k u_{u,k}^G \cdot g_{g,k}^U$ 从式(6.21)中移除，这实际上就成了张量分解中的成对交互策略(图 6.12(b))。基于我们在第 1 章提出的假设，个体偏好的双向交互模型构造如下。

假设 6.1　群体中的每个用户对产品都有内在偏好，用户对产品的内在偏好可能会受到所属群体中其他用户的影响。

这个假设将个体偏好刻画为个体和产品之间的交互，加上群体和产品之间的交互。对于一个三元组<g, u, i>，我们有

$$\hat{z}_{g,u,i} = \sum_k u_{u,k} \cdot i_{i,k}^U + \sum_k g_{g,k} \cdot i_{i,k}^G + b_i \tag{6.22}$$

式中，$u_{u:} \in U$ 表示用户 u 的隐特征向量；$g_{g:} \in G$ 表示群体 g 的隐特征向量；$i_{u:}^U \in I^U$ 表示与用户交互的产品 i 的隐特征向量；$i_{u:}^G \in I^G$ 表示与群体交互的产品 i 的隐特征向量；$b_i \in B$ 是产品 i 的偏差项，在社交群体中越受欢迎的产品，其 b_i 值就越高。上述参数具有如下特性：$U \in \mathbf{R}^{|U| \times k}, G \in \mathbf{R}^{|G| \times k}, I^U \in \mathbf{R}^{|I| \times k}, I^G \in \mathbf{R}^{|I| \times k}, B \in \mathbf{R}^{|I| \times k}$。

2. 带自适应权重的双向张量分解模型

式(6.22)表明用户 u 对产品 i 的偏好是由他自己的偏好和群体偏好共同决定的。为了对群体影响的个性化权重进行建模，我们有

假设 6.2　群体对于个体偏好的影响在各个用户之间是各不相同的，个体用户对产品的最终偏好是内在偏好和群体影响之间的权衡。

基于这个假设，群体 g 中的用户 u 对于产品 i 的偏好就可以建模为

$$\hat{z}_{g,u,i} = w_u^U \sum_k u_{u,k} \cdot i_{i,k}^U + w_u^G \sum_k g_{g,k} \cdot i_{i,k}^G + b_i \tag{6.23}$$

式中，w_u^U 表示对于用户 u，“用户-产品”交互作用的权重，反映了用户的内在偏好；w_u^G 表示对于用户 u，“群体-产品”交互作用的权重，反映了群体对用户的影响，$w_u^U + w_u^G = 1$。w_u^U 和 w_u^G 表示群体会对个体偏好产生多样化影响的个性化权重。这就是我们所提出的用于解决群体用户推荐问题的双向张量分解模型。

6.2.3　模型求解

为了利用 BTF-GR 模型为群体用户推荐产品，我们需要利用用户产品交互数据

学习群体和用户的参数 w_u^U、w_u^G、$u_{u,k}$、$g_{g,k}$、$i_{i,k}^U$、$i_{i,k}^G$ 和 b_i。在在线社区中，群体或者用户同产品的交互行为通常以隐式反馈存在。例如，群成员更倾向于给产品进行标注或者与朋友分享这个产品的链接，这些行为都能表示用户对产品的偏好，推荐系统中研究较多的评分数据在实际系统中较为少见。对隐式反馈的一个合理的表示方法是将隐式反馈中值为 1 的反馈视作正反馈(用户感兴趣的产品)，而值为 0 的反馈视作负反馈(用户不感兴趣的产品)和未观测的反馈(用户不知道的产品)的混合。然而，传统的推荐系统学习方法如加权正则分解，将训练集中的 1 作为正反馈，0 作为负反馈，这并不符合真实的推荐场景，不能产生一个高质量的推荐模型。与传统参数学习方法相比，贝叶斯个性化排序策略是一个更合理的假设。本节采用贝叶斯个性化排序策略学习所提 BTF-GR 模型的参数。我们定义了一个目标函数使得在群体与个体的训练数据中正反馈(1)排在负反馈和未观测反馈(0)之前。那么对群体 g 中的用户 u 推荐产品的问题就可以建模为一个排序问题，也就是学习一个产品的排序列表 $\succ_{g,u} \subset I \times I$。这个排序表明相对于其他产品而言，用户更喜欢值为 1 的正反馈产品。

BTF-GR 模型的目标函数，BTF-GR 问题的目标函数可以用后验概率的公式(6.24)表达：

$$p(\Theta | \succ_{g,u}) \propto p(\succ_{g,u} | \Theta) p(\Theta) \tag{6.24}$$

式中，Θ 表示张量分解模型的参数，即 w_u^U、w_u^G、$u_{u,k}$、$g_{g,k}$、$i_{i,k}^U$、$i_{i,k}^G$、b_i。关系 $\succ_{g,u} \subset I \times I$ 表示针对一个给定群体-用户对<g, u>的所有产品的排序。假定所有群-用户对选择产品时都是相互独立的，同时我们假定每对产品 $p(i_a \succ_{g,u} i_b | \Theta)$ 的排序独立于其他产品对的排序 $p(i_c \succ_{g,u} i_d | \Theta)$。对于一个给定的群-用户对<g, u>，我们有以下似然函数：

$$\begin{aligned} p(\succ_{g,u} | \Theta) &= \prod_{<g,u,i_a,i_b> \in G \times U \times I \times I} p(i_a \succ_{g,u} i_b | \Theta)^{\delta(i_a \succ_{g,u} i_b)} \cdot (1 - p(i_a \succ_{g,u} i_b | \Theta))^{1-\delta(i_a \succ_{g,u} i_b)} \\ &= \prod_{i_a \succ g,u,i_b} p(i_a \succ_{g,u} i_b | \Theta) \cdot \prod_{i_a \prec g,u,i_b} [1 - p(i_a \succ_{g,u} i_b | \Theta)] \end{aligned} \tag{6.25}$$

式中，$i_a \succ_{g,u} i_b$ 表示对于指定的群-用户对<g, u>，产品 i_a 排在产品 i_b 前面。我们定义一个群-用户对<g, u>相比于 i_b 更偏好产品 i_a 的概率为

$$p(i_a \succ_{g,u} i_b | \Theta) := \sigma(\hat{z}_{g,u,i_a,i_b}(\Theta)) \tag{6.26}$$

式中，σ 表示的是 logistic 函数 $\sigma(x) := \dfrac{1}{1+\mathrm{e}^{-x}}$。$\hat{z}_{g,u,i_a,i_b}(\Theta)$ 缩写为 $\hat{z}_{g,u,i_a,i_b}$，并且我们有

$$\hat{z}_{g,u,i_a,i_b} := \hat{z}_{g,u,i_a} - \hat{z}_{g,u,i_b} \tag{6.27}$$

式中，$\hat{z}_{g,u,i}$ 在式(6.23)中已被定义。由式(6.25)给出的似然函数的对数可以进一步简化成如下形式：

$$
\begin{aligned}
\ln \prod_{i_a \succ g,u,i_b} \sigma(\hat{z}_{g,u,i_a,i_b}) + \ln \prod_{i_a \prec g,u,i_b} [1-\sigma(\hat{z}_{g,u,i_a,i_b})] &\approx \ln \prod_{i_a \succ g,u,i_b} \sigma(\hat{z}_{g,u,i_a,i_b}) + \ln \prod_{i_a \succ g,u,i_b} [1-\sigma(-\hat{z}_{g,u,i_a,i_b})] \\
&= \ln \prod_{i_a \succ g,u,i_b} \sigma(\hat{z}_{g,u,i_a,i_b}) + \ln \prod_{i_a \succ g,u,i_b} \sigma(\hat{z}_{g,u,i_a,i_b})] \\
&= 2\ln \prod_{i_a \succ g,u,i_b} \sigma(\hat{z}_{g,u,i_a,i_b}) = 2\sum_{i_a \in I_{gu}} \sum_{i_b \in I \setminus I_{gu}} \ln \sigma(\hat{z}_{g,u,i_a,i_b})]
\end{aligned}
\tag{6.28}
$$

对于先验概率，我们假设参数 Θ 都是来自于均值为 0，协方差矩阵为 Σ_Θ 的高斯先验：

$$
p(\Theta) \sim N(0, \Sigma_\Theta) \tag{6.29}
$$

由此可以得出所有参数对数形式的后验分布是

$$
\begin{aligned}
\ln p(\Theta \mid \succ_{g,u}) \propto \ln p(\succ_{g,u} \mid \Theta) p(\Theta) &= \sum_{i_a \in I_{gu}} \sum_{i_b \in I \setminus I_{gu}} \ln \sigma(\hat{z}_{g,u,i_a,i_b}) + \ln p(\Theta) \\
&= \sum_{i_a \in I_{gu}} \sum_{i_b \in I \setminus I_{gu}} \ln \sigma(\hat{z}_{g,u,i_a,i_b}) - \lambda_\Theta \|\Theta\|^2
\end{aligned}
\tag{6.30}
$$

式中，λ_Θ 是模型的正则化参数。对群体、用户和产品隐特征向量最大化对数后验概率等价于最小化下面的目标函数：

$$
\arg\min_{G,U,I} \sum_{g \in G} \sum_{u \in U} \sum_{i_a \in I_{gu}} \sum_{i_b \in I \setminus I_{gu}} (-\ln \sigma(\hat{z}_{g,u,i_a,i_b}) + \lambda_\Theta \|\Theta\|^2) \tag{6.31}
$$

为了方便，我们下面将目标函数标记为 f_{g,u,i_a,i_b}。

BTF-GR 模型学习算法：我们设计了一个两阶段迭代策略来学习模型的参数，包括隐特征矩阵 $\hat{G},\hat{U},\hat{I}^G,\hat{I}^U$ 与偏差向量 $\hat{B}$ 和用户个性化权重矩阵 Ω。在第一阶段，我们在给定用户个性化权重矩阵 Ω 下学习隐变量矩阵 $\hat{G},\hat{U},\hat{I}^G,\hat{I}^U$ 和偏差向量 $\hat{B}$；在第二阶段，我们固定隐变量矩阵 $\hat{G},\hat{U},\hat{I}^G,\hat{I}^U$ 和偏差向量 $\hat{B}$，学习用户个性化权重矩阵 Ω。

第一阶段：固定 Ω，学习 $\hat{G},\hat{U},\hat{I}^G,\hat{I}^U$。当个性化权重矩阵 Ω 固定时，我们使用随机梯度下降(stochastic gradient descent，SGD)方法[8]学习参数 $\hat{G},\hat{U},\hat{I}^G,\hat{I}^U$。对于一个给定的元组<$g$, u, i_a, i_b>，BTF-GR 模型中对应模型参数的梯度如下：

$$
\nabla \hat{G}_{g,\cdot} = \frac{\partial f_{g,u,i_a,i_b}}{\partial \hat{G}_{g,\cdot}} = -\Omega_u^G \sigma(-\hat{z}_{g,u,i_a,i_b})(\hat{I}_{i_a,\cdot}^G - \hat{I}_{i_b,\cdot}^G) + \alpha_g \hat{G}_g
$$

$$
\nabla \hat{U}_{u,\cdot} = \frac{\partial f_{g,u,i_a,i_b}}{\partial \hat{U}_{u,\cdot}} = -\Omega_u^U \sigma(-\hat{z}_{g,u,i_a,i_b})(\hat{I}_{i_a,\cdot}^U - \hat{I}_{i_b,\cdot}^U) + \alpha_u \hat{U}_u
$$

$$\nabla \hat{I}^G_{i_a,\cdot} = \frac{\partial f_{g,u,i_a,i_b}}{\partial \hat{I}^G_{i_a,\cdot}} = -\Omega^G_u \sigma(-\hat{z}_{g,u,i_a,i_b})\hat{G}_{g,\cdot} + \alpha^G_i \hat{I}^G_{i_a}$$

$$\nabla \hat{I}^G_{i_b,\cdot} = \frac{\partial f_{g,u,i_a,i_b}}{\partial \hat{I}^G_{i_b,\cdot}} = -\Omega^G_u \sigma(-\hat{z}_{g,u,i_a,i_b})(-\hat{G}_{g,\cdot}) + \alpha^G_i \hat{I}^G_{i_b}$$

$$\nabla \hat{I}^U_{i_a,\cdot} = \frac{\partial f_{g,u,i_a,i_b}}{\partial \hat{I}^U_{i_a,\cdot}} = -\Omega^U_u \sigma(-\hat{z}_{g,u,i_a,i_b})\hat{U}_{u,\cdot} + \alpha^U_i \hat{I}^U_{i_a}$$

$$\nabla \hat{I}^U_{i_b,\cdot} = \frac{\partial f_{g,u,i_a,i_b}}{\partial \hat{I}^U_{i_b,\cdot}} = -\Omega^U_u \sigma(-\hat{z}_{g,u,i_a,i_b})(-\hat{U}_{u,\cdot}) + \alpha^U_i \hat{I}^U_{i_b}$$

$$\nabla \hat{B}_{i_a} = \frac{\partial f_{g,u,i_a,i_b}}{\partial \hat{B}_{i_a}} = -\sigma(-\hat{z}_{g,u,i_a,i_b}) + \beta_i \hat{B}_{i_a}$$

$$\nabla \hat{B}_{i_b} = \frac{\partial f_{g,u,i_a,i_b}}{\partial \hat{B}_{i_b}} = -\sigma(-\hat{z}_{g,u,i_a,i_b})(-1) + \beta_i \hat{B}_{i_b} \tag{6.32}$$

因此我们有如下的更新规则：

$$\begin{aligned}
\hat{G}_{g,\cdot} &= \hat{G}_{g,\cdot} - \gamma\nabla\hat{G}_g \\
\hat{U}_{u,\cdot} &= \hat{U}_{u,\cdot} - \gamma\nabla\hat{U}_u \\
\hat{I}^G_{i_a,\cdot} &= \hat{I}^G_{i_a,\cdot} - \gamma\nabla\hat{I}^G_{i_a} \\
\hat{I}^G_{i_b,\cdot} &= \hat{I}^G_{i_b,\cdot} - \gamma\nabla\hat{I}^G_{i_b} \\
\hat{I}^U_{i_a,\cdot} &= \hat{I}^U_{i_a,\cdot} - \gamma\nabla\hat{I}^U_{i_a} \\
\hat{I}^U_{i_b,\cdot} &= \hat{I}^U_{i_b,\cdot} - \gamma\nabla\hat{I}^U_{i_b} \\
\hat{B}_{i_a} &= \hat{B}_{i_a} - \gamma\nabla\hat{B}_{i_a} \\
\hat{B}_{i_b} &= \hat{B}_{i_b} - \gamma\nabla\hat{B}_{i_b}
\end{aligned} \tag{6.33}$$

第二阶段：固定 $\hat{G},\hat{U},\hat{I}^G,\hat{I}^U,\hat{B}$，学习 Ω。当 $\hat{G},\hat{U},\hat{I}^G,\hat{I}^U,\hat{B}$ 都固定时，仅仅涉及 $\hat{G},\hat{U},\hat{I}^G,\hat{I}^U,\hat{B}$ 的项都是常数，可以从公式中移除，我们就可以得到下面的梯度：

$$\nabla \Omega^U_u = \frac{\partial f_{g,u,i_a,i_b}}{\partial \Omega^U_u} = -\sigma(-\hat{z}_{g,u,i_a,i_b})\sum_k \hat{U}_u(\hat{I}^U_{i_a} - \hat{I}^U_{i_b}) + \alpha_\omega \Omega^U_u$$

$$\nabla \Omega^G_u = \frac{\partial f_{g,u,i_a,i_b}}{\partial \Omega^G_u} = -\sigma(-\hat{z}_{g,u,i_a,i_b})\sum_k \hat{G}_g(\hat{I}^G_{i_a} - \hat{I}^G_{i_b}) + \alpha_\omega \Omega^G_u \tag{6.34}$$

参数更新规则为

$$\begin{aligned}
\Omega^U_u &= \Omega^U_u - \gamma\nabla\Omega^U_u \\
\Omega^G_u &= \Omega^G_u - \gamma\nabla\Omega^G_u
\end{aligned} \tag{6.35}$$

基于更新规则(式(6.33)和式(6.35))，本节提出的 BTF-GR 模型的学习算法如图 6.14 所示。

BTF-GR 学习算法

1．输入：三元组集合<g, u, i>，正则化参数 $\alpha_g,\alpha_u,\alpha_i^G,\alpha_i^U,\beta_i,\alpha_\omega$；

2．输出：Θ：隐特征矩阵 $\hat{G},\hat{U},\hat{I}^G,\hat{I}^U$；偏置项向量 $\hat{B}$；用户权重矩阵 Ω。

3．初始化 $\hat{G},\hat{U},\hat{I}^G,\hat{I}^U,\hat{B},\Omega$；

4．**while** not convergence **do**

for all $<g, u, i> \in D_S$ **do**

  随机抽取一个三元组 $<g, u, i_a> \in D_S$；

  随机抽取一个项目 $i_b \in I \setminus I_{gu}$；

  根据式(6.32)计算 $\hat{G},\hat{U},\hat{I}^G,\hat{I}^U,\hat{B}$ 的梯度；

  根据式(6.33)更新模型参数 $\hat{G},\hat{U},\hat{I}^G,\hat{I}^U,\hat{B}$；

 end for

 for all $<g, u, i> \in D_S$ **do**

  随机抽取一个三元组 $<g, u, i_a> \in D_S$；

  随机抽取一个项目 $i_b \in I \setminus I_{gu}$；

  根据式(6.34)计算 Ω 的梯度；

  根据式(6.35)更新模型参数 Ω_u^U,Ω_u^G；

 end for

end while

return $\hat{G},\hat{U},\hat{I}^G,\hat{I}^U,\hat{B},\Omega$

图 6.14 BTF-GR 学习算法

一旦我们获得了最优参数 Θ，我们就可以通过式(6.23)计算 $\hat{z}_{g,u,i}$。对于一个目标群，我们可以通过加权平均策略 $\frac{1}{|U(g)|}\sum_{u\in U(g)}\hat{z}_{g,u,i}$ 计算得到 $\Delta(\hat{z}_{g,u,i})$。推荐给群体的产品由式(6.36)决定：

$$\text{Top}(g,N)=\{i_1,\cdots,i_N \mid \hat{r}_{g,i_1}>\cdots>\hat{r}_{g,i_N}\} \tag{6.36}$$

复杂度分析：BTF-GR 模型的计算包含两个部分：更新用户、产品和群体的隐特征矩阵；更新用户的个性化权重矩阵。更新用户、产品和群体矩阵的计算复杂度是 $O(\rho_s k)$，其中 ρ_s 是样本数量(即抽取的正样本数量乘以抽取的负样本数量，$|<g,u,i_a>|\times|i_b|$)，k 是隐特征的维度。同样，更新用户个性化权重的计算复杂度也是 $O(\rho_s k)$。因此，每一次迭代中总计算复杂度为 $O(\rho_s k)$，这表明 BTF-GR 模型的计算时间复杂度和样本大小呈线性关系。BTF-GR 计算复杂度分析表明我们提出的方法是高效的，而且可以扩展到大规模数据集。

6.2.4 实验评测

1. 数据集

表 6.2 为我们实验使用的两个数据集的统计信息。第一个数据集是从 CiteULike 网站①爬取的数据，CiteULike 是一个科研工作者在线社区网站。在 CiteULike 上，学者可以使用标签标注学术文章，同时也可以创建和加入群组分享文章。为了减少稀疏数据的影响，我们选择的群体至少包含 4 个用户，并且每个用户至少标记过 2 篇文章。我们实验中使用的数据集包含 130321 个“群体-用户-产品”三元组，来自 584 个群体的 1310 个用户与 11168 篇文章产生交互。群体的平均规模为 5.4，即每个群体包含大约 5 名用户。为了验证群推荐的性能，我们从每个群体中选出流行度排名前 10 的文章作为测试集，即选择被每个群体中的用户标注最多的文章，剩余的数据作为训练集用来学习 BTF-GR 模型的参数。最后的测试数据集包括从 148 个群体中选出的 1480 篇文章，而训练数据集包含 125863 个“群体-用户-产品”三元组。

第二个数据集是从 Last.fm 网站爬取的数据，Last.fm 是一个面向音乐迷的在线社区网站。在 Last.fm 上，音乐迷可以标注音乐家或者曲目，创建或者和有相似音乐偏好的人形成群体。运用和 CiteULike 类似的数据预处理步骤，我们获取了 317907 个“群体-用户-产品”三元组，其中的 1992 位音乐家被来自 2716 个群体的 3605 个用户标注而成，群体的平均规模是 21.2。我们同样选择每个群体中被标注次数排名前 10 位的音乐家作为测试集，剩余的数据用于训练模型的参数。最后的测试集包含从 991 个群体中选出的 9910 位音乐家，训练集包含 200483 个“群体-用户-产品”三元组。这两个数据集的详细信息如表 6.2 所示。

表 6.2 CiteULike 和 Last.fm 数据集统计

数据集	CiteULike	Last.fm
用户个数	1310	3605
群组个数	584	2716
产品个数	11168	1992
三元组个数 ($\#D_S$)	130321	317907
训练集三元组个数	125863	200483
测试集群体产品对数	1480	9910

2. 评测指标和对比算法

1) 评测指标

为了评估所提 BTF-GR 模型的性能，我们将召回率(Recall@n，后面简写为

① http://www.citeulike.org/.

Rec@n，表示推荐列表长度）、平均准确率(mean average precision，MAP)和平均倒数排序(mean reciprocal rank，MRR)作为评价指标。召回率度量值评估群推荐系统返回所有相关产品的能力，而 MAP 和 MRR 度量值可以揭示在最终推荐列表中相关产品的排序准确性。召回率计算公式为

$$\text{Rec}@N=\frac{N_{\text{related}}}{N} \tag{6.37}$$

式中，N 是测试集中相关产品的数目；N_{related} 是在排序列表中出现，同时也在测试集中的产品数目。

MAP 是每个相关产品的平均精度分值的平均值，定义为

$$\text{MAP}=\frac{1}{|G|}\sum_{g=1}^{|G|}\left(\frac{1}{|m_g|}\sum_{n=1}^{|m_g|}\delta_g^n\times\text{Prec}@n\right) \tag{6.38}$$

式中，$|G|$是测试集中群体的数目；δ_g^n 是一个指示变量，如果群体 g 的推荐列表中排名第 n 的产品也出现在测试集中，则值为 1，否则为 0。Prec@n 表示的是到达排序为 n 的产品的推荐结果的精度：

$$\text{Prec}@n=\frac{n_{\text{related}}}{n} \tag{6.39}$$

式中，n_{related} 是排序列表中相关产品的数目。需要注意的是，在 CiteULike 和 Last.fm 数据集中，对于一个群体在测试集中的产品数量为 10，在这种情况下，Prec@10 和 Rec@10 相等，Pre@5 是 Rec@5 的两倍，所以接下来我们只展示两个数据集的 Rec@5 和 Rec@10。

MRR 是第一个相关产品在推荐列表中排序的倒数之和，计算公式为

$$\text{MRR}=\frac{1}{|G|}\sum_{g=1}^{|G|}\frac{1}{\text{rank}_{F_g}} \tag{6.40}$$

2）对比算法

我们在实验中将本节提出的 BTF-GR 模型与 4 种基准方法进行比较：基于用户的协同过滤方法 UserCF(user collaborative filtering)、基于产品的协同过滤方法 ItemCF(item collaborative filtering)、面向隐式反馈的加权正则矩阵分解方法 IMF(implicit matrix factorization) 和基于矩阵分解的贝叶斯个性化排序方法 BPRMF(Bayesian personalized ranking matrix factorization)。为了用这些基准方法预测出个体的偏好，我们将“群体-用户-产品”三元组用这些方法投射到一个“用户-产品”的二维矩阵中。群体对产品的预测评分等于群体中用户对产品评分的加权平均。对于 IMF 和 BPRMF 模型，通过将用户-产品交互矩阵分解而成的用户-隐特征矩阵和产品-隐特征矩阵相乘，得到个体对产品的评分。对于 UserCF 和 ItemCF 模

型，在群体 g 中的用户 u 对产品 i 的个体评分可以采用如下公式进行计算。

$$\text{UserCF:score}(u,i)=\sum_{v\in N_u^k} r_{vi}\times \text{sim}(u,v) \tag{6.41}$$

$$\text{ItemCF:score}(u,i)=\sum_{j\in N_i^k} r_{uj}\times \text{sim}(i,j) \tag{6.42}$$

式中，N_u^k 表示与用户 u 最相似的 k 个用户集合；N_i^k 表示与产品 i 最相似的 k 个产品集合。当用户 v 对于产品 i 有评分时，r_{vi} 等于 1，其余情况等于 0。sim(u, v)表示用户 u 和用户 v 之间的相似度，通过余弦相似度公式计算。当用户 u 对于产品 j 有评分时 r_{uj} 等于 1，其余情况等于 0。sim(i, j)表示产品 i 和 j 之间的相似度，也通过余弦相似度公式计算。

3．top-n 推荐效果对比

图 6.15 展示了本节的 BTF-GR 模型和 4 种基准方法在 MAP、Rec@5 和 MRR 上的对比情况。图 6.15(a)中的 MAP 值说明本节的 BTF-GR 模型在 Last.fm 和 CiteULike 数据集上获得了比基准方法更加精确的推荐结果。与 BPRMF、IMF、ItemCF 和 UserCF 等方法相比，推荐精度提升的百分比是：Last.fm 数据集中分别提升 32%、31%、49%和 59%，CiteULike 数据集中分别提升 20%、30%、30%和 70%。从 BPRMF 到 BTF-GR 模型的显著提升证明了本节策略的有效性。BPRMF 模型与本节所提模型类似，也是一种用于隐反馈数据集的贝叶斯个性化排序方法。但是 BTF-GR 模型中通过张量分解考虑了群体对个人偏好的影响，而 BPRMF 模型在计算个体偏好时忽略了群体的影响。图 6.15(a)表明考虑群体对个体偏好的影响使得在 Last.fm 和 CiteULike 数据集中精度分别提升了 32%与 20%。

图 6.15(a)显示在 Last.fm 数据集上，5 种推荐方法的结果都比在 CiteULike 数据集上的结果好。这是因为在 Last.fm 数据集中，同一群体中的用户更加同质化，而且 CiteULike 数据集比 Last.fm 数据更加稀疏。 Last.fm 中用户的平均相似度为 0.03，而 CiteULike 中用户的平均相似度为 0.004(余弦相似度)；CiteULike 数据集的数据密度为 1.53×10^{-5}，而 Last.fm 数据集的数据密度为 1.63×10^{-5}(值越小越稀疏)。图 6.15(a)还显示了在 Last.fm 数据集中，基于模型的方法(即 BTF-GR、BPRMF 和 IMF)优于基于内存的方法(ItemCF 和 UserCF)。原因是基于内存的方法仅仅依赖于前 N 个邻居用户或者产品的反馈数据，忽略了其他用户或产品的数据。在 CiteULike 数据集中，BPRMF 模型比 IMF、ItemCF 和 UserKNN 的性能更好，这也验证了基于排序的方法在稀疏隐式反馈数据集上的优点。图 6.15(b)中的 Rec@5 值显示了类似的结果，本节提出的 BTF-GR 模型获得最好的结果，在 Last.fm 和 CiteULike 数据集中分别比 BPRMF 高 26%与 15%。

对于 MRR 值，图 6.15(c)显示了 MAP 和 Rec@5 两者变化趋势的差异。MRR 值在 Last.fm 与 CiteULike 数据集上的差异远大于 MAP 和 Rec@5 在两个数据集上的

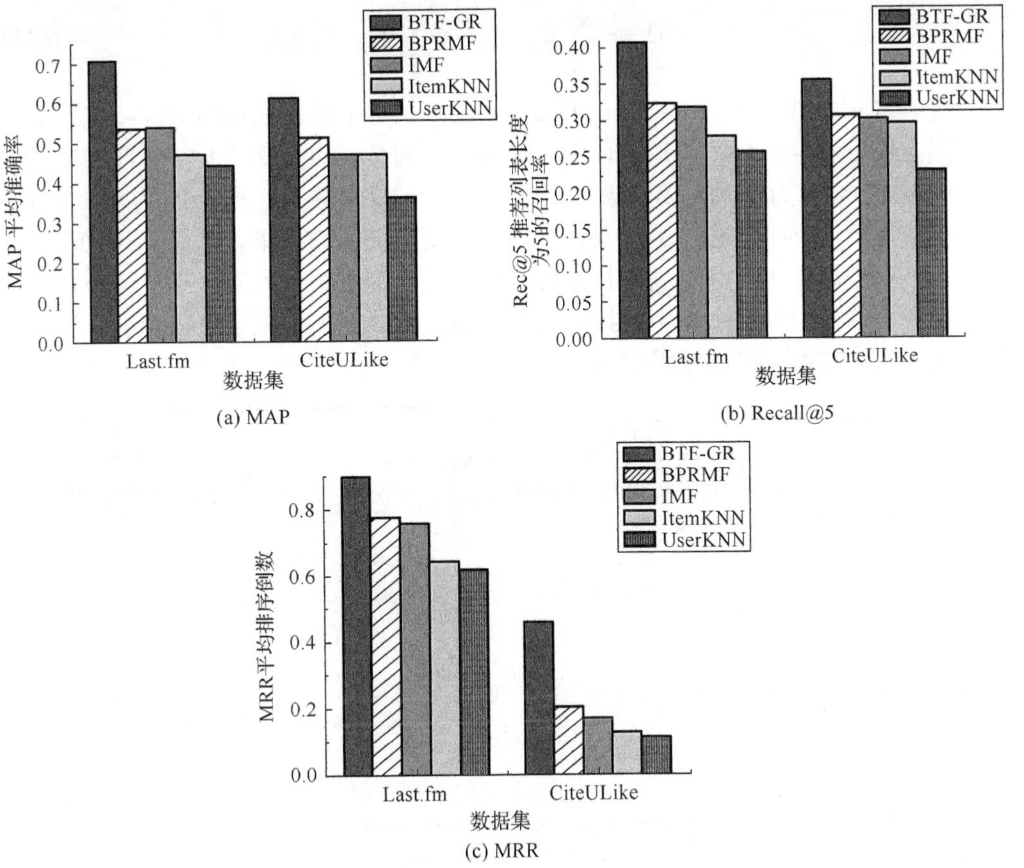

(a) MAP　(b) Recall@5　(c) MRR

图 6.15　在 Last.fm 和 CiteULike 数据集上的 top-10 推荐效果比较

差异。这表明数据稀疏性和同质性对群推荐精度有显著影响。对于 Last.fm 数据集，BTF-GR 模型相比于基线方法提升的百分比分别为 16%、18%、40%和 45%。然而对于 CiteULike 数据集，提升的百分比分别增加到 128%、172%、264%和 318%。这个结果表明，当反馈数据很稀疏时，我们模型的性能优势更加明显。原因在于当反馈数据很稀疏时，由个体用户产生的反馈难以揭示用户的偏好，而本节提出的 BTF-GR 模型集成了群偏好以减少数据稀疏的负面影响，从而产生准确的推荐。

4. 个性化权重效果分析

本章节我们研究个性化权重对 BTF-GR 模型性能的影响。为了检测个性化权重的影响，我们设计了一个对比实验：将群体中所有用户设置统一的固定权重。假设参数 w 表示“群体-产品”的交互作用权重，$(1-w)$ 表示“用户-产品”交互作用的权重，式(6.23)可以表示为

$$\hat{z}_{g,u,i} = (1-w)\sum_k u_{u,k} \cdot i^U_{i,k} + w\sum_k g_{g,k} \cdot i^G_{i,k} + b_i \tag{6.43}$$

我们将 w 从 0 变化到 1，步长为 0.2，以比较具有个性化权重的 BTF-GR 模型与具有固定权重参数的变体模型的性能。需要注意的是，当 w 为 0 时，BTF-GR 退化为 BPRMF，当 w 为 1 时，仅考虑“群体-产品”的交互作用。图 6.16 为对比结果，其中实线表示 BTF-GR 模型的结果，而虚线是变体模型的结果。从图 6.16 可看出，BTF-GR 模型总是优于具有固定权重的变体模型。这个结果表明，用户偏好和群体影响在个人偏好的形成过程中发挥不同的作用，而 BTF-GR 模型可以刻画这种不同的作用，从而获得更好的推荐精度。

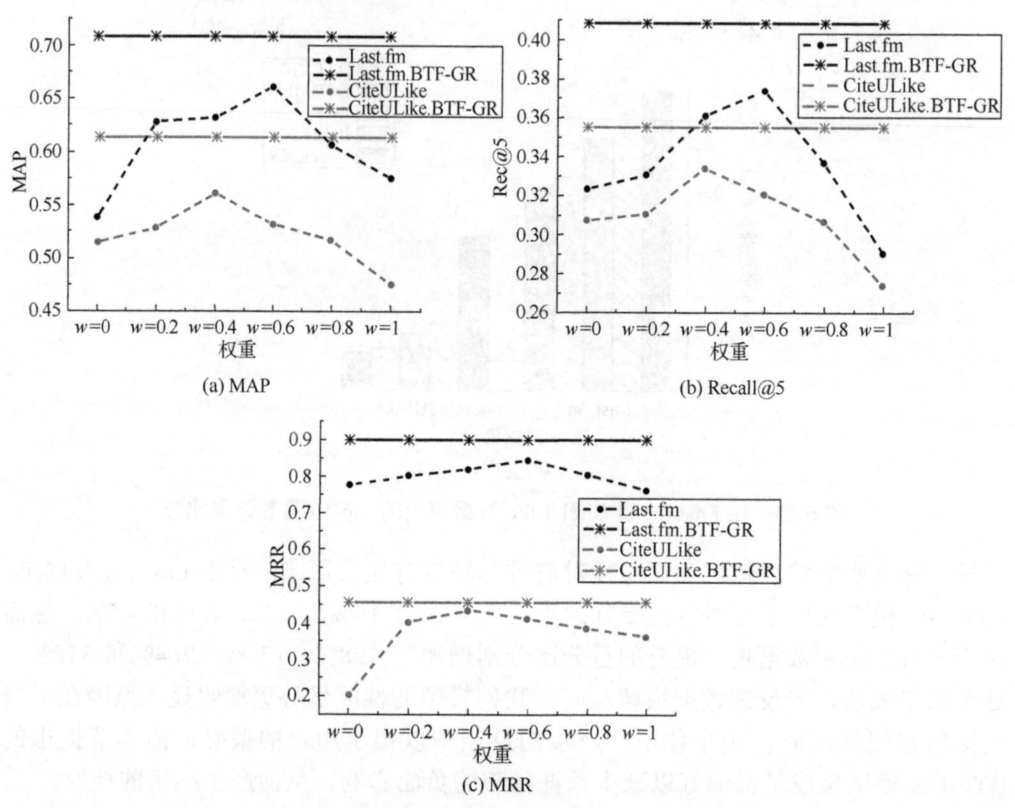

图 6.16　个性化权重效果分析

图 6.16 一个有趣的发现是，当 w 为 0.6(对于 Last.fm 数据集)和 0.4(对于 CiteULike 数据集)时，三个度量指标即 MAP、Rec@5 和 MRR 达到了最佳性能。这个发现意味着，如果群的同质性高，用户就会愿意遵循群体的选择。否则，也就是当群体的同质性低，他们就会更多地依赖于他们自己的偏好。对于 Last.fm 和 CiteULike 数据集，BTF-GR 中个性化权重的平均值分别为 0.68 与 0.47。

5. 参数敏感度分析

本节通过检查推荐场景中的不确定因素对模型性能的影响来探究 BTF-GR 模型的鲁棒性。

推荐列表长度的敏感度分析。我们首先研究推荐列表长度的影响。我们在图 6.17 中记录了不同长度推荐列表的召回率值。如图 6.17 所示，BTF-GR 模型的 Rec@5 与 Rec@10 值都优于 ItemCF 和 UserCF。图 6.17 还显示出，当推荐列表较长时，我们模型的性能更好，这意味着 BTF-GR 模型对于群推荐环境是十分有效的，因为在现实的群推荐系统中，通常通过提供一个尽可能长的推荐列表的方式，以试图覆盖所有用户的兴趣。

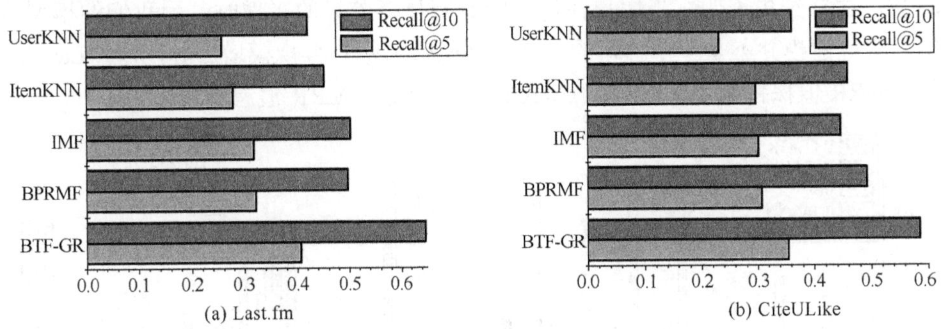

图 6.17　推荐列表长度的敏感度分析

群体规模的敏感度分析。群体规模是影响群偏好的重要因素。直观上，与小群体相比，大群体的偏好更加多样化。因此，对大群体的推荐也更加困难。为了检验 BTF-GR 模型在不同群体规模下是否仍然保持有效性，我们将实验中使用的测试群体(CiteULike 的 148 个群和 Last.fm 的 991 个群)根据群体规模分为 8 种，具有不同规模群体数目柱状分布图如图 6.18 所示。我们针对每种群体分别进行实验，并计算基准模型和所提 BTR-GR 模型的 MAP、Rec@5 和 MRR 值。

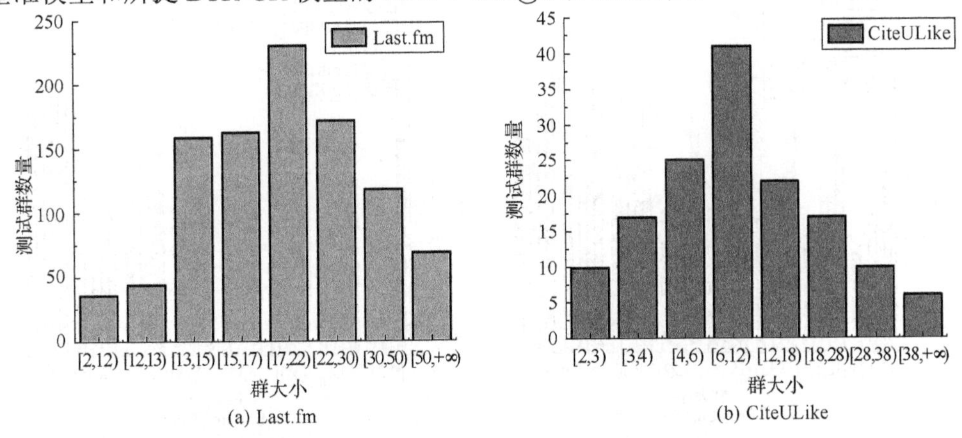

图 6.18　测试集群组中用户数量分布柱状图

图 6.19 和图 6.20 给出了 5 种算法的 MAP 与 Rec@5 值，可以得出即使针对不同规模的群体，我们模型的性能也是稳健的。对于 Last.fm 数据集，MAP 和 Rec@5 值随着群规模的增长而增加。然而对于 CiteULike 数据，MAP 和 Rec@5 值随着群规模的增加会产生波动，这是两个数据集的同质性特征不同导致的。如图 6.21 所示，一个有趣的现象是 Last.fm 数据集中的较大规模的群体同质性更强，而 CiteULike 数据集中的大规模群体的同质性更弱。图 6.19 和图 6.20 表明对具有相似偏好的群体进行推荐是容易与稳定的，而对具有多样性偏好的群体进行推荐是有波动性的。在图 6.19 和图 6.20 中，当 CiteULike 数据中群体规模大于 38 时，我们的模型性能略差于 BPRMF、IMF 和 ItemCF，这个结果表明，当用户在群体中具有显著差异的兴趣时，用我们的模型对个体偏好进行建模并不是一个合理的策略。图 6.22 显示当群规模增加时，对于 Last.fm 数据集，MRR 值保持稳定，而对于 CiteULike 数据集，MRR 值急剧减小。

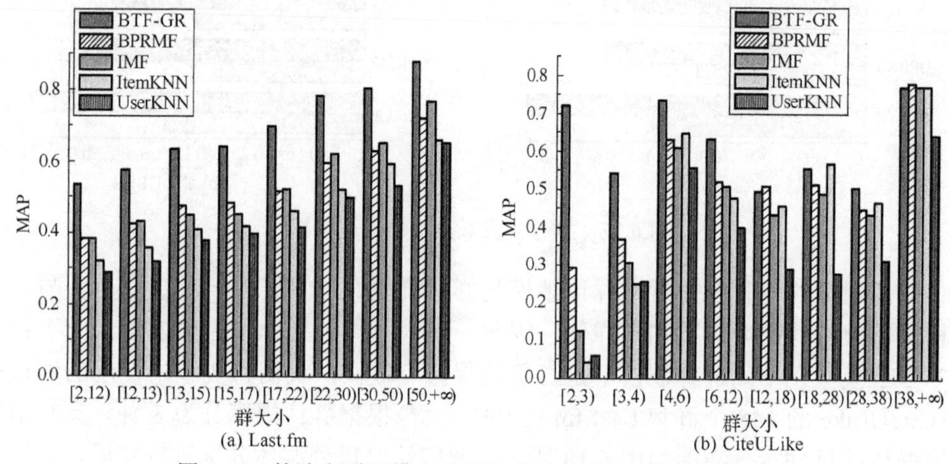

图 6.19　算法在群规模上的灵敏度分析(MAP 变化柱状图)

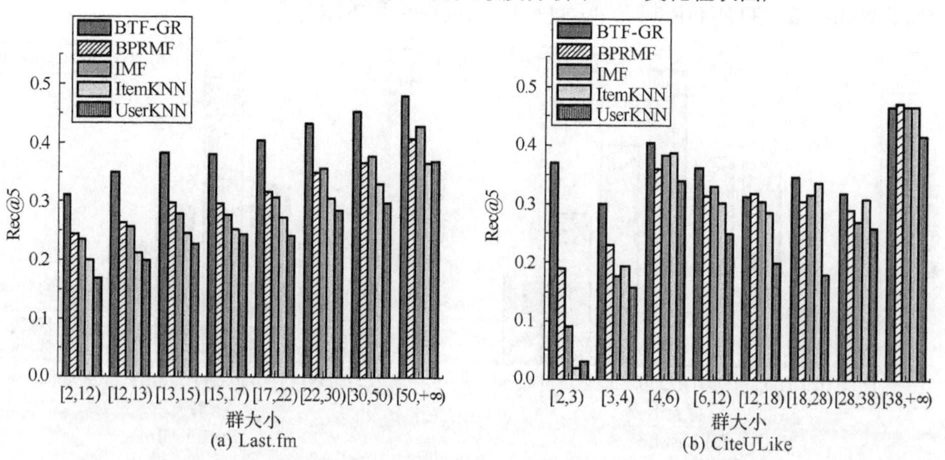

图 6.20　算法在群规模上的灵敏度分析(Rec@5 变化柱状图)

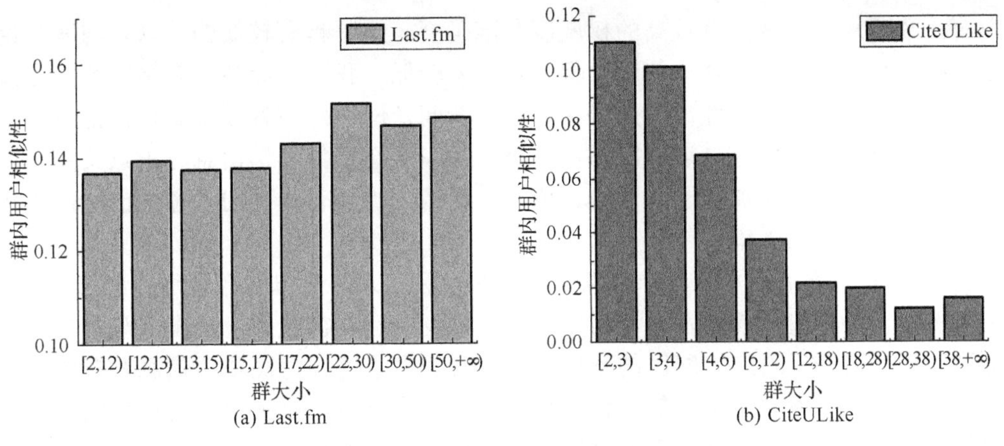

(a) Last.fm (b) CiteULike

图 6.21 不同规模测试群组中用户相似度

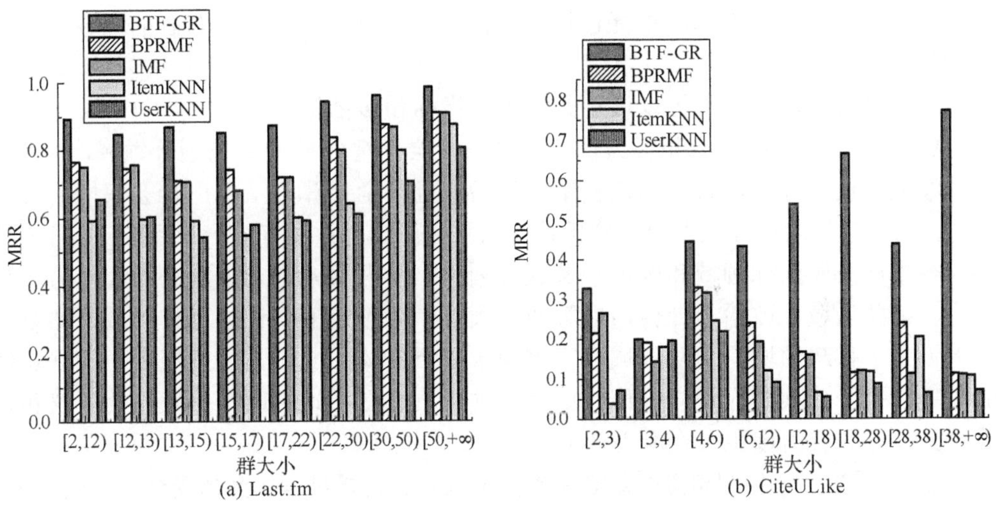

(a) Last.fm (b) CiteULike

图 6.22 算法在群规模上的灵敏度分析(MRR 变化柱状图)

6.3 网络舆情群体行为预测

6.3.1 网络舆情预警指标体系

舆情预警的关键是构建一个测量社会舆情危机的指标体系。指标体系可以从采集和分析两个方面来确定。网络舆情信息采集指标包括了采集源和信息发布者两个方面。

(1)采集源指标。对采集源的指标包括权威度、准确度、公众参与度和针对性等方面。政府网站通常具有较高的权威度和准确度，但是具有较低的公众参与度。论坛、博客具有较高的公众参与度，但是权威度较低。我国社会各级舆情监测点上报的信息具有较高的针对性，但是采集困难。新闻及网络媒体各项采集指标都适中，且较多的突发性事件通过这类媒体进行报道，需要在采集舆情信息时重点关注。现在网络新闻媒体普遍加强了新闻的评论，对舆情分析具有较高的参考价值，需要和新闻文章内容一起采集。

(2) 信息发布者指标。对于信息发布者的指标用来对信息发布者进行删选。对舆情分析有参考价值的信息发布者需要对事件本身没有利害关系，提出客观、公正的意见，同时需要反映广大网民的整体状况，代表真正的社情民意。信息发布者的指标还包括其影响力的度量。信息传播网络中有一类节点可以被定义为意见领袖，他们的发言比其他网民具有更高的号召力。有些信息发布者仅仅是大量转发，本身并不产生内容，在舆情分析时也需要关注并和意见领袖加以区别。信息发布者的指标包括署名信息；影响力测度指标包括：发帖数、回复数；信息发布者的地域指标：IP 地址信息。

网络舆情分析方面，可以设置舆情内容指标和传播指标。

(1) 内容指标。在内容指标方面主要根据社会舆情领域专家先划分领域，然后在每个领域下设立分项，合理确定权重，最后通过科学计算方法得出社会舆情的客观分值。内容指标的划分依据舆情分析系统的目标而定，并没有统一的标准。杨永军[9]将内容指标按照国际领域和国内领域进行划分。国内领域进一步划分为公权力、私权力、公共领域、政治与社会问题等四个领域。大领域下又设立具体领域，如公权力下设立了行政领域、司法领域和军事领域三个具体领域。具体领域下面设立具体的分项，每个分项对应设立分值。如行政领域下设立了政府政策引发社会争议和矛盾与具体行政行为侵犯公众利益等 6 个分项。

(2) 传播指标。吴绍忠等[10]综合考虑舆情内容、传播过程和舆情受众等关键要素，对传播规律进行了定性和定量分析，将舆情传播通过传播媒体、传播方式、传播速度和传播阶段四个指标来刻画。谈国新等[11]利用 I2Space 模型对网络舆情的传播过程和产生根源进行了分析研究，将舆情的传播通过媒体影响力、传播方式和舆情扩散度等指标进行刻画。杨永军则采用了时间维度、空间分布和参与人数对舆情传播进行分析。

一般来讲，我们认为从时间、空间和参与度三个方面来分析舆情传播。三个方面的分值进行累加能够反映舆情事件的实际传播情况。空间上，根据舆情发生的范围从小区到全市，乃至跨省，分值逐步提高。时间上，舆情事件发生的时间不同将影响舆情的传播，如工作日和周末发生的舆情事件其传播效率有很大区别。舆情事件发生后公众持续讨论的时间长短也对舆情事件的传播起决定性作用。舆情事件发生后到权威媒体发布新闻的时间间隔也对舆情事件的传播起重要的作用，时间间隔越长，舆情讨论中猜测、谣言成分就会越多。参与度方面，由于最高法院和最高检察院已经将浏览 5000 次和转发 500 次以上的网络谣言定义为情节严重可构成诽谤罪。因此，可以参照这个标准来划分参与度指数。

6.3.2 网络舆情预警阈值选择及综合分析方法

根据对大量的典型事件案例进行归纳分析，网络舆情事件的发展呈现一定的规律，归纳为几个阶段。

(1) 潜伏期。在这个阶段舆情事件由个别网友进行了爆料，往往发生在博客、微博或者微信朋友圈等自媒体。

(2) 萌芽期。在这个阶段网友的爆料得到了其他网友的回应，在网络上行成了讨论。在这个阶段论坛里形成了跟帖、微信朋友圈或者微博形成了转发，如果控制或者引导不当，容易在这个阶段导致舆情爆发。

(3) 爆发期。网友的讨论引起了意见领袖的关注，由于意见领袖的介入，讨论帖成了论坛的置顶帖，在微博上成了热门话题。

(4) 扩张期。这个阶段传统媒体开始介入，电视节目、广播和报纸对相关事件进行了报道，这个阶段舆情事件从网络扩展到整个社会。

(5) 缓解期。这个阶段权威部门对事件做出回应或者给出了解决方案，这时候舆情事件得到了缓解。

(6) 波动期。权威部门的回应没有能够令广大网民满意，这时候事态进一步升级。有时在这个阶段会出现一些新的情况，造成事件的反转。因此，在这个阶段有关部门再次应对要非常重视。

(7) 消退期。热点持续了一段时间，或者有关部门的解决方案得到了广泛认可，或者有新的舆情事件导致网民的注意力开始分散，舆论逐渐消退。

通过对大量的舆情典型事件的归纳分析，结合前面所提出的舆情指标体系，可以对舆情发展各阶段的指标范围进行统计分析，从而确定舆情事件进入各个阶段的阈值范围。舆情检测系统自动将舆情事件当前所处的发展阶段进行标记，从而帮助舆情分析人员对热点舆情事件进行研判分析。

6.3.3 基于群体的舆情传播模型与管控

从宏观上来看，在线社交网络中的群体的舆情传播行为有 3 个基本特征。

(1) 从形成原因看，网民个体对群体的从众心理是网民群体舆情传播行为形成的重要原因。网络是一个开放的平台，更是一个公共的空间。网络领域的无障碍交流，使人们就像在参加公众集会，对群体意志有种本能的趋同性，不希望成为被孤立、被边缘化的个体。即使个体的观点有不同于大多数群体成员的地方，但碍于对群体力量的畏惧，个体还是会选择与多数人观点尽可能地靠拢。网民个体这种从众心理，造就了一系列网民群体舆情传播行为。

(2)从传播速度看，网民群体的舆情传播行为往往呈现快速蔓延发展的态势，在极短的时间里迅速扩散到极广范围。网络传播的迅捷性和广泛性，使网民群体的舆情传播行为的传播速度有着其他群体行为难以比拟的优势；而网民也非常热衷于利用网络平台，对其感兴趣的舆情事件进行大力传播，以此来贯彻信任、共享的网络基本精神。这些因素都大大加快了网民群体舆情传播行为的蔓延速度。

(3)从传播效果看，网民群体的舆情传播行为对社会影响巨大，但总体上理性不足，容易陷入"群体极化"的误区。目前分析的事实告诉我们，网民个体一旦参加群体活动，往往会因为群体的掩护而暴露出偏执、冲动、思维简单化等非理性的特质。这样的非理性特质通过个体的集结，成为个体所在群体的共同特质。

基于这些基本特征，基于群体的舆情传播的研究主要分为 3 大块：传播建模、态势预测和传播控制。

(1)传播建模。研究者建立了许多舆情传播模型，主要可以分为从个体层面和群体层面的传播模型。个体层面的舆情传播模型关注的是舆情的微观传播结构，已经被许多研究者广泛研究，包括最初的概率传播模型(独立级联型)、传染病模型(SIR)以及他们进一步的改进模型等。但个体的行为存在着较大噪声因素，对模型的复杂度和准确度噪声造成很大影响。因此，考虑在群体层面研究舆情的传播机制。群体是网络空间重要的中观特征结构，整个网络的个体是异质的，而群体内部个体具有相对均质性，同时群体对不同话题的偏好以及在舆情传播中的不同作用决定着舆情的传播机制。基于群体研究舆情的传播机制不但可以降低模型复杂度和噪声影响，还能够对特定群体如危安群体的传播态势进行预测。已有的基于群体的舆情传播建模分为两个方向：基于网络结构和群体属性的传播模型与基于话题偏好的传播模型。

基于网络结构和群体属性的传播模型主要考虑群体内成员及群体在网络结构中的位置以及活跃度对传播概率的影响。Barbieri 等基于对社交网络舆情传播模式和连接特性的观察，计算个体在群体中身份，提出一个随机混合成员身份生成模型。基于个体"主动参与"群体成员身份参数和个体"被动参与"群体成员身份参数建模网络拓扑结构和网络舆情传播，模型参数通过 EM 算法最优化观察数据基于模型的似然概率求得，模型参数表达了个体的群体身份，还反映了个体在每个群体中的权威程度和被动兴趣程度。考虑传统的群体划分方式加大了传播建模的难度，于是 Mehmood 等将传统的独立级联模型推广为群体影响模型，基于给定的社交网络结构和信息传播数据，提出一个分层方法建模一组群体，群体内部个体影响模式相同，采用 EM 算法最优化观察数据基于模型的似然概率，计算群体之间的影响力。Gurukar 等在动态交互网络中，挖掘信息传播的基元，来简化网络结构分析。群体内的用户在话题偏好上具有一定的均质性，同一群体内的用户有着相似的话题偏好。

基于话题偏好的舆情传播模型考虑群体内的用户在话题偏好上具有一定的均质性，同一群体内的用户有着相似的话题偏好。将社区和主题视为隐含变量，通过现有传播记录的采样，对观测到的网络、文本、时间建立一个产生模型，计算每一次用户传播行为的主题，根据主题相关度和连接结构划分重叠社区，在社区层面研究主题在不同社区的扩散模型，揭露社区之间的信息动力学特征。

(2)态势预测。对社交网络中舆情传播机制的研究主要就是能够在舆情传播的早期阶段及时预测出传播的态势，并进一步对一些危害公共网络安全的舆情进行引导和控制。现有信息传播预测主要从传播时间维和传播空间维两个角度研究。

在时间维角度，有些研究者认为历史传播热度和未来传播热度存在某种关系，考虑早期某个特定时间点的热度或者早期一系列时间点的热度，建立和晚期热度之间的回归模型。Szabo 和 Huberman 发现如果对热度做对数处理，早期热度和晚期热度会呈现出很强的线性关联性。同时，基于历史数据的统计模型也能预测舆情传播的最终热度。Zhao 等研究信息传播热度随时间的变化情况，具体来说，研究基于历史传播数据和传播时间及结构特征预测传播的增长情况，发现传播广度比传播深度更能预测大规模舆情传播。

空间维角度，主要研究舆情传播在网络空间上的传播情况，即基于传播特征的方法、基于用户、结构、内容等方面特征来预测传播。Cui 等利用历史传播数据选择重要的节点作为传感器，然后基于这些传感器的传播行为特征预测传播是否爆发。具体来说，可以研究网络空间上不同区域个体的舆情传播倾向，预测网络未来的传播状态。

(3)传播控制。对于危害公共网络安全的舆论，目前主要的控制方法分为两大类，包括自上而下的宏观控制技术和自下而上的微观控制技术。自上而下的宏观控制技术主要通过社会威慑的方法和媒体宣传的方法实现舆论的传播控制。而自下而上的微观控制技术则包括基于信息阻断的控制技术和基于信息竞争的控制技术。

基于信息阻断的舆情传播控制技术是给定传播源及传播模型，通过删除一定规模的节点集或者边集，使舆情的传播范围最小。Khalil 等在线性阈值模型下，基于贪心思想每次删除一条最能减少传播范围的边，他们证明线性阈值模型下的边集删除问题具有超模目标函数，因此贪心算法具有近似保证。Kuhlman 等证明在复杂阈值模型下，不存在具有近似保证的多项式时间算法，因此他们提出基于边覆盖的启发式算法删除一定规模的边集。Kimura 等在独立级联模型下，基于贪心思想每次删除一条最能减少感染程度的边，并且基于键渗透过程降低了算法的运行时间。

基于信息竞争的舆情传播控制技术是给定传播源及传播模型，选择一定规模的节点集作为正面信息源，通过正面信息传播和负面信息传播竞争，使负面信息传播范围最小。He 等在竞争线性阈值模型下，基于贪心思想每次选择一个最能减少负面信息传播范围的节点，他们证明竞争线性阈值模型下的信息阻断最大化问题具有子模目标函数，因此贪心算法具有近似保证，他们进一步基于影响的局部性降低了算法的运行时间。

参 考 文 献

[1] Palla G, Barabási A L, Vicsek T. Quantifying social group evolution[J]. Nature, 2007, 446(7136): 664-667.

[2] Grofman B, Hechter M. Principles of group solidarity[J]. American Political Science Association, 1989, 83(1): 288.

[3] Viswanath B, Mislove A, Cha M, et al. On the evolution of user interaction in facebook[C]. Proceedings of the 2nd ACM Workshop on Online Social Networks, Barcelona, 2009: 37-42.

[4] Ley M. DBLP: Some lessons learned[J]. Proceedings of the VLDB Endowment, 2009, 2(2): 1493-1500.

[5] McCarthy J F, Anagnost T D. Musicfx: An arbiter of group preferences for computer supported collaborative workouts[C]. Proceedings of the 1998 ACM Conference on Computer Supported Cooperative Work, Seattle, 1998: 363-372.

[6] Yu Z W, Zhou X S, Hao Y B, et al. TV program recommendation for multiple viewers based on user profile merging[J]. User Modeling and User-Adapted Interaction, 2006, 16(1): 63-82.

[7] Wang J K, Jiang Y C, Sun J S, et al. Group recommendation based on a bidirectional tensor factorization model[J]. Group Recommendation Based on a Bidirectional Tensor Factorization Model, 2017, 6: 1-24.

[8] Rendle S, Schmidt-Thieme L. Pairwise interaction tensor factorization for personalized tag recommendation[C]. Proceedings of the 3rd ACM International Conference on Web Search and Data Mining, New York, 2010: 81-90.

[9] 杨永军. 社会舆情监测与预警的指标体系研究[J]. 现代传播, 2014, 9: 63-71.

[10] 吴绍忠，李淑华. 互联网络舆情预警机制研究[J]. 中国人民公安大学学报(自然科学版), 2008, 3: 38-42.

[11] 谈国新，方一. 突发公共事件网络舆情监测指标体系研究[J]. 华中师范大学学报(人文社会科学版), 2010, (3): 66-70.

第 7 章　群体行为检测与引导

7.1　特殊行为群体检测

随着微博、Facebook、Twitter 等社交媒体平台的蓬勃发展，社交网络为人们信息的获取和发布以及日常的交互提供了一个非常便捷的平台。与此同时，也为一些特殊行为用户群体的恶意行为提供了有利条件。这些特殊行为用户群体在经济、影响力等利益的驱动下，通过操纵虚假账户和水军账户等恶意账户，在网络中制造、传播垃圾软件或恶意信息等。特殊行为用户有着与正常用户不同的行为模式。基于行为模式检测出特殊行为群体对在线社交网络的安全使用和运营有重要作用。

7.1.1　特殊行为群体

特殊行为群体对社交网络的影响越来越不可忽视，但巨大的网络信息量也给网络监管带来了前所未有的挑战。近年来，国内外的许多研究者对特殊行为群体进行了大量的研究。这些特殊行为群体根据不同的行为目的和行为机制可以分成不同类型的特殊行为群体。spam、sybil、水军和谣言是一些典型的特殊行为群体。需要说明的是，这一分类并不是绝对的。在真实的社交网络中，常常是不同类型的特殊行为相结合的恶意群体。

spam 群体通常出现在邮件或网页中，在网络中向一些合法的用户发布广告、色情、钓鱼等恶意信息，其主要的攻击方法是通过创建大量的虚假账号和盗用正常用户的账号，在网页或邮件推荐一些统一资源定位符(uniform resource locator，URL)来诱导用户进入推荐网站或恶意的网站。最早的 spam 研究始于邮件系统，可以追溯到互联网的产生阶段。早在 1978 年第一个邮件 spam 就对阿帕网的几百个用户进行了攻击。近年来，无论是国外的 Twitter，还是国内的新浪微博，都饱受 spam 群体的恶意行为的困扰。那些曾经在电子邮件领域横行的 spammer 找到了新的乐土：既然新闻信息在微博上可以像病毒一样发散式传播，在极短的时间内覆盖到大量的人群，那么按照同样的方法，恶意信息也可以快速而大规模地传播。即使传播效果不像热点事件那样立竿见影，但比起传统的定点群发的传播方式也要有效得多。更重要的是，由于微博的关系模型允许单向的关系，因此用户所发布的信息能传播的范围要比传统的双向关系的社交网站更广，在微博中传播恶意信息的效果也就更强了。这些恶意行为毫无疑问会破坏微博内容环境，威胁微博用户隐私甚至财产安全。

因此，恶意账号群体的有效检测，成为应对这些恶意信息和恶意行为，保障微博服务质量的一个关键问题。

sybil 是一种恶意行为的典型攻击方式，即少数节点控制多个虚假身份，从而利用这些身份控制或影响网络的大量正常节点来达到冗余备份的作用。而 sybil 群体则指那些被恶意操控进行协同攻击的虚假账户。sybil 攻击最早出现于无线通信领域中，Douceur[1]第一次在点对点网络环境中提出了 sybil 攻击的概念，这种攻击将破坏分布式存储系统中的冗余机制。Karlof 和 Newsome 等都指出 sybil 攻击对传感器网络中的路由机制同样存在着威胁。下面分析 sybil 攻击的几种通信模式。

(1) 直接通信：进行 sybil 攻击的一种形式是 sybil 节点直接与合法节点进行通信。当合法节点发送一个无线消息给 sybil 节点时，sybil 节点中的一个会监听这个消息。同样地，从所有 sybil 节点发送出的消息事实上也是从同一个恶意设备发出的。

(2) 间接通信：在这个版本的攻击中，没有一个合法的节点能够直接与 sybil 节点进行通信。相反，一个或多个恶意的节点宣称他们能够到达 sybil 节点。因此，发送给 sybil 节点的消息都是通过其中的一个恶意节点进行路由转发的，这个恶意节点假装把这个消息发送给 sybil 节点，而事实上就是这个恶意节点自己接收或者拦截了这个消息。

(3) 伪造身份：在某些情况下，一个攻击者可以产生任意的 sybil 身份。如果一个节点的身份是一个 32 位的整数，那么攻击者完全可以直接为每一个 sybil 节点分配一个 32 位的值作为它的身份。如果给定一种机制来识别节点的身份，那么攻击者就不能伪造身份了。举个例子来说，由于命名空间本身就是有限的，根本不允许插入一个新的身份。在这种情况下，攻击者需要分配一个合法的身份给 sybil 节点。这种身份盗用在攻击者把原有节点摧毁或者使之失效的情况下是不好检测的。同时攻击是指攻击者将其所有的 sybil 身份一次性的同时参与到一次网络通信中。如果规定一个节点只能使用它的身份一次，那么这个恶意节点就可以循环地使用它的多个 sybil 身份让人看起来是多个节点。这就是同时性。

(4) 非同时攻击：如果攻击者只在一个特定的时间周期里使用一部分 sybil 身份，而在另外一个时间段里是这些身份消失而以另外的 sybil 身份出现，这看起来就像网络中正常的节点撤销和加入。

在线社交网络中的用户之间很难有物理上的了解成了 sybil 攻击盛行的一个有利条件。最近 Facebook 的一个调查报告表明，超过 83,000,000 的 Facebook 用户都可能是 sybil 用户。攻击者使用这些 sybil 用户在相互信任的社交网络上的恶意行为日趋隐蔽，使得社交网络所面临的挑战更加严峻。

微博水军群体的行为体现为，通过评论或者转发参与热点话题，又或者是炮制话题通过虚假参与提升关注度。微博的连锁爆炸式传播，这些言论很快就会大范围覆盖整个微博平台，使得更多的用户接触到相应的信息。在线社交网络的盛行，使得开放的平台聚集了大量极具价值的用户信息，用户之间建立起了错综复杂的以几何级数倍增的关系网，这些特点使得社交网络媒体成了网络水军的主要活动平台，刺激了水军的大量增加，催生了集网络推手、网络打手、删帖、为客户加 V 和刷粉等功能于一身的网络新水军。对于企业尤其是娱乐行业来说，可以通过雇佣水军对自己的影视产品或者明星红人进行宣传，而且网络媒体的使用用户年龄段一般偏小，容易被发布信息所吸引从而产生互动甚至消费行为，这也正是企业最想要接触到的受众，比起传统纸质媒体甚至是电视广播媒体来说，网络水军营销往往能够以较低的成本达到更好的宣传效果。从另一角度来说，由于利益的驱使，微博水军营销渐渐地走向了歧途，也使得整个产业渐渐蒙上了阴影。一方面，为了使得广告信息的关注度更高，或者是被更多用户接触到(对于微博的机制来说，微博信息影响力大概有几个方面：分别为微博阅读量、微博转发数、微博评论数、微博点赞数、微博话题的讨论热度等)，在早期，最直接的方法就是雇佣水军使用大批“僵尸”粉丝账号(即个人信息缺乏、活跃时段异常、发表内容较为单一、经常自说自话等特征的微博账号)对营销内容进行评论转发，若营销内容毫无吸引力无法聚合大批用户进行讨论，则营销方一般会采用继续购买大批通过账号注册软件得来的“僵尸”粉丝小号的手段使得出现一种虚假的繁荣。并且，这些账号由于本身并没有粉丝，他们所转发传播的信息并没有相应的关注度，而为了营销活动的持续热度和活跃度，他们一般采取大量关注正常账号以此获得“回粉”又或者是对于重复单一的信息进行刷屏式转发，这种手段容易使得正常用户对其产生厌倦或者对重复刷屏产生反感。

谣言被定义为一类真实性可疑、广泛传播的陈述，其看似可信其实难以证实，并引起公众怀疑和焦虑。2013 年，由于一则关于白宫受到爆炸袭击的谣言，美国的股市受到了巨大的冲击。同样，一则关于日期造假的谣言使得著名的蒙牛乳业的品牌信誉受到了巨大冲击。可见，谣言通过社交网络平台的广泛传播对在线用户体验、公共网络安全等造成了极大的威胁。谣言群体检测目前主要解决的问题就是在谣言传播的初始阶段检测出谣言群体并判断真伪。由于谣言具有突发性、快速传播等特点，一直是网络监管的一大难题。

研究者通过对这些特殊行为群体的深入研究，挖掘他们有别于正常用户的、计算机可识别的特征，并利用这些特征检测出这些特殊行为群体。检测出这些用户群体后，可以进一步采取适当的措施遏止其行为，阻断其传播。

7.1.2　特征选取与检测模型

特殊行为群体有着特定的行为模式，合理选择行为特征是实现特殊行为群体检测的重要前提。对一个群体的描述通常可以通过 3 个方面的特征，包括结构、属性以及行为特征。这些特征都是该特殊行为群体与正常用户群体相区别的标志。简单来说，要想全面地描述一个群体，当然希望所提供的群体特征越多越好。但是由于时间复杂度、空间复杂度、特征的相关性等多种因素的影响，只能用有限的、最具代表性的特征实现特殊行为群体检测。

结构上的特征通常是一类较为容易获得的特征。这些特征通过社交网络中用户之间的友好关系、交互关系反映在整个网络的拓扑结构中，可以是网络的局部结构特征或者全局特征。探索特殊群体与正常用户之间的友好关系或交互关系可以得到特殊行为群体在结构上所表现出来的特征。例如，一些研究者发现，一些特殊行为群体，如 sybil 群体，虽然能模仿正常用户的一般行为，但是难以和正常用户形成友好关系并产生频繁的互动[2]。因此，在对应的关系网络或交互网络中，这些特殊行为群体与正常用户连接就较为稀少。具体表现为在整个网络的拓扑结构上，正常用户与这些特殊行为群体之间存在最小割。因此，从正常用户开始进行随机游走，正常用户被遍历的频率明显大于特殊行为用户[3]。通过这一指标，可以利用这一全局的拓扑结构特征检测出 sybil 群体。相似地，研究者发现 sybil、spam 群体的随机攻击特性，即与这些特殊行为群体相连的正常用户之间通常无连接关系，这与正常用户相反。因而，利用反映这一局部结构特征的聚类系数也可以检测出这些特殊行为群体。

属性特征通常都是一个用户本身所具有区别性的本质特征。在社交网络中，用户通过社交媒体所表现出的计算机可识别的属性特征可以分为用户所发布、关注、转发的内容属性特征和用户与其他用户之间的关系属性特征。用户的内容属性特征是对于用户某一具体发布、关注或转发内容的统计信息。例如，由少数用户操纵的 sybil 群体发布、评论的内容具有很大程度的相似性。谣言群体在传播的内容上具有明显的特征。早期的一些的研究通过检测文本中的矛盾信息或者特定的短语发现谣言群体。Zhao 等[4]证明了可以检索文本内容中是否出现询问语句，再根据话题相关度进行聚类，排除包含询问语句的内容，对剩下的内容按与争议性话题相关度进行排名，可以检测出谣言群体。考虑时间因素，内容信息的统计特征随时间的变化特征也可以用于对谣言群体的检测。用户的关系属性特征包含了用户与其他用户的友好关系和交互情况。一个用户节点的入度可以代表一个用户向其他用户发出的好友请求数，也可以表示转发网络中一个用户转发其他用户发布内容的数量等。根据特殊行为群体在入度、出度、回复率上与正常用户的差异，可以在社交网络中鉴别出特殊行为群体。

行为特征是对用户行为的统计特征。由于特殊行为群体与正常用户有着不同的行为模式，通过对特殊行为群体行为模式的理解，找出能够与正常用户行为模式相区别的行为特征。例如，前面所提到的根据内容属性进行检测的方法计算代价高，并且由于谣言群体的隐藏策略不断升级，其检测结果不一定理想。一些研究中加入了除了文本内容信息的其他统计信息，如一个帖子的转发量、回复量等。除此之外，谣言、sybil 群体信息在行为的时间特性上还具有突发性特征。在对大众点评网上 sybil 群体的研究中，研究者发现，正常用户的移动范围因受到地理位置的限制而局限于一个较小的区域而 sybil 用户不会受到地理位置限制，可利用用户的移动范围对 sybil 群体进行检测。

由于特殊群体应对检测方法的策略不断提升，单纯地基于某一特征或某一类特征，未必能准确地检测出特殊群体。所以需要采用多个特征相结合的方法来检测特殊群体，如结构和行为特征相结合。同时，目前对特殊群体特征的选择都是基于一些先验的知识或者监督学习的方法进行选择验证。因此，在特征的选择方面，下一步可以研究特征学习方法。

前面介绍了一些特殊行为群体的典型特征的选取，为整个检测模型的构建奠定了基础。下面就介绍一般的检测模型的构建过程。根据已有的大量研究中，检测特殊行为群体所具体采用的检测算法，可以将检测模型分为 3 类：概率模型、分类模型和聚类模型。

概率模型是基于网络结构的检测模型，这一模型依赖于两点假设[2]：①特殊行为群体不能和正常用户建立大量的信任关系；②正常用户之间的网络是快速混合的。基于这一假设，从正常用户节点出发进行一定步长的随机游走常常局限于正常用户所构成的网络中，特殊行为用户被遍历的概率就较低。因此，多次进行随机游走统计每个节点被遍历的次数，则特殊行为用户被遍历的次数明显小于正常用户。通过统计每个节点被遍历的概率或频数，可以得到每个节点为特殊行为节点的概率[5]。这一概率模型的优点就是只需知道网络结构，不需要大量的其他信息，但是并不适用于非信任关系构建的网络，如点评网络、关注网络等。

分类的检测模型是有监督的学习法，第一步就是选取合适的特征，这一步前面已经详细叙述过。选取合适的特征后，需要对这些特征分别建立对应的特征指标，构造特征集。然后，将已标注的数据集分成多组，与特征集一同输入特定的分类算法，训练出分类器，并采用十折交叉验证法来提高分类器的精确性。分类模型不仅能将用户群体分成特殊行为群体和正常用户群体，并且能衡量每一个特征的重要性。常用的分类算法有支持向量机(support vector machine，SVM)，此外还有随机森林、贝叶斯算法、k-近邻等。分类模型的一大缺点就是需要大量已标注的训练集来训练分类器。

另一种检测模型就是聚类模型，即选取一系列特征后，根据特殊行为群体和正常用户群体在这些特征上的差异较大，而每一种群体内的个体在这些特征上差异较小这一特点，定义一种衡量相似度的指标，基于用户之间每条边对应的相似度权重对用户进行两两聚类。这一方法的一大优点就是属于无监督学习方法，需要很少甚至不需要已标注的数据集。

7.1.3　典型特殊行为群体的检测

针对上面介绍的特征选取和检测模型，本节介绍几个典型的特殊行为群体的检测。这些典型的特殊行为群体包括 sybil 群体、spam 群体、水军群体和谣言群体等。

1. 利用基于属性可信度改进 VoteTrust 算法的 sybil 检测

在新浪微博的关注网络中，根据用户发送的关注行为特征可以检测出 sybil 群体。VoteTrust 算法[6]根据真实用户之间和 sybil 用户之间难以形成互相关注关系来建立行为特征，从而检测出 sybil 群体。具体步骤如下。

首先，算法假设每一次关注行为均为一次投票行为，即 A 用户向 B 用户发送关注则 A 向 B 传递投票权值。

(1) 利用排序算法，如 PageRank 进行初始化权值分配。

(2) 根据好友请求被接受比鉴别若干真实用户，再对它们进行人工审查，进一步验证其真实性。

(3) 对这些真实用户分配初始化权值，假定有权值 W，平均分配给 S 个真实用户，每个用户得到权值为 W/S，则得到任意节点 v 的初始化权值：

$$R(v)=\begin{cases}\dfrac{W}{S}, & v\in S\\ 0, & 其他\end{cases} \tag{7.1}$$

(4) 根据这些真实节点的发送好友请求情况，将这些权重传递出去。假设每个节点发出的关注者数量为 $w(v)$，那么该节点发给每一个节点的权值为 $R(v)/w(v)$。从而得到如下的迭代关系式：

$$R(u)=d\sum_{v:(v,u)\in E}\frac{R(v)}{w(v)}+(1-d)R_0(u) \tag{7.2}$$

式中，d 为衰减参数，作用为使得算法收敛；$R_0(u)$ 为节点前一次迭代的投票权值。实际操作中迭代固定次数得到每个用户的投票权值，并根据投票权值进行投票，得到用户为真实的概率。

(5) 假设节点 v 关注节点 u，若节点 u 在收到节点 v 的关注后，关注节点 v，则称节点 v 向节点 u 进行了正属性投票，并记 $x(u,v)=1$；若节点 u 在收到节点 v 的关注后，没有关注节点 v，则称节点 v 向节点 u 进行了负属性投票，记 $x(u,v)=0$。并假定用户真实度 $\mathrm{UT}(u)(0\leqslant \mathrm{UT}(u)\leqslant 1)$，其迭代计算式为

$$\mathrm{UT}(u)=\frac{\sum_{v:(v,u)\in E}R(v)\times \mathrm{UT}(v)\times x(u,v)}{\sum_{v:(v,u)\in E}R(v)\times \mathrm{UT}(v)} \tag{7.3}$$

初始时设定每个节点的真实概率 $\mathrm{UT}(u)=0.5$，进行迭代计算，可以得到稳定的用户真实性评估的概率值。

在该算法的基础上，夏业超等考虑到真实社交网络中用户可能误操作或受到 sybil 用户的蛊惑，导致其好友请求并不都是发往真实用户的。从而根据属性可信度

对疑似 sybil 的用户进行传播抑制，当真实用户向疑似 sybil 用户传播投票权值时降低 sybil 用户所分配到的权值，即节点分配到的投票权值应与投票者的属性可信度 AC(v) 成正比，而与自身的属性可信度 AC(u) 成反比，因此对 VoteTrust 算法的公式 (7.2) 作如下处理：

$$R(u) = d \times \frac{1}{\mathrm{AC}(u)} \sum_{v:(v,u)\in E} \frac{R(v)}{W(v)} \times \mathrm{AC}(v) + (1-d)R_0 \tag{7.4}$$

式中，属性可信度通过向量空间模型(vector space model，VSM)的欧氏距离进行计算。则一个未知用户 v 在属性 $(A_1, A_2, \cdots, A_k)$ 下的属性可信度 AC(v) 可表示为离 sybil 属性值中心 $(\alpha_1, \alpha_2, \cdots, \alpha_k)$ 的欧氏距离为

$$\mathrm{AC}(v) = \sqrt{\sum_{i=1}^{k} (A_i(v) - \alpha_i)^2} \tag{7.5}$$

式中，用户属性表示为 $(A_1, A_2, \cdots, A_k)$，对应的属性值为 $(A_1(v), A_2(v), \cdots, A_k(v))$，sybil 群体在这些属性下的平均值为 $(\alpha_1, \alpha_2, \cdots, \alpha_k)$。并且，一个用户的属性值离 sybil 属性值中心的欧氏距离越近，则表示其为 sybil 用户的可能性越大，可信度越小。

2. 基于社区的 spam 检测

Bhat 等通过分析 Facebook 中 spam 的交互行为网络的拓扑结构，鉴别出 spam 群体[7]。根据用户之间的交互行为，包括信息的传播、邮件的发送等，建立有向的加权网络。首先，用 OCTracker 算法鉴别出该网络的重叠社区结构。该社区发现算法不仅能检测出社区结构，还能鉴别一个节点的结构特征，如一个节点是否为核心节点(在社区中占有重要位置)、是否为非核心节点(一个社区的边界节点)、是否为外部节点(出于某一社区外)、一个节点所属于的社区数等。在检测出社区之后，提取出一些以社区结构为基础的特征和节点的拓扑结构特征，这些特征描述了节点在社区中的角色和重要性。这些特征包括以下几种。

(1) 总出度：一个节点所连向的节点总数。

(2) 总互易率：与一个节点有双向连接的节点数与该节点所连向的节点数之比。

(3) 总出入度比：一个节点总出入度比率表示，所有连向该节点的节点总数与该节点所连向的节点总数的比值。

(4) 核心节点指标：表明一个节点是否为核心节点的布尔型变量，若为核心节点，则值为 1。

(5) 社区内成员数：一个节点所在社区内的成员数。

(6) 外出度：一个节点所连向的外部节点数。

(7) 外出入度比：一个节点的外出入比即所有连向该节点的外部节点总数与该节点连向的外部节点总数的比值。

(8)外出连概率：一个节点连向某一外部节点的概率。

(9)外互易率：与一个节点有双向连接的外部节点数与该节点所连向的外部节点数的比值。

提取出这些特征之后，使用一个已标注的训练集(每个节点都已标注为 spam 或非 spam)训练出一个 SVM 分类器。

最后，可以用该分类器对未标注的节点进行分类，鉴别出 spam 节点。

3. 基于网页排名(PageRank)的水军检测

研究者发现当水军即将或者正在进行营销活动时，大范围内互相的联系一定会相对紧密，以保持营销信息的转发链式连续传播。因此，可以基于 PageRank 技术来检测水军。首先，分别计算水军数据集的 PageRank 值以及正常用户数据集的 PageRank 值，以此作为训练数据集，得出一个能够区分水军和正常用户的 PageRank 阈值。然后，计算出所有待检测未分类的用户的 PageRank 值，根据阈值来区分出水军。

PageRank 计算的完整公式如下：

$$\mathrm{PageRank}(p_i)=\frac{1-q}{N}+q\sum_{p_j\in M(p_j)}\frac{\mathrm{PageRank}(p_j)}{L(p_j)} \tag{7.6}$$

在此公式中，$p_1,p_1,\cdots,p_N$ 为需要计算的各个用户，$M(p_i)$ 是 p_i 用户的粉丝数量，而 $L(p_j)$ 为 p_j 用户的关注数目，而 N 是所涉及的用户的数量。

通常加上阻尼系数 d 的公式为

$$P_i=d\sum_{(i,j)}\frac{P_j}{O_j}+(1-d) \tag{7.7}$$

式中，d 一般都取作 0.85。PageRank 的计算方法一般都遵循幂迭代法，其幂迭代公式为

$$P=(1-d)\frac{E}{n}+(d)A^{\mathrm{T}}P \tag{7.8}$$

此公式中，P 为一个一列 n 行矩阵，表示所有用户的 PageRank 值，E 为 n 行 n 列的一个矩阵，其中每个元素的值都为 1，A 是一个邻接矩阵，其中它的每行的和都为 1，即将每行的值做一个求和分解的计算，在此矩阵中，A_{jk} 表示为用户 j 有一条关注关系指向用户 k。

因为社交网络的链接结构是自发的，并无规律，所以其中必然含有一些孤立的节点，即没有任何相互关联关系的用户，并具有“黑洞效应”：若用户节点没有粉丝，即它的入度为 0，则在若干次的迭代计算中，该网络中所有的用户节点的 PageRank 值都会变为 0。

针对此问题，提出的解决办法为：对于孤立的节点用户，应当设定网络图中其他的所有节点都为它的外链链接点，即在邻接矩阵中，不可能再存在整行值都为 0 的情况，若某行全为 0，则将此行所有的元素值都设定为 $1/N$ ，因此，又可得到一个公式如下：

$$A' = \left(A_{jk} + \frac{t}{N} \right) \tag{7.9}$$

在此公式中，t 的取值为 $t = \begin{cases} 1, \text{若} A \text{矩阵的某行全为0} \\ 0, \text{其他情况} \end{cases}$ ，增加的参数值 t 用来解决“黑洞问题”。

因此，PageRank 公式为

$$P = (1-d)\frac{E}{n} + (d) A'^{\mathrm{T}} P \tag{7.10}$$

用幂迭代计算的原因是虽然计算速度较慢，但是迭代次数有限并且计算结果总会逐渐趋向收敛。

4. 基于话题聚类的谣言群体检测

Tweet 中，根据发布内容中包含的询问短语进行话题聚类可以检测出谣言群体[4]。谣言群体所发布的内容特征是谣言群体的一个重要特征，主要表现在真实性难以查证、内容上具有争议性等。因此，谣言聚类可以定义为

$$R = S \quad E \quad C \tag{7.11}$$

式中，S 为某一真实性未知的事实陈述 s 的声明帖子的集合；E 为对 s 的质疑帖子的集合；C 为否认 s 的帖子集合。当 $S \neq \varnothing$ 且 $E \quad C \neq \varnothing$ 时，s 可能就是一个谣言。一般来说，同一个谣言聚类中的帖子或者内容一致或者内容相似。那些询问帖子内容真实性的称为询问帖，那些否认内容真实性的称为纠正帖。一般来说，属于同一谣言聚类的帖子或者内容相同，或者是对于同一事实的不同阐述。

根据这一谣言聚类的定义，实时的谣言检测定义如下。

以社交媒体中一系列帖子的输入为例， $D = \langle (d_1, t_1), (d_2, t_2), \cdots \rangle$ ，其中 d_i ，$i \in [1, 2, \cdots]$ 为 t_i 时刻发布的文档。则实时谣言检测的目标就是在 t 时刻输出在此之前的 Δt 时间段内的一系列聚类 $R_t = R_{t,1}, R_{t,2}, \cdots, R_{t,l}$ 。每一个聚类 $R_{t,j} \in R_t$ 的事实陈述 $S_{t,j}$ 都是一个候选谣言。即给定一个时刻 t ，输出的一个新的聚类系列必须满足：

$$\forall R_{t,j} \in R_t, \exists (d', t') \in R_{t,j}, \text{s.t.} t - \Delta t < t' < t \tag{7.12}$$

即输出的谣言聚类必须包含 Δt 时间内的至少一个帖子。因此，可以将一个关于谣言 S 的聚类第一次输出的时间定义为候选谣言 S 的检测时间。基于这些定义，以 Tweet 网为例，实时的谣言检测可以分为 5 个步骤。

(1) 鉴别信号 tweet。系统通过一些常规的表达，选出那些只包含质疑询问的 tweet，包括用来确认的询问和矫正的 tweet。

(2) 鉴别信息聚类。系统基于 tweet 中重复的内容对信息 tweet 进行聚类。

(3) 检测陈述。系统对每一个信息聚类的内容进行分析后对聚类的相似内容定义一个简单的陈述。

(4) 获取非信息 tweet。系统将匹配任一聚类总结陈述的所有非信息 tweet，从而将一个信息聚类转化为一个完整的候选谣言聚类。

(5) 候选谣言聚类排名。使用与陈述内容无关的聚类的统计特征对候选聚类按照与谣言的相似度进行排序。

用这一算法对一个实时的 tweet 流进行操作，这些 tweet 到达的时间是连续的。最后输出每一个时间间隔 Δt 内候选谣言聚类的顺序序列，时间间隔 Δt 根据下一个 tweet 到达的时间可以无限小。事实上，将这一时间间隔定为一个小时或一天更为简单，因为在这一时间段内有很多 tweet 到达。

7.2 网络群体行为偏好引导

7.2.1 基于犹豫模糊信息的网络群体行为偏好引导方法

随着在线社区活动呈指数增加，网络群体行为偏好引导变得越来越重要。由于人类有群体活动的天性，许多社会活动，不管是在线社区还是传统的活动，都涉及群体的参与。例如，一群朋友或一个家庭挑选一部电影，这些群体有时是固定的，有时不是固定的。人们越来越重视网络群体行为偏好引导，因为群体偏好可以引导群体中个体成员的偏好。进行网络群体行为偏好集结是网络群体行为偏好引导的前提和基础。

由于现实世界中的群体行为问题的复杂性通常是因为群体行为的不确定性和模糊性引起的。这种不确定性和模糊性可以使用模糊语言信息来描述。但是，有时由于实际情况的限制，模糊语言模型只使用一个语言术语，不能确切地反映推荐者的意图。群体成员可能在不同的语言术语之间犹豫，因此需要更加丰富的语言模型来表达他们的偏好信息。为此，本小节采用犹豫模糊语言模型来描述群体中各个体的偏好信息，与模糊语言模型相比本模型可以提供更丰富语言来表达偏好信息。

另外，由于网络群体行为的偏好信息可能来自不同的网络平台，所以本节的重点考虑多源偏好信息集结问题。在这类群体行为的偏好信息可能位于不同的信息源，不同个体对同一个项目可能采用不同粒度的模糊语言信息来描述，称为多粒度模糊语言信息。因此本部分在此基础上建立多粒度三角形犹豫模糊语言模型来描述网络群体行为偏好引导问题。

1. 模型描述

近来，有学者提出了犹豫模糊语言术语集合(hesitant fuzzy linguistic term sets，HFLTS)的概念。在群推荐系统中个体对被推荐项目的描述有时可能用到了几个不同的语言值，这比单个语言词语表达的信息更加丰富，在这种情况下可使用犹豫模糊语言术语集合。相较于模糊语言方法，它更加方便和灵活地反映个体的偏好信息，也更加接近人类的认知模型。基于上下文无关语法和犹豫模糊语言术语集合的比较语言表达可应用于各种决策问题。

在决策过程中，采用语言术语提供知识可能使决策者感觉舒适和自然，这也符合人类的认知过程。为了对这些知识的不确定性进行建模和管理，Zadeh 提出了利用模糊集理论对语言信息建模的模糊语言方法。定义语言变量，该变量的值不是数字而是自然语言或人工智能语言中的字、词。语言变量的定义促进了决策模型的灵活性和适用性，并较好地应用于许多不同的领域，下面先介绍上下文无关语法的语言变量的概念。

定义 7.1　一个语言变量可用一个五元组来描述$(H,T(H),U,G,M)$，这里 H 是变量名称；$T(H)$ (或 T)表示 H 的语言术语集合；U 是论域；G 是产生语言术语集合 $T(H)$ 的句法规则；M 是联系每一个语言变量 X 和它的意义的语义规则，$M(X)$ 是 U 的模糊子集。

以上定义揭示了语言变量实际上是由其语言描述和语义建立的。有许多选择语言描述和定义语义的方法。最常用选择语言描述方法是上下文无关语法方法，定义上下文无关语法的概念定义如下。

定义 7.2　令 G_H 是一个上下文无关语法，$S^g=\{S_0^g,S_1^g,L,S_{g-1}^g\}$ 是一个 g 粒度语言术语集，$G_H=(V_N,V_T,I,P)$，其中 V_N 表示非终结符号，V_T 表示终结符号，I 表示起始符号，P 表示产生式规则，如下：

$$V_N=\{\langle\text{基本术语}\rangle,\langle\text{组成术语}\rangle,\langle\text{一元关系}\rangle,\langle\text{二元关系}\rangle,\langle\text{连接词}\rangle\}$$

$$V_T=\left\{\text{低于},\text{高于},\text{至少},\text{至多},\text{介于}L\text{与}L,s_0^g,s_1^g,L,s_{g-1}^g\right\},I\in V_N$$

P={I::〈基本术语〉|〈组成术语〉，
〈组成术语〉::=〈一元关系〉〈基本术语〉|〈二元关系〉〈基本术语〉〈连接词〉〈基本术语〉，
〈基本术语〉::=$s_0^g\,|\,s_1^g\,|\,L\,|\,s_{g-1}^g$，〈一元关系〉::=低于|高于|至少|至多|，
〈二元关系〉::=介于 L 与 L，〈连接词〉::=与}

定义 7.3　令 E_{G_H} 是一个将由上下文无关语法 G_H 得到的语言表达 le 转化为语言术语集 S^g 的犹豫模糊语言集 H_S，如下所示：$E_{G_H}:S_{le}\rightarrow H_S$。

由产生规则生成的语言表达按不同的含义可以转变为不同形式的犹豫模糊语言术语集：

$$E_{G_H}(s_i^g)=\{s_i^g \mid s_i^g \in s^g\}；\quad E_{G_H}(至多s_i^g)=\{s_j^g \mid s_j^g \in S^g且s_j^g \leqslant s_i^g\}$$

$$E_{G_H}(低于s_i^g)=\{s_j^g \mid s_j^g \in S^g且s_j^g < s_i^g\}；\quad E_{G_H}(至少s_i^g)=\{s_j^g \mid s_j^g \in S^g且s_j^g \geqslant s_i^g\}$$

$$E_{G_H}(高于s_i^g)=\{s_j^g \mid s_j^g \in S^g且s_j^g > s_i^g\}$$

$$E_{G_H}(介于s_i^g与s_j^g之间)=\{s_k^g \mid s_k^g \in S^g且s_i^g \leqslant s_k^g \leqslant s_j^g\}。$$

2. 三角形犹豫模糊集的概念、集结算子及其性质

为了更好地处理多粒度犹豫模糊语言信息的网络群体偏好引导问题，为此首先引入三角形犹豫模糊集的概念，然后定义三角形犹豫模糊集的集结算子并研究其性质。

定义 7.4 设 X 是一个参考集，集合 X 上的三角犹豫模糊集 $\tilde{E}$ 按照函数 $\tilde{h}_{\tilde{E}}(x)$ 给出：$\tilde{E}=\left\{\left\langle x,\tilde{h}_{\tilde{E}}(x)\right\rangle \mid x\in X\right\}$，这里 $\tilde{h}_{\tilde{E}}(x)$ 是一个由三角模糊数组成的集合，方便起见，可称 $\tilde{h}=\tilde{h}_{\tilde{E}}(x)$ 为三角犹豫模糊元素，如果 $\tilde{\alpha}\in\tilde{h}$，则 $\tilde{\alpha}$ 是一个三角模糊数 $\tilde{\alpha}=(\tilde{\alpha}^L,\tilde{\alpha}^M,\tilde{\alpha}^U)$。即 $\tilde{h}=\tilde{h}_{\tilde{E}}(x)=\left\{\left(\tilde{\alpha}^L,\tilde{\alpha}^M,\tilde{\alpha}^U\right) \mid \tilde{h}\in\tilde{h}_{\tilde{E}}(x)\right\}$。

定义 7.5 $S=\{s_0,s_1,s_2,\cdots,s_g\}$ 为语言术语集合，$H_S=\{\langle x_i,h_S(x_i)\rangle \mid x_i\in x\}$ 为一犹豫模糊语言集，$\tilde{h}=\tilde{h}_{\tilde{E}}(x)=\{(\tilde{\alpha}^L,\tilde{\alpha}^M,\tilde{\alpha}^U) \mid \tilde{\alpha}\in\tilde{h}_{\tilde{E}}(x)\}$ 为将三角犹豫模糊集，将犹豫模糊语言集 H_S 转化为三角犹豫模糊集合的转换函数 $\Delta(H_S)$，具体定义如下：

$$\Delta(H_S)=\tilde{\alpha}\begin{cases}\tilde{\alpha}^L=\dfrac{\max(0,\delta_l-1)}{g}\\[2ex]\tilde{\alpha}^M=\dfrac{\delta_l}{g}\\[2ex]\tilde{\alpha}^H=\dfrac{\min(\delta_l+1,g)}{g}\end{cases}\tag{7.13}$$

根据定义可将任意粒度为 g（常用 3、5、7、9 粒度）的语言术语集合 $S^g=\{s_0^g,s_1^g,\cdots,s_g^g\}$ 转化为三角形犹豫模糊集：$\tilde{h}=\left\{\left(0,0,\dfrac{1}{g}\right),\left(0,\dfrac{1}{g},\dfrac{2}{g}\right),\cdots,\left(\dfrac{i-2}{g},\dfrac{i-1}{g},\dfrac{i}{g}\right),\cdots,\left(\dfrac{g-1}{g},1,1\right)\right\}$。

定义 7.6 给定三个三角形犹豫模糊集 $\tilde{h}$、$\tilde{h}_1$ 和 $\tilde{h}_2$，定义以下运算。

(1) $\tilde{h}_1\oplus\tilde{h}_2=\{\tilde{\alpha}_1\oplus\tilde{\alpha}_2 \mid \tilde{\alpha}_1\in\tilde{h}_1,\tilde{\alpha}_2\in\tilde{h}_2\}$
$=\{(\tilde{\alpha}_1^L+\tilde{\alpha}_2^L-\tilde{\alpha}_1^L\tilde{\alpha}_2^L,\tilde{\alpha}_1^M+\tilde{\alpha}_2^M-\tilde{\alpha}_1^M\tilde{\alpha}_2^M,\tilde{\alpha}_1^U+\tilde{\alpha}_2^U-\tilde{\alpha}_1^U\tilde{\alpha}_2^U) \mid \tilde{\alpha}_1\in\tilde{h}_1,\tilde{\alpha}_2\in\tilde{h}_2\}$。

(2) $\tilde{h}_1\otimes\tilde{h}_2=\{\tilde{\alpha}_1\otimes\tilde{\alpha}_2 \mid \tilde{\alpha}_1\in\tilde{h}_1,\tilde{\alpha}_2\in\tilde{h}_2\}=\{(\tilde{\alpha}_1^L\tilde{\alpha}_2^L,\tilde{\alpha}_1^M\tilde{\alpha}_2^M,\tilde{\alpha}_1^U\tilde{\alpha}_2^U) \mid \tilde{\alpha}_1\in\tilde{h}_1,\tilde{\alpha}_2\in\tilde{h}_2\}$。

(3) $\lambda\tilde{h}=\{\lambda\tilde{\alpha} \mid \tilde{\alpha}\in\tilde{h}\}=\{(1-(1-\tilde{\alpha}^L)^\lambda,1-(1-\tilde{\alpha}^M)^\lambda,1-(1-\tilde{\alpha}^U)^\lambda) \mid \tilde{\alpha}\in\tilde{h}\},\lambda>0$。

(4) $\tilde{h}^\lambda=\{\tilde{\alpha}^\lambda \mid \tilde{\alpha}\in\tilde{h}\}=\{(\tilde{\alpha}^L)^\lambda,(\tilde{\alpha}^M)^\lambda,(\tilde{\alpha}^U)^\lambda \mid \tilde{\alpha}\in\tilde{h}\},\lambda>0$。

定理 7.1 设 $\tilde{h}$、$\tilde{h}_1$ 和 $\tilde{h}_2$ 是三个三角形犹豫模糊集，并且 $\lambda,\lambda_1,\lambda_2>0$，那么有

(1) $\tilde{h}_1 \oplus \tilde{h}_2 = \tilde{h}_2 \oplus \tilde{h}_1$；(2) $\lambda(\tilde{h}_1 \oplus \tilde{h}_2) = \lambda\tilde{h}_1 \oplus \lambda\tilde{h}_2$；

(3) $(\lambda_1\lambda_2)\tilde{h} = \lambda_1(\lambda_2\tilde{h})$；(4) $\tilde{h}_1 \otimes \tilde{h}_2 = \tilde{h}_2 \otimes \tilde{h}_1$；

(5) $\tilde{h}_1^{\lambda} \otimes \tilde{h}_2^{\lambda} = (\tilde{h}_1 \otimes \tilde{h}_2)^{\lambda}$；(6) $\tilde{h}^{\lambda_1\lambda_2} = (\tilde{h}^{\lambda_1})^{\lambda_2}$。

证明　根据定义，有

(1) $\tilde{h}_1 \oplus \tilde{h}_2 = \tilde{h}_2 \oplus \tilde{h}_1$。

$$\begin{aligned}
\tilde{h}_1 \oplus \tilde{h}_2 &= \{\tilde{\alpha}_1 \oplus \tilde{\alpha}_2 \mid \tilde{\alpha}_1 \in \tilde{h}_1, \tilde{\alpha}_2 \in \tilde{h}_2\} \\
&= \{(\tilde{\alpha}_1^L + \tilde{\alpha}_2^L - \tilde{\alpha}_1^L\tilde{\alpha}_2^L, \tilde{\alpha}_1^M + \tilde{\alpha}_2^M - \tilde{\alpha}_1^M\tilde{\alpha}_2^M, \tilde{\alpha}_1^U + \tilde{\alpha}_2^U - \tilde{\alpha}_1^U\tilde{\alpha}_2^U) \mid \tilde{\alpha}_1 \in \tilde{h}_1, \tilde{\alpha}_2 \in \tilde{h}_2\} \\
&= \{(\tilde{\alpha}_2^L + \tilde{\alpha}_1^L - \tilde{\alpha}_2^L\tilde{\alpha}_1^L, \tilde{\alpha}_2^M + \tilde{\alpha}_1^M - \tilde{\alpha}_2^M\tilde{\alpha}_1^M, \tilde{\alpha}_2^U + \tilde{\alpha}_1^U - \tilde{\alpha}_2^U\tilde{\alpha}_1^U) \mid \tilde{\alpha}_1 \in \tilde{h}_1, \tilde{\alpha}_2 \in \tilde{h}_2\} \\
&= \tilde{h}_2 \oplus \tilde{h}_1
\end{aligned}$$

(2) $\lambda(\tilde{h}_1 \oplus \tilde{h}_2) = \lambda\tilde{h}_1 \oplus \lambda\tilde{h}_2$。

根据定义，有

$$\begin{aligned}
\lambda(\tilde{h}_1 \oplus \tilde{h}_2) &= \lambda\{(\tilde{\alpha}_1^L + \tilde{\alpha}_2^L - \tilde{\alpha}_1^L\tilde{\alpha}_2^L, \tilde{\alpha}_1^M + \tilde{\alpha}_2^M - \tilde{\alpha}_1^M\tilde{\alpha}_2^M, \tilde{\alpha}_1^U + \tilde{\alpha}_2^U - \tilde{\alpha}_1^U\tilde{\alpha}_2^U) \mid \tilde{\alpha}_1 \in \tilde{h}_1, \tilde{\alpha}_2 \in \tilde{h}_2\} \\
&= \{(1-(1-\tilde{\alpha}_1^L - \tilde{\alpha}_2^L + \tilde{\alpha}_1^L\tilde{\alpha}_2^L)^{\lambda}, 1-(1-\tilde{\alpha}_1^M - \tilde{\alpha}_2^M + \tilde{\alpha}_1^M\tilde{\alpha}_2^M)^{\lambda}, \\
&\quad 1-(1-\tilde{\alpha}_1^U - \tilde{\alpha}_2^U + \tilde{\alpha}_1^U\tilde{\alpha}_2^U)^{\lambda}) \mid \tilde{\alpha}_1 \in \tilde{h}_1, \tilde{\alpha}_2 \in \tilde{h}_2\} \\
&= \{(1-(1-\tilde{\alpha}_1^L)^{\lambda}(1-\tilde{\alpha}_2^L)^{\lambda}, 1-(1-\tilde{\alpha}_1^M)^{\lambda}(1-\tilde{\alpha}_2^M)^{\lambda}, \\
&\quad 1-(1-\tilde{\alpha}_1^U)^{\lambda}(1-\tilde{\alpha}_2^U)^{\lambda}) \mid \tilde{\alpha}_1 \in \tilde{h}_1, \tilde{\alpha}_2 \in \tilde{h}_2\}
\end{aligned}$$

$$\begin{aligned}
\lambda\tilde{h}_1 \oplus \lambda\tilde{h}_2 &= \{\{1-(1-\tilde{\alpha}_1^L)^{\lambda}, 1-(1-\tilde{\alpha}_1^M)^{\lambda}, 1-(1-\tilde{\alpha}_1^U)^{\lambda}\} | \tilde{\alpha}_1 \in \tilde{h}_1\} \\
&\quad \oplus \{(1-(1-\tilde{\alpha}_2^L)^{\lambda}, 1-(1-\tilde{\alpha}_2^M)^{\lambda}, 1-(1-\tilde{\alpha}_2^U)^{\lambda}) | \tilde{\alpha}_2 \in \tilde{h}_2\} \\
&= \{1-(1-\tilde{\alpha}_1^L)^{\lambda} + 1-(1-\tilde{\alpha}_2^L)^{\lambda} - (1-(1-\tilde{\alpha}_1^L)^{\lambda})(1-(1-\tilde{\alpha}_2^L)^{\lambda}), \\
&\quad 1-(1-\tilde{\alpha}_1^M)^{\lambda} + 1-(1-\tilde{\alpha}_2^M)^{\lambda} - (1-(1-\tilde{\alpha}_1^M)^{\lambda})(1-(1-\tilde{\alpha}_2^M)^{\lambda}), \\
&\quad 1-(1-\tilde{\alpha}_1^U)^{\lambda} + 1-(1-\tilde{\alpha}_2^U)^{\lambda} - (1-(1-\tilde{\alpha}_1^U)^{\lambda})(1-(1-\tilde{\alpha}_2^U)^{\lambda}) \mid \tilde{\alpha}_1 \in \tilde{h}_1, \tilde{\alpha}_2 \in \tilde{h}_2\} \\
&= \{(1-(1-\tilde{\alpha}_1^L)^{\lambda}(1-\tilde{\alpha}_2^L)^{\lambda}, 1-(1-\tilde{\alpha}_1^M)^{\lambda}(1-\tilde{\alpha}_2^M)^{\lambda}, \\
&\quad 1-(1-\tilde{\alpha}_1^U)^{\lambda}(1-\tilde{\alpha}_2^U)^{\lambda}) \mid \tilde{\alpha}_1 \in \tilde{h}_1, \tilde{\alpha}_2 \in \tilde{h}_2\}
\end{aligned}$$

所以得到：$\lambda(\tilde{h}_1 \oplus \tilde{h}_2) = \lambda\tilde{h}_1 \oplus \lambda\tilde{h}_2$，其他结论根据定义，类似可证。

定义 7.7　对一个三角形犹豫模糊集 $\tilde{h}$，$s(\tilde{h}) = \sum_{\tilde{\alpha}\in\tilde{h}} \frac{s(\tilde{\alpha})}{\#\tilde{h}}$ 称为 $\tilde{h}$ 的计分函数，这里 $\#\tilde{h}$ 称为 $\tilde{h}$ 的元素个数。式中，

$$s(\tilde{\alpha}) = \frac{1}{3}(\tilde{\alpha}^L + \tilde{\alpha}^M + \tilde{\alpha}^U) \tag{7.14}$$

$$sd(\tilde{\alpha}) = \sqrt{\frac{1}{3}\left[(\tilde{\alpha}^L - s(\tilde{\alpha}))^2 + (\tilde{\alpha}^M - s(\tilde{\alpha}))^2 + (\tilde{\alpha}^U - s(\tilde{\alpha}))^2\right]} \tag{7.15}$$

对任意两个三角形犹豫模糊集 $\tilde{h}_1$，$\tilde{h}_2$ 有：

(1) 如果 $s(\tilde{h}_1) > s(\tilde{h}_2)$，那么 $\tilde{h}_1 \succ \tilde{h}_2$。

(2) 如果 $s(\tilde{h}_1) = s(\tilde{h}_2)$，那么有①如果 $sd(\tilde{h}_1) > sd(\tilde{h}_2)$，那么 $\tilde{h}_1 \prec \tilde{h}_2$；②如果 $sd(\tilde{h}_1) = sd(\tilde{h}_2)$，那么 $\tilde{h}_1 = \tilde{h}_2$；③如果 $sd(\tilde{h}_1) < sd(\tilde{h}_2)$，那么 $\tilde{h}_1 \succ \tilde{h}_2$。

3．GTHFWA 算子和 GTHFWG 算子的定义

针对三角形犹豫模糊信息引入两个三角形犹豫模糊集的集结算子和对应的计分函数，并给出其性质。一个是广义三角形犹豫模糊有权平均算子(GTHFWA 算子)，一个是广义三角形犹豫模糊有权几何算子(GTHFWG 算子)。

定义 7.8 令 $\tilde{h}_i\left(i=1,2,\cdots,n\right)$ 是一个三角形犹豫模糊元素组成的集合，$w=(w_1,w_2,\cdots,w_n)^{\mathrm{T}}$ 是 $\tilde{h}_i(i=1,2,\cdots,n)$ 的权向量，满足 $w_i \in [0,1]$ 且 $\sum_{i=1}^{n} w_i = 1$，$\lambda > 0$。

(1) GTHFWA 算子是 $\tilde{H}^n \to \tilde{H}$ 的映射，定义：

$$\begin{aligned}\mathrm{GTHFWA}_\lambda(\tilde{h}_1,\tilde{h}_2,\cdots,\tilde{h}_n) &= \otimes_{i=1}^{n}(w_i\tilde{h}_i^{\lambda})^{\frac{1}{\lambda}}\\ &=\left\{\left(\left(1-\prod_{i=1}^{n}(1-(\tilde{\alpha}_i^L)^{\lambda})^{w_i}\right)^{\frac{1}{\lambda}},\left(1-\prod_{i=1}^{n}(1-(\tilde{\alpha}_i^M)^{\lambda})^{w_i}\right)^{\frac{1}{\lambda}},\right.\right.\\ &\left.\left.\left(1-\prod_{i=1}^{n}(1-(\tilde{\alpha}_i^U)^{\lambda})^{w_i}\right)^{\frac{1}{\lambda}}\right) \mid \tilde{\alpha}_1\in\tilde{h}_1,\tilde{\alpha}_2\in\tilde{h}_2,\cdots,\tilde{\alpha}_n\in\tilde{h}_n\right\}\end{aligned} \tag{7.16}$$

(2) GTHFWG 算子是 $\tilde{H}^n \to \tilde{H}$ 的映射，定义：

$$\begin{aligned}\mathrm{GTHFWG}_\lambda(\tilde{h}_1,\tilde{h}_2,\cdots,\tilde{h}_n) &= \frac{1}{\lambda}(\otimes_{i=1}^{n}(\lambda\tilde{h}_i)^{w_i})\\ &=\left\{\left(1-\left(1-\prod_{i=1}^{n}(1-(1-\tilde{\alpha}_i^L)^{\lambda})^{w_i}\right)^{\frac{1}{\lambda}},1-\left(1-\prod_{i=1}^{n}(1-(1-\tilde{\alpha}_i^M)^{\lambda})^{w_i}\right)^{\frac{1}{\lambda}},\right.\right.\\ &\left.\left.1-\left(1-\prod_{i=1}^{n}(1-(1-\tilde{\alpha}_i^U)^{\lambda})^{w_i}\right)^{\frac{1}{\lambda}}\right) \mid \tilde{\alpha}_1\in\tilde{h}_1,\tilde{\alpha}_2\in\tilde{h}_2,\cdots,\tilde{\alpha}_n\in\tilde{h}_n\right\}\end{aligned} \tag{7.17}$$

定理 7.2 设 $\tilde{h}_i(i=1,2,\cdots,n)$ 是三角形犹豫模糊元素组成的集合，$\lambda>0$ 且 $w=(w_1,w_2,\cdots,w_n)^{\mathrm{T}}$ 是 $\tilde{h}_i(i=1,2,\cdots,n)$ 的权重向量，满足 $w_i \in [0,1]$ 且 $\sum_{i=1}^{n} w_i = 1$。则有，GTHFWA 算子 $\mathrm{GTHFWA}_\lambda(\tilde{h}_1,\tilde{h}_2,\cdots,\tilde{h}_n)$ 随着 λ 单调递增。

定理 7.3　设 $\tilde{h}_i(i=1,2,\cdots,n)$ 是一个三角形犹豫模糊元素组成的集合，$\lambda>0$ 且 $\tilde{h}_i(i=1,2,\cdots,n)$ 的权值向量是 $w=(w_1,w_2,\cdots,w_n)^{\mathrm{T}}$ 满足 $w_i\in[0,1]$ 且 $\sum_{i=1}^{n}w_i=1$。那么 GTHFWG 算子 $\mathrm{GTHFWG}_{\lambda}(\tilde{h}_1,\tilde{h}_2,\cdots,\tilde{h}_n)$ 随着参数 λ 单调递减。

定理 7.4　设 $\tilde{h}_i(i=1,2,\cdots,n)$ 是一个三角形犹豫模糊元素组成的集合，且 $\tilde{h}_i(i=1,2,\cdots,n)$ 的权值向量是 $w=(w_1,w_2,\cdots,w_n)^{\mathrm{T}}$ 满足 $w_i\in[0,1]$ 且 $\sum_{i=1}^{n}w_i=1$，$\lambda>0$。则有

$$\mathrm{GTHFWG}_{\lambda}(\tilde{h}_1,\tilde{h}_2,\cdots,\tilde{h}_n)\leqslant \mathrm{GTHFWA}_{\lambda}(\tilde{h}_1,\tilde{h}_2,\cdots,\tilde{h}_n) \tag{7.18}$$

4. 算例分析

以汽车推荐为例，假设某公司想对 4 辆不同品牌的汽车 m_1,m_2,m_3,m_4，按照品牌（ξ_1）、发动机性能（ξ_2）、外观（ξ_3）和售后（ξ_4）4 个属性评出等级。4 个属性的权重向量是 $w=(0.3,0.3,0.2,0.2)^{\mathrm{T}}$。每辆汽车的评价等级信息与参与评分的每一个个体的喜好有关。由于这些属性都是定性描述的，评价个体通过语言术语来表达他们的感情是方便和可行的。所以，本例中假设 3 位推荐者使用的语言粒度分别为 7、5、7 粒度语言标度。最后，3 位推荐者对这 4 辆汽车的群体偏好情况如表 7.1～表 7.3 所示，为此我们对群体的偏好信息集结，这样集结的结果可以对群体中的其他个体进行偏好引导。

表 7.1　第 1 位推荐者 A_1 使用语言术语集合

	ξ_1	ξ_2	ξ_3	ξ_4
m_1	至少是好	至少是好	好与很好	至少很好
m_2	介于中等和很好	中等	中等与好	差与中等
m_3	至少很好	至少很好	好与很好	好与很好
m_4	中等与好	至少很好	好与很好	最多是差

表 7.2　第 2 位推荐者 A_2 使用语言术语集合

	ξ_1	ξ_2	ξ_3	ξ_4
m_1	良好	良好	一般	一般
m_2	良好	一般	良好	一般
m_3	优秀	良好	一般	良好
m_4	一般	良好	良好	一般

表 7.3　第 3 位推荐者 A_3 使用语言术语集合

	ξ_1	ξ_2	ξ_3	ξ_4
m_1	好与很好	至少很好	至少是好	至少是好
m_2	好与很好	中等与好	好与很好	差与中等
m_3	很好与极好	至少是好	好与很好	至少是好
m_4	中等与好	至少是好	介于好和极好	中等

针对以上犹豫模糊语言的群推荐集结问题，可建立以下多粒度犹豫模糊集语言群体偏好引导框架图形(图 7.1)，首先，可通过语言转化将推荐者的自然语言形式的语言术语集合转化为犹豫模糊集。然后，将犹豫模糊集转化为三角形犹豫模糊集。最后，根据不同情况使用 GTHFWG 算子或 GTHFWA 算子对三角形犹豫模糊集进行集结，得到群体偏好引导序列，根据序列结果，得出群体偏好引导方案。

针对犹豫模糊语言的群体偏好信息引导问题，首先，可通过语言转化将推荐者的自然语言形式的语言术语集合转化为犹豫模糊集，见表 7.4～表 7.6。然后，将犹豫模糊集转化为三角形犹豫模糊集，见表 7.7～表 7.9。最后，根据不同情况使用 GTHFWG 算子或 GTHFWA 算子对三角形犹豫模糊集进行集结，得到群偏好序列，根据序列结果，得出最佳推荐方案，进而对群体偏好进行引导。

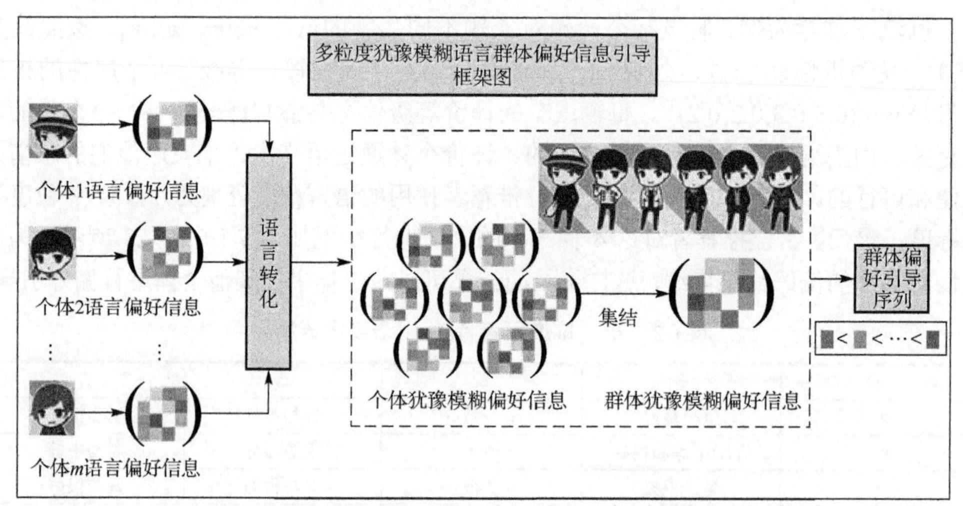

图 7.1　多粒度犹豫模糊集语言群体偏好引导框架图

表 7.4　第 1 位推荐者 A_1 使用语言术语集合转化为犹豫模糊集

	ξ_1	ξ_2	ξ_3	ξ_4
m_1	$\{S_4^7,S_5^7,S_6^7\}$	$\{S_4^7,S_5^7,S_6^7\}$	$\{S_4^7,S_5^7\}$	$\{S_5^7,S_6^7\}$
m_2	$\{S_3^7,S_4^7,S_5^7\}$	$\{S_3^7\}$	$\{S_3^7,S_4^7\}$	$\{S_2^7,S_3^7\}$
m_3	$\{S_5^7,S_6^7\}$	$\{S_5^7,S_6^7\}$	$\{S_4^7,S_5^7\}$	$\{S_4^7,S_5^7\}$
m_4	$\{S_3^7,S_4^7\}$	$\{S_5^7,S_6^7\}$	$\{S_4^7,S_5^7\}$	$\{S_0^7,S_1^7,S_2^7\}$

表 7.5　第 2 位推荐者 A_2 使用的自然语言转化为 5 粒度模糊语言

	ξ_1	ξ_2	ξ_3	ξ_4
m_1	$\{S_3^5\}$	$\{S_3^5\}$	$\{S_2^5\}$	$\{S_2^5\}$

续表

	ξ_1	ξ_2	ξ_3	ξ_4
m_2	$\{S_3^5\}$	$\{S_2^5\}$	$\{S_3^5\}$	$\{S_2^5\}$
m_3	$\{S_4^5\}$	$\{S_3^5\}$	$\{S_2^5\}$	$\{S_3^5\}$
m_4	$\{S_2^5\}$	$\{S_3^5\}$	$\{S_3^5\}$	$\{S_2^5\}$

表 7.6　第 3 位推荐者 A_3 使用语言术语集合转化为犹豫模糊集

	ξ_1	ξ_2	ξ_3	ξ_4
m_1	$\{S_4^7,S_5^7\}$	$\{S_5^7,S_6^7\}$	$\{S_4^7,S_5^7,S_6^7\}$	$\{S_4^7,S_5^7,S_6^7\}$
m_2	$\{S_4^7,S_5^7\}$	$\{S_3^7,S_4^7\}$	$\{S_4^7,S_5^7\}$	$\{S_2^7,S_3^7\}$
m_3	$\{S_5^7,S_6^7\}$	$\{S_4^7,S_5^7,S_6^7\}$	$\{S_4^7,S_5^7\}$	$\{S_4^7,S_5^7,S_6^7\}$
m_4	$\{S_3^7,S_4^7\}$	$\{S_4^7,S_5^7,S_6^7\}$	$\{S_4^7,S_5^7,S_6^7\}$	$\{S_3^7\}$

表 7.7　第 1 位推荐者 A_1 使用的犹豫模糊集转化为三角形犹豫模糊集

	ξ_1	ξ_2	ξ_3	ξ_4
m_1	{(0.50,0.67,0.83), (0.67,0.83,1.00), (0.83,1.00,1.00)}	{(0.50,0.67,0.83), (0.67,0.83,1.00), (0.83,1.00,1.00)}	{(0.50,0.67,0.83), (0.67,0.83,1.00)}	{(0.67,0.83,1.00), (0.83,1.00,1.00)}
m_2	{(0.33,0.50,0.67), (0.50,0.67,0.83), (0.67,0.83,1.00)}	{(0.33,0.50,0.67)}	{(0.33,0.50,0.67), (0.50,0.67,0.83)}	{(0.17,0.33,0.50), (0.33,0.50,0.67)}
m_3	{(0.67,0.83,1.00), (0.83,1.00,1.00)}	{(0.67,0.83,1.00), (0.83,1.00,1.00)}	{(0.50,0.67,0.83), (0.67,0.83,1.00)}	{(0.50,0.67,0.83), (0.67,0.83,1.00)}
m_4	{(0.33,0.50,0.67), (0.50,0.67,0.83)}	{(0.67,0.83,1.00), (0.83,1.00,1.00)}	{(0.50,0.67,0.83), (0.67,0.83,1.00)}	{(0.00,0.00,0.17), (0.00,0.17,0.33), (0.17,0.33,0.50)}

表 7.8　第 2 位推荐者 A_2，5 粒度模糊语言转化为三角形模糊语言

	ξ_1	ξ_2	ξ_3	ξ_4
m_1	{(0.50,0.75,1.00)}	{(0.50,0.75,1.00)}	{(0.25,0.50,0.75)}	{(0.25,0.50,0.75)}
m_2	{(0.50,0.75,1.00)}	{(0.25,0.50,0.75)}	{(0.50,0.75,1.00)}	{(0.25,0.50,0.75)}
m_3	{(0.75,1.00,1.00)}	{(0.50,0.75,1.00)}	{(0.25,0.50,0.75)}	{(0.50,0.75,1.00)}
m_4	{(0.25,0.50,0.75)}	{(0.50,0.75,1.00)}	{(0.50,0.75,1.00)}	{(0.25,0.50,0.75)}

表 7.9　第 3 位推荐者 A_3 使用的犹豫模糊集转化为三角形犹豫模糊集

	ξ_1	ξ_2	ξ_3	ξ_4
m_1	{(0.50,0.67,0.83), (0.67,0.83,1.00)}	{(0.67,0.83,1.00), (0.83,1.00,1.00)}	{(0.50,0.67,0.83), (0.67,0.83,1.00), (0.83,1.00,1.00)}	{(0.50,0.67,0.83), (0.67,0.83,1.00), (0.83,1.00,1.00)}

续表

	ξ_1	ξ_2	ξ_3	ξ_4
m_2	{(0.50,0.67,0.83), (0.67,0.83,1.00)}	{(0.33,0.50,0.67), (0.50,0.67,0.83)}	{(0.50,0.67,0.83), (0.67,0.83,1.00)}	{(0.17,0.33,0.50), (0.33,0.50,0.67)}
m_3	{(0.67,0.83,1.00), (0.83,1.00,1.00)}	{(0.50,0.67,0.83), (0.67,0.83,1.00), (0.83,1.00,1.00)}	{(0.50,0.67,0.83), (0.67,0.83,1.00)}	{(0.50,0.67,0.83), (0.67,0.83,1.00), (0.83,1.00,1.00)}
m_4	{(0.33,0.50,0.67), (0.50,0.67,0.83)}	{(0.50,0.67,0.83), (0.67,0.83,1.00), (0.83,1.00,1.00)}	{(0.50,0.67,0.83), (0.67,0.83,1.00), (0.83,1.00,1.00)}	{(0.33,0.50,0.67)}

图 7.2 为使用 GTHFWA 算子对三角形犹豫模糊集进行集结的结果，从图形可知计分函数的值$s(m_3)>s(m_1)>s(m_4)>s(m_2)$，得到群体偏好引导排序为$m_3 \succ m_1 \succ m_4 \succ m_2$。图 7.3 为使用 GTHFWG 算子对三角形犹豫模糊集进行集结的结果，从图形可知计分函数的值$s(m_3)>s(m_1)>s(m_2)>s(m_4)$，得到群体偏好引导排序为$m_3 \succ m_1 \succ m_2 \succ m_4$。

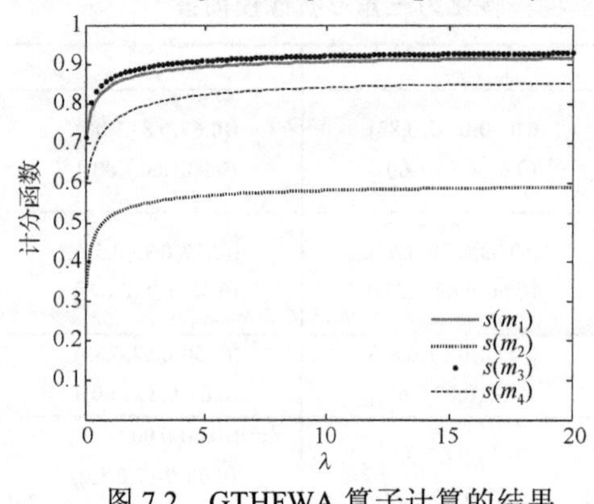

图 7.2　GTHFWA 算子计算的结果

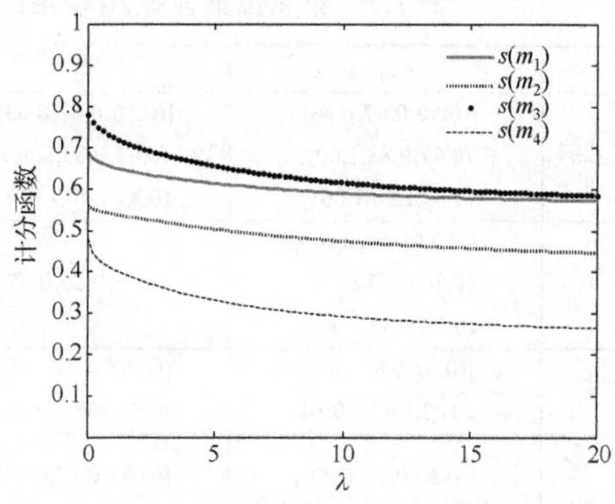

图 7.3　GTHFWG 算子计算的结果

综合以上两个算子的计算结果可知，最终的群体偏好引导结果最好选择第 3 辆汽车，其次选第 1 辆汽车。综合以上两个算子的计算结果可知，最终的群体偏好引导的最优结果是选择第 3 辆汽车，其次选第 1 辆汽车。

多粒度犹豫模糊语言模型是在语言术语集、上下文无关语法的基础上，结合犹豫模糊语言术语集和三角形犹豫模糊集而建立起来的。首先，它不但可以处理模糊语言信息，还可以处理犹豫模糊语言信息。其次，该模型可应用于多信息平台，尤其是多粒度语言平台中解决群偏好集结问题。最后，GTHFWG 算子随λ增加而单调递减以及 GTHFWA 算子随λ增加而单调递增，这样，不同的推荐群体可根据群体的具体情况选择λ值的大小，不同λ的选择增强了算法的适应性。

7.2.2　基于关键节点引导网络群体行为

手机短信息传播中，短信发给哪些用户可以获得更大的覆盖率；社交网络中，在新产品的推广和营销中，如何找到合适的网络达人才能获取最大化的利益？这些都是基于关键节点进行网络行为偏好引导的典型应用场景。快速准确地识别复杂网络中的重要节点，对于加速信息扩散，进行合适的商业营销策略是至关重要的。

在网络科学从诞生到蓬勃发展的近二十年时间内，对上述问题有了一些定量化的描述和解决方法。其中具有代表性的是基于特征向量中心性的排序方法，以及由此派生的 PageRank 算法、HITS(hyperlink induced topic search)算法和 LeaderRank 算法。此类算法的思想是：一个节点的重要性既取决于邻居节点的数量也取决于邻居节点的质量。随机游走过程中，每一步把每个节点当前的指标值平均分配给它所指向的所有节点，因此复杂网络中的重要节点要么和大量的一般节点相连，要么和少数高分值节点相连，无法有效地识别网络中介数中心性(betweenness centrality)值较高的节点。一个节点的介数中心性刻画的是该节点控制网络中其他节点之间沿最短路径传输信息的能力，它认为经过该节点的最短路径越多越重要。

本节给出 CEC(conductance eigenvector centrality)算法[8]对网络中重要节点进行排序。CEC 算法的基本思想是：假定信息传播过程中存在阻力，源节点 v_i 与目标节点 v_j 间存在多条路径 l_{ij}，将一个连通的无向无权网络看成一个电阻网络，网络中每条边的电阻值为 1，借助电导和能量的概念，记 v_i 与 v_j 间的电导为 q_{ij}，可知目标节点 v_j 接收到的信息能量与电导 q_{ij} 的大小相关。节点间的电导越大，说明节点间的路径数越多且各路径的长度越短，这也意味着在信息的传播过程中，目标节点 v_j 接收到的能量越大。基于此，随机游走过程中，节点 v_i 的 CEC 值将依据节点 v_i 与网络中任意节点 v_j 间的电导大小分配给 v_j。通过迭代运算，最终得到每个节点的稳态 CEC 值。与介数中心性方法对比，CEC 算法不仅考虑节点间的最短路径，还考虑到节点间的其他非最短路径。与 PageRank 算法对比，CEC 算法从信息传播的全局角度出发，依据节点间的电导大小分配节点的 CEC 值。这些改进更加逼近真实的信息传播环境，在多个标准数据集上的实验发现 CEC 算法比度中心性、k-核分解法、介数中心性以及 PageRank 算法在重要节点的排序性能上有明显的提升。

1. CEC 算法模型

为行文方便，我们约定：一个无向无权网络的拓扑图记为 $G(V,E)$，其中 $V=\{v_1,v_2,\cdots,v_n\}$ 是节点集合，$E=\{e_1,e_2,\cdots,e_n\}$ 是边的集合，n、m 是网络中的节点数和边数。一个图的邻接矩阵记为 $A_{n\times n}=(a_{ij})$，其中 $a_{ij}=1$，若 $v_i\sim v_j$，否则 $a_{ij}=0$。由 G 的节点度组成的对角矩阵记为 $D=\mathrm{diag}\{d_1,d_2,\cdots,d_n\}$，其中 d_i 表示 G 中节点 v_i 的度，图 G 的拉普拉斯矩阵则记为 $L=D-A$，L 的广义逆矩阵记为 L^+，图 G 的电导矩阵记为 $Q_{n\times n}=(q_{ij})$。

1) 基本假设

针对信息传播的特点，采用如下基本物理假设。

(1) 网络中任意节点 v_i 与 v_j 间的信息传播存在阻力，阻力越大，意味着由源节点 v_i 传输给目标节点 v_j 的能量越小。

(2) 网络中任意节点间的信息传播并非都基于最短路径传播，除了最短路径，还有其他非最短路径。

(3) 从信息传播的全局角度出发，节点 v_j 的重要性取决于节点 v_j 与网络中任意节点 v_i 间的所有路径。

2) 算法流程

CEC 算法模型的流程如下。

(1) 将一个复杂网络看成电阻网络，网络中每条边的电阻值为 1，复杂网络中任意节点 v_i 与 v_j 间的电导 q_{ij} 为电阻距离的倒数。电导 q_{ij} 越大，意味着节点 v_i 与 v_j 间路径数越多且路径长度越短，由节点 v_i 传输到节点 v_j 的能量越大。

(2) 任意初始化网络中各节点的CEC值 $\mathrm{CEC}_j(0)$，$j=1,2,\cdots,n$，满足 $\sum_{j=1}^{n}\mathrm{CEC}_j(0)=1$。

(3) 从信息传播的全局角度看，节点 v_j 的重要性与网络中其他任意节点 v_i 间的电导正相关，节点 v_j 的重要性记为 CEC_j。由网络中各节点的初始 CEC 值 $\mathrm{CEC}_j(0)$ 出发，通过迭代运算，第 k 次迭代时，节点 v_j 的 CEC 值为

$$\mathrm{CEC}_j(k)=\sum_{i=1,i\neq j}^{n}q_{ij}\times\mathrm{CEC}_{\mathrm{i}}(k-1)/\sum_{k=1}^{n}q_{ik} \tag{7.19}$$

网络中各节点的 CEC 值为

$$\mathrm{CEC}(k)=\bar{Q}\times\mathrm{CEC}(k-1) \tag{7.20}$$

式中，$\bar{Q}=(\bar{q}_{ij})_{n\times n}$，$\bar{q}_{ij}=q_{ij}/\sum_{k=1}^{n}q_{ik}$。多次迭代后，可计算出复杂网络中各节点的稳态 CEC 值。

3) 基本算法

算法流程 (1) 从基本假设 (1)、(2) 出发，通过引入电导的概念，不仅考虑到信息传播中的最短路径，还考虑到信息传播过程中的其他非最短路径。算法流程 (3) 从基本假设 (3) 出发，立足于信息传播过程中的能量衰减特征，从信息传播的全局角度，搜索有利于信息传播的重要节点。基于上述考虑的 CEC 算法模型，更加逼近真实的信息传播环境。下面详述 CEC 算法模型中的基本算法。

(1) 网络中各节点间的电导。

定理 7.5 若 L^{+} 为 L 的 Moore-Penrose 逆，则图 $G(n\geqslant 2)$ 中任意两个节点 v_i,v_j 间的电阻距离为

$$r_{ij}=l_{ii}+l_{jj}-l_{ij}-l_{ji}=l_{ii}+l_{jj}-2l_{ij} \tag{7.21}$$

式中，l_{ij} 为 L^{+} 中的元素，节点 v_i 与 v_j 间的电导 $q_{ij}=1/r_{ij}$。

众所周知，L 的广义逆矩阵 L^+ 可能并不唯一，只有在 L^+ 为 L 的 Moore-Penrose 逆时，L^+ 才唯一，以下详细证明 L^+ 为 Moore-Penrose 逆。

定理 7.6　任何非零矩阵 L 的广义逆矩阵 L^+ 都是存在的。

证明　设 L 的秩 $R(L)=r$，$0<r<n$，则存在可逆矩阵 P 与 Q，使

$$\mathrm{PLQ}=\begin{pmatrix} A_r & 0 \\ 0 & 0 \end{pmatrix}=\begin{pmatrix} A_r \\ 0 \end{pmatrix}(E_r \quad 0) \tag{7.22}$$

式中，A_r 为 r 阶可逆矩阵，E_r 为 r 阶单位阵。于是

$$L=P^{-1}\begin{pmatrix} A_r \\ 0 \end{pmatrix}(E_r \quad 0)Q^{-1}=BD \tag{7.23}$$

即 L 可满秩分解为

$$L=BD$$

式中，$B=P^{-1}\begin{pmatrix} A_r \\ 0 \end{pmatrix}\in I^{n\times r}$ 为列满秩矩阵，$D=(E_r \quad 0)Q^{-1}\in I^{r\times n}$ 为行满秩矩阵。因此，可得 B 的左逆为 B_L^{-1}，D 的右逆为 D_R^{-1}。容易验证，$D_R^{-1}B_L^{-1}$ 为 L 的广义逆矩阵，即

$$L^+=D_R^{-1}B_L^{-1} \tag{7.24}$$

因此，L 的广义逆矩阵 L^+ 总是存在的。证毕。

性质 7.1　若 L^+ 满足：$L^+LL^+=L^+,(LL^+)^{\mathrm{T}}=LL^+,(L^+L)^{\mathrm{T}}=L^+L$，则称 L^+ 为 L 的 Moore-Penrose 逆。

定理 7.7　用定理 7.5 的方法构造出的 L 的广义逆矩阵 L^+ 为 Moore-Penrose 逆，满足：$L^+LL^+=L^+,(LL^+)^{\mathrm{T}}=LL^+,(L^+L)^{\mathrm{T}}=L^+L$。

证明　由定理 7.5，若 L 既非行满秩又非列满秩的方阵，则 $L=BD$，且 $L^+=D_R^{-1}B_L^{-1}$，容易验证：

$$L^+LL^+=D_R^{-1}B_L^{-1}BDD_R^{-1}B_L^{-1}=D_R^{-1}B_L^{-1}=L^+ \tag{7.25}$$

$$(LL^+)^{\mathrm{T}}=(BDD_R^{-1}B_L^{-1})^{\mathrm{T}}=(BB_L^{-1})^{\mathrm{T}}=BB_L^{-1}=BDD_R^{-1}B_L^{-1}=LL^+ \tag{7.26}$$

$$(L^+L)^{\mathrm{T}}=(D_R^{-1}B_L^{-1}BD)^{\mathrm{T}}=(D_R^{-1}D)^{\mathrm{T}}=D_R^{-1}D=D_R^{-1}B_L^{-1}BD=L^+L \tag{7.27}$$

联合性质 7.1，可知 L 的广义逆矩阵 L^+ 为 Moore-Penrose 逆。证毕。

定理 7.6 与定理 7.7 表明图 G 的拉普拉斯矩阵 L 的广义逆矩阵 L^+ 为 Moore-Penrose 逆，进而由定理 7.5 可知，图 G 中任意两个节点 v_i 与 v_j 间的电导存在且唯一。

(2) CEC 算法模型的校正规则。

第 k 次迭代时，节点 v_i 将第 $k-1$ 次迭代的 CEC 指标值依据 $q_{ij}/\sum_{k=1}^{n}q_{ik}$ 分配给节点 v_j，则节点 v_j 在第 k 次迭代后的 CEC 指标值为

$$\mathrm{CEC}_j(k)=\sum_{i=1,i\neq j}^{n}q_{ij}\times\mathrm{CEC}_i(k-1)\Big/\sum_{k=1}^{n}q_{ik} \tag{7.28}$$

第 k 次迭代后网络中各节点的 CEC 指标值为

$$\mathrm{CEC}(k)=\bar{Q}\times\mathrm{CEC}(k-1) \tag{7.29}$$

式中，$\bar{Q}=(\bar{q}_{ij})_{n\times n},\bar{q}_{ij}=q_{ij}/\sum_{k=1}^{n}q_{ik}$。

矩阵 $\bar{Q}$ 的特征值记为 $\lambda_i(i=1,2,\cdots,n)$，对应的特征向量记为 $x_i\in\zeta^n(i=1,2,\cdots,n)$。此组特征向量构成 n 维线性空间的一组基，因此初值 CEC(0) 可表示为这组基的线性组合：

$$\mathrm{CEC}(0)=\sum_{i=1}^{n}\beta_i x_i \tag{7.30}$$

$$\mathrm{CEC}(k)=\bar{Q}^k\mathrm{CEC}(0)=\sum_{i=1}^{n}\beta_i\bar{Q}^k x_i=\sum_{i=1}^{n}\beta_i\lambda_i^k x_i \tag{7.31}$$

注意到 $\bar{Q}$ 是一个非负矩阵，根据矩阵理论中的 Perron-Frobenius 定理，矩阵 $\bar{Q}$ 的模最大的特征值为正实特征值 $\lambda_1>0$，且有 $\lambda_1>|\lambda_i|,i=2,3,\cdots,n$。因而，

$$\mathrm{CEC}(k)=\lambda_1^k\sum_{i=1}^{n}\beta_i(\lambda_i/\lambda_1)^k x_i\to\beta_1\lambda_1^k x_1 \tag{7.32}$$

式(7.32)意味着由网络中各节点的稳态 CEC 指标值构成的向量是与 λ_1 对应的特征向量，也称为主特征向量，即

$$\mathrm{CEC}=\lambda_1^{-1}\bar{Q}\times\mathrm{CEC} \tag{7.33}$$

2. 实验分析

1) 样图分析

本节首先运用定理 7.5 计算图 7.4(源自参考文献[9]，基于 SIR 模型得到的节点影响力如图 7.5 所示)中各节点间的电导，结果如图 7.6 所示；在已知节点间的电导情况下，计算各节点的 CEC 值，结果如图 7.7 所示。

图 7.6 说明复杂网络中各节点间的电导并不完全一致，这意味着 PageRank 算法在计算节点重要性时，每步迭代时将当前节点的 PR 值平均分配给它所指向的所有节点的做法是有缺陷的。图 7.7 的实验结果表明，各类节点的 CEC 值排序为

$$\begin{aligned}&\mathrm{CEC}(c)>\mathrm{CEC}(a)>\mathrm{CEC}(g)>\mathrm{CEC}(b)>\\&\mathrm{CEC}(d)>\mathrm{CEC}(e)>\mathrm{CEC}(f)>\mathrm{CEC}(h)\end{aligned} \tag{7.34}$$

2) 实际分析

(1) 实验数据。基于 CEC 算法的样图分析说明，运用节点的 CEC 值识别重要节点的准确度比 K、KS、BC、PR 值有明显的提升。接下来针对现实数据集，验证 CEC 算法的有效性。现实环境中，不同的复杂网络类型代表不同的网络结构特性，因而

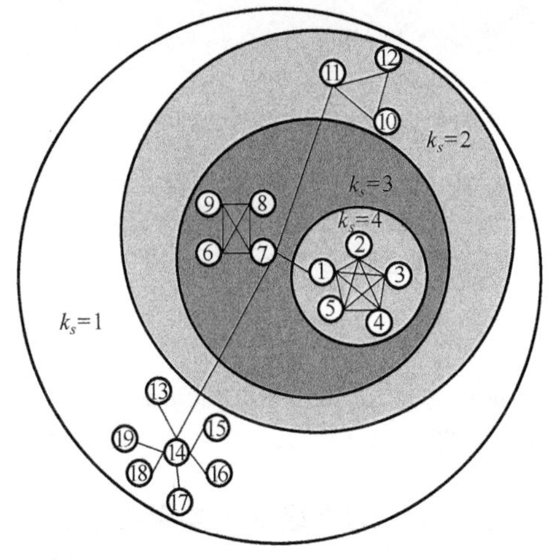

图 7.4　网络分析样图

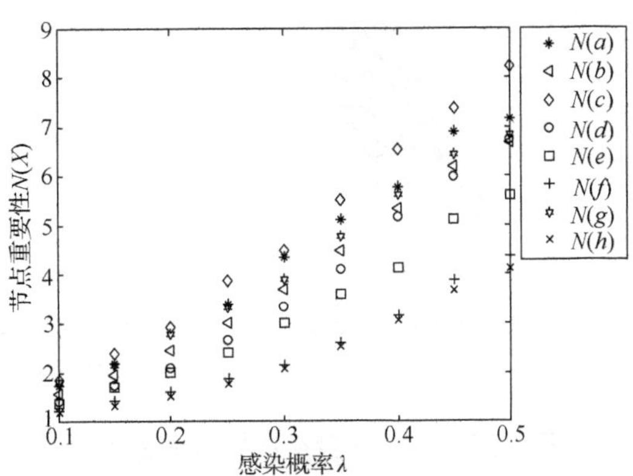

图 7.5　样图中各类节点的重要性

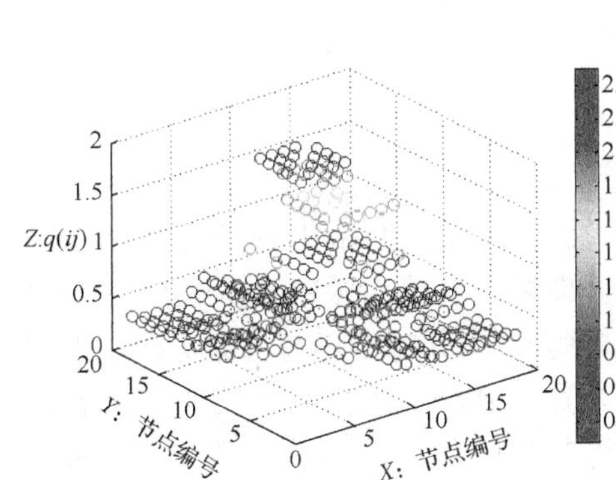

图 7.6　图 7.4 中各节点间的电导

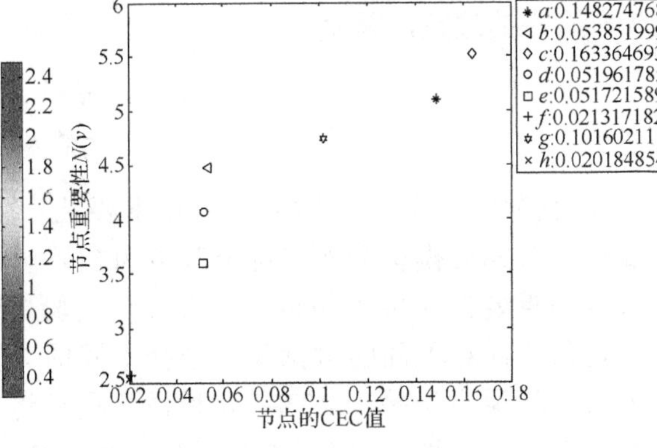

图 7.7　CEC 指标下的节点重要性排序（λ=0.35）

此节中选取 3 个真实复杂网络数据集。其中 Email 网络是洛维拉 · 依维尔基里大学成员间电子邮件通信的关系网络；Netscience 网络表示网络科学领域论文的合著关系，我们选择了其中的最大连通子图；Blogs 网络表示 MSN 博客空间中用户间的互动关系。3 个网络的名称、数据规模等基本属性如表 7.10 所示，网络结构拓扑图如图 7.8 所示。

表 7.10　复杂网络的基本属性

网络名	n	m	$\langle K\rangle$	max(K)	d	max(KS)	$\langle C\rangle$
Email	1133	5451	9.62	71	3.716	11	0.22108
Netscience	379	914	4.82	34	6.061	8	0.74123
Blogs	3982	6803	3.42	189	6.227	7	0.28383

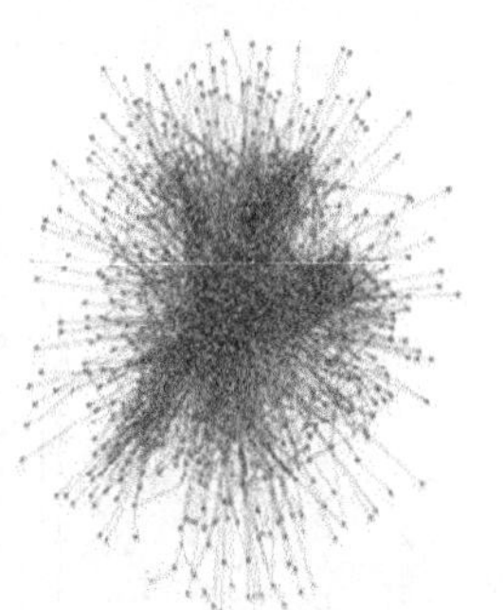
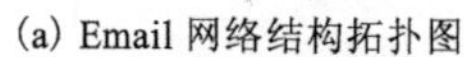
(a) Email 网络结构拓扑图

(b) Netscience 网络结构拓扑图

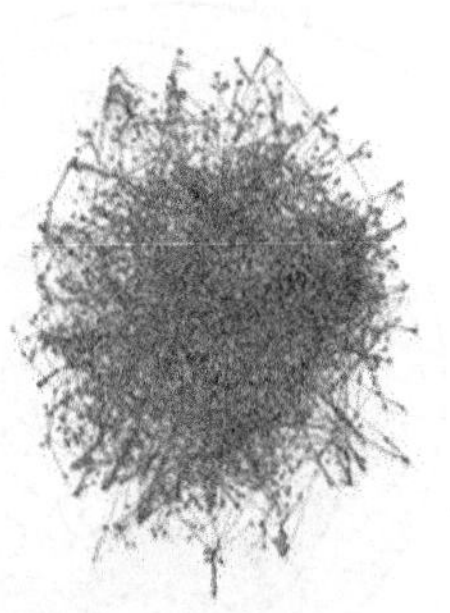
(c) Blogs 网络结构拓扑图

图 7.8　复杂网络结构拓扑图

表 7.10 中 d 为网络中节点间最短路径的平均值，$\langle C\rangle$ 为网络的平均聚类系数。网络中节点 v_i 的聚类系数为 $C_{v_i}=\dfrac{2E_{v_i}}{K_{v_i}(K_{v_i}-1)}$，其中 E_{v_i} 是节点 v_i 的 K_i 个邻居节点之间实际存在的边数，因而

$$\langle C\rangle=\sum_{i=1}^{n}\frac{C_{v_i}}{n} \tag{7.35}$$

(2) 复杂网络中各指标下的节点重要性。为考查复杂网络中各指标下的节点重要性，以 SIR 模型为例，每个节点为初始感染源，以节点最终感染的节点数衡量节点的重要性，由于随机性的存在，实验中每个节点独立运行 1000 次，取算数平均值。针对不同的数据集，选择不同的 λ 值，选择的依据是网络中最大被感染的节点规模小于等于 20%，此种做法只是将节点间的感染规模差距增大，并不影响节点的重要性排序(图 7.5)。实验中，Email 网络的感染概率 λ 取 0.08 时，网络的平均感染率为 4.943%，其中最大的感染规模为 216 个节点，感染率为 19.064%；Netscience 网络的感染概率 λ 取 0.3 时，网络的平均感染率为 7.388%，其中最大的感染规模为 78 个节点，感染率为 20.580%；Blogs 网络的感染概率 λ 取 0.2 时，网络的平均感染率为 0.954%，其中最大的感染规模为 371 个节点，感染率为 9.317%。

复杂网络中各指标下的节点重要性如图 7.9～图 7.12 所示，由图可见，相对于 K、KS、BC、PR 指标，节点的 CEC 指标值与节点重要性排序的关联度最强。除此之外，图 7.12 与图 7.9～图 7.11 的对比可发现，K、KS、BC、PR、CEC 这 5 种指标中，与节点重要性排序的关联度最差的是介数中心性 BC，因而在下面的实验分析中，我们不考虑 BC 指标，只针对 K、KS、PR、CEC 这 4 种指标在排序性能上的优劣进行对比分析。

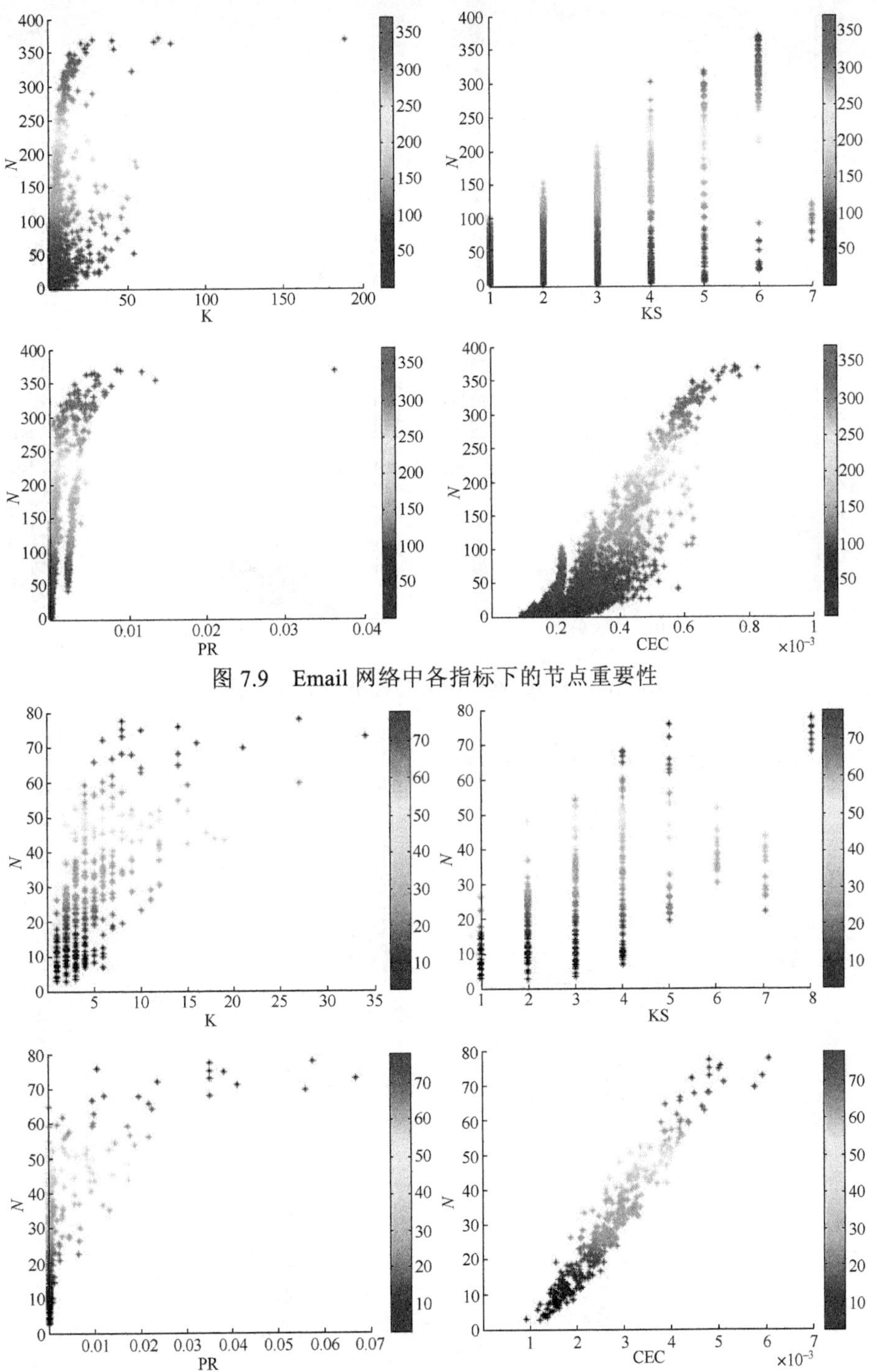

图 7.9　Email 网络中各指标下的节点重要性

图 7.10　Netscience 网络中各指标下的节点重要性

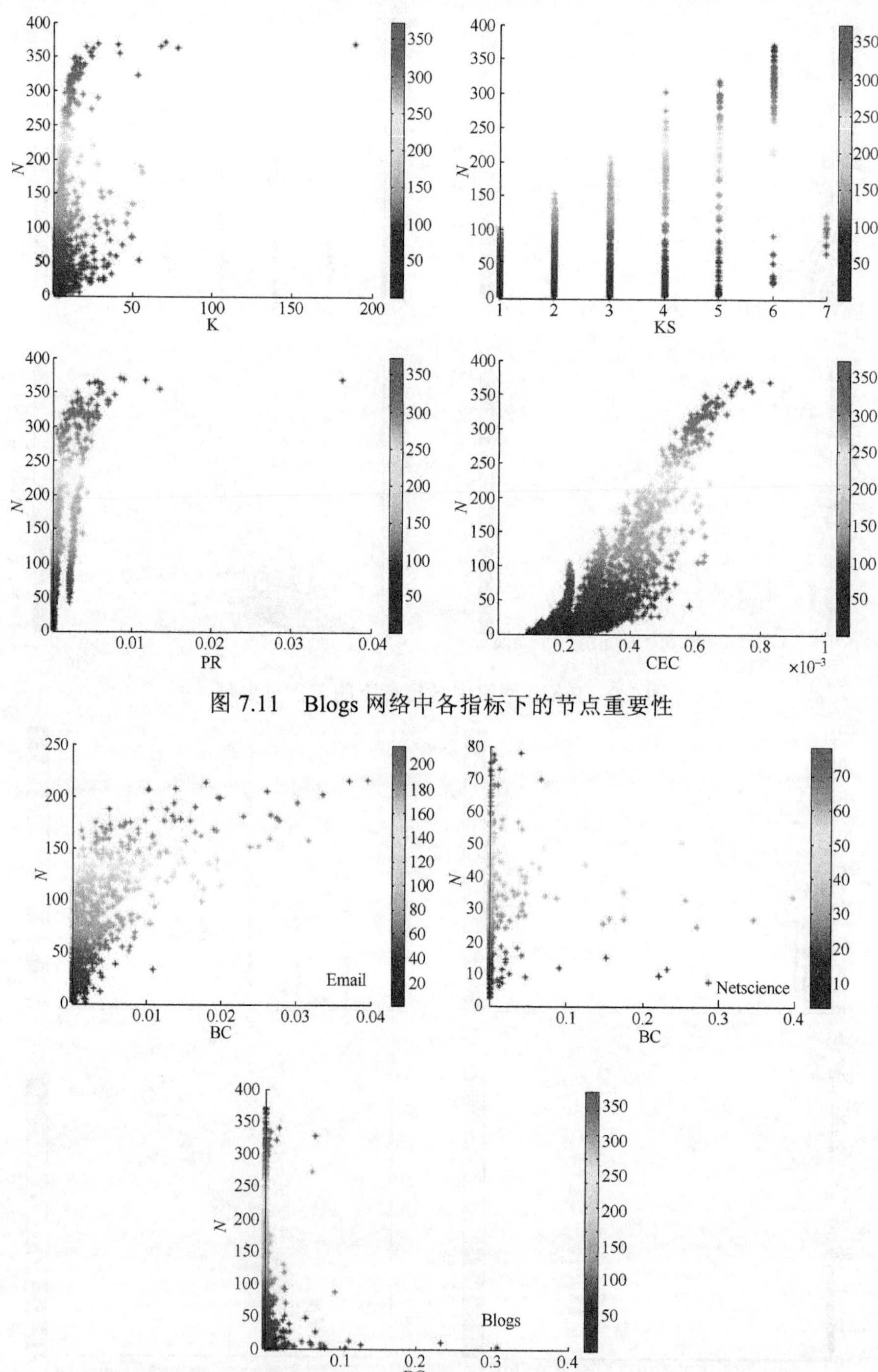

图 7.11　Blogs 网络中各指标下的节点重要性

图 7.12　复杂网络中介数中心性下的节点重要性

(3)节点重要性排序方法的评价指标。为方便实验结果的描述，我们做以下约定。

设网络中节点重要性排序为：$N=\{N_1,N_2,\cdots,N_i,\cdots,N_n\}$，其中$N_i \geqslant N_{i+1}$，$i=1,2,\cdots,n$，$N_i$表示以复杂网络中各节点的感染规模降序排列时，第$i$个节点的感染规模。K指标下的节点重要性排序为：$N_k=\{N_{k_1}^1,N_{k_2}^2,\cdots,N_{k_i}^i,\cdots,N_{k_n}^n\}$，其中$k_i \geqslant k_{i+1}$，$i=1,2,\cdots,n$，$k_i$表示$N_k$序列中第$i$个节点的度中心性，$N_{k_i}^i$表示以各节点的$K$值进行降序排列时，第$i$个节点的感染规模。需要注意的是，在以$K$指标对节点的重要性进行排序时，会出现多个节点具有相同的K值，针对此情况，本书的处理方法是，具有相同K值的节点，按照感染规模(重要性)降序排列，此种做法确保K指标下的节点重要性的排序结果N_k与N间的差异最小。下面基于KS、PR、CEC指标对节点重要性进行排序时，出现同类现象时，一律依此方法处理。

KS指标下的节点重要性排序为：$N_{\text{ks}}=\{N_{\text{ks}_1}^1,N_{\text{ks}_2}^2,\cdots,N_{\text{ks}_i}^i,\cdots,N_{\text{ks}_n}^n\}$，其中$\text{KS}_i \geqslant \text{KS}_{i+1}$，$i=1,2,\cdots,n$，$\text{KS}_i$表示$N_{\text{ks}}$序列中第$i$个节点的$K$-核，$N_{\text{ks}_i}^i$表示以各节点的KS值进行降序排列时，第$i$个节点的感染规模。

PR指标下的节点重要性排序为：$N_{\text{PR}}=\{N_{\text{PR}_1}^1,N_{\text{PR}_2}^2,\cdots,N_{\text{PR}_i}^i,\cdots,N_{\text{PR}_n}^n\}$，其中$\text{PR}_i \geqslant \text{PR}_{i+1}$，$i=1,2,\cdots,n$，$\text{PR}_i$表表示$N_{\text{PR}}$序列中第$i$个节点的PageRank值，$N_{\text{PR}_i}^i$表示以各节点的PR值进行降序排列时，第$i$个节点的感染规模。

CEC指标下的节点重要性排序为：$N_{\text{CEC}}=\{N_{\text{CEC}_1}^1,N_{\text{CEC}_2}^2,\cdots,N_{\text{CEC}_i}^i,\cdots,N_{\text{CEC}_n}^n\}$，其中$\text{CEC}_i \geqslant \text{CEC}_{i+1}$，$i=1,2,\cdots,n$，$\text{CEC}_i$表示$N_{\text{CEC}}$序列中第$i$个节点的CEC值，$N_{\text{CEC}_i}^i$表示以各节点的CEC值进行降序排列时，第$i$个节点的感染规模。

记$\bar{N}^i$、$\bar{N}_{\text{k}}^i$、$\bar{N}_{\text{ks}}^i$、$\bar{N}_{\text{PR}}^i$及$\bar{N}_{\text{CEC}}^i$分别为N、N_{k}、N_{ks}、N_{PR}及N_{CEC}序列中前i个元素的平均值。

$r_k^i=\bar{N}^i-\bar{N}_k^i$，$r_k^i$表示$N$与$N_k$序列间的前$i$个元素的平均值差距，该值越小说明$N_k$序列中的前$i$个元素的排列与$N$序列中的前$i$个元素的排列间的差异越小。由$r_k^i$构成的序列$R_k=\{r_k^1,r_k^2,\cdots,r_k^i,\cdots,r_k^n\}$，$\bar{R}_k=\sum_{i=1}^{n}\frac{r_k^i}{n}$。

同理，$r_{\text{ks}}^i=\bar{N}^i-\bar{N}_{\text{ks}}^i$，$R_{\text{ks}}=\{r_{\text{ks}}^1,r_{\text{ks}}^2,\cdots,r_{\text{ks}}^i,\cdots,r_{\text{ks}}^n\}$，$\bar{R}_{\text{ks}}=\sum_{i=1}^{n}\frac{r_{\text{ks}}^i}{n}$。

$$r_{\text{PR}}^i=\bar{N}^i-\bar{N}_{\text{PR}}^i,\quad R_{\text{PR}}=\{r_{\text{PR}}^1,r_{\text{PR}}^2,\cdots,r_{\text{PR}}^i,\cdots,r_{\text{PR}}^n\},\quad \bar{R}_{\text{PR}}=\sum_{i=1}^{n}\frac{r_{\text{PR}}^i}{n}。$$

$$r_{\text{CEC}}^i=\bar{N}^i-\bar{N}_{\text{CEC}}^i,\quad R_{\text{CEC}}=\{r_{\text{CEC}}^1,r_{\text{CEC}}^2,\cdots,r_{\text{CEC}}^i,\cdots,r_{\text{CEC}}^n\},\quad \bar{R}_{\text{CEC}}=\sum_{i=1}^{n}\frac{r_{\text{CEC}}^i}{n}。$$

针对K、KS、PR及CEC指标的排序结果N_{k}、N_{ks}、N_{PR}、N_{CEC}，其评价指标分别是$\bar{R}_{\text{k}}$、$\bar{R}_{\text{ks}}$、$\bar{R}_{\text{PR}}$、$\bar{R}_{\text{CEC}}$，值越小说明排序效果越好，最理想的指标对应的$R=\{0,0,\cdots,0\}_{1\times n}$、$\bar{R}=0$。

(4) 实验效果。复杂网络中各指标下的节点重要性排序的性能对比分析如图 7.13～图 7.15 所示，各图中的 (a) 图是针对 R_{k}、R_{ks}、R_{PR} 及 R_{CEC} 序列中的全体元素的统计结果，(b) 图是针对各序列的前 10%元素的统计结果。各序列中的前 10%元素对应的是各指标下的重要节点，这部分节点是网络运营商和服务商所关注的焦点，这也意味着各指标下的排序性能优劣重点体现在针对此部分节点的重要性排序上。各网络中的 $\bar{R}_{\mathrm{k}}$、$\bar{R}_{\mathrm{ks}}$、$\bar{R}_{\mathrm{PR}}$、$\bar{R}_{\mathrm{CEC}}$ 值及各序列的前 10%元素的值 $\bar{R}'_{\mathrm{k}}$、$\bar{R}'_{\mathrm{ks}}$、$\bar{R}'_{\mathrm{PR}}$、$\bar{R}'_{\mathrm{CEC}}$ 如表 7.11 所示。

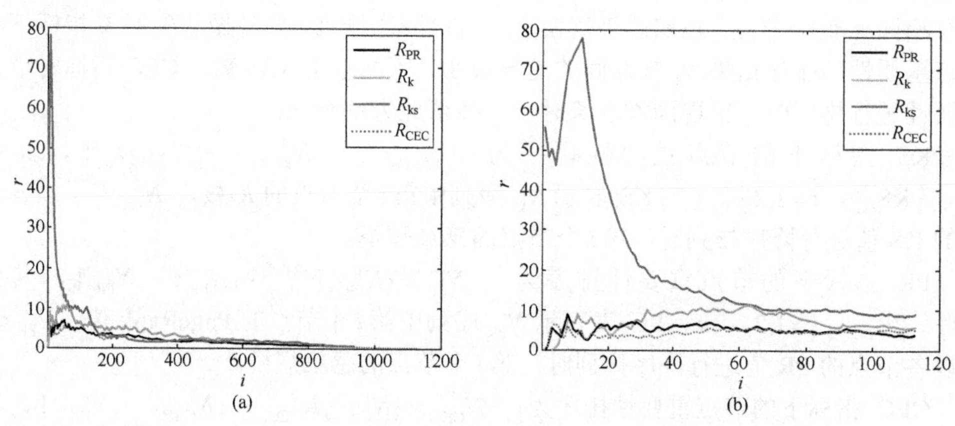

图 7.13　Email 网络中各指标的排序性能对比

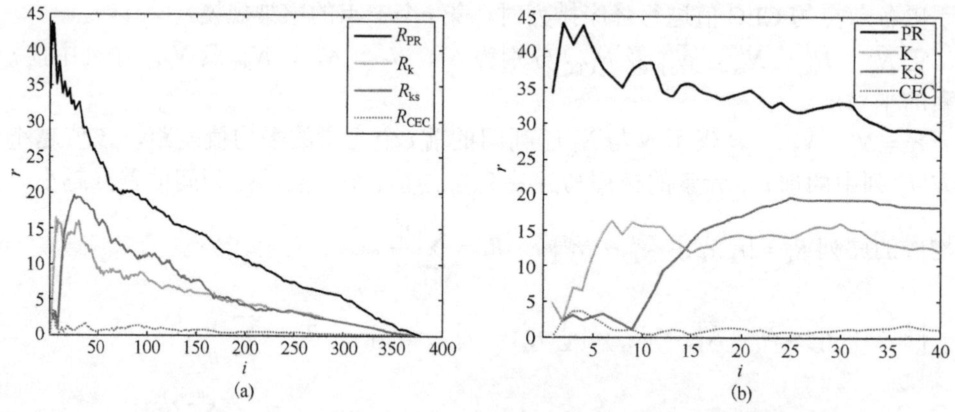

图 7.14　Netscience 网络中各指标的排序性能对比

(5) 实验效果的差异分析。表 7.11 中的数据说明，CEC 指标无论是对于重要节点的重要性排序，还是对于整体节点的重要性排序，其性能都优越于 K、KS、PR 指标。值得关注的是，与基于 PageRank 算法的 PR 指标对比，基于 CEC 算法的 CEC 指标在 Netscience 网络中表现最好，其次为 Blogs 网络，而在 Email 网络中，两者间的排序效果差异较小。

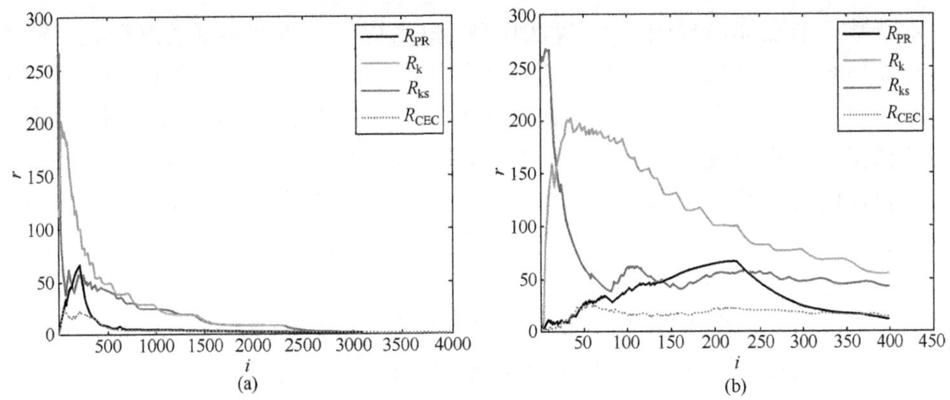

图 7.15　Blogs 网络中各指标的排序性能对比分析

表 7.11　复杂网络中各指标排序性能的对比分析

网络名称	$\overline{R}_k$	$\overline{R}_{ks}$	$\overline{R}_{PR}$	$\overline{R}_{CEC}$	$\overline{R}'_k$	$\overline{R}'_{ks}$	$\overline{R}'_{PR}$	$\overline{R}'_{CEC}$
Email	2.6890	3.5897	1.6914	1.5987	7.4113	21.4180	5.0911	4.3704
Netscience	5.3800	6.4711	13.2210	0.53557	13.1260	13.2260	33.8610	1.1457
Blogs	21.4100	15.6290	5.4071	3.6670	112.4200	61.6690	34.2930	16.8710

从复杂网络结构拓扑图中可发现，Netscience 网络的平均聚类系数最大，Blogs 网络次之，复杂网络中节点聚类系数的累积分布图 7.16 与表 7.11 的统计结果都说明了此点。3 个网络的平均聚类系数分别是，Email 为 0.22018，Blogs 为 0.28383，Netscience 为 0.74123。网络的平均聚类系数越大，意味着由源节点到目标节点的传播路径越多，例如，在由 3 个节点所构成的三角形中，任意两个节点间的传播路径数为 2；而在由 3 个节点所构成的树中，任意两个节点间的传播路径数为 1。这说明针对平均聚类系数较大的复杂网络，运用 PageRank 算法计算节点重要性的误差较大，也就是说，PageRank 算法不适用平均聚类系数较大的复杂网络。图 7.13～图 7.15 的实验结果证明了，随着网络平均聚类系数的增大，CEC 指标与 PR 指标在节点重要性的排序效果上的差异越明显。

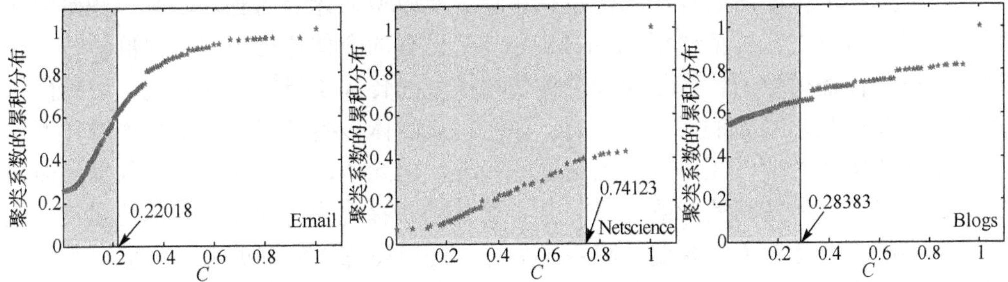

图 7.16　复杂网络中节点聚类系数的累积分布

本节基于节点间电导的 CEC 算法模型，既考虑了节点间传播的路径数，又考虑了节点间信息传播时的能量衰减。复杂网络中节点 v_j 的重要性取决于节点 v_j 与网络中任意节点 v_i 间的所有路径。这些改进更加逼近真实的信息传播环境，样图及多个现实数据集上的实现发现，与节点的 K、KS、BC、PR 值对比，节点的 CEC 值，在节点重要性的排序性能上有显著的提升。除此之外，实验发现随着网络平均聚类系数的增加，节点的 PR 值与 CEC 值在节点重要性的排序性能上的差异越大，这意味着，CEC 算法适用于平均聚类系数较大的复杂网络。最后需要指出的是，针对一个具有 n 个节点的复杂网络，CEC 算法在计算过程中需要的存储空间为 $O\left(n^2-n\right)$，因而 CEC 算法在超大规模网络中的应用受到了限制。在今后的研究中需要立足于 CEC 算法模型，寻找相应的近似计算方法，减小计算过程中的存储空间，缩短运行时间。

获取网络中的关键节点之后，组织可以根据自身需要选择合适的关键节点进行网络行为偏好引导，从而获取组织利益的最大化。

7.3 网络群体传播行为控制

7.3.1 群体传播行为控制策略与方法

基于群体的传播行为控制策略是一种宏观网络管控策略，主要由传播行为建模及预测、传播行为引导控制两维度构成。其中传播行为建模及预测能够建立核心宏观行为模式，而传播行为引导控制能够为实现网络舆情监管的核心应用提供技术保障。

1. 基于群体的传播行为模型建模及预测

已有网络信息传播行为模型大多从个体传播行为层面进行研究。Lin 等认为个人传播行为同时受外界趋势影响和网络内部社交影响，通过抽取受内部社交影响的传播行为，建立了信息传播模型 LADP (latent action diffusion path)[10]。Kutzkov 等研究大规模网络上的用户传播行为，基于网络用户行为流数据建立了传播行为模型[11]。

考虑到从个体层面研究信息传播存在噪声及模型估计等问题，已有一些研究从群体层面探索建立新传播模型。Purohit 等基于已有的个体传播模型构建群体传播模型，使群体传播模型的传播结果和个体传播模型的传播结果尽可能接近，达到简化模型参数及可视化模型的目的[12]。Hu 等在建立群体传播模型时考虑每个群体不仅具有相似的传播倾向，还对特定的话题感兴趣，因此他们同时建模文本数据和转发行为数据研究群体之间的影响力[13]。基于群体的传播行为建模有利于简化模型，提高效率，减少个体行为不稳定及噪声影响等，是值得深入研究的方向，但仍需解决群体影响力度量及其随时间演化等问题。

目前基于群体的方案并不成熟，但综合考虑上述研究工作能够总结出一种更为合理的解决方案：首先综合网络结构、文本话题和传播行为等信息进行传播行为模型构建；接着研究推断学习传播行为模型参数算法；最后基于传播行为模型进行传播预测。具体技术路线如图 7.17 所示。

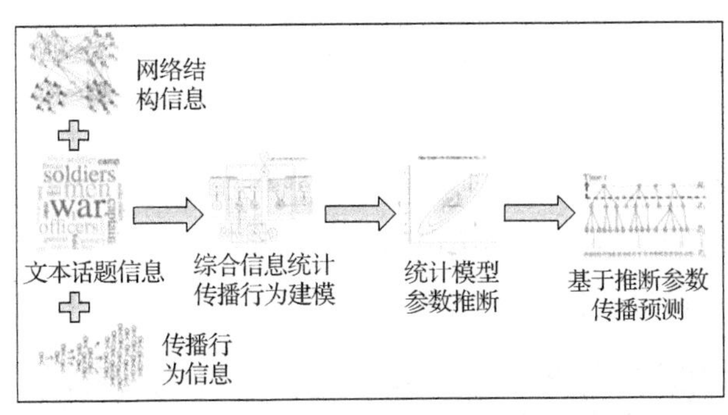

图 7.17　基于群体的传播行为模型建模及预测框图

1) 基于群体的传播行为模型构建

首先定义一种能够包含与传播相关的各类因素的时变统计模型建模传播行为。一方面，群体对不同的话题有不同程度的兴趣和不同的传播倾向。另一方面，考虑到由于网络数据的动态特性，群体本身及其话题和传播行为都会发生变化。在建模时将综合考虑这两方面因素及其时间演化性。接着采用一种产生式概率模型，用该模型统一采集与传播行为相关的信息，包括网络结构、群体话题分布、信息转发时序、群体相似度等。模型构建具体步骤包括：定义各类变量描述信息分布，包括用户群体成员身份的分布 π 、群体内话题的分布 θ 、话题的词分布 ω 、群体传播行为的时间分布 φ 等；引入潜在群体变量、用户所在群体 c 、文本所在群体 d 、文本具有的话题 z 等；构建模型产生过程并基于此得到描述观察变量的似然函数 P 、观察变量包括用户之间的连边 e 、文本包含的词 w 、用户发的文本 p 等。

2) 基于群体的传播行为参数推断

推断学习传播行为模型参数。推断准确的最优参数配置是 NP 问题，因此采用近似推断算法吉布斯采样来推断参数，吉布斯采样基于马尔可夫链蒙特卡罗模拟技术。首先，所有的多项分布被边缘化，然后建立一个关于潜在变量的马尔可夫链，该马尔可夫链的稳定分布是一个后验分布。从马尔可夫链上迭代采样潜在变量，采样得到的潜在变量继续被用来估计目标参数分布。

3) 基于群体传播行为特征的传播预测

基于目标群体传播行为模型学习群体结构特征、话题特征和传播行为倾向特征等，进一步构建网络信息传播预测模型。针对网络舆情预警关注的传播爆发问题，定义网络传播是否爆发的二分类问题，采用合适的机器学习分类器进行学习。爆发传播通常具有一些特定的群体特征、话题特征和传播行为倾向特征等，而基于传播行为模型学习出的特征相对于一般特征更好地反映了信息的传播模式与规律，适合用来预测传播爆发。采用逻辑回归模型进行学习分类，逻辑回归模型使用的 Sigmoid 函数为

$$L(\theta X)=\frac{1}{1+\mathrm{e}^{-\theta X}} \tag{7.36}$$

式中，X 为传播的特征向量；θ 为特征重要性向量。基于该函数定义逻辑回归目标概率函数，最大化概率函数学习特征重要性向量 θ，取值较大的特征为对传播预测较重要的特征，然后基于特征重要性向量对传播进行预测。

2. 基于群体的网络传播行为引导控制

以社交网络为代表的新媒体平台实质上是一种用户间通过信息传播行为互动的网络，其网络结构反映了用户之间的关系和交互结构。反之，利用网络结构可以对信息传播行为进行引导控制。已有对特殊群体进行控制的主要方式是从大规模网络中检测出这些特殊群体，再通过黑名单、恶意域名清除等方式抑制行为的传播，以及关停已确认的特殊群体。这种方式容易造成大范围不加区别地对网络服务进行限制。尤其在舆情监管中采用这种方式，更易造成参与者的反向认知、情绪累加等负面影响。因此，需要探索利用目标群体的结构和行为特征实施更精准的行为引导和管控技术。基于网络的拓扑结构可以检测出特定的群体行为，例如，以社区结构为基础可以鉴别出垃圾邮件制造者(spammers)。另一种可行的研究思路是通过对目标群体的传播行为模型研究，找到传播过程中具有重要作用的边或者节点，通过阻断这些边或对这些桥节点行为进行引导控制。例如，虽然攻击者可以在 sybil 节点和可信节点之间创建多个连接，但是区分可信区域和 sybil 区域只需要一些较少的分割。因此通过对 sybil 社区和真实用户社区的划分，将那些跨越 sybil 社区和真实用户社区的连边切断就可以在群体层面控制信息传播。同样，根据节点在网络中的重要性，在谣言发起者所在的谣言社区的边界上选择一个最小的保护节点的集合，可以使谣言无法传播到谣言社区之外的节点。

然而，上述方法主要利用了群体和网络的拓扑结构，并没有考虑到群体传播行为这一重要特性。因此在此研究基础上，可以采用一种将群体传播行为模型与网络结构特征相结合进行行为引导控制的方案：首先综合利用网络结构、文本话题和传播行为信息进行目标群体划分，进而对边缘用户群检测。然后基于目标群体划分结构和边缘用户群分布设计最小保护节点集发现算法，利用保护节点目标群体的信息传播行为进行控制引导。具体技术路线如图 7.18 所示。

1) 基于最小割的目标群体划分

首先挖掘出群体割尽可能小的目标群体，使得群体内部普通用户尽可能少，目标用户尽可能多，并且群体和外部连接最小，即群体的割最小。采用局部扩展技术，

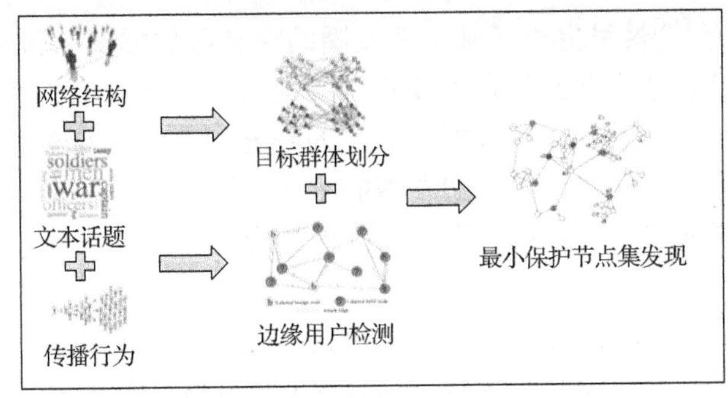

图 7.18 基于群体的网络传播行为引导控制框图

定义两个局部健康函数，分别为目标群体密度和群体积割比，其中目标群体密度定义为：$D(C)=\dfrac{N_{cw}}{N_c}$，其中 N_{cw} 表示群体中目标用户数量，N_c 表示群体用户总数量。该局部健康函数衡量群体内部目标用户所占的比例，其值越大表示群体中目标用户比例越高。群体积割比定义为：$R(C)=\dfrac{\mathrm{Vol}(C)}{\mathrm{Cut}(C)}$，其中 $\mathrm{Vol}(C)$ 表示群体中用户边的总数，$\mathrm{Cut}(C)$ 表示群体的割。该局部变量值越大，表示相对于群体总的边数群体的割较小。

2) 基于随机游走的边缘用户检测

网络空间中，边缘用户通常也很难融入可信任用户群体。从结构上看，边缘用户和可信任用户连接较为稀疏，因此从可信任用户出发的随机游走经过边缘用户的概率较低。基于上述原理，从有限个已知的可信节点多次进行随机游走，得到每个节点的频率分布。选出那些频率较高，并且频率分布较平稳的节点，将这些节点和已知可信节点列为判断节点。从这些判断节点出发进行步数较多的随机游走，对每一个节点计算频率，将频率小于某一阈值的节点视为边缘用户节点。

3) 最小保护节点集发现

基于最小割划分目标群体后，将目标群体的输出邻居节点定义为前沿节点。采用基于广度优先搜索的算法从目标群体出发，找出所有的前沿节点。为了控制特定信息的进一步传播，只要保护所有目标群体的前沿节点即可。从每个前沿节点出发，采用反向广度优先搜索算法找出每个节点的候选保护节点集，根据找出的保护节点集控制引导特定信息的传播。

7.3.2 基于朋友圈的社交网络访问控制策略

朋友圈一词最早出现在微信的应用中，但是这一概念很早就在在线社交网络中普及了。它是指用户的所有好友所形成的集合。但是，在本节中，朋友圈是指在一个给定标准下，用户的好友列表中，具有相似属性好友所形成的社交圈(social circle)。因此，针对不同的标准，划分好友列表的方式则大不相同。

Adu-Oppong 等[14]最早提出了基于朋友圈的隐私保护框架。Jones 等[15]通过实验调查，发现总结了划分朋友圈的六大要素，并提出了相应的聚类算法。Squicciarini 等[16]将具有相同社会关系、兴趣爱好等属性的好友划分为朋友圈，并提出了基于朋友圈的自动化策略推荐机制。采用朋友圈的方式，既减轻了用户手动分组的负担，又能够从群体层面来制定访问控制策略，为保护用户隐私以及社会舆情监管提供了更强力的技术保障。

目前，基于朋友圈的访问控制策略的研究主要包含两个方面：①如何选取一个合适的标准来进行朋友圈划分；②基于划分好的朋友圈，如何制定访问控制策略。对于第二类问题，可以直接应用目前成熟的访问控制模型。因此该研究的核心点还是在于找到恰当的划分标准，能够适应用户的隐私保护需求。

1. 基于社交关系划分朋友圈

对于给定用户 U，其好友集合为 F。根据 F 中节点的临接关系进行朋友圈划分。如图 7.19 所示。

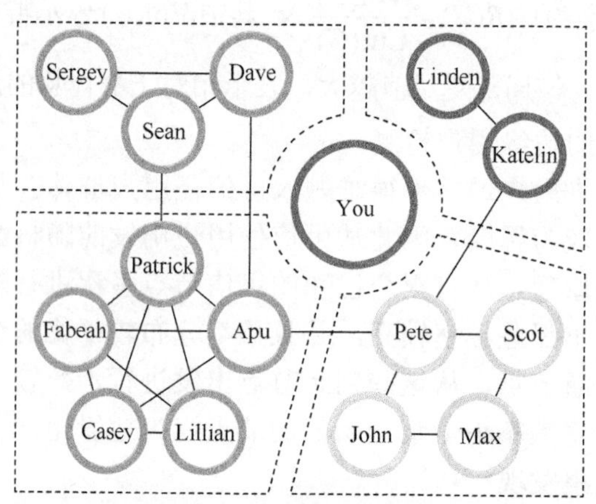

图 7.19　Social Circle 结构框图

根据集合 F 中节点的连接关系，将联系紧密的节点进行聚类得到一个 Social Circle。直观地看，基于社交关系的方法，将相互熟悉的好友划分为同一朋友圈，交际少的好友划分到不同的朋友圈。虽然该方案可以采用多种聚类算法来实现，配置管理也简便高效，但是却忽略了用户 U 的隐私偏好。

但是该类方法结合社会工程学的方法来加以弥补，例如，通过网络调查问卷的方式，通过收集用户的反馈信息，来分析朋友圈划分的效果，从而改进策略。用方差 $\sigma_{X,Y}^2$ 表示用户给朋友圈 Y 中的好友分享信息 X 的意愿，方差 $\sigma_{X,Y}^2$ 越小表明策略越有效。用协方差 cov_{X,Y_1,Y_2} 表示用户将信息 X 分享给朋友圈 Y_1 与朋友圈 Y_2 的意愿关系，假若对任意 $Y_1 \neq Y_2$，至少存在一个 X 使得 cov_{X,Y_1,Y_2} 显著为负，则表明策略越有效。

2. 基于多特征聚类划分朋友圈

文献[15]中做了大量的用户调查实验，总结出人们划分朋友圈的六大标准：①Social Circles & Cliques；②Tie Strength；③Temporal Episodes；④Geographical Locations；⑤Functional Roles；⑥Organizational Boundaries。根据这些标准拟合用户对好友的分组意向，并且采用 SCAN 聚类算法进行划分朋友圈。SCAN 聚类算法结果框图如图 7.20 所示。

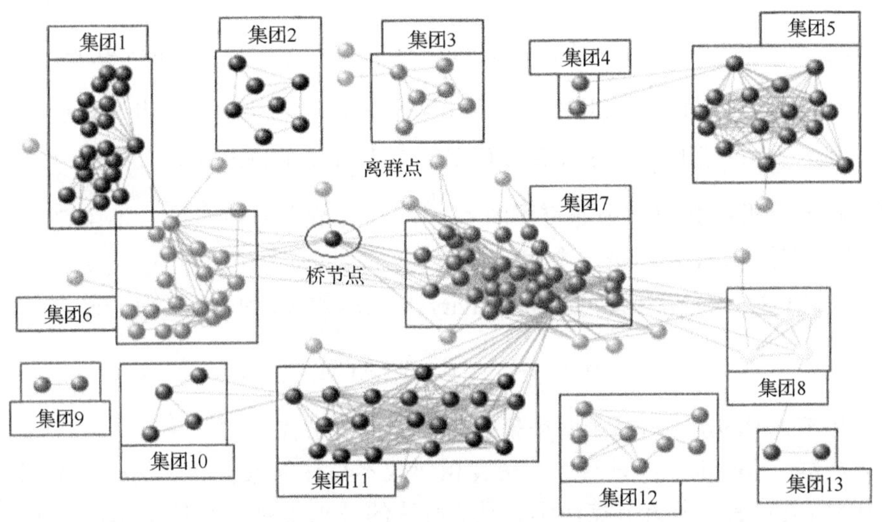

图 7.20　SCAN 聚类算法结果框图

SCAN 算法是由机器学习里的基于密度的聚类算法 DBSCAN 改进而来的一种非重叠社团发现算法，具有线性时间复杂度。其一大亮点在于能发现社团中桥节点(hub)和离群点(outlier)。主要思想在于，在考虑两点之间的关系时，不仅考虑它们的直接链接，而是利用它们的邻居节点来作为聚类的标准。也就是说，节点根据它们共享邻居方式而聚类。

下面介绍 SCAN 算法涉及的主要概念。

(1) 节点相似度：两个节点共同邻居的数目与两个节点邻居数目的几何平均数的比值(这里的邻居均包含节点自身)。

$$\sigma(v,w)=\frac{|\Gamma(v)\cap\Gamma(w)|}{\sqrt{|\Gamma(v)||\Gamma(w)|}} \tag{7.37}$$

式中，$\Gamma(x)$ 表示节点 x 及其相邻节点所组成的集合。

(2) ϵ-邻居：与其相似度不小于 ϵ 的节点所组成的集合。

$$N_{\epsilon}=\{w\in\Gamma(v)\,|\,\sigma(v,w)\geqslant\epsilon\} \tag{7.38}$$

(3) 核节点：指 ϵ 邻居的数目大于 μ 的节点。

$$\mathrm{CORE}_{\epsilon,\mu}(v) \Leftrightarrow |N_{\epsilon}| \geqslant \mu$$

(4) 直接可达：节点 w 是核节点 v 的 ϵ 邻居，那么称从 v 直接可达 w。

$$\mathrm{DirREACH}_{\epsilon,\mu}(v,w) \Leftrightarrow \mathrm{CORE}_{\epsilon,\mu}(v) \wedge w \in N_{\epsilon}(v)$$

(5) 可达：节点 v 可达 w，当且仅当存在一个节点链 $v_1,\cdots,v_n \in V, v_1 = v, v_n = w$，使得 v_{i+1} 是从 v_i 直接可达的。

$$\mathrm{REACH}_{\epsilon,\mu}(v,w) \Leftrightarrow \exists v_1,\cdots,v_n \in V : v_1 = v \wedge v_n = w \wedge \forall i \in \{v_1,\cdots,v_n\} : \mathrm{DirREACH}_{\epsilon,\mu}(v_i, v_{i+1})$$

(6) 相连：若核节点 u 可达节点 v 和节点 w，则称节点 v 和节点 w 相连。

$$\mathrm{CONNECT}_{\epsilon,\mu}(v,w) \Leftrightarrow \exists u \in V : \mathrm{REACH}_{\epsilon,\mu}(u,v) \wedge \mathrm{REACH}_{\epsilon,\mu}(u,w)$$

(7) 相连聚类：如果一个非空子图 C 中的所有节点是相连的，并且 C 是满足可达的最大子图，那么称 C 是一个相连聚类。

$$\mathrm{CLUSTER}_{\epsilon,\mu}(C) \Leftrightarrow \text{①Connectivity} : \forall v, w \in C : \mathrm{CONNECT}_{\epsilon,\mu}(v,w) \text{。}$$

$$\text{②Maximality} : \forall v, w \in V : v \in C \wedge \mathrm{REACH}_{\epsilon,\mu}(u,w) \Rightarrow w \in C \text{。}$$

(8) 桥节点(hub)：与至少两个聚类相邻的孤立节点。

(9) 离群点(outlier)：只与一个聚类相邻或不与任何聚类相邻的孤立节点。

(10) 如果 v 是一个核节点，那么从 v 可达的节点集是一个结构相连聚类；C 是一个结构相连聚类，p 是 C 中的一个核节点。那么 C 为从 p 结构可达的节点集。

SCAN 算法流程：①对于每个未分配社团的节点 v，检查 v 是否为核节点，是核节点则将其直接可达节点分配到一个社团中标号记为该节点，并将其 ϵ-邻居放进队列中，重复该步骤；②若 v 不是核节点则将其标记为 non-member；③最后检查所有的 non-member 节点，若其相邻节点存在于两个及以上的社团中，则将其标记为 hub 节点，否则标记为 outlier。

采用上述的 SCAN 算法，并结合用户调查实验得出的标准作为多特征，将用户的好友进行聚类，划分朋友圈。该方案的出发点明确，但是由于聚类算法本身缺陷，结果缺乏语义解释性，不能很好地应用到访问控制策略制定中。

3. 基于用户属性划分朋友圈

在线社交网络中用户的属性信息复杂多样，如何选取有用的属性信息是该类方案的核心问题。目前的解决方案中主要考虑如下几种属性特征：①基本属性；②用户关系；③图像信息；④评论以及标记；⑤隐私偏好；⑥社交组。

基于朋友圈划分的隐私保护框图如图 7.21 所示。

在描述朋友圈划分过程之前，先引入两个重要的定义。

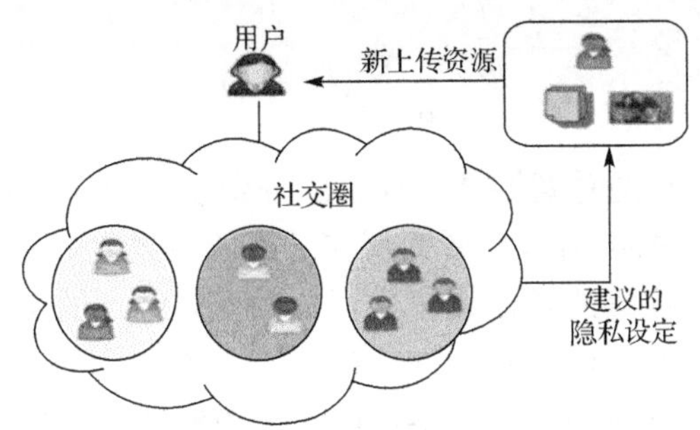

图 7.21　基于朋友圈划分的隐私保护框图

K 组：所有用户的集合记为 *U*，*F* 表示用户的所有属性，$F=\{p_1,p_2,\cdots\}$，*C* 表示包含 *k* 个属性的集合，$C=\{p_{i1},p_{i2},\cdots,p_{ik}\},p_{ij}\in F$，*G* 表示 *U* 的子集，如果 *G* 中的用户在 *C* 中每一种属性都有相匹配的属性值，那么称 *G* 为一个 *K* 组。

F 组：首先，*G* 是一个 *K* 组，如果 *G* 中的用户总数不低于一个阈值 *a*，那么又称 *G* 为一个 *F* 组。

基于上述定义，基于用户属性的朋友圈划分问题就转化为了寻找用户的所有 *F* 组的问题。为了挖掘出所有可能 *F* 组，可以采用 Apriori 算法。Apriori 算法是一种挖掘关联规则的频繁项集算法，其核心思想是通过候选集生成和情节的向下封闭检测两个阶段来挖掘频繁项集。Apriori 使用一种称作逐层搜索的迭代方法，“*K*–1 项集”用于搜索“*K* 项集”。首先，找出频繁“1 项集”的集合，该集合记作 l_1。l_1 用于找频繁“2 项集”的集合 l_2，l_i 用于找 l_{i+1}。重复该步骤，直到不能找到“*K* 项集”。找每个 l_i 都需要一次数据库扫描。

Apriori 核心内容是连接步和剪枝步。连接步是自连接，原则是保证前 *k*–2 项相同，并按照字典顺序连接。剪枝步，是使任一频繁项集的所有非空子集也必须是频繁的，反之如果某个候选的非空子集不是频繁的，那么该候选肯定不是频繁的，从而可以将其删除。

通过这种方式划分得到的朋友圈是语义明确的(相同朋友圈的好友的属性相似度高)。但与此同时却限制了主体用户 *U* 的主观决策。假设 *A* 和 *B* 属性相似，其中 *A* 的活跃度比 *B* 高很多，当 *U* 发布了新消息时，如果 *A* 和 *B* 同时拥有查看并转发的权限，那么 *A* 转发的概率要比 *B* 大很多，可能会违背了 *U* 保护这条消息的初衷。因此，只考虑用户的静态属性特征是不足以满足隐私保护需求的。

上述三种不同方案各有优劣，但由于选取的划分标准不同，很难去衡量最终隐私保护的效果。所以需要引入隐私信息传播限制能力的量化评估。在这里，我们考虑引入信息传播影响力的概念，采用 PageRank 算法计算每一个好友节点的影响力，将计算结果归一化后作为节点的传播能力(影响力)属性值。那么最终访问控制策略的隐私信息传播限制能力定义为

$$\Phi = \frac{1}{N}\sum_{i=1}^{N}(D_i - C_i) \tag{7.39}$$

式中，N 表示用户 U 拥有的总资源数；D_i、C_i 分别表示应用策略前后，所有好友(具有对资源 i 的访问权限)的传播能力属性值和。Φ 的值越大，表示该策略的隐私信息传播限制能力越强。要注意的是，该量化评估并不是唯一的优化目标，还需要综合衡量朋友圈划分的有效性、语义解释性，以及用户 U 的主观隐私偏好。

综上所述，基于朋友圈的社交网络访问控制策略还有待研究，需进一步与群体传播行为特性相结合，最终实现在微观层面为社交网络用户提供隐私保护服务，在宏观层面为政府针对网络群体恶意传播行为进行遏制提供有力手段。

7.3.3　群体传播阻断最大化

发布同一话题信息的一组个体可以看作一个具有共同传播行为的群体。谣言、流言等恶意信息通常由某个恶意群体发布，并在社交网络上广泛传播，有可能对商业发展、社会稳定和国家安全等造成重大危害。为了限制恶意信息的传播，可以在社交网络上发布和恶意信息相对的正面信息，正面信息和恶意信息竞争传播，从而控制恶意信息的传播范围。群体传播阻断最大化(propagation blocking maximization，PBM)问题研究在给定一个恶意信息源群体的情况下，如何寻找一个正面信息源群体来发布正面信息，正面信息和恶意信息在社交网络上竞争传播，使恶意信息的传播范围最小，即被阻断的传播范围最大。恶意信息传播称为负面传播，正面信息传播称为正面传播。信息传播也称为影响传播，而信息的传播范围称为影响范围。He 等[17]在竞争线性阈值模型(competitive linear threshold model，CLTM)下研究传播阻断最大化问题。竞争线性阈值模型由经典的线性阈值模型(linear threshold model，LTM)扩展。线性阈值模型假设网络每条边有一个影响权值，每个节点有一个随机阈值，节点有激活和未激活两个状态。初始时，一组种子节点被激活。如果在某个时刻，一个节点被激活的邻居到它的边权值之和大于该节点的阈值，则该节点在下一时刻被激活。竞争线性阈值模型假设节点有正面激活、负面激活和未激活三个状态，有正面阈值和负面阈值，每条边有正面影响权值与负面影响权值。正面传播与负面传播分别按正面权值正面阈值与负面权值负面阈值进行传播。He 等证明传播阻断最大化问题在竞争线性阈值模型下是 NP-hard，但它的目标函数在竞争线性阈值模型下具有子模性，因此贪心算法能够获得 $1-e-\varepsilon$ 的近似保证比，其中 ε 取决于采用蒙特卡罗模拟估计影响范围的精度。贪心算法速度太慢，他们基于 DAG 结构[18]提出了速度更快的算法 CLDAG，该算法利用了在 DAG 结构中能够快速近似计算传播影响的性质。Budak 等[19]在具有高效力的多竞争独立级联模型(MCICM)和竞争无意识独立级联模型(COICM)下研究传播阻断最大化问题。具有高效力的多竞争独立级联模型被简称为多竞争级联模型。他们证明该问题在这两个模型下是 NP-hard，并且该问题的目标函数在两个模型下具有子模性，因此贪心算法同样能够获得$1-e-\varepsilon$的近似保证比。但是贪心算法速度太慢，无法适用于大规模社交网络，下面介绍两个快速算法 CMIA-H 与 CMIA-O 分别解决 MCICM 和 COICM 下的传播阻断最大化问题。

首先介绍 MCICM 和 COICM。以 P 和 N 分别表示正面传播与负面传播。每个节点有正面激活、负面激活和未激活三个状态，一旦节点被正面激活或负面激活，就不能再改变状态。假设初始正面(负面)激活节点集为S_p（S_N）。每条边(u,v)有正面传播概率$q_{P,u,v}$和负面传播概率$q_{N,u,v}$。MCICM 和 COICM 分别描述两种典型的竞争环境。MCICM 描述正面信息和谣言等恶意信息的传播，由于正面信息通常为权威信息，所以正面信息的传播概率通常远远大于恶意信息的传播概率，MCICM 假设所有边上的正面传播概率为 1。COICM 描述具有相似传播倾向的两个竞争传播，仍然分别以正面传播和负面传播表示两个传播，则 COICM 假设所有边上正面传播和负面传播的传播概率相等。当一个节点v在t时刻被正面(负面)激活，则它有唯一的一次机会以概率$q_{P,u,v}$（$q_{N,u,v}$）在t+1 时刻正面(负面)激活它的未激活的邻居。如果一个未激活节点有多个刚被激活的邻居，则正面邻居节点优先激活该节点。

传播阻断最大化问题定义在具备两个竞争传播源的信息传播模型上。首先定义正面种子节点集的阻断集。

定义 7.9(阻断集) 给定一个网络$G=(V,E)$，传播概率$q_{P,u,v}$和$q_{N,u,v}$，传播模型，一个负面种子集S_N，则一个正面种子集S_P的阻断集$B(S_P\mid q_{P,u,v},q_{N,u,v})$定义为那些在不存在正面种子集时将被负面激活，而在存在正面种子集S_P时将不被负面激活的节点组成的集合。

进一步定义正面种子集的阻断负面影响。

定义 7.10(阻断负面影响) 给定一个正面种子集S_P的阻断集$B(S_P\mid q_{P,u,v},q_{N,u,v})$，则$S_P$的阻断负面影响$\sigma(S_P)$被定义为$B(S_P\mid q_{P,u,v},q_{N,u,v})$的期望规模，即

$$\sigma(S_P)=E_{q_{P,u,v},q_{N,u,v}}(|B(S_P\mid q_{P,u,v},q_{N,u,v})|) \tag{7.40}$$

下面定义传播阻断最大化问题。

定义 7.11(传播阻断最大化问题) 给定一个网络$G=(V,E)$，传播概率$q_{P,u,v}$和$q_{N,u,v}$，传播模型，一个负面种子集S_N和一个正整数k，则传播阻断最大化问题旨在发现一个最优的规模最大为k的正面种子集S_P^*来初始化和负面传播竞争的正面传播，使阻断负面影响$\sigma(S_P)$最大，即

$$S_P^*=\arg\max_{|S_P|\leqslant k}\sigma(S_P) \tag{7.41}$$

传播阻断最大化问题在 MCICM 和 COICM 下都是 NP-hard，同时其目标函数具有子模性，因此基于蒙特卡罗模拟的贪心算法能够获得$1-e-\varepsilon$的近似保证比。贪心

算法的基本思想为，从空的正面种子集 S_P 开始，迭代选择那些提供阻断负面影响 σ 最大增量的节点加入 S_P，直到 k 个节点被加入 S_P。由于采用蒙特卡罗模拟估计阻断负面影响需要花费大量时间，所以贪心算法速度非常慢。

CMIA-H 与 CMIA-O 和贪心算法有相似的框架，但是它们在局部最大影响树(maximum influence arborescence，MIA)结构上近似计算阻断负面影响及其增量，而不是采用蒙特卡罗模拟。MIA[20]最初被用来近似计算 ICM 下的影响范围。MIA 是最大影响入树(maximum influence in arborescence，MIIA)和最大影响出树(maximum influence out arborescence，MIOA)的统称。从一个节点到另一个节点的影响假设只在具有最大传播概率的最大影响路径上传播。一个节点 u 的 MIIA(MIOA)被表示为 $\mathrm{MIIA}(u,\theta)$（$\mathrm{MIOA}(u,\theta)$），$\mathrm{MIIA}(u,\theta)$ 是到达 u 的所有传播概率大于等于一个阈值 θ 的最大影响路径的集合，而 $\mathrm{MIOA}(u,\theta)$ 是从 u 出发的所有传播概率大于等于一个阈值 θ 的最大影响路径的集合。如果将边 (u,v) 的传播概率 $q_{u,v}$ 转换为距离权值 $-\log q_{u,v}$，则从一个节点到另一个节点的最大影响路径就是它们之间具有最小距离权值的路径。因此节点的 MIIA 和 MIOA 可以通过最短路径算法——Dijkstra 算法，有效地挖掘。假设 $N^{\text{in}}(v)$ 为 v 在 $\mathrm{MIIA}(u,\theta)$ 中的入邻居集。在 ICM 中，给定一个种子集 S，则 $\mathrm{MIIA}(u,\theta)$ 中任意节点 v 的激活概率 $ap(v,S,\mathrm{MIIA}(u,\theta))$ 可以通过算法 7.1 来递归计算。

算法 7.1　$ap(v,S,\mathrm{MIIA}(u,\theta))$

```
if v∈S then
    ap(v)=1;
else if N^in(v)=∅ then
    ap(v)=0;
else
    ap(v)=1- ∏_{w∈N^in(v)} (1-ap(w)*q_{w,v});
end if
```

由于 MCICM 和 COICM 是竞争传播模型，而 ICM 是单信息传播模型，所以需要重新分别在 MCICM 和 COICM 下设计 MIA 结构中的影响力近似计算过程。下面分别介绍解决 MCICM 下传播阻断最大化问题的 CMIA-H 算法和解决 COICM 下传播阻断最大化问题的 CMIA-O 算法。

1. CMIA-H

在 MCICM 中，使用负面传播概率构建负面传播的 MIIA 和 MIOA。由于任意路径的正面传播概率都是 1，所以不需要构建正面传播的 MIIA 和 MIOA。从一个节点到另一个节点的正面影响在具有最少跳数的路径上传播，该路径为两个节点之间的最短路径。用 $d_P(u,v)$ 表示在原网络上从 u 到 v 最短路径上的跳数，即其长度，$d_N(u,v)$ 表示在 MIIA(v,θ) 上从 u 到 v 的路径的长度。假设 v 是一个负种子，w 是一个正种子，并且 v 在 MIIA(u,θ) 中。由于任意路径的正面传播概率为 1，如果 $d_P(w,u) \leqslant d_N(v,u)$，则在 MIIA$(u,\theta)$ 中从 v 到 u 的负面影响将被完全阻断，而如果 $d_P(w,u) > d_N(v,u)$，则在 MIIA(u,θ) 中从 v 到 u 的负面影响将不会受任何影响。用 MIIA(u,θ,d) 表示 MIIA(u,θ) 的一个子集，该子集由 MIIA(u,θ) 中所有满足 $d_N(v,u) < d$ 的节点组成。$d_c(u,S_P)$ 表示 S_P 中离 u 最近的正向种子到 u 的最短路径的距离(如果不存在从 S_P 中种子到 u 的路径，则 $d_c(u,S_P)$ 设为正无穷)。那么只有 MIIA$(u,\theta,d_c(u,S_P)-1)$ 中的负面种子对 u 有负面影响。因此 u 的负面激活概率 $ap^N(u,S_N,\text{MIIA}(u,\theta))$ 应该在 MIIA$(u,\theta,d_c(u,S_P)-1)$ 中使用算法 7.1 计算。相应地，一个潜在正面种子 w 保护节点 u 得到的阻断负面影响增量 $\text{DecInf}(w,u,S_P)$ 可以通过式(7.42)计算

$$\begin{aligned}\text{DecInf}(w,u,S_P) = {} & ap^N(u,S_N,\text{MIIA}(u,\theta,d_c(u,S_P)-1)) \\ & - ap^N(u,S_N,\text{MIIA}(u,\theta,d_c(u,S_P\cup\{w\})-1))\end{aligned} \tag{7.42}$$

则 w 总的阻断负面影响为

$$\text{DecInf}(w,S_P) = \sum_{u\in V\setminus(S_P\cup S_N)} \text{DecInf}(w,u,S_P) \tag{7.43}$$

为了有效地计算任意节点的阻断负面影响，首先计算节点 u 在所有可能的 MIIA(u,θ,d) 中的负面激活概率。用 $t(u)$ 表示 MIIA(u,θ) 中负面种子到 u 的路径的不同长度的数量，$D=\{d_N^i(u)\mid i=1,\cdots,t(u)\}$ 表示对应的长度集合。用算法 7.1 计算 u 在每个 MIIA$(u,\theta,d_N^i(u))$ 中的负面激活概率 $ap^N(u,S_N,\text{MIIA}(u,\theta,d_N^i(u)))$。$d_{N,\max}(u,S_P)$ 表示 D 中小于 $d_c(u,S_P)$ 的最大长度。如果 D 中没有长度小于 $d_c(u,S_P)$，则 $d_{N,\max}(u,S_P)$，且 $ap^N(u,S_N,\text{MIIA}(u,\theta,d_{N,\max}(u,S_P)))=0$。此时，$\text{DecInf}(w,u,S_P)$ 可以通过式(7.44)计算

$$\begin{aligned}\text{DecInf}(w,u,S_P) = {} & ap^N(u,S_N,\text{MIIA}(u,\theta,d_{N,\max}(u,S_P))) \\ & - ap^N(u,S_N,\text{MIIA}(u,\theta,d_{N,\max}(u,S_P\cup\{w\})))\end{aligned} \tag{7.44}$$

如果 $d_P(w,u) > d_{N,\max}(u,S_P)$，则 $d_{N,\max}(u,S_P) = d_{N,\max}(u,S_P\cup\{w\})$，相应地，$\text{DecInf}(w,u,S_P)=0$。因此在计算保护节点 u 得到的阻断负面影响时，仅考虑那些到 u 的最短路径长度不大于 $d_{N,\max}(u,S_P)$ 的节点集。该节点集称为正面影响入集合，PIIS$(u,d_{N,\max}(u,S_P))$。该集合可以通过从 u 开始的广度优先算法(breadth first search，BFS)构建。

基于节点阻断负面影响的计算过程，下面介绍算法 CMIA-H，其伪代码为算法 7.2。由于每个负面种子的负面影响被假设仅在 MIOA(u,θ) 中传播，在 3～6 行首先确定负面种子集 S_N 的负面影响传播范围 Neg$S$。对于传播范围中的每个节点 u，使用算法 7.1

计算其在每个 $\mathrm{MIIA}(u,\theta,d_N^i(u))$ 中的负面激活概率。在 12～14 行，对 $\mathrm{PIIS}(u,d_{N,\max}(u,S_P))$ 中的每个节点，增长其保护 u 得到的阻断负面影响。在 16～31 行，迭代选择具有最大阻断负面影响的节点作为正面种子。在选择一个新种子后，在 19～30 行更新相关的节点阻断负面影响。正面影响出集 $\mathrm{PIOS}(u)$ 包含那些受到 u 正面影响的节点，即 $v\in\mathrm{PIOS}(u)$ 当且仅当 $u\in\mathrm{PIIS}(v,d_{N,\max}(v,S_P))$。对每个 $w\in\mathrm{PIIS}(v,d_{N,\max}(v,S_P))$ 满足 $v\in\mathrm{PIOS}(u)$，更新其 $\mathrm{DecInf}(w)$。首先减去在 u 被加入 S_P 前计算的 w 的阻断负面影响，然后加上在 u 被加入 S_P 后计算的 w 的阻断负面影响。

算法 7.2　CMIA-H(G,S_N,k,θ)

1: $S_P=\varnothing$; $\mathrm{Neg}S=\varnothing$;
2: Set $\mathrm{DecInf}(v)=0$, $d_c(v,S_P)=+\infty$ for each node $v\in V$;
3: for each node $u\in S_N$ do
4:　construct $\mathrm{MIOA}(u,\theta)$;
5:　$\mathrm{Neg}S=\mathrm{Neg}S\cup(\mathrm{MIOA}(u,\theta)\setminus S_N)$;
6: end for
7: for each node $u\in\mathrm{Neg}S$ do
8:　construct $\mathrm{MIIA}(u,\theta)$;
9:　compute $D=\{d_N^i(u)\mid i=1,\cdots,t(u)\}$;
10:　compute $ap^N(u,S_N,\mathrm{MIIA}(u,\theta,d_N^i(u)))$, $\forall d_N^i(u)\in D$;
11:　construct $\mathrm{PIIS}(u,d_{N,\max}(u,S_P))$;
12:　for each node $v\in\mathrm{PIIS}(u,d_{N,\max}(u,S_P))$ do
13: 　　$\mathrm{DecInf}(v){+}{=}ap^N(u,S_N,\mathrm{MIIA}(u,\theta,d_{N,\max}(u,S_P)))-ap^N(u,S_N,\mathrm{MIIA}(u,\theta,d_{N,\max}(u,S_P\cup\{v\})))$;
14:　end for
15: end for
16: for $i=1$ to k do
17:　$u=\operatorname*{argmax}_{v\in V\setminus(S_P\cup S_N)}\mathrm{DecInf}(v)$;
18:　construct $\mathrm{PIOS}(u)$;
19:　for each node $v\in\mathrm{PIOS}(u)$ do
20: 　　for each node $w\in\mathrm{PIIS}(v,d_{N,\max}(v,S_P))$ do
21: 　　　$\mathrm{DecInf}(w){-}{=}ap^N(v,S_N,\mathrm{MIIA}(v,\theta,d_{N,\max}(v,S_P)))-ap^N(v,S_N,\mathrm{MIIA}(v,\theta,d_{N,\max}(u,S_P\cup\{w\})))$;
22: 　　end for
23: 　end for
24: 　$S_P=S_P\cup u$;
25: 　for each node $v\in\mathrm{PIOS}(u)\setminus\{u\}$ do
26: 　　update $d_c(v,S_P)$

construct $\text{PIIS}(v, d_{N,\max}(v, S_P))$;
for each node $w \in \text{PIIS}(v, d_{N,\max}(v, S_P))$ do
$\text{DecInf}(w) += ap^N(v, S_N, \text{MIIA}(v, \theta, d_{N,\max}(v, S_P))) - ap^N(v, S_N, \text{MIIA}(v, \theta, d_{N,\max}(u, S_P \cup \{w\})))$;
end for
end for
end for
return S_P;

该算法的时间复杂度为 $O((n_N t_\theta^N)^2 + n_N t_\theta^N t_i^P + k t_o^P t_i^P \log n)$，其中 $n = |V|$， $n_N = |S_N|$， $n_{o\theta}^N = \max\limits_u |\text{MIOA}(u,\theta)|$， $n_{i\theta}^N = \max\limits_u |\text{MIIA}(u,\theta)|$， $n_i^P = \max\limits_u |\text{PIIS}(u, d_{N,\max}(u, \varnothing))|$， $n_o^P = \max\limits_u |\text{PIOS}(u)|$，$t_\theta^N$ 为构建任意 u 的 $\text{MIIA}(u,\theta)$ 或者 $\text{MIOA}(u,\theta)$ 花费的最大时间，t_i^P 与 t_o^P 分别为构建 $\text{PIIS}(u, d_{N,\max}(u, S_P))$ 和 $\text{PIOS}(u)$ 花费的最大时间。

2. CMIA-O

在 COICM 中，每条边的正面传播概率和负面传播概率相等，用 $q_{u,v}$ 同时表示边 (u,v) 上的正面传播概率和负面传播概率。正面影响与负面影响被假设在同一 MIIA 和 MIOA 上传播。在 COICM 中，正面种子以一定概率阻断负面影响。采用一个动态规划方法来计算 $\text{MIIA}(u,\theta)$ 中节点 u 在负面种子集 S_N 和正面种子集 S_P 下的负面激活概率 $ap^N(u, S_N, S_P, \text{MIIA}(u,\theta))$。

$p^N(u,t)$ 与 $p^P(u,t)$ 分别表示 u 在时刻 t 在 $\text{MIIA}(u,\theta)$ 中被负面激活和正面激活的概率。 $ap^N(u,t)$ 与 $ap^P(u,t)$ 分别表示 u 在时刻 t 后在 $\text{MIIA}(u,\theta)$ 中为负面激活状态和正面激活状态的概率。$N^{\text{in}}(v)$ 表示 v 在 $\text{MIIA}(u,\theta)$ 中入邻居集合。假设 $\text{MIIA}(u,\theta)$ 中的负面传播在时刻 T 停止，则 $ap^N(u, S_N, S_P, \text{MIIA}(u,\theta)) = ap^N(u,T)$。根据 COICM 的定义，上面定义的概率之间对任意 $v \in \text{MIIA}(u,\theta) | (S_N \cup S_P)$ 和任意 $t \in [1,T]$ 有如下关系。

$$p^P(v,t) = \left(1 - \prod_{w \in N^{\text{in}}(v)} (1 - p^P(w,t-1) q_{w,v})\right)(1 - ap^N(v,t-1))(1 - ap^P(v,t-1)) \tag{7.45}$$

$$p^N(v,t) = \prod_{w \in N^{\text{in}}(v)} (1 - p^P(w,t-1) q_{w,v}) \left(1 - \prod_{w \in N^{\text{in}}(v)} (1 - p^N(w,t-1) q_{w,v})\right) (1 - ap^N(v,t-1))(1 - ap^P(v,t-1)) \tag{7.46}$$

$$ap^P(v,t) = ap^P(v,t-1) + p^P(v,t) \tag{7.47}$$

$$ap^N(v,t) = ap^N(v,t-1) + p^N(v,t) \tag{7.48}$$

式(7.45)源于 COICM 的规则，即节点 v 在时刻 t 被正面激活当且仅当 v 的至少一个

邻居在 $t-1$ 时刻被正面激活且能成功激活 v，同时 v 在时刻 $t-1$ 后既不处于负面激活状态，也不处于正面激活状态。式(7.46)的情况和式(7.45)的情况基本相似，除了其还要求 v 的所有邻居都不能在 t 时刻正面激活 v。式(7.47)和式(7.48)直接来自于它们的意义，即 t 时刻后的激活概率等于 $t-1$ 时刻后的激活概率加上 t 时刻的激活概率。

上述公式的边界条件为：①对任意 $v \in S_P$，$p^P(v,0)=1$，$p^P(v,t)=0$ 对所有 $t \geqslant 1$，$ap^P(v,t)=1$ 对所有 $t \geqslant 0$，$p^N(v,t)=ap^N(v,t)=0$ 对所有 $t \geqslant 0$；②对任意 $v \in S_N$，$p^N(v,0)=1$，$p^N(v,t)=0$ 对所有 $t \geqslant 1$，$ap^N(v,t)=1$ 对所有 $t \geqslant 0$，$p^P(v,t)=ap^P(v,t)=0$ 对所有 $t \geqslant 0$；③对任意 $v \notin S_P \cup S_N$，$p^P(v,0)=ap^P(v,0)=p^N(v,0)=ap^N(v,0)=0$。基于式(7.45)和式(7.48)和相应的边界条件，$ap^N(u,S_N,S_P,\mathrm{MIIA}(u,\theta))$ 可以通过算法 7.3 计算。

算法 7.3　$ap^N(u,S_N,S_P,\mathrm{MIIA}(u,\theta))$

$Z_0^P = S_P \cap \mathrm{MIIA}(u,\theta)$；$Z_0^N = S_N \cap \mathrm{MIIA}(u,\theta)$；$Z_t^P = \varnothing$ for $t \geqslant 1$；$Z_t^N = \varnothing$ f for $t \geqslant 1$；

initialize $p^P(v,t)$，$p^N(v,t)$，$ap^P(v,t)$，$ap^N(v,t)$ for all v and t according to the boundary condition.

$t=0$；

while $Z_t^N \neq \varnothing$ do

　set $\mathrm{temp}P(v)=\mathrm{temp}N(v)=1$ for all $v \in \mathrm{MIIA}(u,\theta)$;

　for $v \in Z_t^P$ do

　　$w=\mathrm{parent}(v)$；

　　$Z_{t+1}^P = Z_{t+1}^P \cup \{w\}$；

　　$\mathrm{temp}P(w) \times = (1-p^P(v,t)q_{v,w})$；

　end for

　for $v \in Z_{t+1}^P$ do

　　$p^P(v,t+1)=(1-\mathrm{temp}P(v))(1-ap^N(v,t))(1-ap^P(v,t))$;

　　$ap^P(v,\tau)=ap^P(v,t)+p^P(v,t+1)$ for $\tau > t$;

　end for

　for $v \in Z_t^N$ do

　　$w=\mathrm{parent}(v)$；

　　$Z_{t+1}^N = Z_{t+1}^N \cup \{w\}$；

　　$\mathrm{temp}N(w) \times = \left(1-p^N(v,t)q_{v,w}\right)$；

　end for

　for $v \in Z_{t+1}^N$ do

　　$p^N(v,t+1)=\mathrm{temp}P(v)(1-\mathrm{temp}N(v))(1-ap^N(v,t))(1-ap^P(v,t))$；

$ap^N(v,\tau)=ap^N(v,t)+p^N(v,t+1)$ for $\tau>t$;
end for
$t=t+1$;
end while
return $ap^N(u,t)$;

算法 7.3 的主循环模拟 $\mathrm{MIIA}(u,\theta)$ 中的影响力传播。由于正面影响相对于负面影响有优先权，所以假设正面影响先传播。 parent(v) 表示 v 在 $\mathrm{MIIA}(u,\theta)$ 中的出邻居。$\mathrm{MIIA}(u,\theta)$ 中除了 u 的每个节点在 $\mathrm{MIIA}(u,\theta)$ 中都只有一个出邻居。temp$P(v)$ 记录在当前循环 v 还没有被正面激活的概率，相似的 temp$N(v)$ 记录还没有被负面激活的概率。

计算出节点的负面激活概率后，可以按式(7.49)计算将 w 加入正面种子集后 w 保护节点 u 得到的阻断负面影响增量。

$$\mathrm{DecInf}(w,u,S_p)=ap^N(u,S_N,S_P,\mathrm{MIIA}(u,\theta))-ap^N(u,S_N,S_P\cup\{w\},\mathrm{MIIA}(u,\theta)) \tag{7.49}$$

有了节点阻断负面信息的计算方法，就可以设计算法 CMIA-O。下面介绍算法 CMIA-O，其伪代码为算法 7.4。在 3～6 行首先确定负面种子集的负面影响传播范围 Neg$S$。对于传播范围中每个节点 u，构建 $\mathrm{MIIA}(u,\theta)$，并用算法 7.3 计算 $ap^N(u,S_N,S_P,\mathrm{MIIA}(u,\theta))$。对于 $\mathrm{MIIA}(u,\theta)$ 中每个节点 v，计算 $ap^N(u,S_N,S_P\cup\{v\},\mathrm{MIIA}(u,\theta))$，并增长 v 保护 u 得到的阻断负面影响。在 15～32 行迭代选择阻断负面影响最大的节点作为正面种子。选择一个种子后，在 17～31 行更新相关节点的阻断负面影响。对每个 $w\in\mathrm{MIIA}(v,\theta)$ 满足 $v\in\mathrm{MIOA}(u,\theta)$，更新其 $\mathrm{DecInf}(w)$。首先减去在 u 被加入 S_P 前计算的 w 的阻断负面影响，然后加上在 u 被加入 S_P 后计算的 w 的阻断负面影响。

算法 7.4　CMIA-O(G,S_N,k,θ)

1: $S_P=\varnothing$; Neg$S=\varnothing$;
2: Set $\mathrm{DecInf}(v)=0$ for each node $v\in V$;
3: for each node $u\in S_N$ do
4: construct $\mathrm{MIOA}(u,\theta)$;
5: Neg$S$ = Neg$S\cup(\mathrm{MIOA}(u,\theta)\mid S_N)$;
6: end for
7: for each node $u\in$ Neg$S$ do
8: construct $\mathrm{MIIA}(u,\theta)$;
9: compute $ap^N(u,S_N,S_P,\mathrm{MIIA}(u,\theta))$;
10: for each node $v\in\mathrm{MIIA}(u,\theta)$ do
11: compute $ap^N(u,S_N,S_P\cup\{v\},\mathrm{MIIA}(u,\theta))$;
12: $\mathrm{DecInf}(v)+=ap^N(u,S_N,S_P,\mathrm{MIIA}(u,\theta))-ap^N(u,S_N,S_P\cup\{v\},\mathrm{MIIA}(u,\theta))$;
13: end for

```
end for
for i=1 to k do
  u = argmax_{v∈V|(S_P∪S_N)} DecInf(v);
  construct MIOA(u,θ);
  for each node v∈MIOA(u,θ) do
      for each node w∈MIIA(v,θ) do
          DecInf(w)-= ap^N(v,S_N,S_P,MIIA(v,θ)) - ap^N(v,S_N,S_P∪{w},MIIA(v,θ));
      end for
  end for
  S_P = S_P∪u;
  for each node v∈MIOA(u,θ)|{u} do
  construct MIIA(v,θ);
  compute ap^N(v,S_N,S_P,MIIA(v,θ));
      for each node w∈MIIA(v,θ) do
          compute ap^N(v,S_N,S_P∪{w},MIIA(v,θ));
          DecInf(w)+= ap^N(v,S_N,S_P,MIIA(v,θ)) - ap^N(v,S_N,S_P∪{w},MIIA(v,θ));
      end for
  end for
end for
return S_P;
```

该算法的时间复杂度为$O(n_N t_\theta^3 + k t_\theta^2 (t_\theta + \log 2n))$，其中$n=|V|$，$n_N=|S_N|$，$n_{o\theta}=\max_u|\mathrm{MIOA}(u,\theta)|$，$n_{i\theta}=\max_u|\mathrm{MIIA}(u,\theta)|$，$t_\theta$为构建任意$u$的$\mathrm{MIIA}(u,\theta)$或者$\mathrm{MIOA}(u,\theta)$花费的最大时间。

3. *实验分析*

下面介绍评估算法性能的实验结果。在四个真实网络和一组人工网络上进行实验来评估算法的效率与效果。四个真实网络为 email、NetHEPT、NetPHY 和 DBLP，它们的统计数据见表 7.12。Rovira I Virili 大学的 email 网络将每个 email 地址当作一个节点，如果两个节点之间存在通信，则将它们连接起来。NetHEPT、NetPHY 和 DBLP 是三个学术合作网络，节点表示作者，两个节点之间的边表示两个作者至少合作一篇论文。最后，还采用一组具有不同规模的 LFR 人工基准网络来评估算法的可伸缩性。LFR 的参数为，度分布指数$\tau_1=2$，社区规模分布指数$\tau_2=1$，平均节点度$d_{\mathrm{avg}}=8$，最大节点度$d_{\max}=20$，最小社区规模$c_{\min}=10$，最大社区规模$c_{\max}=25$，混合参数$\mu=0.3$。

表 7.12　四个真实网络的统计数据

数据集	email	NetHEPT	NetPHY	DBLP
节点数	1.13K	15.2K	37.2K	655K
边数	5.45K	58.9K	232K	1.99M
平均度	9.62	7.75	12.5	6.08

采用 TRIVALENCY 模型与 WC 模型来设置 MCICM 中的负面传播概率和 COICM 中的传播概率。在 TRIVALENCY 模型中，为每条边从集合 {0.2,0.05,0.01} 中随机选择一个传播概率，分别对应于高、中、低的传播概率。在 WC 模型中，边 (u,v) 的传播概率设置为 $1/d_v$，其中 d_v 为节点 v 的入度。

下面列出实验中采用的算法。

CMIA-H 和 CMIA-O：上面介绍的两个算法，其中参数 $\theta=1/100$。

Greedy-H 和 Greedy-O：分别在 MCICM 和 COICM 下的贪心算法。每次估计影响力时进行 10000 次蒙特卡罗模拟。

Proximity：从负面种子的直接出邻居中选择正面种子。所有直接出邻居按负面激活概率排序，前 k 个负面激活概率最大的节点被选为正面种子。

Degree：前 k 个度最大的节点被选为正面种子。

Random：随机选择节点作为正面种子。

对每个负面种子集和正面种子集，进行 10000 次传播模拟，取它们的平均作为负面影响范围的期望。不同方法之间的阻断负面影响的百分差是从选择 1 个正面种子到选择最大数量正面种子的百分差的平均。

贪心算法只适合在小规模网络上运行，在 email 网络上运行包括贪心算法在内的所有算法，进行对比分析。随机选择 50 个节点作为负面种子群体，算法目标为选择 200 个节点作为正面种子群体。实验结果如图 7.22 所示。图 7.22(a)和(c)显示 MCICM 下的实验结果。在 MCICM 下，所有方法都只需要少数正面种子就能保护大部分入口。图 7.22(a)显示在 TRIVALENCY 模型下，CMIA-H 和 Greedy-H 有接近的负面影响阻断性能，其比 Random、Degree 和 Proximity 分别好 4.3%、1.3%和 1.8%。图 7.22(c)显示在 WC 模型下，CMIA-H 比 Random、Degree、Proximity 和 Greedy-H 分别好 16.8%、8.4%、5.2%和 5.7%。图 7.22(b)和(d)显示 COICM 下的实验结果。图 7.1(b)显示在 TRIVALENCY 模型下，CMIA-O 比 Random、Degree、Proximity 和 Greedy-O 分别好 32.8%、4.8%、8.4%和 3.0%。图 7.22(d)显示在 WC 模型下，CMIA-O 比 Random、Degree、Proximity 和 Greedy-O 分别好 57.6%、7.5%、4.0%和 6.3%。图 7.22(e)显示 email 网络上各算法的运行时间。Greedy-H 和 Greedy-O 都花费超过 6 小时，而 CMIA-O 只需要几秒钟，CMIA-H 更是少于一秒钟。因此 CMIA 方法比相应的贪心算法快超过三个数量级。

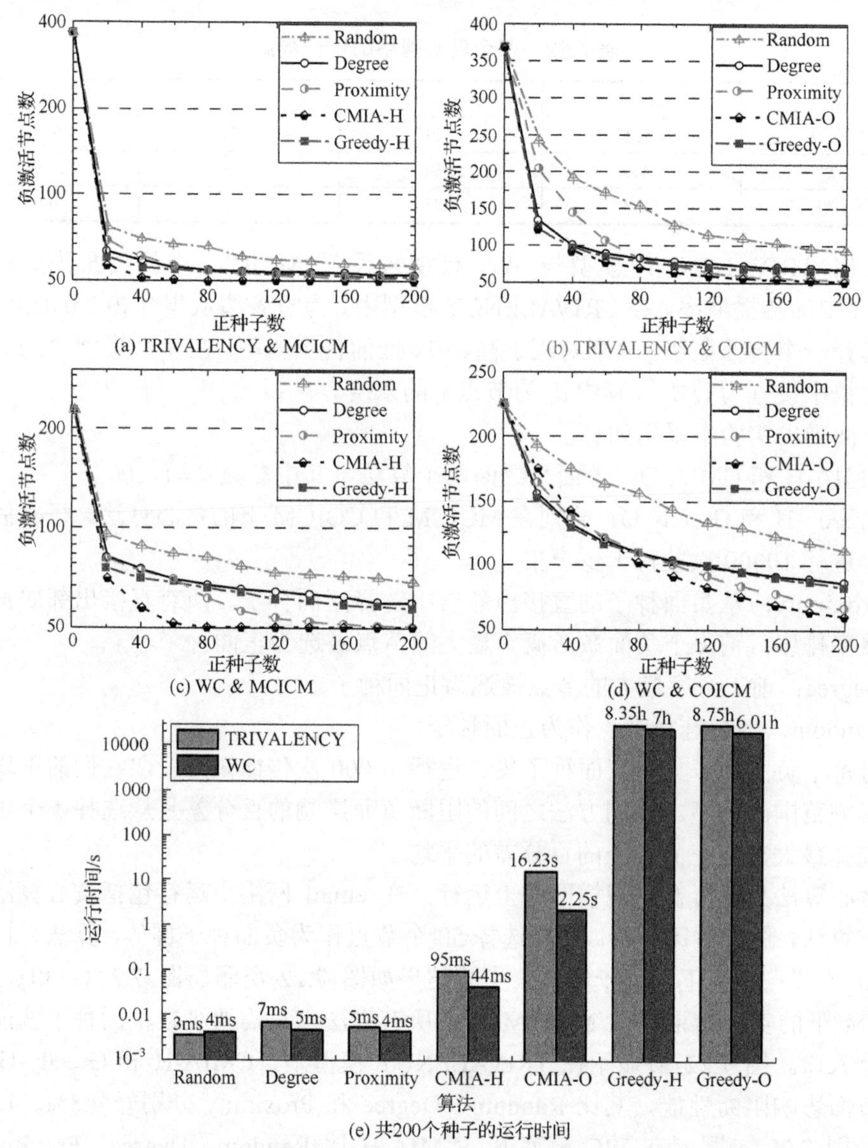

图 7.22　email 网络上的实验结果

算法在不同规模人工网络上的运行时间如图 7.23 所示。网络规模从 0.2～25.6k，使用 WC 模型生成传播概率，随机选择 50 个节点作为负面种子，目标为发现 50 个正面种子。当网络规模大于 1600 时，贪心算法因为运行速度太慢而无法获得结果。结果显示 CMIA 算法比贪心算法快超过四个数量级。并且 CMIA 的运行时间和网络规模呈次线性关系。这是因为计算负面激活概率时，CMIA 只考虑负面影响传播范围 Neg*S* 中的节点，而不是网络所有的节点。

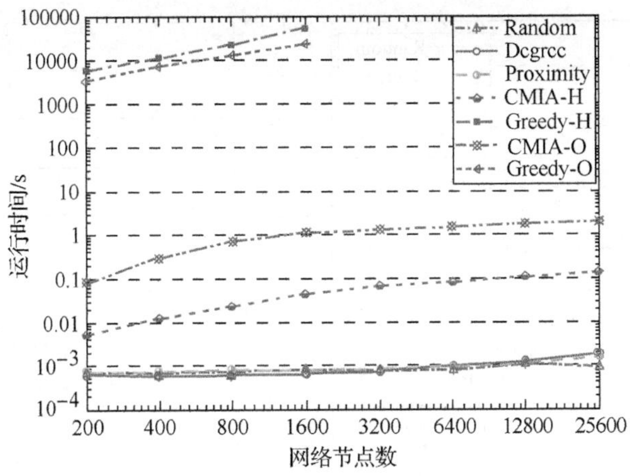

图 7.23　算法在不同规模人工网络上的运行时间

进一步在三个较大规模的真实网络上进行实验。在三个较大规模的网络上，贪心算法无法在有效时间内获得结果，因此实验对比不包含贪心算法。在较大规模网络上，随机选择 200 个节点作为负面种子，目标为发现 200 个正面种子。在 TRIVANLENCY 上的实验结果如图 7.24(a)、(c)和(e)显示 MCICM 下的结果，CMIA-H 平均比 Random、Degree 和 Proximity 分别好 9.1%、3.8%和 2.8%。图 7.24(b)、(d)和(f)显示 COICM 下的结果，CMIA-O 平均比 Random、Degree 和 Proximity 分别好 105%、5.5%和 13.5%。在 WC 上的实验结果如图 7.25 所示。图 7.25(a)、(c)和(e)显示 MCICM 下的结果，CMIA-H 平均比 Random、Degree 和 Proximity 分别好 89.5%、51.9%和 55.5%。图 7.25(b)、(d)和(f)显示 COICM 下的结果，CMIA-O 平均比 Random、Degree 和 Proximity 分别好 1000%、86.7%和 17.7%。图 7.26 显示 CMIA-H 和 CMIA-O 在三个较大规模网络上的运行时间，结果表明它们能够有效地在大规模网络上运行。

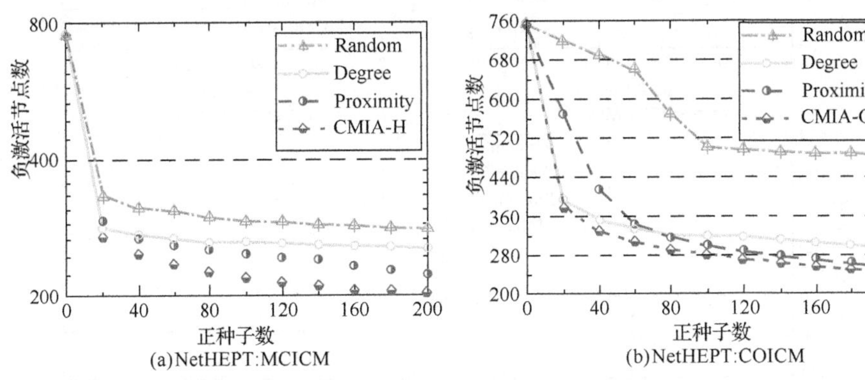

(a)NetHEPT:MCICM　　(b)NetHEPT:COICM

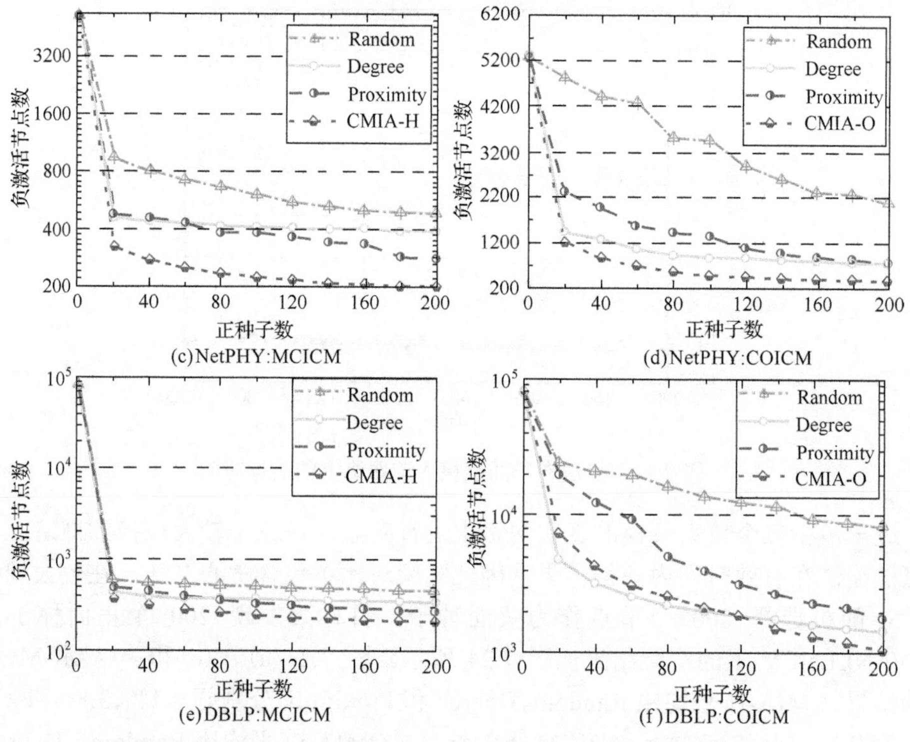

(c) NetPHY:MCICM　　(d) NetPHY:COICM

(e) DBLP:MCICM　　(f) DBLP:COICM

图 7.24　三个较大规模网络上 TRIVANLENCY 模型下的实验结果

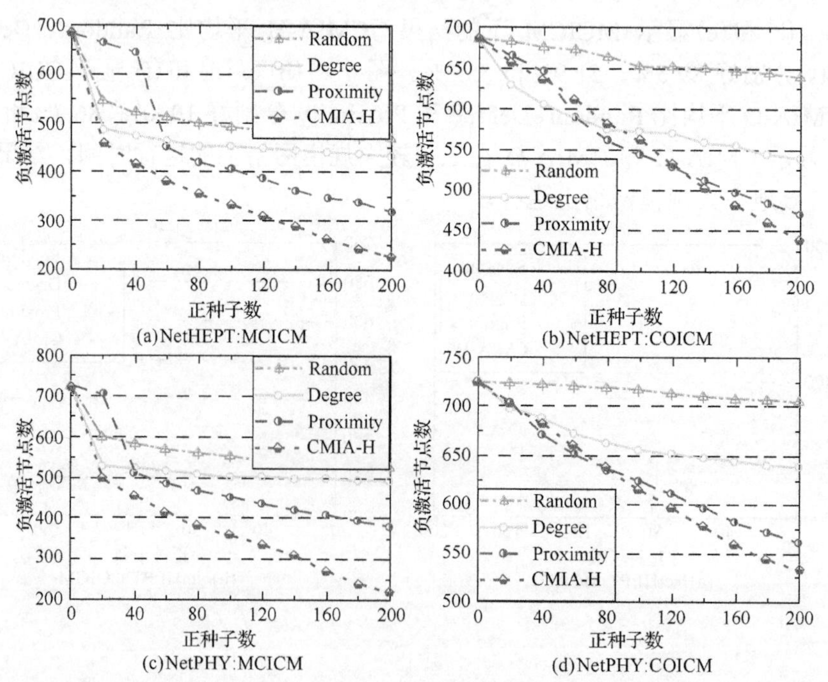

(a) NetHEPT:MCICM　　(b) NetHEPT:COICM

(c) NetPHY:MCICM　　(d) NetPHY:COICM

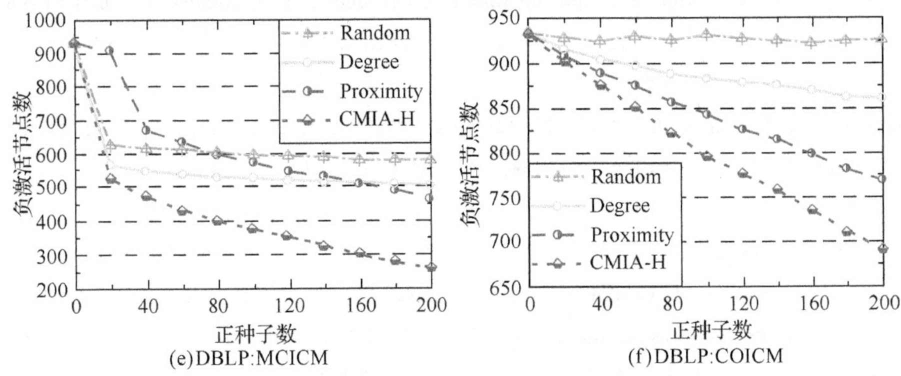

(e)DBLP:MCICM　　(f)DBLP:COICM

图 7.25　三个较大规模网络上 WC 模型下的实验结果

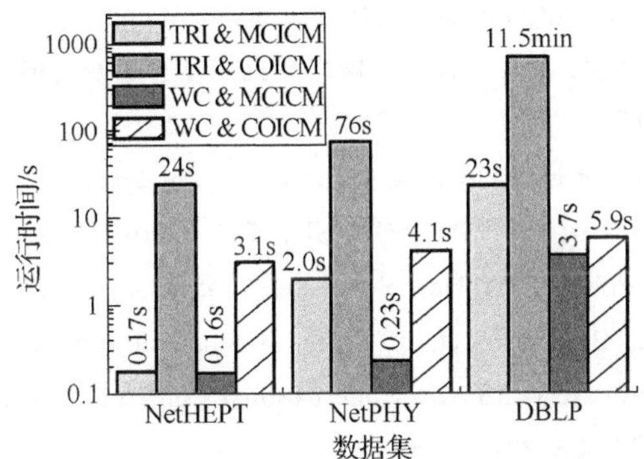

图 7.26　CMIA-H 和 CMIA-O 在三个较大规模网络上的运行时间

上面介绍的 CMIA 算法和对应的贪心算法有相似的负面影响阻断性能，但是比贪心算法快多个数量级，同时该算法比一些基础的启发式算法有更好的负面影响阻断性能。

参 考 文 献

[1] Douceur J R. The Sybil Attack[M]. Berlin: Springer, 2002: 251-260.

[2] Boshmaf Y, Beznosov K, Ripeanu M. Graph-based sybil detection in social and information systems[C]. Proceedings of the 2013 IEEE/ACM International Conference on Advances in Social Networks Analysis and Mining, Niagara, 2013: 466-473.

[3] Viswanath B, Post A, Gummadi K P, et al. An analysis of social network-based sybil defenses[J]. ACM SIGCOMM Computer Communication Review, 2011, 41(4): 363-374.

[4] Zhao Z, Resnick P, Mei Q. Enquiring minds: Early detection of rumors in social media from enquiry posts[C]. Proceedings of the 24th International Conference on World Wide Web, Florence, 2015: 1395-1405.

[5] Wei W, Xu F, Tan C C, et al. Sybildefender: Defend against sybil attacks in large social networks[C]. 2012 Proceedings of INFOCOM, Orlando, 2012: 1951-1959.

[6] Xue J, Yang Z, Yang X, et al. VoteTrust: Leveraging friend invitation graph to defend against social network sybils[C]. 2013 Proceedings of INFOCOM, Turin, 2013: 2400-2408.

[7] Bhat S Y, Abulaish M. Community-based features for identifying spammers in online social networks[C]. Proceedings of the 2013 IEEE/ACM International Conference on Advances in Social Networks Analysis and Mining, Niagara, 2013: 100-107.

[8] Li X, Liu Y, Jiang Y, et al. Identifying social influence in complex networks: A novel conductance eigenvector centrality model[J]. Neurocomputing, 2016, 210: 141-154.

[9] 胡庆成, 尹龚燊, 马鹏斐, 等. 一种新的网络传播中最有影响力的节点发现方法[J]. 物理学报, 2013, 62(14): 1-11.

[10] Lin S, Wang F, Hu Q, et al. Extracting social events for learning better information diffusion models[C]. Proceedings of the 19th ACM SIGKDD International Conference on Knowledge Discovery and Data Mining ACM, New York, 2013: 365-373.

[11] Kutzkov K, Bifet A, Bonchi F, et al. Strip: Stream learning of influence probabilities[C]. Proceedings of the 19th ACM SIGKDD International Conference on Knowledge Discovery and Data Mining ACM, Chicago, 2013: 275-283.

[12] Purohit M, Prakash B A, Kang C, et al. Fast influence-based coarsening for large networks[C]. Proceedings of the 20th ACM SIGKDD International Conference on Knowledge Discovery and Data Mining ACM, New York, 2014: 1296-1305.

[13] Hu Z, Yao J, Cui B, et al. Community level diffusion extraction[C]. Proceedings of the 2015 ACM SIGMOD International Conference on Management of Data ACM, Melbourne, 2015: 1555-1569.

[14] Adu-Oppong F, Gardiner C K, Kapadia A, et al. Social circles: Tackling privacy in social networks[C]. Symposium on Usable Privacy and Security (SOUPS), New York, 2008.

[15] Jones S, O'Neill E. Feasibility of structural network clustering for group-based privacy control in social networks[C]. Proceedings of the 6th Symposium on Usable Privacy and Security, Redmond, 2010: 9.

[16] Squicciarini A, Karumanchi S, Lin D, et al. Identifying hidden social circles for advanced privacy configuration[J]. Computers Security, 2014, 41: 40-51.

[17] He X, Song G, Chen W, et al. Influence blocking maximization in social networks under the competitive linear threshold model[C]. Proceedings of SDM, New York, 2012: 463-474.

[18] Chen W, Yuan Y, Zhang L. Scalable influence maximization in social networks under the linear threshold model[C]. 2010 IEEE International Conference on Data Mining, Sydney, 2010: 88-97.

[19] Budak C, Agrawal D, Abbadi A E. Limiting the spread of misinformation in social networks[C]. Proceedings of the 20th International Conference on World Wide Web, Hyderabad, 2011: 665-674.

[20] Chen W, Wang C, Wang Y. Scalable influence maximization for prevalent viral marketing in large-scale social networks[C]. Proceedings of the 16th ACM SIGKDD International Conference on Knowledge Discovery and Data Mining, Washington, 2010: 1029-1038.